KB122514

천상의 가르침과 대예언

저자 버지니아 에센 / **공동번역** 윤구용, 천병길 / **감수** 光率

- 도서출판 은하문명 -

- 헌사(Dedication) -

　광대하고 황홀한 여러 빛과 생명의 차원에 존재하는 모든 사랑의 스승들과 수많은 우주의 협력자들에게 진심으로 존경과 감사를 표합니다.

　젊거나 연로하거나에 관계없이 이 지구에 사는 놀라운 우주적 존재들 모두에게 특별한 감사를 보냅니다. 우주적 지혜와 사랑의 시대에 우리의 비전과 헌신, 창조적 재능이 인도하길 기원합니다.

그리고 마지막으로 이 새로운 시대에 새로이 태어나는 놀라운 영혼의 아이들에게 특별한 감사를 표합니다. 우리는 초의식(超意識) 인류라는 다음 진화의 물결을 일으킬 '슈퍼 어린이' 여러분을 기다려 왔습니다. 우리의 경험이 지구를 천상으로, 그리고 천상을 지구로 인도할 수 있길 기원합니다.

이 시대, 우주적 차원 상승의 결정적 시기에 천상의 역사를 주도하는 사난다 예수 그리스도와 미카엘 대천사 등의 12 존재의 메시지를 접하고 각 장에서 마다 너무나 감동적인 천상의 에너지를 느낄 수 있다.

본서의 내용은 지구와 인류의 차원 상승과 깨달음, 천상의 세계, 후천세계와 요한 계시록의 실체 등 모든 진실을 밝히고 있다. 본서의 내용은 우주적인 바이블(Bible)이며, 성경(聖經) 중의 성경이다. 또한 이 책은 깨달음과 상승에 대비하기 위한 우주적인 빛의 명상과 각종 수련법, 진솔한 기도법 등을 제시하며, 아직 알려지지 않은 인체의 참모습을 밝혀준다.

우리는 지금이 얼마나 중요한 시기이며 자신이 어디로 가고 있는지 모른다. 남겨진 시간이 그렇게 많지가 않다. 그럼에도 인류는 너무나 깊은 무지와 환상 속에 살고 있다. 빨리 이 깊은 잠에서 깨어나야 한다. 자신이 가진 모든 지식과 앎을 넘어서야 한다. 마음과 용기만 있다면 이는 그렇게 어려운 일은 아니다. 단지 마음의 문제일 뿐이다.

그러나 기존의 종교와 선(禪), 기타 수련법 등으로는 변형과 깨달음이 거의 불가능하다. 왜냐하면 방법이 잘못되어 있고, 불확실하며, 너무나 긴 시간이 필요하기 때문이다. 또한 이를 가르치는 지도자 자신이 장님이니 에너지가 발생하지 않는다. 정확하고 빠르며 에너지가 동반되는 방법이어야만 하는 것이다. 기존의 종교는 길 또한 불확실하며, 그 다음에 오는 깨달음과 천상에 대한 비전이 없다. 확실한 목표와 희망이 제시되어야만 의욕과 에너지가 생기고 의식이 그곳과 연결된다.

하늘이 만들어준 인간의 몸은 너무나 위대하다. 단지 인간이 모르고 있을 뿐이다. 영혼과 함께 몸도 깨어나야 한다. 먼저 몸이 빛이 되고 성불(成佛)해야 완전한 부처가 될 수 있다. 몸은 고통과 죽음의 대상이다. 하지만 원래는 즐거운 창조의 도구이며 위대한 하늘의 쓰임이다. 부처도 태양도 자신의 몸이 필요하다.

생명은 본질이 공허한 것처럼 보이나 그 근본은 에너지다. 우주적 지성을 가진 에너지다. 이 생명이 필요에 의해서 빛이 되고 몸이 되었다. 예수, 부처, 관세음보살, 대천사와 천사들, 위대한 빛의 존재들, 하늘의 존재들, 이들은 책 속이나 아니면 몇 천년 전의 저 멀리에 있는 상상 속의 존재들이 아니다. 내 이웃, 내 가족과 같이 동행 동숙하는 확실한 존재들이다. 부르면 대답한다. 단지 우리가 인식하지 못하고 인정하지 못하고 있을 뿐인 것이다.

역자 천병길

-버지니아 에센 -

　유감스럽게도 우주는 이 책을 공동 집필한 채널러들이 각자 머리말을 쓰는 것에 찬성하지 않습니다. 하지만 우리 채널러 모두에게는 한 가지 공통점이 있으니, 그것은 모두가 지식과 정보를 나누고 싶어 한다는 것이 그것입니다. 이런 협력적인 사업을 조정해 온 책임자로서 본인은 개인적인 여행담을 여러분과 나누고자 합니다. 우리 모두는 적극적인 삶을 살겠다는 의지로 훌륭한 환경을 창출해 나가고 있다고 믿습니다.

　1970년대 내가 처음으로 명상을 시작했을 때 미래의 일들이 어떤 방향으로 흘러갈지에 대해 아무것도 알지 못했습니다. 당시에 내가 미래의 일들을 미리 보았다면, 그것은 너무나 믿기 힘들고 너무나 환상적이면서도 두려운 모습으로 생각되었을 것입니다. 그렇지만 나는 상실감에 빠진 사람들과의 상담이나 사별(死別) 상담, 호스피스 일 등과 같은 자원봉사 활동을 쉬지 않고 계속 했습니다. 이런 자원봉사 활동은 나의 영혼이 이해하는 목표를 향해 가는 지표가 되어 주었습니다.

　2년이라는 짧은 기간 동안 나는 가까운 사람들을 세 명씩이나 잃는 비애를 경험하면서 생사(生死)의 의미를 새롭게 곱씹어 보았습니다. 그리고 자신의 감정을 치유하기 위해 상실자 상담과 사별 상담 분야에서 자원봉사를 시작했습니다.

　그리하여 다른 사람들과 마주 앉아 그들의 고통과 아픔을 들어주면서 인생에 대한 시야를 넓히고 비판적인 태도를 내려놓으며 나뿐 아니라 세상사람 모두를 위해 새로운 삶을 살아야겠다고 다짐하게 되었습니다.

　나는 영적인 몸살을 강렬하게 앓으면서 형이상학의 문제와 그

해답을 열심히 찾아 돌아다녔습니다. 이러한 영적 탐구의 과정에서 마음이 편해지고 눈이 맑아졌으며, '사람들이 내면으로 들어가 자신을 스스로 치유할 수 있도록 도우려면 먼저 자신이 치유되어야 한다.'는 깊은 깨달음을 얻게 되었습니다.

몇 년 동안 상실감에 빠진 사람들과의 상담과 사별자들과의 상담을 하고 나자, 실제로 죽어가는 사람들과 심리적, 육체적 도움을 절실히 필요로 하는 사람들을 돌봐 주어야겠다는 생각을 하게 되었습니다. 그래서 8개의 병상과 전문 간호 시설을 갖춘 호스피스 병동을 설립했습니다.

이 시기에 나는 형이상학 교회에 다니면서 '연구 및 깨달음 협회' 같은 단체에 가입하기도 하고, 케빈 라이어슨과 같은 초기 채널러의 채널링을 듣기도 했습니다. 그리고 나서는 비교종교학을 강의하기도 하고, 『기적의 코스(A Course in Miracles)』라는 시리즈 책의 교정을 보기도 했습니다.

이때 나는 로빈 캐머런(작고)이란 여성이 '신지(Sin-Ji)'라는 에너지체를 포함하여 두 명의 영적 존재들에게서 메시지를 받는 것을 도와주었습니다. 이들은 내가 처음으로 만난 영적 인도자들이었습니다. 이들을 통하여 '의식(意識)은 세상 모든 곳에 편재해 있으며 물질적 신체 없이도 소통이 가능하다'는 사실을 깨닫게 되었습니다.

이런 깨우침은 내 의식의 전환점이었으며, 당시는 내가 채널러가 되리라는 사실을 꿈도 꾸어 보지 않았습니다. 하지만 기이하게도 지금 나는 채널러가 되어 있습니다.

내가 채널링에 거부감을 나타냈던 것은 부분적으로 교수직 상실에 대한 두려움 때문이기도 했으나, 대체로 나의 완고한 믿음과 성격, 그리고 변화에 대한 두려움 때문이었습니다.

여하튼 나는 삶의 방향을 보다 넓은 쪽으로 돌린 다음, 영적인 정보의 서기(書記)가 되라는 하늘의 요청을 수락하게 되었습니다.

처음으로 출간한 서적인 『깨어나는 인류를 위한 새로운 가르침들(New Teachings for an Awakening Humanity) - 도서출판 은하문명에서 〈예수 그리스도의 충격 메시지〉란 제목으로 번역 출간』의 집필을 완성한 다음, 대학으로부터 무급 휴가를 얻어 책의 출간 준비에 거의 1년에 가까운 세월을 쏟아 부었습니다.

나는 그것으로 끝인 줄 알았지만 황금광선 에너지의 예수 그리스도가 1986년 부활절까지 책이 출간되기를 희망했기 때문에 내가 직접 책을 출간해야 했습니다.

얼마 지나지 않아, 다른 영적 에너지를 위해 다른 책을 집필해 줄 것을 요청받았습니다. 그래서 이른 나이에 퇴직을 하고 두 번째 책인 『십대와 이십대를 위한 비의(Secret Truth for Teens and Twenties)』를 완성했습니다.

그리고 나서 영적 자매인 앤 발렌틴과 공동으로 『우주 계시(Cosmic Revelation)』를 집필했습니다. 우리 둘은 미국과 세계 각국을 돌아다니며 강연을 했습니다.

그런 다음 발렌틴과 공동으로 『비둘기의 하강(Descent of the Dove)』을 집필했는데, 이 책은 다양한 우주 존재로부터 내려온 메시지를 기록한 시리즈(4권)의 완성판이었습니다. 4권의 책은 각각 그 정보의 위상과 에너지 진동의 레벨에서 서로 다릅니다.

그리고 서로 사뭇 다른 11명의 채널러와 나는 훨씬 더 중요한 작업을 하게 되었습니다. DNA 건강과 변형의 주제를 자신만의 고유한 방식으로 풀어나가는 것이었습니다. 각 채널러는 서로 간에 그 설명과 사상, 제의 등이 다르다는 사실을 알고 있었습니다.

그럼에도 느슨하게 결속된 집단의식에 참여한 채널러들의 노력은 영적 협력의 훌륭한 귀감이요, 모범이 되었습니다.

혼자서 채널링을 하거나 아니면 다른 파트너와 채널링을 했는데, 우리는 현재 과도기적인 경험에서 꼭 필요한 신비의 상징인 '12'명의 그룹을 이루어 일하게 되었습니다.

현재 인류의 유전자 변형이 무엇인지, 그리고 그 변형의 다양한 갈래들을 어떻게 정리해야 하는지를 서술하려는 우리의 목표는 참으로 소중하고 재미있는 것의 시작에 불과합니다.

인류는 지금 놀라운 경험과 이해하기 힘든 사건들을 목도하고 있습니다.

공동 협력을 향해 나아가는 사람들의 의지 때문에 우리에게는 성장과 기쁨, 변형 등의 엄청난 가능성과 기회가 있다고 믿습니다.

다음 단계가 무엇이 되었든 우리는 경험할 준비가 되어 있기 때문에 다양한 기적들이 일어날 겁니다. 나는 그런 기적들을 몸소 체험해 보았기 때문에 다가올 기적에 대해 의심하지 않습니다. 나는 일시적으로 사랑이 없는 상태에 빠지더라도 본질적인 길이 너무나도 명확해서 곧바로 원래의 길로 돌아옵니다.

이 길을 선택한 우리 모두가 치유되고 있다는 사실은 얼마나 놀라운 축복입니까! 지구 또한 치유되고 있는데, 이 역시 얼마나 놀라운 축복인가요!

이 신성한 계획을 자세히 모르지만 집단의식 속에 함께하여 에너지를 모아 서로 협력함으로써 지구의 문제를 풀어내고 우리가 진정으로 바라는 세상을 만들어 봅시다.

우리 12명의 채널러들은 사람들이 우리가 제시하는 모범을 보고 집단의 힘을 건설적으로 사용할 수 있으면 좋겠습니다.

나와 더불어 이 책에 참여한 모든 사람들은 여러분이 지구의 모험과 내면의 변형을 체험할 수 있기를 기원합니다.

『깨어나는 인류를 위한 가르침들(New Teachings for an

Awakening Humanity)』에서는 이렇게 말합니다.

"우주에서 인류는 혼자가 아닙니다. 지금 지구는 이전에 누렸던 사랑의 고차원으로 상승하고 있습니다. 평화를 선택하는 이들만이 이 우주 변형의 공동 창조자가 될 수 있습니다. 바로 지금이 중대한 시기입니다. '당신'이 필요합니다. 도와주시겠습니까?"

버지니아 Foreword

보다 나은 건강과 장수(長壽), 그리고 영원한 삶을 갈구하는 인간 의식의 깊숙한 곳에는 무엇이 간직되어 있을까요? 우리의 믿음과 신화(神話), 서사시, 동화, 무용담, 그리고 마음에 갖고 있는 환상은 우리 인간은 다시 젊어질 수 있는 가능성과 영원한 의식을 찾을 수 있는 가능성을 가진 존재임을 암시하고 있지는 않습니까?

우리의 내면 깊숙한 곳에 있는 존재는 '우리 인간은 본래 죽지 않는 존재이지만 어쩌다 잘못하여 영원한 생명을 잃어버렸다'고 속삭여 주고 있습니다. 우리가 죽음이라고 부르는 상황 앞에서 좌절하는 것은 당연한 일처럼 보입니다. 연금술은 가능한 것일까요? 아픔과 질병과 부정적인 면을 건강과 기쁨과 영원한 젊음으로 바꾸는 것이 가능할까요? 충만한 건강과 장수가 가능할까요? 그리고 영원한 생명이 가능할까요?

이런 일들은 인간의 꿈에 불과한 것이 아닐까요? 혹시 미친 생각은 아닐까요? 아니면 이는 인간의 마음 깊은 곳에 심어진 원초적 개념이거나, 혹은 과거 한때 즐기던 각인된 진실이 재현되길 열망하면서 무의식의 저장고에서 간혹 출몰하는 믿음일까요?

우리는 풍요로운 탄생의 권리를 세포에 보증서로 갖고 있는 놀라운 창조자의 자손일까요? 혹은 지구상에서 결코 이루어질 수 없는 약속의 땅을 갈망하면서 영원히 응답받지 못하고 기다리기만 해야 하는 존재일까요? 아니면 예수 그리스도가 보여주고 약속했던 것처럼 보이지 않는 성령의 유산을 오늘날 우리가 요구할 수 있을까요?

알렉산더 대왕의 원정과 정복의 이면 스토리로 회자되는 것처럼 건강과 젊음을 가져다주는 마법의 샘과 생명수에 대한 것들은 단지 이야기나 신화, 전설이었을까요? 그리고 폰스 드 레옹이 플로리다에서 젊음의 샘을 발견하려던 외적 탐구는 한때 우리가 누렸던 내면의 기억은 아니었을까요?

신약이나 구약 모두에 나오는 성경의 가르침을 보면 물과 성령 - 생명으로서의 물과 정화로서의 물 - 은 서로 연결되어 있습니다. 성경 등의 여타 기록들을 보면 물은 단순히 갈증을 해소하고 곡식을 키우는 역할 이상을 했음을 분명히 알 수 있습니다. 물은 신비한 가치를 가진 존재로 대단히 존중되었던 것이지요. 왜 그랬을까요?

우리는 본래의 의식으로 되돌아 갈 수 있을 때까지 원래의 기억과 놀라운 능력을 유지할 수 있을까요? 본래의 의식으로 돌아가면 내면의 물 - 분자생명의 전자기적 에너지를 꽃피우게 하기 위해 피를 넘어선 물 - 을 회복하는 체험을 할 수 있을까요? 우리가 젊음과 생명의 원천이 되어 불사(不死)를 성취할 수가 있을까요?

여러분은 오랫동안 보아 왔던 젊음의 원천에 대한 이야기에 끌렸던 아니든 간에 언젠가는 죽음과 고통, 그리고 육체적 무능의 진동과 연관된 불안에서 구원될 수 있는 희망을 가질 수 있습니다.

여러분이 영원한 삶을 갈구하든, 아니면 단지 육체적 한계에서 벗어나는 것만을 갈구하든 이 메시지를 계속 읽어 나가길 바랍니다. 여러분의 망각이나 타자의 간섭에 의한 것이든지, 아니면 여러분의 부정적인 면에 의한 것이든 우리는 여러분의 몸이 젊음의 원천을 상실해 버렸다는 사실을 압니다.

우리는 유전적으로 육체적, 영적 변형을 이루는 일이 과연 가능할까요? 우리는 감히 이전에 상실한 영적유산을 이렇게 회복하겠다는 생각과 바람을 가질 수 있는지요? 또한 우리는 개인적인 깨달음과 집단적인 깨달음을 성취할 수 있는 집단적 비전을 만들어 낼 수 있을까요?

이 책은 이러한 주제를 탐구하면서 채널링을 통해 최신의 정보를 지구에 가져 와서 알리고, 또 사람들을 고취시키는 역할을 합니다. 이 책의 12장을 기술한 각 저자들은 대단히 독특한 방법으로 이런 주제에 대해 이야기할 것입니다. 왜냐하면 이들은 모두 우리의 DNA/RNA 패턴을 보다 높은 에너지 진동과 의식 수준으로 상승시키는 유전자 코드의 진화와 그 변형 과정을 다루기 때문입니다. 본서의 저자들은 본래 - 부자연스럽고 불필요한 상태인 - 죽음도 피할 수 있거나 변형될 수 있다는 색다른 시각에서 죽음의 개념을 바라볼 것입니다.

여기에 참여하고 있는 12명의 채널들은 본서의 채널링이 대단히 유익한 것임을 알고 있기 때문에 각자 독특한 스타일로 각기 다양한 메시지를 전하는데 주저하지 않습니다. 다양한 정보를 알고 있는 이들은 현재의 특별한 진화의 순간에 여러분이 영혼의 공명과 개인의 특성을 안 상태에서 진실로 알고 있는 것들을 사용할 수 있도록 만들어 줄 것입니다.

이 책의 편집과정에서 각기 다른 컴퓨터와 소프트웨어 프로그램을 사용하는 대단히 바쁜 열두 저자로부터 자료를 넘겨받아서 조정하는 것은 쉽지 않은 일이었습니다. 그래서 컴퓨터 프로그램의 제약으로 발생한 단어의 표현과 구성의 문제점에 대해 양해를 구하고자 합니다.

필자는 여러분이 본서를 읽고 탐구하면서 우리와 함께하길 요청합니다. 그리고 본서의 메시지에 대해 옳다거나 최고라거나 정확하다는 등등의 판단으로부터 자유로울 수 있는 진화된 의식의 소유자가 되는 기회로 삼아주시길 요청합니다. 간명하게 여러분의 상승에 도움이 되는 것은 짚어내고, 나머지는 버리십시오. 좋고 나쁨을 구별할 필요 없이 말입니다. 그리고 인간에 대해 배운 것을 실천해 나가십시오. 개인은 저마다 삶이 각기 다릅니다. 그리고 각자는 자신에게 필요한 곳에 있습니다. 그러므로 다양성은 필연적입니다. 이를 이해하고 실천하는 것은 보통 쉬운 일이 아니지만 다 같이 진지하게 노력해 봅시다.

본서에 대해 어떤 독자들은 기뻐하고 만족해할 것이며, 또 다른 독자들은 혼란스럽거나 당황해할 것입니다. 하지만 우리는 본서의 정보에 대한 여러분의 반응이 자신에게 대단히 중요한 가르침의 도구가 된다는 사실을 이해하길 바랍니다. 본서의 내용을 읽어 가면서 예기치 못한 반응과 느낌을 발견할 것입니다. 이런 반응들을 주의 깊게 살펴보십시오. 사실 이는 의도된 경험의 일부입니다. 어떻게 감정이 일어나고 있으며 그 감정의 근원과 성질에 대해 어떻게 대처하는지 주의해서 보십시오. 우리 각자는 강한 믿음을 갖고 있으며 이 믿음에 방어적입니다. 물론 여러분은 이를 바꾸길 바라지 않습니다. 그러나 만일 여러분이 이를 간절히 바란다면 문제의 해결은 가능해집니다.

처음에 나는 12명의 채널러들에게 **우리 몸속에 있는 유전자 변형과 DNA의 창조**에 대해 숙고할 필요가 있는 10개의 동일한 질문 리스트를 제시하여 10~15쪽 분량으로 집필해줄 것을 요청했습니다. 이들 각 채널링은 명료하고 통신이 잘된 것이어서 채널링 소스가 원하는 것은 어떤 메시지든지 간에 자유롭게 가져올 수가 있었습니다. 각 채널링 간에는 무엇이 써지는지 서로 아무것도 몰랐습니다.

이와 같이 각각의 장(章)들은 각기 다른 접근 방식에 초점이 맞춰져 있습니다. 어떤 장은 모든 의문을 간결하게 터치하고 있으나, 일부 장은 보다 깊숙이 주제를 다루고 있습니다.

우리는 어떤 채널링도 의학적인 처방이나 치료의 목적으로 써

지지 않았다는 점을 짚고 넘어가고자 합니다. 이 책은 어느 쪽인가 하면, 우주적인 내용을 담은 에세이와 같습니다. 우리는 여러분이 한 번에 한 장씩 읽고 그 내용을 설명해보는, 그리고 이 책 안에 담긴 사념뿐만이 아니라 그 에너지 경험을 시도해보는 새로운 형태의 책 읽기에 여러분을 초대합니다. 각 장들을 천천히 음미하면서 읽으십시오. 이런 과정은 영혼의 깨어남을 촉발하거나 영혼의 인식을 불러일으켜 마음에 새겨지게 할 것입니다. 그러면 여러분은 보다 즐겁고 삶의 목적에 충실한 삶을 살 수 있게 됩니다.

다시 한 번 말하건대 각 장의 정보가 일치하길 바라거나 기대하지 마십시오. 각각의 채널링 내용 사이에는 모순되는 부분도 있을 수 있습니다. 만일 여러분이 이를 알고자 한다면 알아보십시오. 그러나 무엇보다도 보편성을 보십시오. 그리고 여러분이 옳고 그름을 분별하는 데 있어서 자신의 직관과 영혼을 신뢰하십시오. 이 책에는 다양한 사념의 수준들과 차원들, 에너지들이 나타나 있기 때문에 우리는 모든 사람들이 최소한 하나의 관점과 가치관을 발견할 수 있기를 바랍니다.

우리는 여러분의 마음이 열려 있기를 바라지만 속아 넘어가지는 마십시오. 완고함을 피하고 하늘 높이 마음을 여십시오. 이들 메시지의 진동은 참으로 강력합니다. 그리고 우리는 그 내용이 무엇이든지 간에 그것이 여러분의 의문 제기를 도와주고, 여러분의 자연스러운 사랑과 지혜를 확장시켜 주며, 여러분의 이해 수준에 맞춰 봉사할 수 있기를 바랍니다.

우리 중 일부는 지구와 인류와 모든 생명에 유익하다고 생각되는 믿음을 과감하게 세상에 내놓는 위험을 감수하고 있음을 알아준다면 더없이 고맙겠습니다. 채널러들의 메시지가 여러분에게 전해지고 이들이 여러분과의 접촉이 이루어질 수 있도록 하기 위하여 각 채널링의 참가자들(집필진)에 대한 정보를 한 쪽 내로 본서 말미에 수록합니다. 이는 독자들에게 전국에 존재하는 정보를 광범위하게 전해주기 위함입니다.

끝으로 우리를 고차원의 의식으로 회향시켜줄 수 있는 성스러운 계획에 참가하고자 하는 여러분의 뜻에 대해서도 감사를 보냅니다. 그리고 많은 차원에서 유전적 변환이 이루어지는 이 특별한 시기에 우리가 영적인 형제자매가 되는 것에 대해서도 감사를 보냅니다.

여러분 모두에게 기쁨과 평화와 빛이 있기를 기원합니다!

- 버지니아 에센-

1장 예수 그리스도 – 채널링: 버지니아 에센

신성한 인간육체의 신비 / 차원전환에 따라 발생하는 여러 변화들 / DNA 가닥의 변형과 깨어남 / 부활과 승천에 담겨진 참뜻과 차원상승 / 차원변형기의 정서적 안정과 치유 및 휴식의 중요성 / 경락과 연관된 새로운 치유법을 연구하라 / 여러 대체의학 요법과 자연 치유법 / 차원변형과 더불어 나타나는 현상들과 유의할 점 / 실천해야 할 삶의 일상적인 지침들 / 신성한 창조의 원리와 차원변형 과정 / 선택의 기로점에 선 인류 / 불사(不死)에 대한 추가정보 / 〈빛의 의상 명상법〉 / [예수 그리스도의 2006년 메시지]

2장 미카엘 대천사 – 채널링:오피어스 필로스

숫자 12에 담겨진 비의 / 144,000의 의미 / 일원성의 법칙으로의 회귀 / 고대 레무리아인들의 삶과 에너지적 영향 / 레무리아와 아틀란티스인의 유전적 특성과 차이점 / 인간들을 가르치고 지도했던 작은 신들 / 피라미드의 신비와 비밀 / 내부세계로 들어가는 방법 / 무의식 조정 기법들 / 마음의 긍정적인 확신의 힘 / 십(+)자에 숨겨진 4L의 의미들 / 긍정적 사고의 중요성 / 인류와 지구의 미래상

3장 우리엘 대천사/파라셀수스 – 채널링: 캐럴 오스틴

태양과 달이 인간에게 미치는 영향 / 인체는 스스로의 직관에 의해 자신에게 이로운 것을 안다 / 인류를 치유하는 인류학적인 약인 지닌 3가지 측면 / 뇌 속의 부정적 기억들은 방출되어야 한다 / 인류의 DNA 공학의 위험성에 대해 / 외계인에 관한 정보의 허와 실을 보는 안목의 필요성 / 인류와 지구를 구할 책임은 인류 스스로에게 있다 / 심각한 수준에 달해있는 환경재앙의 위협 / 모든 만물에는 지성적 의식이 깃들어 있다 / 인체의 모든 부분과 대화하라

4장 신성한 자아 - 채널링:조안나 체리

인간의 영혼이 추락하게 된 역사 / 삶과 죽음의 사이클에 대한 환상 / 영혼의 귀향 / 늙고 죽는다는 인간의 유한한 생각을 제거하라 / 완전한 통달의 선택 / 육체레벨에서 다시 젊어지기 / 감정레벨에서 다시 젊어지기 / 정신레벨에서 다시 젊어지기-차크라의 중요성 / 젊음의 재현에 대한 나 조안나 체리의 개인적 경험 / 젊음을 되찾기 위한 장애물 해소법 / 죽음의 초월 / 삶 속에서 잠재의식 정화하기 / 뇌하수체, 죽음의 호르몬 생산을 역전시킴 / 여러분의 빛의 몸 / Ⅰ젊음의 재현 프로그램 / 차크라 명상 / 차크라와 내분비선 / Ⅱ 실행

5장 힐라리온 - 채널링:존 폭스

질병은 인간에게 무엇인가를 알려주려는 신호이다 / 질병이 가르쳐주는 교훈을 배우라 / 남을 돕는 치유가들은 먼저 자신을 치유해야만 한다 / 치유는 영혼의 주파수적 공명에 의해서 / 나타나고 있는 새로운 치유법과 변화의 물결 / 질병이 지닌 영적인 의미 / 남을 돕는 이미지네이션 명상기법 / 지구상에 태어난 삶의 목적 / 우주원리에 대한 무지로 인해 발생하는 문제들

6장 익제카 - 채널링:버레인 크로포드

의식각성을 통해 진화하는 존재 - 인간 / DNA 코드는 세포의 알파벳 / 사랑은 모든 것을 하나로 융합하는 매체 / 차크라의 기능과 작용 / 유전이란 무엇인가? / 지구는 이미 4차원 영역 속으로 진입했다 / 인간은 홀로그램 우주의 한 조각 / 명상의 필요성과 불꽃명상 / 지구 차원변형에 따라 준비해야 할 심신의 요소들 / 인류를 위해 봉사하는 영적 스승들 / 정부의 음모와 UFO에 관한 올바른 인식의 필요성 / 사념의 창조법칙에 대해 / 지구를 구할 수 있는 유일한 대안은?

7장 줄리언 - 채널링:준 버크

창조 작용이 일어나는 과정 / 나선형으로 상호작용하는 진화의 에너지들 / 절기(節氣)에 따른 에너지적 흐름 / 몸과 마음의 균형 유지의 중요성 / 발생하고 있는 우주에너지적 변화들 / 육신은 마음 상태의 반영이다 / 변화와 상승을 위한 다짐 / 실수를 통해 무엇인가를 배우라

11장 플레이아데스인들 – 채널링: 바바라 마시니악

지구는 살아있는 생명도서관의 목적으로 창조되었다 / 지구적 전환기와 외계의 관여자들 / 재활성화가 촉발되고 있는 생명 도서관 – 지구 / 인간의 DNA를 훼손시켰던 외계에서 온 지구의 소유권자들 / 12 가닥 DNA와 12 에너지(차크라) 센타 / 빛의 가족들의 특징 및 잠재적 능력 / DNA 12 가닥의 활성화와 함께 나타나는 현상들 / 건강을 회복하고 노화를 초월할 수 있는 우주원리 / 모든 것을 용서하고 화해하라 / 12 가닥 DNA 활성화 및 차크라 개발을 위한 수련법 / 자기연민은 무익하다 / 지구는 빛과 어둠의 세력 간의 각축장 / 마음의 창조력을 활용하라 / 한 사이클의 종막과 새로운 사이클의 시작 / 12 나선의 다차원적인 존재는 여러 장소에서 동시에 존재하는 것이 가능하다 / 영혼 스스로 선택하는 유전혈통과 가계(家系) /

12장 티안나, 소크리 박사와 코르톤 – 채널링:마크 니클라스

태초의 지구 표면의 형성 과정 / 창조의 소리 '옴' – 가이아의 영혼을 탄생시키다 / 최초의 DNA 형성과 돌연변이 / 돌연변이는 생물 진화의 중요한 연금술이다 / 빙하시대의 도래 / 지구의 차원변형에 관해 / 치유와 빛의 몸으로의 변형에 대해서 / 우주의 원초적 소리(音) / 치유를 위한 소리(옴)의 사용법에 대하여 / 여러분은 소리와 어떻게 연결되어 있는가? / 두뇌 사분원(四分圓) 치유 / 여러분의 치유를 위한 수련법 / 통합 수련에 대해서 / 스타 차크라(Star Chakra)

CHAPTER
01

예수 그리스도
—

채널링　버지니아에센

1 예수 그리스도

채널링 : 버지니아 에센

　나는 대단히 중요한 천상의 일들을 여러분에게 알리고 현생(現生)에서 여러분의 육체적, 영적 변형에 관한 내면의 천문학[1]에 대해 설명하기 위해 이 자리에 왔습니다. 그리고 인류가 더 높은 의식으로 진화하는 이 장대하고 극적인 시기를 통해 우리의 조언에 귀를 기울이고자 하는 모든 이들에게 길을 제시하고자 합니다.

　나는 여러분의 교사이자 형제로서 여러분의 영적 본질을 존중합니다. 여러분은 인류를 향한 우리의 관심을 헤아려서 나의 메시지를 경청해 주기를 바랍니다. 여러분에게는 위대한 창조력과 정신력, 감정을 순화하고 조절하는 능력이 있습

---

1) 내부의 천문학(Inner Astronomy) : 우리가 육안으로 보고 느끼는 물질 우주는 환상(Vision)의 우주이자 이 3차원의 시간과 공간과 의식에 의해 구현되고 순간순간 변하는 가상의 세계이다. 이런 가상의 세계에 반해 실상의 세계, 천상과 다차원의 세계, 깨달음의 세계 및 불변의 세계가 있는데, 이런 세계를 다루는 천문학을 가리킨다.(역주)

니다. 이 메시지를 읽음으로써 부디 이러한 능력을 발휘하여 오늘의 이 이야기가 여러분의 가장 지고한 의식에서 감응하여 훗날 의미 있게 활용할 수 있게 되길 바랍니다.

신성한 인간 육체의 신비

여러분은 밀도 높은 둔중한 육체로서 존재하지만 여러분의 육체 안에는 본질적으로 천상의 유전적 원형이 담겨져 있습니다. 여러분은 육안으로 볼 수 없는 것들로 구성되어 있으며, 몸속의 원자, 분자, 염색체와 세포와 이들 사이에 엮어진 놀라운 연관성이 육체적 생명의 근간을 이루고 있습니다.

인류의 현(現) 초보적인 과학이 이제야 겨우 밝혀내고 있는 신비로운 생명 플라즈마의 내부에는 장엄한 세계가 운행되고 있고, 이는 신비의 힘으로 육체 안에 심어져 있습니다. 이렇게 이루어진 여러분의 몸의 실체와 좀처럼 이해하기 어려운 장엄한 진화 역시 이제야 겨우 그 존재가 규명되기 시작했습니다. "원자"나 "염색체" "세포" 같은 단어로는 신성(神性)의 창조적 활동을 설명하기가 여의치 않지만, 최소한 이러한 단어들로써 시작의 한 획은 그어졌다고 할 수 있겠습니다.

여러분의 세포에는 DNA/RNA 유전자 기억 코드와 정보 인자가 들어있으며, 이것들은 세포가 점차 진화의 단계를 밟아가면서 자신의 긴 여정을 완성하도록 되어 있습니다. 여러분에게는 새로운 인간 종족의 모습이 신성하게 반영되어 있습니다. 여러분은 우주적 원형과 천상이 염원하는 잠재력이 담겨있는 인간인 동시에 여러분에게는 신인간의 모습이 신성하게 반영되어 있는 것입니다. 그리고 여러분은 인간과 다름없이 살아 숨 쉬며 영적인 특성을 가진 아름다운 지구 위에서 살

1장 예수 그리스도

고 있는 사랑과 지혜의 존재입니다.

부탁하건대 지구와 여러분은 이 우주적인 깨달음을 성취하는 데 있어서 동반자임을 기억하고 지구를 그에 걸맞게 대우하십시오.

차원전환에 따라 발생하는 여러 변화들

위대한 의식(意識)으로의 전환을 위한 거대한 에너지, 즉 우리가 여러분과 지구를 돕고자 보내고 있는 높은 진동의 주파수는 육안으로는 볼 수 없지만 여러분에게 대단한 영향을 줍니다. 이 이야기를 듣고 난 후, 여러분 대부분은 여기에 함축된 가능한 모든 상황과 여러분이 경험하고 있는 바를 올바르게 이해하고자 애쓰게 될 것입니다.

간단히 말해서 여러분은 직선적인 시간 너머로 움직이고 있는 신성한 좌표점 안에 있습니다. 현재 인간 육체의 구조가 변하고 있습니다. 정신이 개화됨에 따라 육체의 특성을 포함하여 여러분의 존재 전체가 영향을 받고 있습니다. 왜냐하면 여러분은 육체적으로, 감정적으로, 정신적으로, 영적으로 진화하고 있기 때문입니다. 여러분은 평소와는 다른 반응을 경험할 수도 있습니다.

지금 여러분에게 일어나고 있는 것을 이해하는 일은 대단히 중요합니다. 그런 까닭에 천상의 많은 세계들로부터 이에 관련된 안내 지침과 그 메시지들이 여러분에게 전달될 것입니다. 나는 미래의 어떤 끔찍한 일을 암시하는 것이 아니라 사람들이 불안정한 과정을 통과하고 있다는 사실을 설명하려는 것입니다.

이 강력한 에너지 전환이 일어나면서 여러분은 **무겁거나 혼란스러운 감정, 극단적인 감정, 근심, 시간의 가속화, 자**

기 가치의 결여, 자신에 대한 불신, 혼돈, 공포 등을 느끼고 있을 수 있습니다.

일을 보다 효율적으로 빠르게 하려고 노력할 때, 여러분은 좌절이나 분노를 느끼면서 낙담하고 말지도 모릅니다. 타인의 이름이나 일어난 일에 대해서 잠시 기억을 잃어버리거나 제대로 집중이 되지 않는 경험을 할 수도 있습니다. 물질적 소유가 여러분에게 이전처럼 중요하게 느껴지지 않을 수도 있는데, 이것은 이러한 에너지들이 여러분으로 하여금 인생의 모든 것을 점검해 보게 하기 때문입니다. 여러분이 현재 종사하는 일, 인간관계, 그리고 여러분이 살고 싶어 하는 곳은 보다 강력한 내면의 영적 충동에 따라 다시 재고하게 될 것입니다. 심지어는 지금의 직장이나 집을 떠나 자신의 영혼이 목적하는 바에 더욱 충실한 장소나 환경을 찾아 홀로 과감하게 떠날 지도 모릅니다.

다시 부탁하건대, 지구와 여러분은 이 우주적인 깨달음을 성취하는 데 있어 동반자임을 기억하고 그에 걸맞게 지구와 스스로를 대우하십시오. 수면 패턴과 음식의 선호도에서도 변화가 있을 수 있습니다. 설명하기 어려운 불안정, 둔탁함이나 부주의함, 작은 사건들, 유달리 몸과 마음이 지치는 지독한 피로, 경미한 구토나 질병 등도 겪을 수 있습니다. 많은 사람들이 '이상한 느낌'을 주는 경험들에 대해 언짢게 이야기하고 있습니다.

직선적인 시간에서 초공간적인 세계로 이동하는 동안 이러한 일들이 많게 일어날 수도 있고, 일부만 일어날 수도 있습니다. 그리하여 여러분은 전환이 이루어지는 지구 위에서 육체를 유지한 상태로 4차원의 존재가 될 수도 있습니다. 현재 지구의 환경이 변동됨에 따라 여러분 중의 어떤 이들은 두려움과 직면하게 되는데, 이는 지구 역시 신성한 변형의 과정을 통과하고 있기 때문입니다. 이 두려움을 넘어서기가 더없이 어려운 일이 될 것입니다. 세상의 물리적 구조가 무너진다는 사실은 여러분이 받아들이기가 쉽지 않습니다.

그러나 확실히 말하건대, 이 지구로 유입되고 있는 에너지는 여러분의 영혼과 육체의 유전적 원형을 치유할 것입니다. 여러분의 영혼은 세포와 생체조직이 높은 진동 주파수의 에너지를 받는 상태로 육체 속에서 살아본 경험이 전혀 없기 때문에 여러분 중에 일부는 일시적으로 어려움을 겪을지도 모릅니다. 그러나 결국 우리는 신(新) 인간 종족으로 변화를 원하는 모든 사람들을 안내하고 도울 것입니다.

DNA 가닥의 변형과 깨어남

여러분이 높은 주파수로 이루어진 창조주의 에너지 진동으로부터 나올 때 - 육체를 받고 탄생할 때 - 그 높은 주파수는 밀도가 조밀하고 무거운 상태로 에너지의 진동수를 낮추어야만 했습니다. 지금 여러분은 이 과정을 역으로 밟고 있습니다. 그렇기 때문에 여러분은 자신이 육체 이상의 존재임을 알아야 합니다. 예를 들면 명상 상태에서와 같이 높은 에너지의 진동을 경험할 수 있는 가능성을 지닌 존재임을 알아야 하는 것입니다.

여러분은 이 지구상에서 생존하기 위해서 불가피하게 지금과 같은 낮은 진동 에너지의 육체 상태로 있지만, 지금 여러분의 육체 정보와 기억의 원형은 깨어나고 있습니다. 지금 여러분의 존재는 치유되고 있는 것입니다.

이 치유가 일어나기 위해서는 여러분의 세포가 보다 많은 빛을 지속적으로 받아야 합니다. 그리고 성경에서 말하는 것처럼 현생뿐 아니라 지난 4세대까지 쌓인 수많은 억압과 구속, 불완전성 등을 떨쳐내야 합니다. 말하자면 육체적 특성과 관련된 한 쌍의 염색체가 육체적 상태와 정서적 태도, 이에 연관된 정신적 관념 등을 소급해서 과거 4대(代)까지 정화되지 않으면 안 되는 것입니다.

1950년대에 여러분의 지구 과학자들이 발견한 것처럼 현재 인류의 유전자 코드는 이중의 나선형으로 되어 있습니다. 이것은 여러분의 육체적 존재 패턴을 형성하고 있는 아원자, 세포, 유전정보가 2개의 꼬인 가닥과 흐름으로 되어 있다는 말입니다. 이러한 신성한 변형의 기간 동안, 여러분 몸의 세포들을 재생시키고 개조시키는 '에너지 불꽃의 점화'가 있게 될 것입니다. 이 생명 플라즈마(Plasma) 흐름의 영적인 재충전은 밀도 높은 상태에서 밝은 상태로의 확장이 이루어지도록 자극을 가하고, 2가닥의 DNA 나선구조가 3가닥으로 변형되는 것을 가능케 합니다.

3 가닥의 유전자 구조는 6 가닥이 되고, 그 다음에는 9 가닥이 된 후, 최종적으로는 완전한 깨달음 상태인 신비한 12 가닥이 됩니다. **완전한 깨달음의 수학적인 등식은 12입니다.** 이는 육체 세포의 구조 속에 완전한 확장이 이루어진 상태를 가리킵니다. 화학적이고 전자기적인 내적 상관관계가 동시에 이루어질 때 여러분은 '빛의 존재'가 됩니다. 그리고 빛의 존재가 되면 여러분은 더 이상 단순한 육체가 아니며, 육체의 존재를 초월하게 되는 것입니다.

부활과 승천에 담겨진 참뜻과 차원상승

이것이 바로 내가 과거 지상에서 12 제자를 가졌었던 이유입니다. 즉 당시 나는 이러한 변형과 깨달음에 관한 정보를

1장 예수 그리스도

이들과 같이 나누었습니다. 나의 육체가 광휘(光輝)로 빛나는 영적인 몸으로 변형되어 승천, 또는 상승한 사실은 내가 설교한 가르침의 진실성에 대한 불가결한 증거가 되어 주었습니다. 그리고 이런 사실은 여러분 자신 속에 잠재된 경험을 위한 하나의 모델을 제공하는 것입니다.

하지만 이러한 일은 여러분 모두에게 동일하게 일어나거나 동시에 일어나지도 않으며, 각 개인에 따라 여러 단계에 걸쳐서 일어나게 될 것입니다.

우리는 여러분이 에너지와 빛의 파장을 볼 수 있기를 바라는데, 이 미세한 파장들과 방사체들은 여러분의 변형을 위해서 지금 지구로 퍼부어지고 있습니다. 이 빛 에너지들이 여러분의 몸에 흡수되면, 즉 두뇌의 수용기관이 이를 흡수하게 되면 그곳에서 무수히 복잡한 화학적, 전자기적 활동이 기록

그리스도의 부활과 승천은 차원상승의 한 모델이었으며, 그것을 인류 앞에 시범 보인 것이었다.

되고 육체의 중요 기관과 세포에 흡수됩니다.

여러분의 과학자들이 이러한 빛에너지의 활동과 방사를 측정할 수 있는 수단을 개발할 때까지 지금의 발전 과정의 기간에는 여러분의 믿음과 직관을 안내의 지표로 사용해야 합니다.

여러분이 우주적 빛에너지로 육체적인 진화와 변형이 이루어지고 있을지라도, 또한 여러분은 자신과 지구에 좋지 않은 여러 가지 인위적이고 유해한 전자기 에너지 파장들과 관계할 수밖에 없는 처지입니다. 여러분도 알다시피 현재 여러분의 몸은 극심한 조정을 피할 수가 없습니다. 전기 모터, 군사(軍事), 비즈니스, 산업, 기타 개인 가정에서 사용하는 각 가지 기기와 발명품들에서 발생하는 이런 에너지 파장의 흐름은 인체 에너지의 직접적인 흐름과 공존할 수가 없습니다.

차원변형기의 정서적 안정과 치유 및 휴식의 중요성

텔레비전과 컴퓨터 등의 많은 기계들은 그 사용 방법과 노출 여하에 따라 여러분의 건강과 정서적 안정에 해로운 영향을 미칩니다. 이를 기억하십시오. 이 특별한 시기에 여러분의 긍정적 사고와 정서적 안정, 건강한 신체를 유지하는 데 있어 많은 도전에 직면하게 되는데, 이 점은 아무리 강조해도 지나치지 않습니다.

우리는 여러분이 긍정적 사고와 확신을 가지고 매일 매일 기뻐하며 조급증을 내지 않고 여러분 자신과 타인에 대한 인내심을 기르기를 간청합니다. 내가 말하는 것이 쉽게 들릴는지는 모르겠으나 사실은 그렇지 않습니다. 이렇게 급박히 가속되는 시대에 내가 말한 것을 실천하기란 쉽지 않습니다. 에너지와 빛이 다양한 레벨의 생명 세포와 DNA/DNA 유전자 패턴에 침투함으로써 개조와 변형이 진행되는 이 시기에는 여러분이 스트레스를 받을지라도 평온함을 유지할 수 있어야 합니다. 과도한 성능을 내는 엔진과 같이 여러분의 육체 모터는 고도의 성능을 성취하는 중에 있으며, 어떠한 알려진 지도(地圖)도 없이 아주 높고 험준한 상태를 넘나들고 있습니다. 그리고 여러분은 삶의 여행에서 마음이 깨어 있어야 하고 집중력을 발휘해야 합니다. 또 때로는 자주 이완과 휴식을 취해야 하며, 보다 깊이 내적 자아의 인도를 따라가야 합니다.

그러므로 여러분 스스로 이러한 성스러운 경험을 받아들여 영적인 의지를 가지고 출발할 수 있도록 용기를 냅시다. 그리고 편안한 마음속에서 스스로 이를 성취할 수 있도록 합시다. 날마다 긍정적으로 시각화하는 일과 명상과 정서적 균형을 위해 확신의 기법을 실천하십시오. 여러분의 마음이 평화와 풍요, 기쁨의 비전속에서 적응함에 따라 여러분은 조화와 협동, 지혜, 사랑의 신성한 원리를 성취할 수 있으며, 사랑은 감성적 본성을 증폭시키고 존재의 본성인 평화와 그에 합당한 고귀한 생명을 증폭시키게 됩니다.

인류는 폭력과 적대 행위로 인해 자신의 장엄한 영광을 잃어버리고 있는 격정의 수준에 머물러 있기 때문에 부디 여러분 모두가 내적인 평화 속에 머물며 경이로운 변형이 가능함을 알기 바랍니다. 여러분 중에 많은 사람들이 카운슬링을 받으러 가기도 하고 자신에 대한 보다 깊이 이해하기 위해 정서지원 그룹 모임에 참가하기도 합니다. 이것은 정말 훌륭한 일입니다! 우리는 이러한 마음을 가진 여러분에게 축하를 보냅니다. 태어나서 갖게 된 그릇된 믿음과 상처들을 확인하고 치유함으로써 감정적인 곤경과 부정적인 충격에서 해방될 수 있는 길이 열리게 됩니다. 그러나 어떤 사람들은 새로운 에너지 도구들을 사용하여 보다 빨리 사람들의 감정을 치유할 수 있는 새로운 치유법을 개발하기 시작했습니다.

경락과 연관된 새로운 치료법을 연구하라

게다가 지금 보다 더 개선된 치료 기술과 물질재료와 육체적, 감정적 치유에 관계되는 기구들이 나오기 시작했습니다. 그중 어떤 것은 인체 내의 경락(經絡)[2]의 여러 교차점이나 전자기 고속도로로부터 축적된 에너지를 풀어주는 방법입니다. 나는 여러분이 자신의 경혈(經穴)[3] 지점을 알기를 강력히 권합니다. 여러분은 생화학 시스템의 복합체이며, 동시에 균형이 유지되어야 하는 에너지 흐름으로 구성되어 있습니다. 새롭게 등장할 치료법 중에는 음향과 칼라의 치유 진동에너지를 사용하여 치유 에너지의 공명 속에서 인체의 에너지장(오라)을 재조정하는 기법이 있습니다. 이 기법을 쓰면 여러분은 병에서 해방되는 삶을 살게 되며, 놀라운 선물들이 빠른 속도로 여러분에게 다가올 것입니다. 여러분은 아마도 놀랄 것입니다!

그러나 사랑하는 영혼들이여! 여러분이 이 특별한 새로운

---

[2]고대 동양의학에서 언급되어 온 개념으로 인체 내에 존재하는 기(氣), 즉 에너지 흐름의 통로를 말한다. 기는 인체 생명활동의 원동력으로서 혈(血), 다시 말해 피를 끌고 다닌다. 고로 기의 운행이 원활치 못하면 피의 흐름에도 이상이 생겨 몸의 병이 생기는 것이다. 경락은 몸 전체에 걸쳐 거미줄처럼 가로 세로로 얽혀서 펼쳐져 있는데, 서양과학이나 의학은 30여 년 전 까지만 해도 경락의 개념을 잘 이해하지 못했고 인정하지도 않았다. 하지만 최근 신과학이나 대체의학 분야에서는 이를 인정하고 관련 치료기법들을 많이 수용하는 추세이다. 예컨대 서양에서도 최근에는 동양의 의술인 침술(鍼術), 뜸, 기공(氣功) 치료 등을 행하고 있다. 그런데 경락의 개념은 본래 인체를 영적으로 투시하지 않고는 알 수 없는 것이다. 따라서 이는 초자연적 능력을 행사하던 고대 동양의 선도(仙道)나 도인(道人)들에서 그 연원이 시작되어 온 것으로 보인다.
[3]경혈은 경락 선상에 존재하는 기(氣) 흐름의 주요 교차점이다. 한의학에서 침이나 뜸은 반드시 경혈 지점에다 놓는다.   (이상 편집자 주)

제품과 기구들을 이용하기 위해서 대단히 중요한 일은 일상 생활 속의 건강의 참된 의미를 알아야 할 책임이 우선 여러분 자신에게 있음을 받아들이는 것입니다. 만약 여러분이 기쁨과 인생에 숙달한 인간으로서 성공하는 데 있어 최우선적으로 해야 할 어떤 것이 있다면, 그것은 건강에 대한 책임입니다.

여러분 자신은 각자 하나의 몸을 받아가지고 삶을 영위하고 배워가고 있습니다. 몸을 돌보는 일은 여러분 각자의 책임이며, 어릴 적에는 부모나 사회의 보호와 도움으로 안전하게 성장했습니다. 인간의 몸에 대해 좀 더 상세하게 이야기해 보도록 하겠습니다. 인간의 몸은 그 속에 의식(意識)을 담기 위해 만들어진 에너지의 창조물입니다. 이 물질적인 몸은 파괴적인 영향이나 좋지않은 개인적 습관 등 여러 환경에 기인한 어려움을 겪지 않는 한, 건강한 상태를 유지합니다. 그러나 만약 여러분이 강력한 부정적 사념을 창조하거나 상당한 기간 동안 부정적 감정을 축적하면, 이것들이 몸속에 쌓이게 되고, 결국은 건강의 균형을 파괴하게 됩니다.

여러분의 피부를 지압해 보면 에너지가 막혀서 딱딱하게 경직되어 뭉친 곳을 실제로 느낄 수 있습니다. 혹과 같이 나쁜 에너지가 축적된 부위는 에너지 순환을 빨리 회복시켜주지 않으면 나쁜 결과를 초래하게 됩니다. 결과적으로 여러분은 이러한 문제들을 초기에 예방하는 것도 중요할 뿐만 아니라 과거에 축적된 에너지 뭉치를 제거하는 것도 중요합니다. 여러분은 스스로 자신의 상태를 알고 도울 수 있으며, 다른 사람들도 이와 같이 할 수 있습니다. 하지만 여러분 중 일부는 인체의 에너지 흐름에 대해 잘 알고 있고 생체 에너지에 대해 계속 연구하고 있는 힐러(치료자)의 도움이 필요할 수도 있습니다.

치료자는 몸 운동이나 마사지 등의 치료 과정에서 손을 사용하여 뭉친 에너지를 풀어낼 수 있습니다. 그리고 지압과 침술을 사용하여 경락의 에너지 흐름을 조정하고 에너지 정체(停滯)를 해결할 수가 있습니다. 그러나 치료자가 몸에 축적되고 정체된 에너지를 해결하는 동안에 환자의 무의식에 심어진 신념과 초기에 원인이 된 부정적 감정을 동시에 발견해서 해결하는 일은 쉽지 않습니다.

물론 이를 해결하는 데는 생화학적인 방법이 있는데, 좋은 에너지 물질인 약초나 해조류(海藻類), 기타 적당한 영양소로 치료가 가능합니다. 그럼에도 불구하고 인체의 에너지장이 무너지면 인체는 계속 쇠약해지고 에너지 정체의 정도와 부위에 따라 여러 가지 질병을 유발하게 됩니다.

여러 가지 대체의학 요법과 자연치유법들

오늘날 여러분이 (대체의학과 같은) 건강 분야에서 경험하고 있는 '전체론적(Holistic)' 방법과 기술은 전혀 새로운 것이 아닙니다. 이는 일찍이 존재했던 고대 문명과 여러 영적 센터에서 뛰어난 지성들이 이미 가르치고 시행했던 것입니다.

이러한 많은 방법들은 여러 문명들에서 다시 나타날 것이며, 참으로 귀중한 정보의 기초를 제공할 것입니다. 치료자들에게는, 특히 퇴행성 질병을 치료하는 치료자들에게는 인간의 생명력과 건강을 회복하는 데 있어 <진동 치유법>이 가장 효과적일 것입니다.

자체적인 자연 치유력을 가진 인체의 본성을 배우는 데 지체하지 마십시오. 인체 내에서 상호 협력적이고 상호 침투적인 흐름의 장(場)이 생명 그 자체를 유지하고 있습니다. 색채와 음성조화(진동음)의 치유, 금속을 이용한 치유, 수정(水晶)과 광물을 이용한 치유 등은 중간 단계의 수준인데, 높은 단계는 인체의 손과 얼음에 의한 직접적인 에너지 치유로서 이런 방법은 사람이나 특별히 고안된 에너지 도구를 사용함으로써 가능합니다.

믿음과 영적인 치유법은 과거에 내가 사람들에게 사용한 것으로서 모든 방법 중에서 최고의 치유력을 지닌 것입니다. 오늘날 이 분야에 대한 여러분의 앎이 대단히 중요한 이유는 이것이 여러분 자신만을 치유하는 것이 아니기 때문입니다. 어린 아이들과 지금 태어나고 있는 아이들은 처음부터 이 정보가 필요합니다!

그들은 여러분의 도움이 필요한데, 이것은 그들이 건강한 삶을 유지하는 방법을 기억하도록 도와주는 일입니다. 과거의 문명들은 아이들에게 신체적 기능에 관한 내적 정보를 아주 잘 가르쳐 주었기 때문에 아이들이 초기에 어려움을 잘 극복할 수 있었고, 질병이나 오늘날의 일상적인 고통을 피할 수가 있었습니다.

그래서 일부 사람들은 100세 이상을 살 수가 있었습니다. 여러분의 후손이 이러한 기회를 갖는다고 상상해 보십시오. 여러분은 자신의 아이들이 보다 좋은 삶을 살기를 원하고 있다고 가슴속에서 혼자 내밀히 말하지 않습니까? 여러분의 지금의 개념으로는 설명하기 어렵겠으나, 여러분은 자신의 아이들에게 영원한 삶을 향한 출발이라는 좋은 선물을 줄 것입니다.

지금 심리적 질환을 다루는 치료자들도 에너지에 대하여 더 많은 공부가 필요하다고 나는 강조하고 싶습니다. 몸속에 남겨진 심한 정신적, 심리적 고통은 사람들의 육체적 질병이나 쇠약의 원인이 됩니다.

감정을 치유시키는 치료자가 치유의 테크닉을 계발하는 것은 아주 훌륭한 일입니다. 이런 치유의 테크닉은 몸속 특정 부위의 에너지 정체(停滯) 상태, 즉 무의식 속에 있는 부정적인 메시지를 해소하면서 몸속의 에너지 정체 덩어리를 풀수 있는 기술을 말합니다. 대부분의 사람들이 프로그램화된 무의식 속에 갖고 있는 부정적이고 그릇된 정보들을 해체하여 물질적 신체의 막힌 부분을 풀어 주면서 치유의 삼위일체를 완성하는 긍정과 시각화의 기법을 쓸 수도 있습니다. 현재 치료자들은 정신적 치유, 긍정적인 마음의 사용법, 심리적 장애, 또는 육체적 질병 등을 아주 전문적으로 연구하고 있기 때문에 매우 희망적인 미래가 기대됩니다. 치료자들은 또한 현재 인류에게 더없이 필요하며, 따라서 모든 치료자들은 전체적으로 완전하지는 않더라도 치유의 여러 분야를 동시에 해결할 수 있는 단계에 이르게 될 것입니다.

몸 운동에 초점을 맞추고 있는 사람들은 무의식의 메시지를 받거나 치유 에너지를 접하면서 부정적인 무의식적 신념을 해소할 수 있게 됩니다. 같은 방법으로 정서적 장애를 치료하는 사람들은 몸을 어루만져 치료할 수도 있고, 침술을 사용할 수도 있습니다. 그리고 에너지가 막힌 부위를 찾아내고 장시간 쌓인 충격을 해소시킬 수 있습니다.

자신의 에너지 지식과 기술을 발전시키고 싶지 않은 사람들이나 더 이상 변화가 불가능하다고 느끼고 있는 사람들을 위해 알려주고 싶은 사실이 있는데, 오늘날 서로 함께 협력해 치유에 종사하는 사람들이 너무나 많다는 사실입니다. 그렇기 때문에 치료자는 치유와 그 효과를 대단히 빠르고 효율적으로 달성할 수 있습니다.

차원변형과 더불어 나타나는 현상들과 유의할 점

사랑하는 이들이여! 이제 인간의 에너지에 관한 교육 프로그램을 시작하려 합니다. 나는 여러분에게 간청하는 바입니다. 인체의 경이로움을 배우고 자동차의 기능과 운전을 배우듯이 인체의 사용법을 배웁시다.

자신의 신체가 아무런 문제없이 기능할 수 있는 지식을 넓혀서 자신의 삶을 즐기며 건강의 본질을 깨닫고 천상의 빛이 주어질 수 있는 사람이 되도록 말입니다. 모든 사람들이 생명 에너지에 대해 알아야 합니다. 이 생명 에너지가 가정이나 학교에 있어서 교육의 중심이 되어야 하며, 텔레비전과 영화, 출판물 등과 같은 모든 매체의 주제가 되어야 합니다. 여러분은 신성한 기능을 가진 생명체입니다. 무지나 감정의 동요 등으로 약간은 불완전하다고 할 수 있겠으나, 우리는 여러분이 건강과 기쁨의 균형을 이룰 수 있도록 도와주기 위해 여기에 있습니다.

사람들의 마음이 보다 건강하게 될 때 질병으로부터의 해방이 보다 쉬워지게 되고, 스트레스도 보다 잘 처리할 수 있게 됩니다. 스트레스를 예방하고 여러분 자신이 그 영향으로부터 벗어나기 위해서 다음과 같은 사항들을 시행하길 권합니다. 즉 유독한 약품을 피하고 건강한 식품을 섭취하면서 유연한 몸 운동 계획을 실천하십시오. 그리고 조용한 시간에 본성과 교감하며 물질 사회에 연관된 번잡하고 불필요한 일들을 피하십시오.

여러분의 생체 리듬은 밤과 낮에 기초를 두고 있지만 시간대에 따라 변하기 때문에 자고 싶을 때 자면 되며 습관에 얽

매일 필요는 없습니다. 자주 휴식을 취하십시오. 짧게 자주 휴식을 취하고 일을 보다 쉽게 처리하십시오. 시간을 자유롭게 가질 수 있도록 재조정하고, 시간에 얽매이지 마십시오. 만약 여러분이 쉽게 잊어버리는 습관이 있다면 메모를 하거나 리스트(List)를 만드십시오. 그리고 비중 있는 큰일이 성취되었을 때는 만족해하십시오.

만약 여러분의 몸이 무겁고 불편하다면, 보다 높은 주파수의 차원으로 이동하는 법을 배우고 있음을 잊지 마십시오. 이를 사랑으로 받아들이십시오. 천상(天上)의 몸이 되어가고 있음에 감사하십시오. 여러분이 아무런 목적 없이 시간을 보내기보다는 평화를 창조하기 위해 에너지를 집중할 수 있다는 것과 지구 위에서 살 수 있다는 사실에 감사하십시오.

여러분이 번잡한 일 때문에 시간을 허비한다고 느껴질 때는 가능한 빨리 분노와 좌절에서 벗어나십시오. 그리고 여러분이 직선적인 3차원 영역에서 보다 높은 의식의 차원으로 상승하고 있다는 사실에 대해 기뻐하십시오. 그러면 절망과 혼란이 즐거운 기대감으로 변화됩니다.

확장되고 있는 내면의 왕국과 성취해야 할 영혼의 거주처에 매일 여러분의 의식(意識)을 연결하십시오. 만약 여러분의 몸이 지치거나 마음이 만족스럽지 않으면, 잠시 멈춰서 여러분이 본래 가지고 있는 신성함 속으로 젖어 드십시오. 침묵하십시오. 그리고 사랑하고 사랑 자체가 되십시오. 여러분과 여러분의 친구들이 이와 같이 할 수 있게 되면, 그리고 서로 사랑으로 감쌀 수 있게 되면 여러분의 몸과 세포는 실제로 건강한 생명의 노래를 부르게 됩니다. 여러분이 모여서 자주 집단 명상을 하거나 그 목적을 실현하면 집단의식이 기하급수적으로 확장되며, 드디어는 시간을 초월한 천국의 해

변에 이르게 될 것입니다.

자연스럽게 우러나오는 춤과 노래와 즐거움을 나누면 천상의 향기가 이 땅에 내려올 것입니다. **웃으십시오! 길고 크게 소리내어 많이 웃으십시오.** 자연스럽게 우러나오는 기쁨의 행위는 사랑의 파트너입니다. 사랑이야말로 여러분의 참된 유산입니다. 이러한 신체적 행위는 인체 생리학적으로 대단히 필요한 것이며, 여러분에게 잠재되어 있는 정신적 문제를 변화시킬 수 있습니다. 밖으로 나가십시오. 심호흡을 하십시오! 몸을 활발하게 움직이십시오! 그리고 몸의 생명력을 즐기십시오. 이는 대단히 소중한 여러분의 재산입니다.

이는 대단히 중요합니다. 왜냐하면 높은 진동의 질 좋은 에너지는 여러분에게 긍정적인 경험이 되고 주위 사람들에게는 빛을 선사하는 것이 되기 때문입니다. 여러분에게 확언하건대, 이는 그림에서 보듯이 성자나 천사와 같이 작열하는 빛에 싸인 후광(後光)을 가진 존재들에게 빛을 확장시켜주는 것입니다.

다음 달이나 혹은 수년이 경과한 후에 여러분 중 많은 사람들이 무엇인가 좀 더 밝아졌다는 것을 느낄 것입니다. 그리고 색채가 보다 선명하게 보이고 소리들이 보다 즐겁게 들리며, 상대와의 대화에서 말수가 적어졌음을 느끼게 될 것입니다.

또한 여러분은 처음으로 지구나 천상의 다른 존재들과 텔레파시로 사념을 주고받을 수 있을지도 모릅니다. 그리고 부지불식(不知不識) 간에 필요한 계획이 갑자기 떠오르거나 꿈을 보다 선명하게 꿀 수도 있습니다. 또 이 지구상에서 책으로 읽거나 논의된 적이 없는 직관적인 감각과 지식을 얻을 수가 있습니다. 또한 직관에 감응하여 일어나는 일들이 보다 많이 계속 일어나게 될 것입니다.

여러분이 3차원 의식의 영역에서 벗어나서 생각하면 곧바로 시현되는 4차원, 즉 아스트랄 차원의 놀라운 세계로 상승할 때 혼란의 순간이 찾아올 수도 있습니다. 이런 때에는 여러분이 자주 멈춰서 호흡하고 이완하여 마음을 가라앉히기를 권합니다.

여러분의 의식이 3차원과 4차원의 두 개의 세계를 오가고 있는 것은 여러분이 경험하는 시간의 차원 속에서 가속이 일어나고 있기 때문일지도 모른다는 사실을 이해하시기 바랍니다. 때로는 자신이 증발해 버리는 것처럼 보이지 않습니까? 단순히 사라지는 것처럼 보이지 않나요? 이제 지구의 삶은 과거보다 점점 더 유연해집니다. 그리고 여러분은 보다 자유롭고 가벼운 존재가 됩니다. 이 점을 잊지 마십시오. 확장되고 있는 내면의 빛은 여러분의 육체적 현실에 영향을 미치고 있습니다.

과거의 일을 잘 계획하고 처리하지 못한 자기의 잘못에 대해 스스로를 자책하지 마십시오. 긴장을 푸십시오. 지금은 불안한 일들이 많이 일어날 것입니다. 화를 내거나 신경질을 부리지 말고 평안을 유지해야 합니다. 모든 분노와 부정적인 생각들을 빨리 바꾸는 것이 중요합니다.

부정적인 것에 마음을 두거나 집중하지 마십시오. 우리는 여러분이 좀 더 자주 모여 영적 우의를 다지고 그룹 토의와 기쁨의 행위 수련을 권합니다. 노래와 춤, 하이킹, 사랑의 교류와 모두의 최선에 초점을 맞춰 결정된 합의 사항 등은 여러분에게 용기를 줍니다.

여러분이 이러한 차원 전환기의 변화를 경험할 때 실천해야 하는 과제들은 여러분 자신의 균형을 유지하기 위한 것입니다. 그럼으로써 수천 년간 지구 위에서 실행되지 않았던 미래에 있게 될 우주의 영적 협력과 통치에 집단의식이 힘이 되어줄 수가 있는 것입니다.

아래의 4개 항목에서 보는 것처럼 여러분은 부러워할 만한 영적 관리 조절과 현명한 영적 결정이 가능한 상태로 다가가고 있습니다.

* 개인적인 인생사 속에서의 현명하고 사랑어린 조절 관리
* 온화한 파트너나 두 사람의 공동협력
* 현명하게 관리 조절되는 단체와 조직(3개 또는 그 이상)
* 크고 많은 단체들 간의 조직망

이러한 영적 결정은 모든 상황에서 저절로 최선의 상태로 이루어질 수 있습니다. 그리고 성서에 나오는 솔로몬 왕과 같이 - 예전에 소수의 사람들에게만 알려진 - 조건 없는 사랑과 지혜의 에너지를 만들어 낼 수가 있습니다.

많은 사람들이 함께 하나로 뭉쳐 일하게 되면 개개인이 혼자서 그 일을 다 할 필요가 없다는 사실을 알게 됩니다. 단체로 모인 집단적 의식(意識)은 개개인으로 분리된 상태로 일하는 것보다 훨씬 쉽고 고차원적으로 성과를 이룩할 수 있습니다.

여러분의 영적 본성이 해가 갈수록 점점 더 확장되는 만큼, 우주적인 그리스도 빛은 여러분의 몸의 내부와 정수(Essence)를 통해서 빛을 발하게 될 것입니다. 여러분의 손은 마음의 상처와 불안을 치유하여 위안과 편안함을 가져올 수 있게 될 것입니다. 그리고 여러분의 영혼은 밝고 빛나는 황금의 미래를 마음에 그리며 이 비전을 알고 있는 사람들과 함께할 것입니다.

그리하여 여러분은 DNA/RNA가 복원된 몸으로 이 비전을 성

취할 것입니다. 잠시 조용히 눈을 감고 느껴 보세요. 나의 말은 빈 말이 아니라 분명한 약속입니다. 이 약속의 확실성을 믿으십시오. 약속은 여러분의 것입니다. 약속이 실현되는 날, 여러분은 높은 차원으로 끌어올려져서 여러분이 3차원으로 분리되고 추락하여 고통 받기 이전의 상태로 복귀될 것입니다.

여러분이 이해하고 협력하면 이 신성한 좌표점에 관련된 성스러운 계획은 하늘의 뜻에 의해서 실현될 것입니다. 지금은 이러한 의지보다 더 필요한 것은 없습니다. 그러므로 아무쪼록 이 신성한 계획에 참여하십시오. 그리고 지구상에서 이 계획을 실천하는 사람들을 존중하십시오. 어떤 과정은 아무런 진전이 없기도 하지만 그 외의 것들은 거의 완성 단계에 와 있습니다.

실천해야 할 삶의 일상적인 지침들

여러분은 모두 변형되고 있습니다. 그러나 여러분은 자신의 변화를 위해 최선의 노력을 하고 있지 않습니다.

사랑하는 이들이여! 따라서 이것이 아주 거대하고 중요한 우주적인 개념에 관한 문제이지만, 나는 여러분에게 대단히 구체적이고 현실적으로 이야기하겠습니다. 여러분에게 강력히 추천하고 권하건대, 매일 24시간 시간별 계획으로 된 일주일의 시간표를 작성하길 바랍니다. 시간대별로 정상적인 취침시간, 식사시간, 영적인 명상과 침묵시간, 업무시간, 스케줄 등을 기재하고 이들을 합하면 몇 시간이 되는지 계산해 보십시오.

여러분 중 많은 이들이 대단히 바쁜 스케줄 속에서도 건강한 생활을 유지하기 위해 이런 계획을 이미 실천하고 있을 것입니다. 하지만 여러분이 사람들과 동물들을 보살피고 과연 자신이 사랑하는 데 얼마나 많은 시간을 할애하고 있는지 되돌아보시길 바랍니다. 그리고 나는 여러분이 자연 속에서 정원 손질과 노동, 운동 등에 얼마나 많은 시간을 사용하고 있으며, 음악과 예술, 독서, 즐거운 일 등 생활에 있어 의미 있는 경험과 행위를 얼마나 자주 체험하고 있는지 묻고 싶습니다.

그리고 만약 여러분이 일주일 중 적어도 10%의 시간을 스트레스 없는 즐거운 생활로 보내지 않고 있다면, 자신만을 위해 매일 최소한 10%의 시간을 사용할 수 있도록 다시 조정하길 간청합니다. 이와 같이 매일 10% 성공을 이끌어 내길 바랍니다. 이렇게 하면 매일 적어도 2~3 시간, 매주 16~17시간 동안 여러분은 영적, 정신적, 감정적, 육체적 건강을 영위하게 됩니다.

여러분의 심신을 이완하고 평화를 얻는 데는 지금 여기에 몰입해 머물러 있는 것보다 더 훌륭한 시간은 없습니다. 그리고 본인은 원하건대, 이것은 단지 여러분 개인만을 위한 것이 아니라 우리와 더불어 지구의 진화를 위해 신성하고 소중한 계획과 역할을 수행하는 것임을 알기 바랍니다.

여러분이 평안하고 즐거워할 수 있으면 꿈을 훨씬 쉽게 받아들일 수 있게 됩니다. 그리고 내면에서 울려오는 말씀을 들을 수 있게 되고, 매일 생활의 위안과 인도를 받을 수 있게 됩니다. 여러분 자신에게 친절하고 존경심을 가지세요.

심신이 건강한 상태를 유지하는 가운데 우리가 변화를 원하면, 그때 몸과 세포의 변형이 일어나게 됩니다.

여러분의 몸은 전에 없이 보살핌을 필요로 하고 있습니다. 우리는 여러분이 한 점의 자책이나 죄책감이 없이 휴식하길 권하며, 즐거운 삶을 사는 데 십일조의 시간을 보내길 바랍니다. 만약 여러분이 이보다 더 자유로울 수 있거나 개인적으로 10% 이상 더 시간이 필요하다면, 자신의 성장이나 다른 사람들의 성장을 위하여 여러분의 시간과 삶을 스스로 조정할 줄로 믿습니다. 이 말을 주의 깊게 경청하십시오. 여러분은 아주 중요합니다. 우리는 이 특별한 깨달음의 시기에 여러분이 얼마나 소중한지를 압니다.

여러분의 많은 안내자들과 스승들, 그리고 본인은 여러분의 명상 중에 이러한 사실을 알려주려고 노력해 왔습니다. 나는 여러분이 항상 기쁜 마음과 건강한 몸을 유지하기를 간절하게 호소합니다. 그리고 또한 나는 지금 여러분의 일상적인 의식의 상태에다가도 다시 여러분이 알아들을 수 있도록 이 메시지를 큰 소리로 이야기하는 것입니다. 나는 여러분의 눈과 마주친다면 웃으면서 여러분에게 용기를 줄 것입니다.

만일 우리가 서로를 껴안을 수 있다면 나의 간곡한 요청을 이해할 수 있도록 여러분에게 빛을 채워 주겠습니다. 그리고 나는 여러분의 영혼에 여러분이 진실로 값진 존재라는 확신을 불어넣어 줄 것입니다. 지금 이 순간 우리의 눈이 서로 가까이 접할 수 있을지도 모릅니다만 우리의 만남을 한번 상상해 보십시오. 왜냐하면 본인은 여러분을 대단히 존경하고 영원히 사랑하기 때문입니다.

나는 여러분이 생각하는 것처럼 과거의 역사적 인물로 죽지 않았으며, 멀리 떨어져 있지도 않습니다. 나는 여러분이 원한다면 여러분과 같이 있을 수 있습니다. 이는 과장이 아닙니다. 이러한 관계는 돈과 같은 물질 이상으로 귀중한 것으로 전혀 과장이 아닙니다. 여러분이 나의 이 말을 진실로 생생하게 체험할 때, 여러분과 내가 함께하는 그날이 다시

올 것입니다.

집단의식이 성취될 때 참된 의미의 평화가 이해되고 실현될 것입니다. 그리고 다차원의 깨달음이 다시 한 번 여러분의 것이 될 것입니다.

신성한 창조의 원리와 차원 변형 과정

이제 나는 이러한 DNA/RNA 변형의 개인적인 측면에 대해 보다 상세히 설명하고자 합니다. 그리고 여기에 관심이 많은 사람들을 위해 여러분이 지금 처해 있는 이 신성한 좌표점에 대한 보다 상세한 정보를 제공하고자 합니다.

인간의 현 이해를 훨씬 넘어선 세계의 거대한 에너지 진동의 영향과 그 목적이 있음을 부디 인식하기 바랍니다. 이 에너지 구도(構圖)는 여러분의 작은 행성과 태양계와 은하계까지도 지배하면서 장대한 생명과 창조의 계획에 폭넓은 영향을 미칩니다.

나는 여기서 우주 그 자체의 물질적 구도에 대해 이야기하겠습니다. 존재하는 모든 의식과 생명체는 그 근원이 있으며 그 근원에서 발생합니다. 만약 금(金)과 은(銀)의 에너지 진동 광선, 여러 가지 색채에서 나오는 빛의 파동, 그 리듬과 사이클 등이 존재하지 않는다면, 질서와 만물을 새롭게 창조하고 유지하는 힘과 다양하고 경외스럽고 성스러운 창조는 존재하지 않을 것입니다.

그러므로 여러분은 이들 에너지 광선, 에너지 율동, 에너지 흐름과 사이클을 이해하는 게 중요합니다. 왜냐하면 이것들은 눈에 보이지 않는 에너지 진동과 창조주께서 의도하는 다차원적인 목적을 성취하는 데 거대한 힘을 가져다주기 때문입니다.

모든 의식(意識)과 생명은 한 근원에서 나오는데, 이는 우리가 금과 은의 광선(Gold and Silver Rays)이라고 부르는 두 가지 측면으로서 아주 말할 수 없이 먼 영역에서 옵니다. 이것은 모든 물리적 행성의 구조와 생명의 영혼을 창조하는 모체가 됩니다. 물질세계에서 최초로 생명이 창조될 때에 에너지 진동의 격자망(格子網)이 나타났습니다. 이 격자망은 여러분의 우주가 나오는 자궁(子宮)이었으며, 여기에 진화의 계획과 원리가 담겨져 있습니다.

　성서에서 말하는 것처럼 이를 ‘아버지의 원리’라고 불러도 좋습니다. 그러나 이는 어머니와 아버지 양쪽 모두의 원리인 동시에 생명이 살아가는 힘이라는 사실을 아십시오. 이 우주에는 어떤 원리와 법칙이 존재하는데, 이 원리와 법칙이 우주의 존재들을 관리하고 유지하고 생존을 가능케 하며, 여기에 인간과 행성의 진화를 위한 계획이 들어 있습니다. 이 진화의 계획은 남녀 개인을 위한 것인 동시에 집단을 위한 계획이기도 합니다.

　인간 - 창조주는 여러분과 똑같은 형태의 인간뿐 아니라 다양한 형태의 인간을 창조했다 - 이 창조되었을 때, 인간에게는 자유의지가 주어졌을 뿐 아니라 사념과 의지를 통해서 많은 것을 창조할 수 있는 힘과 능력이 주어졌습니다. 물론 이것은 가능한 것입니다. 왜냐하면 진화를 계획하는 우주 에너지의 자궁 속에 있는 힘과 의지는 사물을 움직이고 조정하고 변화시킬 수 있는 능력과 특성을 자체 내에 가지고 있는 까닭입니다. 그렇기 때문에 개인적으로나 집단적으로 내린 결정은 반드시 어떤 종류의 영향을 가져오게 되어 있습니다. 우리가 잘 알다시피, 이것은 바로 원인과 결과, 즉 <인과(因果)의 법칙>이라고 부르는 것입니다.

여러분의 지구와 마찬가지로 각각의 행성들은 자신만의 고유한 에너지를 가지고 있습니다. 마치 여러분이 가족에 속해 있지만 각기 독립된 존재인 것처럼 행성들에게는 각기 특정의 계획과 목적이 있습니다. 행성들은 개별적으로 독립된 존재이긴 하나, 태양계 가족의 일원으로 있으면서 태양계의 계획과 역할을 수행해 갑니다.

요컨대 우주의 에너지장과 파동은 에너지 힘의 다발로 이루어져 있는데, 이 힘이 우주를 지탱하고 있습니다. 여러분의 차원에서는 이 힘의 영향이 일정한 시간적 간격을 가지고 일어나고 있습니다.

내 자신은 <쌍어궁(물고기자리) 시대>라 불리는 지난 2,000년의 주기(週期)에 영향을 주었으며, 이 기간 동안에 나는 여러분에게 사랑과 용서를 호소해 왔습니다. 이러한 내 사이클의 목적은 우주적인 계획 속에서 운행되는 여러 가지 다른 긴 사이클과 공조하는 것입니다. 이 사이클은 생명의 진화와 변화를 촉진시킵니다.

진화상 여러분의 가족이라고 할 수 있는 여러분 태양계 내에서 가장 멀리 떨어진 친구 행성들은 5,000년 동안 유지해 왔던 거리보다 지금 지구에 가장 가까이 접근해 있습니다. 이 근접한 물리적 위치는 은하계 저 너머에 있는 거대한 사이클 - 어떤 것은 30,000년 이상 - 로부터 영향을 받으며 지구에 여러 가지 거대한 에너지를 주입시켜 줍니다.

이렇게 지구 위에서 동시에 많은 에너지 사이클의 영향이 연합하여 교차하는 것을 나는 **<신성한 좌표점>**이라고 부릅니다. 이러한 우주 에너지는 현재 많은 존재들에게 영향을 미치고 있는데, 여러분 각자에게 영향을 주면서 입력된 체세포들의 변화를 촉진시켜 줍니다. 여러분 각자는 독특한 에너지구조, 즉 진동의 패턴을 가진 빛으로 구성되어 있기 때문에 물질적인 행성과 태양계와 우주의 진동의 내부 폭발이 다양한 방식으로 여러분에게 영향을 미칩니다.

인간으로서 계속 배우고 성장하면서 영적 진화의 성스러운 계획에 자발적으로 협력하려는 의지가 여러분의 영적 서명(Signature) 내지는 영혼의 청사진이며, 이런 의지는 우리에게 대단히 독특하게 인지됩니다. 만약 이들 외적인 에너지 진동들, 즉 광선과 에너지 사이클과 여러 리듬의 에너지들이 없다면 여러분의 에너지는 하강하며 정체되어 버립니다. 아울러 개인적, 집단적 의식의 상승과 전환의 기회가 없을 것이며, 나아가 영적으로 지구의 치유도 불가능하게 됩니다. 지금 인류 가족은 대변화의 장(場)을 경험하고 있습니다!

여러분은 지각 능력이 확장되면 창조주의 위대한 정수 - 에너지 진동, 파동과 작열하는 에너지장 -를 볼 수 있게 되며, 대단한 스릴을 느끼게 될 것입니다. 그리고 위대한 창조주의 자궁이 어떻게 거대하고 화려한 천상의 창조를 모두 이루었는지를 알고 확신하게 될 것입니다.

사랑하는 영혼들이여! 여러분의 행성 저 너머의 우주적 모국(母國)인 광대하고 다차원적 우주 속에 있는 많은 생명들을 보십시오. 참으로 경외롭습니다. 이 천상의 참된 영광인 놀라운 파노라마는 말로서는 다 형용할 수가 없습니다. 그리고 이들은 여러분의 영혼을 우주적 기쁨의 진동으로 상승시켜 줄 수 있으며, 여러분이 육체를 가지고 있는 동안 여러분을 우주적 존재로 빠르게 탈바꿈시킬 수 있습니다.

선택의 기로점에 서 있는 인류

지금 여러분은 은총과 구원, 깨달음을 향해 내적 진동이 시작된 존재들이기 때문에 지금은 인류 가족이 이 진화의 영향 속에서 차원 상승을 향해 집단적으로 박차를 가할 때입니다. 이 영향은 **신성한 좌표점**에 있는 지구와 그 생명체들에게 동시에 오기 때문에 우주적 에너지와 인류의식 또한 동시에 상승하는 관계에 있게 됩니다.

여러분의 의식(意識)은 오직 두 가지 선택만 할 수 있습니다. 즉 이 우주적 흐름에 합류하느냐, 또는 저항하느냐 하는 것입니다. 합류하는 사람은 믿을 수 없을 정도의 기적을 체험할 수 있으며, 저항을 하는 사람은 그 반대가 될 것입니다.

이 거대한 우주적 재배열 과정 속에서 이루어지는 여러분의 개인적 변형과 집단적 변형은 오래전부터 예고된 일입니다. 그리고 지금 여러분에게 주어진 일은 영적, 정신적, 감정적, 육체적 상태의 균형을 유지하는 것입니다.

여러분은 지혜로운 의식과 사랑을 이루기 위하여 지구 진동의 소용돌이 중심에 있습니다. 지구의 거대한 보텍스의 검은 부정성(否定性)은 평화와 생명을 보존하려는 여러분의 긍정적인 집단 의지에 의해 치유시킬 수가 있습니다.

여러분이 원한다면 이를 사회 혁명이라 불러도 좋습니다. 이는 자유와 아름다운 클라리온(Clarion)[4] 화음처럼 국가들 간의 협력 속에서 이루어지는 영적 개혁입니다. 지금은 예언된 시간에 따라 집단의식과 영적 조정이 일어나고 여러분 각자의 내면과 정부들 안의 폭력과 무지가 방출되어야만 하는 시기입니다. 그럼으로써 긍정적인 방향으로 지구의 단결이 이루어집니다.

장차 이 지구상에는 쾌락을 위한 과도한 향락과 자원의 남

---

4) 명쾌하게 울리는 옛날의 나팔

용, 그리고 폭력과 전쟁에 사용되는 권위적인 군사력 등으로 인해 경제가 붕괴될 것입니다. 지구상에는 아직 완전한 사람이나 국가는 존재하지 않습니다. 그럼에도 불구하고 이 불가피하고 신성한 계획은 지체될 수는 있을지 모르나 꾸준히 신성한 목표를 향하여 나아가고 있습니다.

우리는 모든 면에서 승리와 저항의 깊이를 측정하고 있습니다. 여러분은 우리의 사랑하는 영혼이고 영웅이며 본인의 자유의지에 따라 우리는 여러분의 후원자가 될 것입니다. 나의 사랑하는 가족인 여러분은 **육체를 가진 상태로 그리스도 (神性)를 성취하거나 그리스도 세계로 가까이 다가갈 수 있습니다.** 가끔 이야기되고 있는 144,000은 개개의 사람 숫자이기도 하고 내적 깨달음을 위해 입력된 수학 공식이기도 합니다.

여러분 중에 많은 사람들이 장차 머지않아 빛으로 화(化)하여 깨달음을 이를 것입니다. 그 외 일부 사람들은 그보다 빨리 깨달을 수 있을지도 모릅니다. 우리가 여러분의 잃어버린 DNA 코드가 복원되는 것을 돕고 있기 때문에 여러분은 우리와 다시 분리되지는 않을 것입니다. 이와 같이 여러분의 모든 과거의 영적 스승들이 힘을 합하여 무지의 늪, 저항과 증오의 늪에서 여러분을 새롭고 찬란한 베들레헴의 별로 인도해 왔는데, 즉 이것이 남은 10여 년의 신성한 좌표점인 것입니다.

모든 영적 스승들은 외부를 향한 긍정적이고 적극적인 자유의지의 응답이 여러분을 어둠에서 해방시키는 길이 된다는 사실을 가르쳐 주었습니다. 그러므로 하늘이 여러분 자신을 이 차원 전환이라는 천상의 계획에 쓸모 있는 일꾼으로 적절히 활용하도록 자신을 내맡기십시오. 여러분 자신의 에너지

1장 예수 그리스도

와 빛을 증가시키십시오. 그러면 여러분은 영적 그룹과 지구의 상승에 도움을 주게 됩니다. 이러한 실행은 여러분 자신을 위한 창조주의 뜻입니다.

이는 또한 우리의 굳은 약속입니다. 여러분의 DNA 복원과 회복 프로그램을 신중하게 받아들이십시오. 이는 기도하는 사람들에 대한 응답이며, 궁극적인 은총입니다.

나의 사랑하는 이들이여, 여러분 모두가 기다리는 보다 큰 성스러운 은혜가 있습니다. 나와 같은 많은 사람들이 여러분의 영적 배가 고향에 정박할 수 있을 때를 기다리며 여러분에게 팔을 뻗고 있습니다. 평안하십시오. 그리고 서로를 위로하십시오. **진정한 삶이 지금 막 시작되고 있습니다.**

잊지 마십시오. 여러분, 나는 결코 여러분 곁을 떠난 적이 없습니다. 그리고 여러분의 생애에 있어서의 이 중대한 사건을 여러분이 성공적으로 성취하는 것을 돕기 위해서 여기에 와 있습니다. 휴식하십시오. 다시 젊고 원기 왕성하십시오. 모든 것이 치유되어 황홀과 환희가 충만한 삶을 사십시오. 여러분은 지금 오래 전에 약속된 시기에 와 있습니다. 베들레헴의 찬란한 별이 새롭게 나타나고 있습니다. 여러분은 의지와 재능을 통해 이 지구의 역사를 바꾸도록 운명 지어진 존재들입니다.

앞으로의 이 10여 년은 우주적 사이클과 관련하여 여러분의 영혼이 지금껏 기다려 왔던 약속된 시간입니다. 드디어 여러분의 영혼은 영원한 생명의 샘과 불꽃이 되어, 그리고 더 높이 고양된 찬란한 빛이 되어 춤을 추며 축복받은 천상의 집으로 날아갑니다. 여기서 여러분의 진정한 청춘의 샘(Fountain of Youth)[5]인 고진동화된 에너지체를 이루어 내는

---

5)마시거나 목욕을 하면 젊음을 되찾을 수 있다는 전설적인 신비의 샘. 중세 독일의 화

화가 크라나흐의 그림 <청춘의 샘>, 노인과 병자들이 샘에 들어가 목욕을 하기만 하면 다시 젊어져 건강한 청춘을 되찾게 된다는 신비의 샘을 묘사했다.

것이 더없이 중요합니다. 찬란히 빛나는 고갈되지 않는 스태미나와 불노(不老)의 원천이 되는 에너지체의 꿈, 인간이 그토록 꿈꾸고 염원하던 다시 젊어지는 청춘의 샘이 실제로 실현되어 인간이 도달할 수 있는 한도까지 다시 이루어집니다. 여러분 기뻐하십시오. 여러분은 무지개처럼 여러 색깔로 찬란히 빛나는 존재로 변형이 이루어집니다. 그리고 여러분의 몸은 찬란히 빛나는 에너지 아치가 되어 창조주의 심장을 향해, 영원한 삶을 향해 상승의 흐름을 탈 것입니다.

지금 여러분은 성장하고 있는 영혼들이며, 영광스러운 창조의 씨앗으로 물질계인 행성 지구에 태어나 있습니다. 동시에 여러분의 행성은 확장되는 비가시적(非可視的)인 다차원 세계들 속에 놓여 있습니다. 이제 여러분의 우주적 유산이

가 크라나흐(1472-1553)가 말년에 그린 그림인<청춘의 샘>이란 공상적인 우의화(寓意畵)에서 유래되었다. (편집자 주)

다시 회복되고 있습니다. 이 때문에 나는 2,000년 전에 이 땅에 왔었던 것입니다.

예, 그렇습니다. 여러분을 위해 나는 여기 지구에 왔었습니다! 그리고 또한 나는 신성한 좌표점에서 여러분이 시간 저 너머로 상승하는 것을 돕기 위해 다시 지금 여기에 와 있습니다.

'불사(不死)'에 대한 추가 정보

여러분이 내적 자아의 정화와 치유에 전념하고 창조주에 모든 것을 맡긴 채 자신과 주위 사람들에게 조건 없는 사랑을 실천할 때, 여러분 육체의 불사(不死)와 상승은 가능하게 됩니다. 우리는 이번 생애에 여러분에게 주어진 정당한 권리인 상승 마스터(大師)가 될 수 있도록 '빛의 의상 명상법'에 대해 알려 주려 합니다. 우리는 특별한 명상의 입문법을 몇몇 뛰어난 교사들에게 전해 주었는데, 이는 다차원간의 정체성을 회복하고자 하는 빛의 일꾼들에게 보다 많이 알려지게 될 것입니다.

여러분은 이 '빛의 의상 명상'을 실천함으로써 자신의 몸을 감싼 16.5미터의 크리스털 에너지 디스크를 만드는 법을 습득하며, 더 나아가 보다 빨리 빛으로 가속될 수 있습니다. 여러분이 창조주의 에너지를 제대로 경험하면 여러분의 육체는 다른 차원의 존재로 변형됩니다. 그렇게 되면 여러분은 다시는 죽지 않게 됩니다.

멜기세덱의 백색 형제단과 그리스도 성단(聖團)은 함께 대단히 놀라운 일들을 해오고 있습니다. 우리들에게는 우리 차원에서 여러분을 돕는 천상의 교사들이 있는데, 빛의 일꾼들 대부분이 천상의 교사 그룹의 양쪽 모두에서, 혹은 어느 한

쪽에서 영적으로 일하고 있습니다. 대단히 많은 일꾼들은 여러분이 참으로 원한다면 보다 빠르고 안전하게 상승하는 데 초점을 맞춰 일하고 있습니다.

우리가 여러분에게 가져다주는 이번의 변형은 내가 과거에 선택한 '십자가상의 죽음과 부활'의 방법6)보다 많은 이점이 있습니다. 때문에 여러분은 과거 내가 사용한 낡은 방식을 통해서 갈 필요가 없습니다. 여러분이 낡은 방식의 특별한 점을 증명하고 싶어 하거나 모범 사례로 남기고 싶어 하지 않는 한, 여기 어느 누구도 십자가형을 원하지 않을 것입니다.

여러분은 빛의 몸으로 변함에 따라 보다 높은 차원으로 되돌아갈 수도 있고, 다른 우주를 방문할 수도 있으며, 계속 깨달음과 의식 상승이 이뤄짐에 따라 창조주에게 봉사할 수도 있습니다. 예, 그렇습니다. ***여러분이 이 신성한 좌표점으***

---

6)예수 그리스도의 십자가상의 죽음은 예정된 시나리오에 의한 것이었다. 즉 죽어서 부활하여 인류 앞에 새로이 변형된 빛의 몸을 시범보이고 승천(상승)하는 것이 예수의 사명이었다. 그러나 이러한 진실은 후세에 사도 바울에 의해 그가 만들어낸 <대속론>으로 왜곡, 변질되었고, 오늘날에도 보수적 근본주의 기독교는 이를 여전히 고수하고 있는 것이다. 과거에 있었던 예수의 부활과 승천의 참뜻은 장차 2,000여년 후에 지구에서 일어날 차원상승기를 대비하여 인류에게 "여러분도 나와 같이 빛의 몸으로 변화되어 상승할 수 있으니, 나를 본받아 상승하라"는 가르침이다. 이는 결코 오늘날 기독교에서 신비화하여 숭상하듯이 예수 1인만이 이루어낼 수 있는 기적이 아닌 것이다. 이것을 계속 예수님만의 기적이라고 신비주의화 하게 되면 오히려 이것은 예수의 가르침을 왜곡, 날조하는 것이며, 인류를 위해 고난 속에서 성취해낸 그분의 위대한 사명을 헛되이 하는 것이다. 석가모니 붓다의 가르침 역시 제자들에게 본래 누구에게나 불성(佛性)이 있으니 깨달아 자신과 같이 붓다가 되라는 것이지 나만 붓다이니 세세생생 나를 붓다로 숭상하라는 이야기가 아닌 것과 똑같은 이치이다. (편집자 註)

로 들어감에 따라 창조 에너지에 의해 여러분의 DNA는 번데기에서 나비로 변형되며, 여러분은 지구적인 존재에서 은하적인 존재로 변형되어 참된 귀향이 이루어지게 될 것입니다.

앞으로 많은 불사(不死)의 교사들이 나올 것입니다. 하지만 그들이 선구자로서 창조주와 형제들에 대한 사랑으로 여러분에게 우리가 전해준 명상법을 전수시켜 주지 않는다면 여러분의 변형은 대단히 힘들어질 것입니다. *그러므로 여러분에게 촉구하건대, 명상 교사를 선택하는 데 신중을 기하도록 하고 영적 분별력을 발휘하십시오.*

창조주의 천상계 및 은하계의 리듬과 사이클이 모든 생명을 보다 높은 차원으로 확장시켜 주고 만물의 근원과 보다 깊은 차원으로 연결시켜 주고 있습니다. 그러므로 여러분은 원하기만 하면 자신의 상승을 촉진시킬 수 있습니다. 확언하건대, 여러분이 이 명상을 배우지 않거나 차원 간의 변화를 위해서 명상을 사용하지 않을지라도 여러분은 천상의 일부이며 언젠가는 천상으로 되돌아가게 될 것입니다!

사랑하는 이들이여! 두려워하지 마십시오. 오히려 다시 기뻐하십시오. 왜냐하면 대단히 많은 사람들이 곧 우리와 함께 할 것이며, 지구에서 우리의 신성한 계획이 이뤄지고 있기 때문입니다.

이러한 보장된 청사진이 오래 전에 여러분의 유전자 구조 속에 심어져 있었고, 여러분의 DNA는 지금 우리의 말대로 변형되어 향상되고 있습니다. 우리는 여러분을 일깨우기 위해 우리의 역할을 다하고 있습니다. 그리고 모든 곳에서 영광스러운 생명의 확장이 이뤄지도록 돕고 있습니다. 여러분의 사랑하는 어머니 지구와 그 위에 거주하는 사람들은 우리 차원에서 인류의 재탄생을 돕기 위해 보다 많은 천상의 협력자들을 필요로 하고 있습니다. 마치 우리가 지구에 살고 있는 사랑하는 협력자들을 필요로 하는 것처럼 말입니다.

사랑하는 이들이여! 여러분이 필요합니다. 여러분은 이곳에서도 필요하고 다른 곳에서도 필요한 존재이며, 소중한 임무가 주어진 존재들입니다. 여러분이 상승하기를 선택하거나, 차원 간의 에너지 지원을 선택하거나, 또는 지구에 남기를 선택하거나 간에 여러분은 사랑받는 존재입니다. 결코 이를 의심하지 마십시오.

영원한 여러분의 스승이자 형제

예수 그리스도

[버지니아 에센]

예수 그리스도로부터 직접 메시지를 받고 있는 세계적 채널러. 30여 년 간 오레곤 대학을 비롯한 여러 대학에서 교수로 재직했다. 그녀의 채널링 능력은 오랜 명상 수행의 과정에서 터득된 것이며, 그리스도에 의해서 자신의 메신저로 선택되었다.

저서로는 「You are Becoming a Galactic Human(」 「Energy Blessing from the Stars」 「New Teachings for an Awakening Humanity(※도서출판 은하문명에서 〈예수 그리스도의 충격 메시지〉로 번역됨)」 등이 있다.

[빛의 의상 명상법]

♣ 이 명상법은 여러분의 물질 육체가 노화되지 않는 반(半) 에테르체가 될 수 있도록 변형시키려는 데 그 목적이 있다.

1. "빛의 의상" 그림을 앞에다 배치한다. 우선 긴장을 풀고 편안한 마음을 가진다. 자신의 몸을 느끼기 시작하라. 그리고 호흡이 들어오고 나가는 것에 집중한다. 숨을 들이쉴 때 "빛의 의상" 그림을 바라보고, 숨을 내쉴 때 눈을 감는다. 이것이 즐겁게 느껴지는 한은 몇 분 동안 이 과정을 계속하라.

신의 에너지를 느껴보라. 그리고 그것이 어떻게 작용하는지를 이해하라. 그것은 애정 어린 유대관계 속의 순수한 사랑이다.

2. 이제 여러분의 크라운 차크라(정수리 부분)를 열고, 몸속으로 들어오는 신성한 사랑의 에너지를 느끼도록 하라. 그리고 그 에너지가 신체의 모든 세포와 장기 조직 곳곳에 침투하여 스며들게 하라.

3. 여러분의 몸 주위에다 약 55 피트(약 16.5m) 가량의 수정질(水晶質)로 이루어진 둥근 빛의 에너지 원반을 배치하여 바라보라. 움직임 속에 있는 그 빛의 원반을 주시하라. 그 진동을 느껴보라. 그리고 그 원반의 회전 속도를 빛의 속도로까지 빠르게 가속시키도록 하라. 보라, 여러분은 이제 반-에테르의 몸을 가지고 있는 것이다. 여러분은 그것을 변형시키거나 다른 차원으로 이동시킬 수가 있다. 또한 여러분은 다른 우주의 장소들을 방문할 수가 있다. 여러분의 자각과 의식, 그리고 신에 대한 봉사는 계속해서 성장하고 지속된다. 여러분은 결코 다시는 죽지 않을 것이다. 여러분의 새로운 몸은 자체적으로 다시 젊어진다.

위대한 대(大) 중심태양에 대한 경외감을 느껴보라. 대 중심태양으로부터 나오는 한 줄기 광선을 느껴보라. 중심태양의 빛은 우리의

빛의 의상

우주로 뻗어나가 그것을 비추고 각성시킨다. 또한 그 빛은 우리 은하계를 비추고, 더 내려와 어머니 지구에게까지 도달하여 인류인 여러분의 가슴까지 어루만지는 것이다. 여러분 가슴 속에 있는 신성한 작은 태양이 밝게 빛나고 있음을 바라보라. 그 태양이 확대되어 여러분 몸 전체를 밝히는 것을 보라. 여러분 몸의 모든 세포, 모든 장기조직, 모든 기억, 모든 잠재의식이 이 황금빛의 따스함과 사랑으로 가득 채워졌음을 마음으로 느껴보라. 언제나 여러분은 눈을 감고 자신의 몸에서 방사되는 이 빛을 본다. 모든 것의 근원과 하나가 되려는 여러분의 바램을 느껴보라. 거대한 대해(大海)가 한 방울의 물을 끌어들여 받아들이듯이, 여러분을 끌어당기는 모든 만물의 근원적인 힘을 느껴보라. 경청하라, 그러면 여러분은 언제나 신(神)에 대해 여러분이 묻고자 하는 것에 관한 답을 얻는 것이다. 신께 모든 것을 의탁하여 맡기고자 하는 영적인 욕구를 느껴보라.

1장 예수 그리스도

버드스타(Birdstar)로서 함께 통합된 지구상의 144,000의 영혼들을 보라. 144,000은 서로 분리된 사람들이 아닐뿐더러, 여러분 자신의 내적 깨달음을 위해 내면에 암호화되어 있는 수학적인 공식이기도 하다. 144,000이 여러분과 함께 기도하는 음성을 들어보라.

오! 성스러운 생명의 플라즈마여!
나의 세포 속으로 흘러 들어가라!
물질의 밀도가 좀 더 팽창되어 밝아지도록 세포를 자극하라.
나의 2 가닥의 DNA 이중나선이 3 가닥으로 확장되게끔 허용하라.

오! 성스러운 생명의 플라즈마여!
나의 세포 속으로 흘러 들어가라!
물질의 밀도가 좀 더 팽창되어 밝아지도록 세포를 자극하라.
나의 3 가닥의 DNA 이중나선이 6 가닥으로 확장되게끔 허용하라.

오! 성스러운 생명의 플라즈마여!
나의 세포 속으로 흘러 들어가라!
물질의 밀도가 좀 더 팽창되어 밝아지도록 세포를 자극하라.
나의 6 가닥의 DNA 이중나선이 9 가닥으로 확장되게끔 허용하라.

오! 성스러운 생명의 플라즈마여!
나의 세포 속으로 흘러 들어가라!
물질의 밀도가 좀 더 팽창되어 밝아지도록 세포를 자극하라.
나의 9 가닥의 DNA 이중나선이 12 가닥으로 확장되게끔 허용하라.

여러분의 사랑의 에너지를 여러분의 차크라와 여러분의 근원인 어머니 지구에게 보내는 것을 마지막으로 이 명상을 끝마치도록 합니다.

(※편집자 註: 이 내용은 책 원문에는 없는 것이며, 인터넷에 올려져 있던 내용을 참고삼아 소개한 것이다. 또한 <빛의 의상 명상법>은 원래 책을 보고 혼자 배울 수 있는 것이 아니고 반드시 훈련된 유능한 지도자에게 직접 전수받아야 하는 것이 원칙이라고 한다. 그런 이유로 해서 책 원문에서 그것을 소개하

예수 그리스도의 2006년 메시지

※이 내용은 2006년 1월에 버지니아 에센이 수신한 그리스도의 메시지로서 원래 이 책에는 수록돼 있지 않은 내용이다. 하지만 그리스도의 최근 메시지를 궁금해 하는 독자들을 위해서 특별히 요약하여 수록한다.(편집자)

친애하는 사랑의 군단 가족들과 세상 도처의 모든 선의(善意)의 존재들이여! 여러분 모두에게 나의 사랑과 관심을 전합니다. 지금은 생명에 관해서, 그리고 어버이 창조주의 대리인으로서의 현재의 여러분의 역할에 관해서 깊이 숙고하기 좋은 시간입니다. 여러분이 원한다면 진정으로 나는 여러분의 이런 묵상의 과정을 돕기 위해 왔습니다.

여러분이 현재 아는 지구의 실제적인 역사를 인류가 거의 알지 못할 때조차도 한 세대나 한 문화로부터, 그리고 하나의 종교적이거나 영적인 가르침으로부터 다른 세대나 문화에 걸쳐 형성된 유익한 사상과 정보의 발전이 있어 왔습니다. 인류에게 필요했던 원조가 제공되거나 사상이 파종되는 풍요로운 영적인 시대에는 언제든지 우주의 다른 세계나 차원들에서 지구에 자원해서 육화한 다양한 빛의 주님들이 있었던 것입니다. 그리고 이 존재들은 자신들의 메시지를 인류의 사념체 속에 삽입시키려는 노력을 계속해 왔습니다.

과거에는 우리의 사념들을 인간들에게 수신시키는 것이 현재보다 더 어려웠습니다. 그러나 오늘날에는 매우 높은 주파수 수신 능력을 지닌 인간이 기꺼이 받고자 할 때는 언제든지 우리가 보내는 정보들을 수신할 수가 있습니다. 그리하여 미래에 발생활 것으로 우리가 예측하는 사건들이나 계획들을 많은 사람들이 공유할 수가 있는 것입니다.

여러분을 더욱 빛과 깨달음으로 인도하는 - 지구로 유입되고 있는 - 우주적 에너지와 더불어 오늘날의 현대인들은 보다 친숙한 노스트라다무스(Nostradamus)나 에드가 케이시(Edgar Cayce), 기타 영감 받거나 채널링된 무수한 저자들의 예언서 읽기를 즐깁니다. 그 이유는 이런 예언들이 여러분의 영혼의 앎이나 직관과 공명하기 때문입니다. 참으로 서점에는 지금 인류에게 유용한 채널되거나 영감 받아 집필된 메시지들을 담은 책들로 가득 차 있고, 어떤 책들은 다른 것들보다 더 확실한 근거가 있습니다. 이러한 책들은 의식의 여러 레벨에 놓여있는 사람들에게 지각의 다양성을 제공하고, 각 개인이 신에게 부여받은 자유의지로 그것을 선택할 수 있게 합니다.

지금 여기서 내가 여러분에게 말하고 싶은 요지는 이러합니다. 인류에게 유익한 현재 유입되고 있는 은하 에너지들을 이용하여 여러분이 명상이나 묵상에 보다 많은 시간을 기꺼이 할애한다면, 여러분은 오늘날 영적인 채널이 되는 자신의 능력을 향상시킬 수가 있습니다. 그렇습니다. 여러분은 자기 자신과 다른 이들에게 유용한 어떤 깨달음이나 특수한 아이디어들을 가져올 수가 있는 것입니다. 이런 메시지를 읽고 있는 여러분 중의 많은 이들이 이미 여러 가지 방식으로 이런 일들을 하고 있습니다. 어떤 이들은 치료와 카운슬링을 통해, 또 어떤 사람은 교육과 기술, 영적인 가르침, 기타 훌륭한 예술적 표현을 통해서 활동하고 있습니다.

다가오는 차원변형에 대비하고 적응해야 할 필요성

내가 종종 언급해왔듯이, 오늘날 태어난 어린 아이들은 비범하고도 높은 수준의 유전자(DNA) 뿐만이 아니라 텔레파시와 투시능력을 지니고 있으며, 인간 종족의 의식을 전환시키기 위해 지상에 태어났습니다. 참으로 여러분 가운데는 비상한 재능과 능력을 가진 아이들과 젊은이들이 있습니다. 그리고 그들은 인류 사회를 근본적으로 더 낫게 변화시킬 것입니다.

또한 지구에 와서 태어난 이들 수많은 유아(乳兒)들은 "참을성 있는 사람은 지구를 이어받을 것이다."라는 예언의 씨앗을 운반합니다. 이 예언은 그들이 자신들 영혼의 선물인 평화의 의지를 실현할 것이고 인류가 신성한 세계로 복귀하는 상승의 사이클을 지속해 갈 수 있도록 도우리라는 것입니다. 아울러 지구에 유익한 많은 것들을 공헌할 것임을 의미합니다.

물론 어떤 예언들은 과학이나 지성적인 지식과 불일치하거나 그릇되고 무가치한 예언으로 무시될 때 그 진위가 판명될 수 있습니다. 예를 들어 나는 인류의 직선적인 시간 경험이 감소하고 있다고 언급한 바가 있는데, 이것은 여러분의 태양계가 광자 빛 에너지의 영향을 받는 지역을 통과하고 있고, 또한 태양 표면의 대폭발로 인한 화염에 의해 동시적으로 폭격당하고 있기 때문입니다. 최근까지 과학자들은 이러한 사항에 대해 검증할 수 없거나, 아니면 하려고 시도하지도 않고 있는데, 왜냐하면 그들은 이제 겨우 시작 단계에 있기 때문입니다.

다행스럽게도 일부 과학자들은 최근의 태양 표면의 폭발 영향을 조율하고 있고, 다른 과학자들은 여러분 태양계의 여행 속도 비율을 계속 측정하고 있습니다. 그러나 그들이 발견한 것과는 관계없이 여러분은 개인적으로 시간이 소실되는 느낌을 경험하고 있으며, 동일한 분량의 시간 속에서 늘 해왔던 실적만큼을 성취하기가 더 어려워졌습니다. 그리고 여러분이 그러한 개인적 경험들을 체험함으로써 여러분은 내가 진실을 말하고 있음을 확신할 수가 있는 것입니다.

내가 언급한 이 증가된 광자 빛이 여러분의 3차원 현실을 더 높은 의식 상태로 이동시킬 때, 여러분의 몸은 물질적, 감정적, 정신적, 영적 레벨에서 적응해야만 합니다. 다른 사람들이 뭐라고 말하거나 생각하는가에 상관없이 그러한 변화의 영향을 겪어야 하는 것은 바로 여러분 자신입니다. 그러므로 나와 여러분의 다른 스승이나 인도자들은 여러분에게 이렇게 말하고자 합니다. 이러한 보다 위대한 빛의 밀도로의 차원 전환은 모든 인간들에게 다음과 같은 것을 요구한다는 것입니다. 즉 모든 이들은 자기 에고의 통제에 대한 욕망과 권력에 대한 집착을 버려야 하며, 그러한 변화들이 일어나도록 스스로 허용하고 겸허하게 준비해야 합니다.

물론 여러분은 내 말을 믿거나 불신할 수 있습니다. 그럼에도 다른 사람들이 내 말을 의심하거나 낡은 습관과 행동들을 바꾸는 것에 마음 내켜 하지 않을 때, 어떤 이들은 내말을 신뢰하고 기존의 삶의 스타일을 바꿀 것입니다. 여러분 자신의 경험은 다른 사람들의 태도에 관계없이 나의 예언이 정확한지 아닌지를 판결할 것입니다. 왜냐하면 그것은 단순히 지적 지식에 불과한 것이 아니라 여러분의 감정과 직관적인 경험을 포함하는 까닭입니다.

계속해서 기존의 낡은 신념을 고집하고 자신의 경험 속에서 같은 결과를 기대하고 있는 사람들이 있습니다. 하지만 그들은 지구의 3차원의 직선적 시간 경험이 비직선적인 시공(時空)의 세계로 확장되는 빛의 힘 속으로 이동될 때는 삶이 매우 혼돈스러워질 수가 있습니다. 따라서 예측하건대, 그 빛의 힘에 저항하는 사람들은 내면에 거대한 폭풍이 일어나듯이 어려운 내분과 갈등을 유발하게 될 수가 있다는 것입니다. 그러므로 천상이 주는 지혜를 받아 적어 가능한 한 지구의 변화를 영광스럽게 받아들이고 … 완만하고 덜 파괴적인 경험을 얻기를 제안합니다. 여러분은 양자 간에 스스로 선택해야만 합니다.

나는 여러분에게 고요함과 평정 속으로 들어가는 명상수행을 권고하고자 하는데, 그럼으로써 여러분은 이러한 에너지 주파수의 변화에 적응할 수가 있습니다. 그리고 그것이 오늘날의 이상적인 삶의 자세인 것입니다. 아울러 이것을 행할 것인가를 결정해야 하는 것은 여러분 자신입니다.

현재 여러분은 속도와 진동이 높아지고 있는 태양계 속의 한 행성 위에 거주하고 있으며, 지구는 머지않아 언젠가는 고등한 의식 상태에 도달하게 될 것입니다. 왜냐하면 행성 지구는 여러분의 태양계가 소속된 은하계 자궁(子宮)의 에너지적 요구에 따라야만 하기 때문이고, 이 모든 것은 여러분의 힘으로는 어찌할 수 없는 불가항력인 까닭입니다.

친애하는 이들이여! 어쩌면 여러분은 자신들의 힘으로 이것을 통제할 수 없다는 것을 받아들이기가 어려울 수도 있습니다. 그러나 이것은 우주의 법칙인 것입니다. 단순하게 지구가 보다 높은 차원으로 올라가는 진로에 놓여 있음을 믿고, 비록 그 행로에 약간의 놀라운 일들이 있을지라도 지구가 여러분과 함께 이동하고 있음을 기뻐하십시오.

여러분 가운데 많은 이들이 사랑으로 함께 협력할 수 있다면, 이 과정은 많은 고차원적 능력들이 계발되는 참으로 경이롭고 흥분된 경험이 될 수가 있습니다.

장차 일어날 수 있는 지구변동의 위험성에 대해

여기서 나는 여러분에게 다음과 같은 사실을 깨달아야 한다는 점에 대해 경고하고 주지시키고자 합니다. 즉 지구가 자신의 증가된 속도와 높은 진동으로 이루어진 엄청난 양의 빛, 태양의 격렬한 방전(放電), 그리고 인류가 최근에 지구에 저지른 치유되지 않은 손상들로 인해 어떤 변동을 일으킬 수 있다는 것입니다.

많은 지구 변화의 가능성들이 잠재해 있고, 그 결과의 어떤 부분은 인류가 어떻게 행동하느냐에 달려 있습니다. 그러므로 여러분은 경계태세를 유지해야만 하며, 이러한 전환기 동안에 있을 수 있는 어떠한 변화에 대해서도 준비하고 대처해야만 합니다. 인류는 이미 충격적인 태풍과 해일, 돌풍, 대지진 및 많은 다른 기상이변 등을 목격했고 경험했습니다. 그리고 유감스럽게도 시간이 가고 해가 갈수록 더 많은 기상변화가 다가올 것입니다. 부디 이러한 자연재해에 대비태세를 갖추고, 모든 생명에 관심과 배려를 아끼지 않는 삶의 자세를 유지하십시오,

우리는 특히 범람 가능성을 알기 위해 누군가가 바다나 큰 강, 또는 호수 인근에 살고 있는지를 물어봅니다. 어떤 주요 수원지(水源池) 제방 근처에 너무 가까이 사는 것은 전적으로 어리석고 바보 같은 짓입니다. 우리는 그런 위험이 상존한 인접지점에 새로운 거주 건물을 건축하지 말라고 권합니다. 수원지에 너무 접근해 사는 것은 또 다른 위험이 수반되는데, 물의 범람과는 정반대로 기상이변시 가뭄의 위험성이나 식수의 부족이 일어날 수 있음을 명심하십시오.

가뭄은 지구의 많은 지역에 영향을 미칠 것이고, 종종 강풍과 화재를 동반하게 될 것입니다. 그리고 이것은 그 지역을 황폐화시킬 것입니다. 모든 지구의 주민들은 우연히 일어나는 자연적

발화(發火)뿐만이 아니라 가정이나 자연 삼림 지역에서의 야외 요리로 인해 실수로 발생할 수 있는 화재에 매우 주의를 기울 여주기 바랍니다. 그리고 만약 여러분의 거주 주택이 나무나 잡 목, 나뭇잎, 기타 다른 가연성 물질들로 둘러싸여 있다면, 비상 사태시에 스스로를 보호할 수 있도록 거주지 주변을 청소하여 충분한 안전 공간을 확보해 두십시오.

우리는 대부분의 사람들이 어쩌면 그렇게 자기들 환경의 예상 되는 잠재적 위험들에 대해 무지하고 전혀 예측을 못하는지 놀 라곤 합니다. 잠재돼 있는 지구 변화들과 더불어 기상은 점점 더 악화될 것입니다. 따라서 나는 이전에 언급한 바와 같이 다 시 한 번 강조합니다. 여러분은 충분한 식량과 식수, 난방 및 조명 기구, 보조 물자, 응급 의약품 등을 준비해 두어야 하고, 생존을 위한 행동 계획을 마련해 두어야 합니다. 그리고 또한 여러분이 사는 지역 안의 다른 이웃들이나 예컨대 병약자나 도 움이 필요한 어린 아이들, 노약자, 거동불능자, 장애인 등에 대 해서도 염두에 두어야 합니다.

현재 여러분 은하계 내에서 진행되고 있는 이 진화 작용은 대 자연뿐만이 아니라 여러분 자신의 마음과 감정, 신체의 특성에 대한 여러분의 자세에도 많은 변화를 요구하고 있습니다. 여러 분의 태양계의 진동 속도가 더 빠르게 가속이 될수록 여러분은 자신이 의도했었던 어떤 결과들을 많은 다른 수준에서 더 빨리 경험할 수가 있고 얻을 수가 있습니다. 이것은 행성 지구의 – 많은 레벨과 현실들의 – 운동이 빨라지고 있는 것과 더불어 오게 되는 선물입니다. 여러분과 마찬가지로 어머니 지구 역시 물질 적인 밀도 이상으로 진동이 상승하고 있습니다. 나는 여기서 여러분에게 반복해서 상기시켜 온 말을 다시 한 번 언급하고자 합니다.

보다 많은 사람들이 마음으로 동시에 같은 것을 염원하면 할 수록, 의도했던 결과를 더욱 더 빨리 이룰 수가 있습니다.

인류의 집단적으로 하나된 힘을 활용하라

여러분 인류 종족의 구성원들은 내가 2,000년 전에 지구에 왔던 직접적인 이유였으며, 나는 사랑과 용서의 의식을 인류에게 씨뿌리기 위해 왔었습니다. 숭고한 깨달음과 자비(慈悲)를 인류에게 가르치러 왔던 붓다(佛陀)의 뒤를 이어서 말입니다. 물론 다른 영적인 현자(賢者)들도 많은 다른 문화와 국가들에 존재했었지요. 내가 2,000년 전에 서구세계에 태어났었던 것은 지구가 여러분의 태양계의 그 주기적인 운동 속에서 다시 천상의 빛으로부터 벗어나 아주 멀리 움직이고 있었던 영적무지와 암흑의 시기였기 때문입니다.

지금 여러분의 행성은 최종적으로 인류를 다시 빛을 향해 데려가려는 광대한 은하계 운동 속에서 새로운 차원으로 전환하려는 작용을 형성하고 있습니다. 이러한 최초의 중대한 변화는 여러분의 생애를 넘어서 수많은 해들에 걸쳐 계속될 것입니다.

사랑하는 이들이여, 은하계가 움직이는 물리적 여정은 여러분의 태양계가 보다 높은 세계, 또는 신성한 차원에 이를 수 있는 에너지 주파수에 도달할 수 있기에 앞서서 무수한 세기들이 걸릴 것입니다. 그럼에도 불구하고 지구상의 생명들은 이미 더욱 영화(靈化)된 존재로 진화하는 궤도 속에 들어섰습니다. 그리하여 여러분이 본래 온 곳과 돌아가게 될 곳을 기억하게 될 위대한 의식의 성취가 가능한 폭넓은 기회를 경험하게 될 것입니다.

그리고 이러한 높은 에너지 진동들이 또한 진화주기상 이 차원전환기 동안에 지구에 아이들로 태어난 다른 지혜로운 영혼들을 고무하고 촉진시켰음을 감사하게 생각하십시오. 〈100번째의 원숭이 효과〉와 같은 어떤 급격한 전환의 가능성은 잠재되어 있는 힘이며, 만약 여러분이 이런 집단 결속 및 일치의 원리를 이해했다면, 인류의 진화와 발전을 위해서 그 힘을 이용하도록 하십시오. 진화에 요구되는 사랑이 깃든 자비로운 삶의 패턴을 확립하기 위해서는 단지 소수의 지혜로운 강력한 영혼들만으로도 가능합니다. 그럼에도 내가 여러분에게 빈번히 상기시킨 바와 같이, 집단의 힘은 기쁨과 평화, 사랑과 같은 여러분의 목표를 더 쉽게 성취하도록 해 줍니다.

이제 남은 것은 두려움과 의심을 버리고 기꺼이 이러한 작업을 시작하려는 여러분의 자발적인 마음뿐입니다. 따라서 인류는 실제로 자신들의 태양계가 전보다 더 빨리 가속되고 있는 동안에도 아직도 대부분의 인간들이 현재의 80~100년의 짧은 육체적 인생에 기초하여 시간에 관해 생각하듯이 사고할 수가 있습니다. 즉 여러분은 시간이 전과 같이 느리게 흘러가는 과정처럼 보일 수 있다는 사실을 이해해야만 합니다.

건강과 〈조류 인플루엔자〉 문제

마지막으로 광범위한 영적인 관심사들과 우주적인 문제로 돌아가 현재 뉴스에서 언급되고 있는 인간의 건강에 관련된 매우 실질적인 주제들에 관해 논의해 보겠습니다. 아마도 여러분은 대중매체들의 잦은 보도를 통해 "조류 인플루엔자(Bird Flu)"에 관해 들었을 것이고, 또 앞으로도 듣게 될 입니다. 그런데 여러분은 예컨대 지난 몇 년 동안 "광우병"에 관해서도 들어 왔습니다. 그럼에도 불구하고 사람들이 동물들을 청결하게 적절히 취급하고, 국가들 간에 공동으로 연구, 협력해 대처했을 때는 큰 혼란이나 소요가 일어나지 않았다는 사실을 알아차릴 수 있을 것입니다. 현재 인간에게 병을 전염시킬 가능성이 있는 것은 닭과 조류(鳥類), 가금류(家禽類)입니다. 따라서 그런 동물들의 먹이라든가 청결성에 범세계적인 주의가 필요합니다.

그러나 현재의 광우병 사태처럼 여러분이 공동 협력해 적절히 대처한다면, 우리는 〈조류 인플루엔자〉 문제가 서구 기술 국가들 전체로 확대되리라고 보지는 않습니다. 여러분의 제약 회사들이 실제로 발병되지도 않은 유행병 약을 바쁘게 판매하고 있다는 사실을 알아야 합니다. 그리고 우리는 그들의 현재의 제조법이 별도의 테스트도 없이 반드시 완벽해질 거라고 보지 않는다는 사실을 깨닫는 것은 중요합니다.

사랑하는 이들이여, 나는 여러분에게 다음과 같은 것을 일깨우고자 합니다. 그것은 여러분이 살아 있는 것들을 경시하여 함부로 취급하거나 학대할 때는 언제든지 결과적으로 카르마적인 반작용을 받게 되는 상황이 야기될 수 있다는 사실입니다. 따라서 위생학에 무지하거나 닭이나 기타 가금류들을 함부로 취급하고 학대하는 사람들이 있는 국가들에서 그 동물들이 병들어 죽게 되면, 그것은 모든 이들에게 크나큰 손실이 되는 것입니다.

그런 까닭에 닭이나 가금류를 기르는 어떤 개인이나 기업은 그것을 선택해 먹는 소비자들을 위해 안전한 살코기가 될 수 있도록 위생적인 환경에서 사육하는 것이 중요합니다. 이것은 인간이 자신들의 동물들이나 가금류를 질병이 만연할 수 있는 거대한 우리 속에다 한 데 몰아넣는 것을 중단해야함을 의미합니다. 인간들과 마찬가지로 이러한 상황은 동물들에게 해로운 영향을 일으킬 수가 있습니다.

사랑하는 이들이여, **부디 이것을 기억하기 바랍니다. 그것은 육체의 훌륭한 건강을 유지하기 위해서는 강력하고도 효과적인 면역체계가 필요하다는 사실입니다.** 그러므로 나는 여러분에게 상기시킵니다. 어떤 형태의 질병이나 유행병에 대항할 수 있는 최상의 방어책은 스스로 건강한 몸이 만들어질 수 있는 조건들을 스스로 갖추는 것입니다. 날마다의 적당한 수면과 운동, 긍정적인 마음가짐에 따라 올바른 음식과 물을 선택하십시오. 그리고 건강한 면역체계를 얻고 유지할 수 있도록 다른 요소들이 필요합니다. 이밖에 인체에 부적합한 담배나 알콜, 기타 약물 복용을 중단해야 합니다.

우리는 권력의 자리에 앉아 있는 이미 가슴이 닫히고 탐욕에 사로잡힌 자들이 세계 곳곳에 많은 고통과 피해를 일으키고 있음을 바라봅니다. 그럼에도 나는 여러분에게 다시 한 번 말하고자 합니다. 여러분 모두는 탐욕, 증오, 고통, 전쟁으로 얼룩진 이 세상을 자비와 용서, 건강, 평화 그리고 사랑이라 불리는 에너지를 이용하는 기쁨의 세계로 변화시키는 데 함께 일할 수 있는 기회가 있습니다.

나는 이제 떠나지만, 여러분이 다양한 삶을 겪으며 육체적 행로를 걷는 내내 우리는 사랑으로 여러분을 후원할 것입니다. 나는 결코 여러분을 포기하지 않았으며, 또 앞으로도 포기하지 않을 것입니다. 아멘!

그리스도 예수

미카엘 대천사

———

채널링　오피어스필로스

2 미카엘 대천사

채널링:오피어스 필로스

사랑하는 영혼들이여! 나 미카엘은 여기에 와서 여러분과 인사를 나눕니다. 나는 중심 태양의 오라장에서 여러분을 변화시킬 수 있는 청색 불꽃을 가지고 왔습니다. 나는 이 푸른 전기적 방사 에너지가 여러분으로 하여금 내가 있는 저 건너편의 많은 세계와 고차원의 천상을 기억하게 만들고, 이를 각성시켜 줄 수 있기 바랍니다. 그리고 여러분의 몸이 아스트랄계와 에텔계로 되돌아갈 수 있도록 진동을 촉진시켜 상승에 도움을 줄 수 있길 바랍니다.

나의 불꽃은 4가지 기본 요소 중의 하나로서, 여러분이 위대한 상승의 문에 접근하여 이 문을 열 수 있게 해 주는 중요한 지식과 리듬과 사이클을 조정하는 것입니다. 이 성스러운 전체 계획을 통해 빛의 주님들이 인류가 다시 한 번 고차원 진동의 복도를 통과해갈 수 있도록 낮은 세계에 있는 여러분을 끌어올리고 있습니다.

여러분은 현재의 직선적인 시간의 세계를 떠나 그동안 갈망해온 별빛 속의 전자기적인 깨달음의 광명을 성취하도록 자극과 힘을 받고 있습니다. 나는 인류가 사용하는 알파벳으로 된 지식을 언급하고자 합니다. 문자에는 색채와 빛과 소리에 연결된 통신 메시지가 있습니다. 모든 문자는 곧 천사입니다. 모든 천사는 위대한 지식의 우주적 자장(磁場)의 에너지 진동을 만들어 줍니다. '지식(Knowledge)'이란 말을 풀어보면, 앞의 노우(know)는 "노우(No:없다, 아니다)"의 뜻이요, 뒤의 리지(ledge)는 "경계(境界), 또는 한계(限界)"라는 뜻이므로 Knowledge(지식)의 뜻은 '제한 없다, 무한하다(noledge)'는 의미를 함축하고 있습니다.

'제한 없다'는 말은 직선적인 앎에서 해방되어 자동적으로 무제한의 영역으로 상승하기 시작한다는 것을 뜻합니다. 이 무제한의 영역은 아주 오래 전에 이 위대한 지구학교를 선택한 영혼들의 특성이었습니다.

시간의 이해를 넘어서 있는 이 근원적인 무제한의 세계는 과연 어떤 방식으로 창조되었을까요? 나는 여러분에게 이야기하고자 하는 바, 여러분이 현재는 2가닥으로 제한된 유전자 코드를 갖고 있는데 반해 전에는 12가닥으로 완전한 지식과 능력을 지니고 있었습니다.

다행스럽게도 인류는 현재 3가닥으로 상승 중에 있으며, 결국에는 완전히 12가닥의 온전한 깨달음으로 되돌아가게 될 것입니다(4가닥과 신비한 삼위일체(三位一體)의 숫자인 3, 6, 9, 12가닥이 있습니다).

숫자 12에 담겨진 비의(秘意)

이 숫자 '12'는 바로 창조가 시작되는 근원에서 나왔습니다. 이 위대한 근원은 그 자체로부터 스스로 어머니 부분을 잉태하여 창조하고 탄생시켰습니다. 그런 다음에 그 단자(單子,Monad)에서 한 쌍의 아버지/어머니, 즉 여성/남성을 창조하여 확장되었습니다. 이 남성과 여성은 또한 3개 1조(組) - 그 자체의 삼위일체(三位一體) - 를 창조했습니다. 그리고 이 삼위일체로부터 4 또는 4개 1조(組)가 나왔습니다. 이와 같이 해서 여러분의 지구는 4각형이나 4로 부르는 기하학적인 상징 속에 있습니다. 4는 여러분이 진화해 나가고 환영을 만들어낼 수 있는 영적인 세계나 토대를 뜻하는 에너지 숫자입니다. 12에 대해서 좀 더 이야기하자면, 12라는 숫자는 전세계의 많은 가르침과 기록 속에 대단히 많이 나타납니다.

이것은 오늘날의 여러분과 오래 전의 영적 전수자들을 위해 숨겨진 우주적 의미를 가지고 있습니다. 그들은 여러분이 잊고 있었던 비밀스러운 에너지와 힘을 알고 있었습니다. 그리고 이 정보를 순수한 사람들에게 전해주길 바랬습니다. 이들이 부정적이거나 무지한 문명 속에 살고 있을 때 이렇게 하는 일은 쉽지 않았습니다. 때문에 이들은 신성한 마음을 가진 사람들이 이를 발견하고 이해할 수 있도록 깊숙한 곳에 숨겨 놓아야 했습니다.

사랑하는 영혼들이여! 예를 들어 여러분이 다른 순수한 영혼들에게 전해주고 싶어 하는 굉장한 비밀이나 영적 보석을 알고 있다면 이를 어디에 놓아두겠습니까? 여러분의 과거 역사를 보면 사람들이 살인과 투옥과 감시로 현명한 빛의 사람들을 입막음하는 장면들이 나타납니다. 과거의 그들과 같이 아마도 여러분은 인간의 의식 속에 생생하게 유지시킬 필요

가 있는 지식을 저장하기
위해 신성한 경전들이나 기
타 영적인 방법을 택할 것
입니다. 그리고 여러 차원
- 비의적(秘意的)인 차원과
일반적인 차원 - 으로 이런
지식의 의미를 저장할 것입
니다.

예로서 기독교의 성경
(Bible)이라 부르는 문헌을
참고로 봅시다. 지금 이 성
경은 여러 지역 언어로 되
어 있는데, 해석상의 의미

의 수준도 천차만별이고, 나중에 번역과정에서 왜곡된 성경
도 있습니다. 일반적인 보통의 독자들은 이를 알아채지 못할
것입니다. 그러나 오리지널 성경은 70%가 신비한 내용과 역
사적인 자료로 채워져 있으며, 현명하고 오래된 과학이 여러
언어로 기록되어 있었습니다.

144,000의 의미

성경 속에서 말하는 144,000이란 숫자는 아주 간단한 것처
럼 보입니다. 그러나 이는 일반적으로 사람들이 알고 있는
것과는 다른 의미를 가지고 있습니다. 정확히 이야기하자면
144,000은 특별한 사람들의 집단에 연관된 것을 나타낼 뿐
아니라 다른 개념을 포함하기도 합니다.

이 144,000이란 숫자 속에는 분리된 숫자를 더할 수가 있
는데, 즉 1+4+4+0+0+0은 3의 배수인 9가 됩니다. 이 숫자 9

는 우주적 사랑의 진동을 나타냅니다. 어떤 존재가 9의 에너지 진동을 가지고 태어난다면, 이는 지구의 진동을 사랑의 상태로 상승시키고자 하는 의도를 가지고 태어나는 것입니다. 그러므로 144,000은 사람의 특정 숫자만을 나타내는 것이 아니라 긍정적으로 의도된 고차원의 목적을 나타내기도 합니다.

144,000에 관한 다른 상징적인 뜻은 여러분의 몸속에서 복잡하게 교차해서 흐르는 에너지와 관계가 있으며, 이것은 세포 속에서 입력된 빛의 언어를 깨워 알게 해줍니다. 이런 패턴은 몸의 물리적 진동을 상승시켜 줄 것이며, 여러분의 육체를 보다 밝은 빛의 몸으로 변화시켜 줄 것입니다. 분자와 세포의 변형은 이와 다른 방식입니다.

이는 우리가 '상승(ascension)'이라 말하는 것으로 개인적인 깨달음을 넘어선 것입니다. 상승은 개인적일 수도 있고 집단적일 수도 있습니다. 이 개념에 대해서는 여러 가지로 많이 이야기할 수 있는데, 이를테면 성경과 같은 문헌 속에서는 안전을 유지하기 위해서 이런 개념이 감추어져 있습니다. 그렇지만 이런 예들은 보다 높은 이해를 위한 촉매제로 사용될 수 있습니다.

오늘날 영혼들은 빛이 더없이 위대한 잉태를 할 수 있는 시대로 진입하고 있습니다. 이 빛은 인류가 한 단계 높게 상향된 진화 단계 속으로 들어간 사실을 보여줄 것입니다. 이 진화의 과정을 갈망하는 사람들이 있는데, 이러한 영혼들은 지금 진보된 빛의 몸으로 바뀔 수 있습니다. 여러분은 아직 얼마간 물질적 신체를 유지하게 될 것이나, 이 빛은 여러분이 물질 에테르라 불리는 반물질적(半物質的) 신체를 가질 수 있도록 여러분의 에너지 진동율을 상승시킬 것입니다.

일원성의 법칙으로의 회귀

사랑하는 영혼들이여! 이와 같은 모든 일들이 일어날 수 있도록 준비가 되어 있습니다. 왜냐하면 영겁 이전에 주(Lord)의 신(神)들, 작은 신들, 천사와 같은 실재들과 무리 속의 무리라 부르는 창조된 존재들이 있었기 때문입니다. 창조된 많은 세계들의 위대한 빛의 주님들은 지도 교사들로서 모든 외부 세계의 중심 자리에 앉아 있습니다. 그리고 우주적 힘의 높은 진동으로 이루어진 위대한 에너지체들이 있는데, 이들은 선풍적인 레이저 광선을 여러분의 행성계에 불어넣는 존재들입니다.

이러한 존재들의 에너지로부터 도움을 받아 사람들은 보다 높은 진동으로 다시 태어날 수 있게 됩니다. 이것은 준비된 모든 영혼들이 '유일자(唯一者)의 법' 또는 '일원성(一元性)의 법(法)'으로 돌아감을 의미합니다. 이것은 무엇을 의미할까요? 일원성의 법은 만물이 그 자체로서 완전한, 완벽한 상태에 있다는 것입니다.

사랑하는 영혼들이여! 이는 그 자체가 평화요, 사랑이라는 것을 의미합니다. 그러한 사랑과 평화 속에서 성(性)을 초월한 각자의 음양합일체적(陰陽合一體的) 진아(眞我)가 드러나서 황금의 시대 동안에 통치를 시작할 수 있다는 것입니다.

명백하게 해 둘 필요가 있는 중요한 사실은 위대한 약속에 의해 지정된 이유로 영겁 이전에 지구에 오기를 선택한 작은 신들(gods)이 있었다는 사실입니다. 이들은 근원의 특성을 사용하여 지구 테라(Terra), 즉 당시에는 스완(Shwan)이라 부르는 거대한 행성을 창조했습니다. 천사들, 추락한 천사들이라 부르는 존재들이 있었는데, 이들은 '하나'의 근원에서 분리를 택했습니다. 그리고 이 분리로부터 그 자체로 완벽함

2장 미카엘 대천사

을 의미하는 위대한 하나 - 황금의 법칙- 에 대한 지식을 상실하고 이원성(二元性)을 만들었습니다.

이들은 자양분이 되는 이원적 현실, 즉 양(陽)과 음(陰), 극좌와 극우, 암흑과 빛을 최대한으로 경험해야 했습니다. 그리고 지구라는 배움의 학교에서 자신들의 직무를 수행했습니다.

테라, 즉 지금 여러분이 아는 지구는 위대한 배움의 장소인 하나의 거대한 학교입니다. 지구는 아버지의 가슴에 가까이 접해 있습니다. 공식적으로 천사들이라고 부르는 이들 존재들은 지구에 기꺼이 왔을 때 진화의 과정과 '죽음의 문' - 전에 작은 신들은 죽어 본 일이 없었다 - 까지도 통과해 가야만 한다는 사실을 알고 있었습니다.

그래서 여러분이 이런 사실에 대해 생각하면 이런 경험을 선택한 것이 영혼에게는 크나큰 헌신이었음을 알 수 있습니다. 이 분리는 어둠과 빛의 법칙인 두 개의 법칙을 창조했습니다. 그렇습니다. 모든 영혼들은 세포의 기억들이 완전히 소생되지 못한 상태에서 이런 과정을 통과해야 했습니다. 그래서 이들은 <카르마(業)의 법칙>이나 <윤회(輪廻)의 법칙> 아래 놓이게 된 것입니다. 이 모두는 진화의 과정입니다. 이런 과정은 사람들이 어둠의 장막에서 나와 빛의 의식(意識) 속으로 들어가기 시작하는 방법입니다. 이 사실을 깨닫게 될 때 여러분은 우주적인 마음과 부활된 몸의 선물을 사용할 수 있게 됩니다. 부활된 몸은 여러분이 에텔체(Etheric Body)라고 부르는 것입니다. 이는 그리스도의 몸입니다.

그러므로 여기 지구 위에서 가지고 있는 영혼의 탈 것인 이 파편(육신)은 단순히 인간의 역할을 수행하기 위해 분화된 부분들입니다. 이런 경험을 통해서 물질적인 신체는 빛의 의식을 다시 획득하게 되고, 빛이 다시 한 번 공급됨에 따라 에너지 진동이 상승하게 됩니다.

현재 우주 에너지의 전자기장이 이 과정을 조정해 가고 있으며, 때문에 남보라 광선, 원적외선, 감마광선의 힘과 중심 태양의 근원적 힘이 이 진화에 영향을 미칩니다. 이러한 영향은 여러분에게 자동적으로 일어나게 되며, 이렇게 됨으로써 여러분의 분자적 성질은 여러분의 세포 진동 속에서 보다 고차원적 빛의 특성으로 상승하기 시작합니다.

이런 일이 일어남에 따라 여러분의 고차원적 마음은 지적인 성질이나 에고를 보다 잘 컨트롤할 수 있게 될 것입니다. 이렇게 함으로써 여러분은 부활의 기술과 도구를 사용하는 방법을 배울 수 있게 됩니다. 여러분은 그리스도의 몸이 모든 선물과 능력과 힘을 가졌음을 압니다. *여러분이 빛의 일꾼이 되어 빛의 일을 하게 되길 바라거나 스스로 빛이 되어 진동이 상승하면, 그리스도 에너지는 준비된 사람들을 통하여 올 수 있게 됩니다.* 그 다음에 이전의 작은 신들이 깨어날 것이기 때문에 그리스도 의식은 지구 위에서 군림하게 될 것입니다. 작은 신들은 자신들의 선물을 생산적으로 사용할 것인데, 이 선물들은 아주 많습니다! 작은 신들이 물리적 활동으로서 그 선물을 활용하는 방법 속에서 그들의 진정한 참모습이 드러날 것입니다.

고대 레무리아인들의 삶과 에너지적 영향

여러분이 여기 지구 위에 있을 동안 기억해야 할 가장 중요하고 결정적인 일은 여러분의 유전자(DNA) 코드가 에너지란 사실입니다. 이 유전자 에너지는 근원적인 작은 신들과 초기 사람들을 다스리기 위하여 온 천사들에 의하여 만들어졌습니다. 이 유전적 에너지는 오래 전에 시작되었으며 아직도 여러분에게 영향을 미치고 있습니다! 이는 레무리아(Remuria)와 아도나(Adona), 아틀란티스(Atlantis)라 불리는 문명의 초기에 지구 위에서 시작되었습니다. 먼저 레무리아인들의 에너지에 대하여 이야기하겠습니다. 이들은 이 땅에 내려와 인간을 지배한 작은 신들과 거인들이었으며, 나중에는 인간의 아들딸들과 섞이게 되었습니다.

인간이라 칭하는 생명체의 삶이 이미 시작되었는데, 이는 타락한 천사들 중 일부가 지구에 내려와서 이원성의 창조계 속으로 들어와 자리하게 되었음을 의미합니다. '인간'이라는 말은 바로 고체성의 원리로 이루어진 자연계 속으로 들어오기를 선택한 영혼들을 의미합니다. 여기서 이들은 진화하기 위해서 배우고, 더 나아가 보다 고차원의 의식 진동과 신적인 삶 속으로 들어가기 위하여 배웁니다. 가끔 인간들을 가르치기 위해 이런 인간의 몸을 선택해서 이곳에 온 작은 신(神)들이 있었는데, 바로 이들이 레무리아인들이었습니다. 이들은 지구상에서 삶을 사는 동안에 본래의 의지와 서원(誓願)이 약화됨에 따라 인간의 아들딸들과 결혼하기 시작했습니다.

이런 상황은 유전자 원형이 분리되기 시작하면서 일어났습니다. 처음에 레무리아인들은 양성(兩性)을 공유한 성(性)을 초월한 영적인 존재들이었으며, 일원성의 법칙 속에 있었습니다. 이들은 이원성의 고통을 받지 않고 살았습니다. 이 시기는 레무리아 역사의 초기였습니다. 하지만 후에 이들은 서로 전쟁을 하기 시작했고, 부정성의 사념체를 창조했으며, 이로 인해 모든 차원의 진화에 영향을 미쳤습니다.

그 후 '일원성의 법칙'에서 오는 지혜를 포기한 이들은 자신들의 것이 아닌 다른 것들을 가지길 원했습니다. 또 이들은 다른 사람들을 통제하길 원했으며, 어려움을 만들어내고 파괴적인 행위를 일으켰습니다. 이 시기는 레무리아 형제와 자매들이 자체 내에서 분리되기 시작할 때였고, 이것이 종족이 나누어지는 원인이 되었습니다. 그 후 아틀란티스와 그 외 다른 곳들은 반대파들에 의해 식민화되었으며, 이로 인해 주된 2개의 문명이 창조되었습니다.

일부 평화스러운 레무리아 사람들은 많은 대륙을 건너 아시아와 이집트로 이주해 갔습니다. 또한 위대한 존재들은 오늘날 여러분의 나라인 미국 등으로 광범위하게 이주해 나갔습니다. 이러한 이주는 당시의 지질학적 시기에는 대서양과 태평양이 없었기 때문에 가능했습니다.

레무리아 사람들은 부정적인 아틀란티스인 형제들이 최고의 기술 - 마음의 힘을 결정화시킬 수 있는 기술 - 을 사용해서 대파괴를 계획하고 있다는 사실을 확실히 알고 있었습니다. 결국 아틀란티스인들은 지진에 의해서 자신들의 제국에 대파괴를 스스로 야기했으며, 대륙이 최후로 침몰되기 전까지 이를 자행했습니다. 비록 부정적인 힘을 가진 세력들이 아틀란티스 전체에 만연되어 있었지만 일부 소수의 아틀란티스인들은 아직도 건설적인 힘만을 사용하길 원하고 있었습니다. 그리하여 이들 긍정적인 소수 사람들은 이집트와 동양과 인도로 이주했습니다. 그런 까닭에 당시 2개의 집단이 존재했었는데, 그 하나는 빛의 사람들이었고, 다른 하나는 아틀란티스 전체의 파괴를 자행한 사람들이었습니다.

레무리아인과 아틀란티스인의 유전적 특성과 차이점

어떻게 여러분이 빛과 어둠의 에너지의 의지라고 하는 초기의 두 개의 영향력으로 유전 분리가 결정될 수 있었느냐는 의문을 풀 수 있을까요? 이것은 '아담(Adam)과 이브(Eve)라는 이름이 원자(atoms)와 진화의 시대(evolutionary period)를 상징하는 이름이다'라는 사실을 참고함으로써 이해가 가능합니다. 사실 많은 아담과 이브들이 존재하고 있습니다! 유전학적인 변화 또한 많습니다!

아담은 적색(赤色)과 적색의 사람들을 의미합니다. 중요한 논제는 이 적색 인종(사람)이 많은 세대와 기후적 변화와 여러 환경들을 거치면서 여러 곳으로 이주해 갔다는 사실입니다. 그리하여 이 적색 인종이 여러 종족, 즉 흑인종과 황인종, 백인종, 그리고 갈색 인종으로 발전해 갔습니다. 이는 바로 유전적 분리의 실험이 가속될 때였습니다.

오늘날 여러분은 아틀란티스인과 레무리아인의 유전자 코드를 어떻게 구별할 수 있습니까? 여러분은 아메리카 인디언의 예에서처럼 적색 인종의 행동 양식을 볼 수가 있습니다. 그러나 모든 유전적 진화 과정을 통과한 4개의 종족 속에서도 이 행동 양식을 발견할 수가 있습니다. 과거에 긍정적이거나 부정적으로 진화해 나간 이들은 지금 유전자의 재활성화가 진행 중에 있습니다.

예를 들면, 호피(Hopi)와 플레인(Plain) 인디언은 아주 대단히 평화로운 인종인데, 이들은 레무리아인 에너지의 심성적(心性的) 유전자를 아직도 간직하고 있습니다.

아틀란티스인보다 투쟁적인 성향을 가진 인종은 코만치(Comanche)나 아파치(Apache)[1] 종족에서 볼 수가 있습니다.

---

1)미국 애리조나, 뉴멕시코, 오클라호마주에 사는 인디언 부족. 추장 제로니모의 인솔하에 백인의 침략에 저항하여 용감하게 싸웠다. 언어는 아사바스칸어족이다. 주위의 영향을 받아 농경도 하지만, 원래는 수렵민이다. 대다수의 아메리카 인디언들은 원래 고대에 아시아 대륙에서 베링해를 건너 넘어간 동이족의 후손들이다.　　(편집자 주)

아메리카의 각 인디언 부족을 대표하는 추장들이 한 데 모였다.

이것은 이들 인종이 옳다거나 잘못된 것을 의미하는 것은 아닙니다. 이런 사실은 단순히 하나의 유전 과정을 예시해 주는데, 이 유전 과정에서 코만치나 아파치의 영혼의 본질 속에 적색 인종의 모습이 드러나고 있으며, 지금 시대에 육체로 지상에 돌아오기로 선택한 사람들 속에서도 적색 인종의 모습을 찾아볼 수 있습니다.

오늘날 아틀란티스인의 에너지는 모든 종족 집단들 중에서 기술이 발전된 국가들에서 현저한 두각을 나타내고 있습니다. 그리고 많은 과학자들이 생명의 복제를 위해 노력하고 있으며, 핵무기들을 만드는 데 열중하고 있습니다. 시간이 지날수록 점점 더 많은 사람들이 컴퓨터를 사용할 것이며, 인간을 통제하기 위해 정교한 결정(結晶)의 기술을 사용할 것입니다. 때문에 여러분은 변화를 선택하지 않고 아직도 파

2장 미카엘 대천사

괴적인 행위를 선호하고 있는 사람들 속에서 아틀란티스인의 에너지가 지속되고 있음을 이해할 수가 있습니다. 반면에 레무리아인의 에너지를 가진 영혼들은 일원성의 법칙과 평화를 회복하기 위해 노력을 계속하고 있습니다.

많은 아틀란티스인들이 과거에 자신들이 저질렀던 잘못된 일들을 찾아내서 다시 실행하기 위해 지금 레무리아인 에너지의 시대 속으로 되돌아오고 있습니다. 그래서 우리는 동기의 순수성을 잃은 많은 사람들을 관찰하고 있습니다.

내가 유전적으로 세분(細分)해서 여러분에게 레무리아와 아틀란티스를 구분해 주고 여러분이 세상을 주의해서 살펴본다면, 어느 곳이 더 평화스럽고 어느 곳이 그렇지 못한 곳인지를 알 수 있습니다. 즉 여러분은 일원성의 법칙에 따른 강력한 신의 에너지가 아틀란티스인들에 의해 폭력과 전쟁으로 잘못 변질된 곳과는 대조적으로 레무리아 에너지가 지배적으로 우세한 곳을 쉽게 구별할 수가 있는 것입니다. 이들이 위대한 문명을 창조하고 유전적 과정을 통해 많은 세대를 거쳐 후세로 이어지게 한 것은 바로 신의 에너지입니다. 이런 장구한 과정은 삶의 수레바퀴와 진화, 윤회(輪廻) 등 여러 가지로 불립니다.

인간들을 가르치고 지도했던 작은 신들

긍정적인 황금의 광선을 선택한 레무리아인과 아틀란티스인들은 초기에 이집트로 이주해 갔습니다. 이들은 이집트가 시작된 초기의 파라오들(Pharaos)[2], 날개가 달린 파라오들,

---

2)'위대한 신(神)의 아들'이라는 의미로 고대 이집트 왕을 부르는 이집트식의 고유한 칭호이다. 큰 집, 즉 왕궁을 뜻하는 고대 이집트어 <페르오(Per-o)>에서 유래한 그리스어이다. 제18왕조의 투트모세 3세가 왕을 가리키는 말로 쓴 이래 그것이 관습화되었다. 투트모세 3세 이전의 왕, 즉 고왕국시대의 왕도 오늘날에는 이 용어로 부른다. 왕은 5

이집트의 고대 아부심벨 신전(神殿) - 파라오의 모습을 볼 수 있다.

승려들, 사제(司祭)와 여사제 등이 되어 자신들의 성(性)을 초월한 것을 의미하는 일원성의 법칙 속에 살았습니다(이 파라오들은 왕조 그룹을 거친 파라오가 아니다). 이들은 사람의 아들 딸들과 혼인을 하지 않았기 때문에 이원성의 현실로 분리되지 않았습니다. 그래서 이들은 당시까지 대단히 높은 기술을 유지하고 있었습니다. 그 후 큰 신들이 이들에게 사람들 속으로 이주하여 사람들과 더불어 살면서 가르칠 것을 요청했습니다.

큰 신들과 작은 신들에 대한 이야기가 여러분의 생각에는 어렵게 들릴는지도 모르겠습니다. 우리는 지구상에 있는 많은 사람들이 유일신적(唯一神的)개념에 의해 많은 신들을 부

개의 칭호를 지녔으며, 그 가운데 개인에 관계되는 2개의 칭호(즉위명, ·탄생명)가 카르투슈(타원형 틀) 속에 기재되었다. 파라오는 신의 화신으로 모든 토지와 인민은 파라오에 속하였고, 또 혈통의 순수성을 지키기 위해 혈족결혼이 행해졌으며, 죽은 뒤에도 신으로 숭배되었다. (편집자 주)

정하고 있다는 사실을 잘 알고 있습니다. 하지만 여러분에게 제안하건대, 하나의 창조주 외에 창조된 생명체들이 많이 있을 수 있다는 가능성에 대해 숙고하길 바랍니다. 이들 생명체들은 여러분의 육체처럼 조밀한 몸을 갖고 있지 않으며, 그 크기와 에너지 진동의 특성이 각기 다릅니다.

나는 여러분이 여러 가지 변화와 특성을 가진 빛의 존재들이 많이 있다는 사실을 진심으로 수용하길 바라는데, 이 존재들은 각기 다른 시대에 여기 지구에 왔었습니다. 여러분이 투시능력을 다시 얻고 이들 존재들 속에 있는 빛이 변화하는 특성을 식별할 수 있을 때까지 우리는 이런 존재들을 소문자 'g'로 표기되는 작은 신들(gods)이라 부를 것이며, 여러분은 자신의 능력계발에 최선을 다하기를 바랍니다. 여러분이 물질로 나타나지 않은 다른 밀도들과 색채들, 모양들 그리고 빛의 형상 등을 다시 볼 수 있을 때 비로소 여러분은 이런 사실들을 완전히 이해할 수 있게 됩니다!

신들은 알고 있었지만 당시의 육체 인간들은 건축이나 수학의 지식을 알지 못했습니다. 또 이들에게는 달력이 없었습니다. 페루와 남미 같은 곳에서 적색 인간과 고대 마야인들(Mayans)을 가르친 것은 이들 신들이었습니다. 이 신들은 비밀스런 신비학교라 불리는 수련 학교를 창설하고 사람들에게 이익을 베풀기 위해 보다 고차원적인 마음의 선물과 그리스도의 몸을 사용하는 방법을 가르쳤습니다.

피라미드와 신비와 비밀

이들은 규율이 대단히 엄격했기 때문에 비밀스러운 맹세를 서약해야 했습니다. 내적 세계는 지구의 내부세계(지저세계)와는 다르다는 사실을 이해하십시오. 내적 세계는 차원이 다

른 세계입니다. 이 세계는 빛이 결정화된 위대한 문명으로 여러분의 산악지방에 위치하고 있고, 유사 이전의 거석(巨石)이나 단일 암석구조로 되어 있으며, 거기에 살고 있는 빛의 존재들은 인간의 진화를 돕기 위해 봉사하는 존재들입니다.

이 시대의 신들은 은색의 빛 에너지를 사용하여 내적 세계나 차원들, 즉 황금의 피라미드로 들어가는 방법을 알고 있었습니다. 이집트의 스핑크스 주위에는 한때 우주의 거대한 에너지 자장(磁場)이 형성되어 있었으며, 에텔체의 몸을 가진 존재들이 이를 계단으로 사용했습니다. 사람들은 이를 볼 수는 없었지만 물질 에테르의 신들은 볼 수가 있었습니다. 이들은 이 출입구를 열기 위해 에너지 진동장을 재조정할 수가 있었으며, 고차원적 텔레파시로 조화시킨 진동음을 사용했습니다. 이와 같이 해서 이들은 에너지를 깊숙이 관통하여 위대한 세계의 일부를 통치하는 승천한 대사들(Ascended Masters)과 신성한 승려들, 작은 신들을 만났습니다.

스핑크스의 모습 - 뒤쪽에 대 피라미드가 보인다.

초기 이집트의 신들은 피라미드를 통과해 들어갈 수 있는 능력을 가지고 있었고, 이들은 아래로 뒤집힌 역피라미드에서 입문했습니다3)(외부로 드러난 지상 부분은 인간을 위하여 사용되었다). 이 신들은 가르침의 직무를 다하기 위하여 지구의 여러 곳을 여행하면서 인간들과 혼혈되는 미래를 예견할 수

---

3) 역피라미드(Reversed Pyramid): 이집트 기자의 대피라미드는 지상에 나와 있는 가시적인 물질 부분과 그 밑 땅 속에 역으로 맞붙여진 불가시의 에너지체 피라미드로 되어 있다. 이 피라미드는 우주의 하나의 원리인 원의 공식으로 이루어져 있으며, 상하부가 하나로 합쳐진 상태가 완전한 하나의 피라미드로서 보다 고차원적인 에너지가 발생한다. 그리고 지상부와 지하부의 에너지 역할이 상이하다. 각종 채널에 의하면 우주에는 고유의 특정한 역할로 설계된 여러 종류(물질체, 에너지체)의 피라미드가 존재한다고 한다. 건강용 피라미드로서 철제는 에너지가 인체에 부적합하며 동등한 고가 금속이나 세라믹 목재 등이 좋다. 금(도금)이나 수정 에너지가 추가되면 양질의 에너지가 증폭된다. 또 건강용 피라미드를 사용할 때는 역으로 된 밝은 에너지체 피라미드가 하부에 연결되어 있다고 상상하는 것이 효과적이다. (역주)

있었습니다. 이때 이들은 자신들이 알고 있는 모든 것을 수호 사념, 색채와 빛의 결정체, 조화된 음성 에너지에 저장했는데, 이들은 후에 저장된 것들을 회수하였습니다. 이 신들의 일부는 인간들 속에 태어나 삶을 살고 또 환생을 경험하게 되었으며, 자신들의 여러 생(生)을 내다보았습니다. 이들은 자신들의 유전적 세포 기억이 매 생마다 조금씩 각성되어 가다가 어느 날 빛의 의식으로 진화한다는 사실을 알았습니다. 그래서 어떤 존재들은 각성된 기억을 가지고 후대(後代)에 위대한 작곡가나 철학자, 발명가, 치유 능력자로서 환생을 경험합니다.

긴긴 세월에 걸친 거부 반응에도 불구하고 그러한 존재들이 지구의 교육 프로그램을 확인해 가면서 인류의 진화를 돕기 위해 영적 씨앗을 뿌린 사실에 대하여 생각해 보기 바랍니다. 오늘날 여러분 중 많은 사람들이 자신의 신성(神性)을 깨달아가고 있습니다. 이들은 자신들을 모델로 하여 새로운 세계를 창조해 갈 것입니다. 여러분은 장차 물질적 신체의 진동 패턴을 물질 에테르적 신체로 상승시키는 방법을 다른 사람들에게 가르쳐 주게 될 것입니다.

그렇습니다. 모든 것이 지금 진화의 과정 중에 있습니다. 때문에 다른 사람들을 돕고자 하는 치유가나 교사들은 모든 것이 각기 다르다는 사실을 인식해야 합니다. 사람들의 유전자 코드가 각기 다르기 때문에 하나의 기술이 모두에게 통할 수는 없습니다. 그럼에도 에텔체로의 변화나 깨달음에 준비가 된 사람들은 우주적 마음을 활용할 수 있는 4가지 열쇠를 배워야 합니다. 사람들은 자신들이 에너지의 현현을 사적으로 매우 깊게 경험했다는 것을 절대적으로 알아야만 하는데, 그럼으로써 그들은 나서서 개인적으로 배운 것을 가르칠 수가 있는 것입니다. 그들은 이제 자신의 지식을 모델로 삼아 효과적인 마음의 힘에 대한 자신의 경험을 나누게 됩니다.

내적 세계로 들어가는 방법

우주적인 마음의 활력을 얻게 되는 4가지 열쇠는 **이완과 집중, 시각화, 긍정**입니다.

이완은 자신의 내적 세계의 문을 여는 방법을 배우는 것을 의미합니다. 이는 명상을 통해서, 다시 말해 조용한 곳에 혼자 앉아 있는 것으로 가능합니다. 여러분이 마음과 감정과 몸이 조용하고 차분해지면 이에 따라 평안이 찾아옵니다. 이렇게 하면 물질세계를 떠나 자신의 내적 세계를 발견하게 됩니다.

분주한 마음은 두뇌 파동 패턴이 빠른 베타파(β) 수준의 진동이라는 사실은 과학적으로 확인된 사실입니다. 계속해서 생각하는 것을 중단하고 이완하면 여러분은 베타파에서 보다 느린 알파파(α) 수준으로 들어가게 됩니다. 그리고 알파파에서 세타파(Θ)로, 최종적으로 델타파(δ) 상태로 들어가게 됩니다. 여러분이 점점 더 깊이 세타파로 들어감에 따라 잠들기 전인 세타 - 델타의 상태에 이릅니다.

때문에 사람들은 명상 중에 에너지 서클이나 에너지 보텍스라고 할 수 있는 상태를 발견하고 이 속으로 들어갈 수 있는 것입니다. 이때 이들은 물질세계의 지배를 벗어난 내적인 영혼의 세계, 소생된 자신의 그리스도 몸속으로 들어가게 됩니다. 그리하여 진정한 자기 앎으로 가는 출입구가 열리게 되고 무한의 세계(No Ledge)로 진입할 수가 있습니다. 그리고 이때 이들은 환영(幻影)과 텔레파시 통신을 가능케 하는 토대를 조성할 수 있습니다. 이완이 중요합니다. 사람들은 이완으로 내적 세계를 발견할 수 있는 것입니다.

내적 세계의 이완이 성취된 후에는 집중의 단계가 반드시 필요합니다. 그리고 집중의 단계에서 신적인 실체의 세계로 들어가기 위해 전적인 신뢰와 더불어 모든 것을 놓고 맡기는 것이 필요합니다. 이런 깊은 집중에 있어서 여러분은 시각화의 개념을 개발하고 적용하기 시작합니다. 암과 백혈병, 에이즈(AIDS) 등을 가지고 있는 사람들은 자신들의 내적 세계로 들어가야 합니다. 왜냐하면 이 내적 세계에는 중심태양의 에텔 에너지 진동이 있는데, 이는 외부세계인 인간의 몸속에서 긍정적인 변화를 만들어낼 수가 있기 때문입니다.

무의식 조정 기법들

여러분은 뇌파의 변환에 의하여 의식 속에서 깊이 내려갈 수 있으며, 자신의 몸을 시각화할 수가 있습니다. 여러분은 제일 먼저 무의식(無意識)의 마음에 말을 걸어야 합니다. 왜냐하면 그것은 여러분이 무엇인가를 실현하는 도구로서 만들어졌기 때문인 것입니다. 이 무의식은 여러분이 생각하고 말하는 것을 모두 전체적이고 정확하게 받아들입니다. 그리고 의도한 바대로 진행해 나갑니다. 때문에 여러분이 생각한 그대로 이루어질 것입니다. 그러므로 여러분은 대단히 주의 깊게 살펴야 하며, 생각하는 방법을 대단히 조심해야만 합니다! 보다 위대한 빛 속으로 들어감에 따라 빛의 의식은 긍정적인 힘이 부정적인 힘을 털어버릴 수 있도록 돕습니다.

그러나 부정적인 힘을 바라보고 부정적인 사념들이 몸속으로 들어오는 것을 알아차리는 법을 배워야 합니다. 그렇게 하면 부정적인 사념들이 몸속으로 들어오는 것을 막을 수 있습니다. 그리고 나서 보다 초월적인 마음과 긍정적인 방향으로 나아가야 합니다.

무의식의 마음은 출입구와 같습니다. 이 무의식은 의식적인 마음으로부터 생각을 받아들여 즉시 진행해 나갑니다. 때문에 만일 여러분이 '나는 할 수 없다'는 생각이 일어나는 것을 알아차릴 때는 중심태양(부활한 그리스도의 신체)에서 나오는 마음의 긍정적인 힘을 사용하여 즉시 이런 생각을 멈추거나 변화시켜야 합니다. 영혼이 할 수 없는 일은 아무것도 없습니다. 자기 자신의 몸을 치유하는 일까지도 말입니다.

이처럼 여러분은 조용한 인성(人性)으로 하여금 자신의 영혼이 긍정적인 그림을 창조해서 무의식의 마음에 저장하도록 해야 합니다. 여러분의 신적인 마음과 그리스도 자아를 불러 이렇게 말하십시오. "신적인 마음이여, '나는 오늘 건강하고 행복하다'라고 나의 머리에 말해 주세요." "나는 할 수 있을 것이다"라고 미래형으로 말해서는 안 됩니다. 여러분은 절대적으로 지금 여기에 있어야 합니다. 왜냐하면 만약 여러분이 그것이 지금 일어날 수 있다고 생각하면, 그것이 절대적으로 지금 여기에 존재하기 때문입니다. 이런 일은 여러분의 직선적인 시간의 과정을 통해서 여러분의 직선적인 외적 세계에서 일어나게 됩니다.

마음의 긍정적인 확신의 힘

여러분은 자신이 접근할 수 있는 아카식 레코드의 저장고나 내적 도서관을 가지고 있다는 사실을 기억하십시오. 여러분은 이렇게 말할 수 있습니다. "나는 책을 보고 싶다." 그리고 여러분이 책을 통해 보게 될 때, 그 책은 오래된 것일 수도 있고 탐욕에 관한 것일 수도 있습니다. 아니면 분노와 죄악에 관한 것일 수도 있습니다.

이것은 여러분이 제거해야 할 필요가 있는 것을 나타내 보일 수도 있습니다. 때문에 여러분은 이것이 부정적인 면임을 알고 자신의 신적인 마음이나 무의식에게 이것을 쓰레기통에 집어넣거나 던져 버리라고 말하십시오. 부정적인 것이나 부정적인 생각은 제거해 버리십시오. 그러나 이렇게 하는 데는 시간이 걸릴 수도 있습니다. 간혹 여러분이 자신의 내적 도서관에 들어가 보면 백색과 황금의 글자로 된 아름다운 책이 보입니다. 이는 대개 건강과 행복, 또는 이와 유사한 긍정적인 것을 제시하는 책입니다. 여러분은 이렇게 단언해야 합니다. "그렇다. 나는 지금 건강하고 행복하다. 나는 지금 내가 원하는 모든 것들을 성취해 가고 있다. 나는 지금 대단히 성공적이다." 여기에서 핵심이 되는 말은 '지금'입니다. 때문에 여러분은 '알다(Know)'와 '지식(Knowledge)'이란 말, 그리고 '지금(now)'이란 말의 조화로운 음성이 가지고 있는 진동 패턴의 함축된 의미를 기억하십시오.

가능한 한 날마다 매 시간 긍정적인 생각을 하되, 이를 단언하십시오. "나는 이것이나 저것을 믿습니다." 나는 사람들에게 이런 식의 말은 피하라고 이야기합니다. 그 대신에 이렇게 말해야 합니다. "나는 이것을 압니다." 여러분이 이것을 '안다는 것(know)'은 '현재(Now)'에 있다는 뜻입니다. 이것은 사실입니다. 초의식의 마음을 창조하는 것은 참으로 대단한 것입니다.

마음은 언제나 물질을 지배할 수 있습니다. 그러기 위해서는 집중이 필요합니다. 그리고 시각화가 필요합니다. 여러분이 현명하고 사랑스러운 삶의 패턴을 완수해 가고 있는 위대한 빛의 존재라는 사실을 확인할 필요가 있습니다. 여러분이 내적 세계에 들어가는 시간이 필요하고, 외적세계에서 무엇인가를 완전하게 하기 위해 자신의 근원을 신뢰할 필요가 있습니다. 또한 용기와 힘이 필요합니다. 그리고 훈련도 필요합니다.

+자에 담겨진 중요한 4L의 의미들

훈련이란 과연 무엇일까요? 사랑하는 영혼들이여! 훈련 (Discipline)은 제자(Disciple)라는 말의 의미를 함축하고 있습니다.4) 모든 존재들과 제자들은 +자 안의 4개의 L자 속에 들어 있는데, 사실 그렇지 않습니까? 이는 십자가형의 +자가 아니고 깨달음의 +자입니다. 등변 십자가(+) 형태는 기하학적 상징에 의하여 표시되는 에너지의 유전학입니다. 이 깨달음의 +자에는 4개의 L자가 있습니다.

잠시 멈추고 더하기 부호처럼 생긴 등변 +자를 그려봅시다.

중심점을 찍고 이 점을 중심으로 해서 4개의 대문자 L을 그립니다. 위의 오른편의 L자는 쉽게 구별되고 왼편 L자는 전도된 형태입니다. 밑쪽으로 이와 같은 형태로 2개의 L자가 있으며 도합 4개가 되는 것이지요.

이 L자들은 예수 그리스도처럼 깨달은 존재의 성취를 나타내는 **법칙(Law)과 생명(Life), 빛(Light), 사랑(Love)** 등의 중요한 개념들을 상징합니다. 이 모두를 배우면 여러분은 개인적으로 변형됩니다. 처음의 L은 법칙입니다. 이 법칙은 시

---

4) 지구상에 살고 있는 모든 사람은 깨달음과 상승을 위한 수행자이며 창조주와 대사, 여러 신들의 제자이다. 또한 모든 삶 자체가 수련이고 훈련이다. +자는 실상의 세계, 깨달음의 세계, 천상의 세계의 표현이며 모든 존재와 삼라만상은 이 세계 ⊕ 속에 있음을 나타낸다. (역주)

스템과 질서입니다. 이는 위대한 균형의 법칙입니다. 또한 훈련을 창조하는 법칙입니다. 훈련이 없으면 여러분은 성스러운 지위나 질서를 얻을 수가 없습니다.

이 훈련을 통해서 그리스도나 빛의 제자들은 법칙을 깨우쳤습니다. 그런 다음 L은 생명이라고 부르는 L의 진동음과 연결이 이루어집니다. 여러분은 이 진동 속에 살고 있으며, 이 진동은 수많은 환생을 통해서 진화해 가는 문제와 연관된 진동입니다. 이 진동은 각 개인이나 영혼에 있어 동일하지 않습니다. 보다 중요한 것은 지금 모두가 생명의 상태에서 빛의 상태 속으로 진화해 가고 있다는 사실입니다. 이 빛은 고차원의 영적 자아나 부활한 신체의 에테르적인 상태입니다. 이는 창조주께서 여러분에게 힘과 마음의 선물로 준 것으로, 여러분의 물질적 신체를 통해서 나타내게 됩니다.

다음에는 빛이 사랑이 됩니다. 최고의 자아가 됩니다. 이는 조건 없는 사랑입니다. 사랑하는 영혼들이여! 여기에 도달하면 더 이상 여행이 필요하지 않습니다. 왜냐하면 빛 또한 어둠을 알기 때문입니다. 빛은 왜 분리가 필요한지를 압니다. 빛은 여러분이 빛의 법칙을 사랑하는 것만큼이나 어둠의 법칙을 사랑해야 한다는 점을 알고 있습니다. 일원성의 법칙은 이것들을 모두 포함합니다. 지구 위, 이 3차원에서 빛과 어둠은 분리된 것처럼 보입니다. 그래서 여러분은 어둠이 없어도 안 되며, 빛이 없어도 안 됩니다. 궁극적으로 하나됨(Oneness)이라 부르는 위대한 것을 창조하기 위하여 빛은 어둠과 함께하고 어둠은 빛과 함께해야 합니다.

이 4L은 또한 4명의 대천사와 이들이 활용하는 4원소를 나타냅니다. 이 세계가 어떻게 창조되었는가를 4개의 L자가 말해줍니다. 이 중에 하나는 불(火)로서 나 <미카엘 대천사>는 중심태양에서 여러분에게 에너지를 가지고 왔습니다. <라파엘 대천사>는 공기(風)와 숨과 산소의 관리자입니다. <우리엘 대천사>는 물(水)의 관리자입니다. 이 물은 또한 수소이며 여러분을 무의식으로 이끌어 줍니다. 가브리엘 대천사는 고체성(地)에 대한 에너지 법칙의 관리자입니다. <가브리엘 대천사>는 지금 태양의 기하학적인 +자 에너지를 사용하여 지구의 탄소 성분이 규소 원소, 수정, 빛의 크리스털 에너지가 되도록 재조정을 하고 있습니다. 여러분의 세계는 지금 부활된 기하학적 +자 에너지로 바뀌고 있는 중입니다. 그러나 사람들은 이를 알지 못합니다.

이들 모든 원소들은 여러분의 신체, 특히 두뇌와 여러분의 유전자 코드에 영향을 미칩니다. 여러분의 두뇌는 창조주께서 여러분의 신체에 만들어 준 트랜지스터(transistor)인데, 이 두뇌는 지성과 에고를 보다 고차원적인 빛의 몸으로 구현되도록 연결시켜줍니다. 빛의 몸이 구현되면 굉장한 통신이 가능해집니다. 여러분의 두뇌는 전류와 전기 에너지로 되어 있는데, 이는 중심태양의 거대한 불의 질료로부터 방출되는 양과 음의 에너지입니다. 두뇌는 특정한 질료로 되어 있습니다. 두뇌는 이러한 거대한 전기적 흐름의 맥동을 갖고 있는 발전기라고 할 수가 있습니다. 또한 수소 성분을 함유한 액체로 되어 있는데, 이 액체 두뇌는 무의식 차원에서 전기적 파동을 유지하고 기능합니다.

그러므로 호흡으로 산소를 흡입하는 것은 대단히 중요합니다. 왜냐하면 산소 흡입은 두뇌가 제 역할을 할 수 있도록 두뇌에 활력을 불어넣고 맥동시켜 주기 때문입니다. 또한 유전학적으로 몸속의 모든 부위와 기관의 진동을 통하여 맥동하는 에너지를 운반해 줄 수 있기 때문입니다. 신체의 모든 기관은 각기 다른 에너지 진동을 가지고 있는데, 그럼에도 각 기관 속에는 일원성 법칙의 총체적인 에너지 진동이 들어 있습니다. 이 에너지 진동이 불균형 상태에 있게 될 때가 있습니다. 이때는 바로 여러분이 부정적으로 생각하기 때문입니다. '나는 할 수 없다.' 이렇게 부정적인 생각을 하는 것은 우주적인 법칙에 따라 자신에게 피해를 유발하게 됩니다. 그것은 여러분이 한번 창조해낸 생각은 경험되어야만 하는 법칙에 의해 거기에 부정적인 에너지가 충전되어 작용하는 까닭입니다. 그리고 이것이 다시 부정적인 생각으로 이어지는 악순환이 반복되는 것입니다.

긍정적 사고(思考)의 중요성에 대해

여러분 마음의 유전적 시스템은 유한한 생각들을 믿는 인간들에 의해서 현재 부정적으로 작용하고 있습니다. 그런데 이러한 한계에 갇힌 생각들은 인간이 자신들에 대해서 목격하는 세속적이고 집단적 환상들에 따라 일으켜진 것입니다. 만약 여러분이 이런 유한한 환상을 믿는다면 여러분의 천부적인 내적 능력은 이것들을 그대로 창조할 것입니다. 때문에 나는 여러분에게 이러한 중요한 제안을 하겠습니다. 보다 많이 깨어 있으십시오. 사념의 진행 과정을 지켜보십시오!!

이것은 각성의 진행 과정입니다. 때문에 여러분이 "나는 할 수 없다"고 말하려는 마음을 알아차렸을 때, 즉시 "나는 할 수 있다"고 말해야 합니다. 그러면 부정적인 사고의 진행이 멈출 것입니다. 모든 생각은 'Y' 자와 같이 갈림길에 있는 것입니다. 생각은 여러분 미래의 도착지를 결정하는 선택입니다! 부정적이고 어려운 국면의 해소와 변환을 위해 보다 고차원적인 깨달음의 긍정적인 흐름 속으로 들어가는 것을 선택하십시오. 여러분이 이런 부정성을 해소시켰을 때 모든 것이 보다 좋아지게 됩니다.

여러분은 삶의 질을 위해 명료하고 간결하게 생각하는 사람이 되겠다고 스스로에게 약속하십시오. 긍정적인 생각에 대한 개념은 최근 수십 년간 보편화되고 있습니다. 그러나 수십억의 사람들은 일을 하는 데 있어 이를 제대로 실천하거나 숙달하지 못하고 있습니다.

사랑하는 영혼들이여! 사람은 누구나 자신이 원하는 바를 시도해야 합니다. 그리고 내가 여러분에게 제시하는 4가지 규칙을 꾸준히 실천해 나갑시다. 많은 사람들은 각기 고유한 진동을 가지고 있음에 유의하면서, 아무쪼록 이를 기억하고 활용하십시오.

*이완 - 고요 속에 머무십시오.

*집중 - 예민하게 깨어 있으십시오.

*시각화 - 원하는 것이 이루어지도록 시각화하십시오.

*긍정 - 지금 이루어지고 있음을 긍정하십시오.

여러분 모두는 지구 위에서 긍정적인 힘이나 부정적인 힘이 구성하는 네트워크(Network)의 한 부분이란 사실을 내가 군이 설명할 필요가 있겠습니까? 내가 위에서 여러분에게 긍정적 현상을 구현하는 4가지 규칙을 통해서 자기 자신의 치유와 성숙을 성취하기 바라는 이유가 여기에 있습니다. 많은 사람들이 평화와 지혜, 사랑, 기쁨에 대한 영적인 소망과 하고자 하는 일에 대한 일반적인 합의가 이루어졌을 때, 높은 집중력에 의한 시각화가 가능하게 됩니다. 그러면 여러분이 개인적으로 배운 것이 자신이나 가족, 사회, 국가, 세계, 그리고 저 너머까지 영향을 미칠 수 있습니다.

나는 여러분에게 확언하건대, 에너지는 여러 세계들과 은하계들이 사용하는 유용한 재료의 일종입니다. 여러분의 자유의지만이 에너지가 개인적으로, 사회적으로, 우주적으로 사용하는 방법을 파악할 수 있습니다. 여러분은 오늘날 지구에서 일어난 결과들은 알 수도 있겠으나, 어떻게 여러분 자신이 태양계와 그 너머로 영향을 미치는가에 대해서는 알 수 없습니다.

사랑하는 영혼들이여! 아주 우주적인 웃음, 풍요롭고 넉넉한 웃음으로 영적인 마음이 의도하는 바가 이루어지도록 웃어 봅시다. 소리 내어 웃는 웃음은 세포의 에너지 진동을 상승시켜 주는 데 도움을 주며, 가장 건강에 유익합니다.[5]

긍정적인 생각은 여러분의 몸이 경험할 수 있는 가장 강력한 명상입니다. 왜냐하면 이런 긍정적 생각은 두뇌와 몸의 기능을 가장 잘 컨트롤해 줄 수 있는 뇌하수체와 송과선의 두 내분비선을 활성화시켜 주기 때문입니다. 뇌하수체와 송과선은 누구도 가져본 적이 없는 좋은 약을 모두 가지고 있습니다. 사랑하는 영혼들이여! 내가 여러분을 떠나기 전에 말하건대, 다음 20년은 강력한 정화와 치유의 시기로 굉장히 스릴 있는 미래가 될 것이란 믿음과 확신을 가지게 될 것입니다. 그리고 21세기는 이렇게 이루어질 것이란 사실을 여러분에게 말해주고 싶습니다.

인류와 지구의 미래상

이와 같이 해서 여러분 중 일부 사람들은 천상이 열리는

---

5) 웃음은 건강에 좋은 명상이다. 3L의 원칙에 따르면 좋다. 소리내어(Loud), 크게(Large), 길게(Long) 하는 것이 효과적이다. 웃음은 차크라와 내분비선, 면역체계, 세포, 기관을 정화시켜 주며 근원과 연결시켜 준다. 그리고 저절로 심호흡과 단전호흡이 이루어지고 정체된 부위의 에너지가 소통된다. 치유와 건강에 부작용이 없는 가장 확실한 방법이다. 거울을 보고하면 효과적이고 단체로 하면 더욱 효과적이다. 가장 긍정적인 사고는 웃음과 사랑으로, 이는 하늘이 준 선물이다. (역주)

2장 미카엘 대천사

것을 볼 것이며, 지구의 덮개가 찬란히 빛나는 위대한 12 태양들로 덮이리라는 사실을 여러분에게 말해 주고 싶습니다. 이 태양들은 빛의 군단(軍團)들로 거대한 우주적 화음의 연주에 의하여 평화를 회복해 주기 위해 옵니다. 이 천상의 권능은 여러분의 머리 위에 있는 신의 징표인 오라(Aura)를 열어 주고 여러분의 하락한 상태의 의식과 유전적 한계를 상승시켜 줄 것입니다.

여러분은 늙지 않는 빛의 몸으로, 형언할 수 없는 사랑의 새로운 차원으로 계속 이어져 갈 것입니다. 그리고 시간의 상담자들은 여러분과 함께 만날 것입니다. 그리고 새로운 지구의 진화를 위해 씨알을 심는 데 모두가 참여하여 아이들에게 올바른 장소를 제공해 주길 요청할 것입니다. 여러분의 아이들은 보다 위대한 능력으로 이 과도기를 잘 연결해 주기 위해 지구에 태어났으며, 이들은 우주 에너지에 대한 보다 정교하고 고차원적인 메커니즘을 활용할 수 있게 됩니다.

거대한 지구청소와 덕망 있는 소수의 지도자들로 재조정이 있는 후, 유일자(唯一者)의 법칙을 준수하는 새로운 정부가 평화를 정착시키기 위해 탄생할 것입니다. 신전(神殿)이나 성당, 빛의 사원이라 불리는 영적 기쁨의 장소들은 청춘을 재현시켜 주는 색채의 진동음과 에너지 진동을 통하여 우주적 치유가 가능하도록 즉시 개장될 것입니다. 자연의 고체성은 세포핵과 원자구조와 고차원의 우주적 성분을 만들어 내어 생명체의 모든 부분에 영향을 미칠 것입니다.

인간에게 필요한 음식들은 어떤 식으로든 변형될 것입니다. 물은 남게 되지만 그 원자 구조는 바뀔 것입니다.

세계의 건물들은 모두 심적 이미지와 도형으로 된 크리스탈 파워에 초점이 맞춰진 상태에서 재건축될 것입니다. 이때에 여러분은 튜브(Tube)형의 열차로 여행하게 되는데 여러분의 몸은 특별한 힘에 의해 빛의 속도를 넘어 움직이게 됩니다. 그리고 요즘 상영되는 SF(공상과학) 영화에서 보는 것처럼 인간의 이성적 사고를 초월해 순간 이동이 가능해질 것입니다.

지식과 배움의 전당(殿堂)들은 보다 위대한 정신적인 능력을 습득하는 데 도움을 주는 크리스탈 합금의 헬멧과 같은 콘형이 될 것입니다. 순수한 과학자들은 이에 관한 장비와 우주학의 지식과 은하계의 에너지 양식을 사용하는 고차원적인 수학 지식을 터득하게 될 것입니다.

통신 직종에 종사하는 사람들은 여러분의 태양계 행성인 토성(土星)이 위대한 조화의 화음과 특수한 주파수로 공명하는 고리를 갖고 있음을 배우게 될 것입니다. 이것은 이 우주 속에 있는 많은 존재들을 위한 위대한 가치를 지녔다는 사실도 아울러 말입니다.

역사가들은 봉인되었던 기억의 문을 열고 오랫동안 잊혀있던 진실들 속으로 들어가게 될 것입니다. 어떤 사람들은 레이라인6)과 피라미드 정보의 문지기 역할을 하게 될 것인데, 이것의 구조는 행성 전역을 통하여 행성의 목적을 모두 밝혀주는 점들로 되어 있습니다. 이런 기록들은 아카식 레코드의 출입구에서 보호되겠지만, 드디어는 밝혀지게 될 것입니다.

여러분의 스승이나 상담자라 일컫는 사람들은 육체를 가지

---

6) 레이라인(Ley Line): 지구라는 생명체에 위도와 경도처럼 흐르고 있는 에너지 라인을 지칭한다. 지구도 하나의 거대한 생명체로서 인체와 동일한 삶을 살고 있으며 인체와 에너지로 연결되어 있다. 또한 인체와 동일한 성분이며 같은 에너지 맥동 속에 있고 지구상 모든 생명들의 어머니격인 존재이다. 이 레이 라인은 지구의 격자망과 에너지 보텍스와 상호 연결되어 있다. (도서출판 은하문명, 『미카엘 대천사의 메시지와 예언』 참고). (역주)

고 태어난 영혼들을 지도하고 고취시키는 여러 가지 역할을 담당할 것입니다. 또 일부 사람들은 전에 한 번도 육체를 가져본 적이 없는 영혼들이 어떻게 고체의 밀도로 이루어진 영역으로 들어가서 물질을 초월해 마음의 빛을 표현하는가에 관한 가르침을 준비할 것입니다. 일부 사람들은 개인적인 영혼을 인도할 것입니다. 그리고 많은 사람들은 영혼의 목적을 위해 필요한 씨앗으로 우주의 필요한 곳에 심어질 것입니다. 그리고 창조주의 끊임없는 창조적 확장 의지에 따른 새로운 행성의 정착과 개발을 위해서 권한을 위임받고 통치할 것입니다.

미래의 출생 과정은 예술적이거나 재생산적일 것입니다. 에테르의 영혼들은 화염의 불꽃을 탄생시키기 위해서 에너지 진동의 수단을 통해 마음과 마음으로 생각을 연결시키는 것이 가능해질 것입니다. 이 화염의 불꽃은 탄생의 창조를 가능케 하는 크리스탈 배양의 씨앗입니다. 이에 의해 탄생된 아이는 무력한 아기가 아니라 12세 정도의 성숙한 아이입니다.

여러분이 음악(音樂)이라고 부르는 창조적인 행위는 보이고 들리고 느껴질 수 있는 고진동의 합성물 중에서 천상의 톤(tone)을 사용할 것입니다. 이를테면 귀중한 치유의 돌을 이용한 조각품과 그 합금처럼 예술적 표현들은 새로운 방법들과 결합될 것입니다. 색채가 암호화되어 처리된 그림들이 오늘날 지구에서 일반적으로 사용되고 있는 저진동의 분노와 아픔과 고통의 비전보다 고차원의 아름다운 이미지를 발전시킬 것입니다.

여러분은 일단 정화된 마음을 열게 되면, 비참하고 파괴적인 감정에 같이 공명하지 않고 초연하게 될 것입니다. 왜냐하면 여러분은 자신의 내적 세계들의 주인이 될 것이며, 이 내적 세계들은 여러분을 천재의 영역으로 이끌어 줄 것이기 때문입니다.

여러분은 신(神)을 물질 속으로 가져오기 위하여 이곳에 왔습니다. 여러분의 성숙함은 나의 언어 저 너머에 있는 앎에 접근토록 만들어 줄 것이지만 창조주에 봉사하는 사람들은 최고의 진동 레벨로 상승할 것입니다. 고차원적인 마음과 의지는 여러분을 창조주에 동화시켜 창조주에 도달하도록 만들어 준다는 사실을 아십시오.

사랑하는 영혼들이여! 올바른 깨달음에 대한 사의와 감사는 아주 중요합니다. 때문에 창조주에게 감사하십시오. …… 나아가 여러분 자신의 빛의 몸에 대하여, 여러분이 경험하고 있는 의식의 깨어남에 대하여…… 많은 훌륭한 양분과 영양을 제공하는 경이로운 지구 행성에게, 또 이곳의 동물과 새, 식물, 암석, 광물 등에게 감사하십시오. 가장 거대하고 가장 작은 경이로운 존재들에 대하여 감사하십시오. 그리고 감미로운 접촉과 즐거운 미소와 사랑스러운 가슴, 앎, 이를 기억나게 해 주는 것들에게도 감사하십시오.

여러분은 성숙과 성취를 향해 영혼의 소풍 혹은 여행, 즉 광년(光年)이 걸리는 멀고도 기나긴 여행을 해왔습니다. 그러므로 매일 평안하십시오. 여러분 자신이 누구인가, 그리고 어디에 있는가, 지구 위에서 자신의 재능을 아낌없이 표현하기 위해 무엇을 할 수 있는가를 알아보십시오.

사랑하는 영혼들이여! 여러분의 영혼에게는 수많은 모험과 지식이 저장되어 있습니다. 그런 지식들 중에서 가장 위대한 지식은 삶에 대한 정열과 상승, 확장하는 순수한 가슴과 창조의 기쁨입니다. 확장하고 있는 광대한 우주는 여러분의 조

　　　　　　　　　　　2장 미카엘 대천사

화된 사랑과 지혜를 필요로 합니다. 여러분은 여기 지구에 와서 지구의 이력(履歷)을 갖게 되었습니다. 또한 나는 여러분이 우주의 이력을 가진 존재라는 사실을 기억하게 해 주고 싶습니다.

여러분 영혼의 영적 성장과 삶의 모든 것을 위해 균형 있는 자질을 갖추기 전에는 이 지구를 떠나지 마십시오.

여러분은 삶을 위해 존재하며 여러분과 삶은 영원히 계속됩니다. 여러분이 깨어있는 삶을 살고 가능한 한 진실 속에서 사랑하며 즐겁게 살 때, 성장과 배움의 문이 열릴 것입니다. 그리고 여러분은 상승 과정의 성취에 관계없이 결코 죽는 일이 없을 것입니다. 내가 오늘날 사람들에게 말하고 싶은 가장 중요한 것은 자신을 사랑하는 일이며, 또 어버이 신(神)께서 맥동하는 자신의 가슴 속에 모든 생명을 경건하게 안고 있는 것처럼 모든 것을 사랑하는 일입니다.

사랑하는 영혼들이여! 그러므로 여러분에게 말하건대, 나 미카엘은 전에도 여러분과 함께 있었고, 지금도 여러분과 함께 있습니다. 그리고 나는 영원한 실존 속에서 여러분이 많은 여행을 하며 나의 힘을 필요로 할 때는 언제나 여러분을 변화시킬 수 있는 푸른 불꽃을 가지고 도울 것입니다.

안녕, 안녕, 안녕히······.

[오피어스 필로스]

오피어스 필로스는 형이상학자이고, 그녀의 현명한 조언자인 미카엘 대천사의 채널로서 유명하다.

현재 오피어스는 카운슬러, 교사 및 강연자로서 폭넓고 다양한 경력을 가지고 활동하고 있다. 그녀가 형이상학과 뉴에이지 철학에 관해 연구를 시작한지는 30년이 넘었다. 그리고 보다 커다란 인식과 깨달음을 가져다주는 기본적인 형이상학적 도구들을 통해 계속 발전하고 있는데, 그 도구들은 바로 고도의 텔레파시와 채널링이다.

오피어스는 또한 최면/최면치료의 박사학위 및 신학 성직자 학위를 보유하고 있기도 하다.

저서로는 「The Earth, Cosmos and You(※'미카엘 대천사의 메시지와 예언' 이란 제목으로 도서출판 은하문명에서 출간)」 가 있다.

CHAPTER
03

우리엘 대천사 / 파라셀수스

채 널 링

캐 럴 오 스 틴

3 우리엘 대천사/파라셀수스

채널링:캐롤 오스틴

   나는 대천사 우리엘입니다. 본인은 여러분을 자유롭게 하려는 안내자로서 어둠 속에 잠겨있는 지구에 건강과 자유의 에너지를 불어넣어 주려 합니다. 병이 있고 두려움이 있는 곳에서는, 그리고 여러분이 해로운 에너지를 발견하는 곳에서는 나 우리엘이 주는 빛과 자유를 찾을 수 있을 것입니다. 이것이 내가 여기서 여러분과 함께하는 기쁨입니다.

   지금 여기 대단히 중요한 의문이 있습니다. '이 장대한 우주의 에너지 사이클(Cycle)이 어떻게 지구에 영향을 미치고 있는가?' 이에 대해 재미있는 토의를 해보겠습니다. 인류는 지구가 우주의 중심에 있다고 생각하고 있었기 때문에 이 에너지 사이클이 여러분에게 영향을 줄 수가 없다고 생각하던 때가 있었습니다.

그러나 오늘날에는 지구가 우주의 중심이 아니라는 사실을 알게 되었습니다. 사실 우주에 대해 무지한 사람들에게 얼마간의 지식을 전해주는 지구상의 천문학자나 과학자들조차도 아직은 우주의 중심을 볼 수가 없습니다.

이 세상에 대해 무엇인가 좀 알고 역할을 할 수 있는 사람일지라도 그들은 두려움과 놀라움에 싸여 있습니다. 인간은 자기 자신의 존재 가치가 없다고 느낄 때는 스스로를 계속 지탱할 수가 없습니다. 사람들은 자기 자신이 어디로 가고 있는지도 모르고 마치 바람에 날려가고 있는 것처럼 이 공간 속에서 흘러가고 있습니다. 예를 들어 건강 문제에 대한 우주의 영향에 대해 말하건대, 자기 자신이 지구 위에서 안전하고 안정된 상태에 있으며 존중과 사랑을 받는 존재이고 소중한 존재라고 느끼는 것, 이것이 대단히 중요합니다. 여러분은 지금 심각한 질병 문제로 도전을 받고 있는데, 이 상황은 대단히 위험한 질병이 특별한 이유도 없이 여러 대륙을 걸쳐 사방으로 퍼지고 있다는 사실입니다.

태양과 달이 인간에게 미치는 영향

나는 여러분의 태양계에 있는 태양과 달에 대해 말하고자 합니다. 태양과 달, 그리고 이 두 에너지의 균형이 지구 위에 있는 여러분 인류에게 대단히 결정적인 영향을 미치고 있습니다. 이 영향에 따라 여러분의 육체는 일상생활 속에서 깨어나고 잠자는 주기(週期)를 계속 이어갑니다. 여러분이 낮에 깨어서 생활할 때, 태양이 뜨고 짐에 따라 나타나는 태양의 열과 진동, 빛, 색깔에 의해 여러분 각자의 몸은 에너지가 활성화되고 충만하게 됩니다.

우리엘 대천사의 이미지

모든 생명들은 태양의 에너지에 반응합니다. 또한 사람도 식물처럼 태양의 에너지에 반응합니다. '지구 위의 천사'라고 부르는 인류는 오랜 옛날부터 기본적으로 이런 영향을 받아 왔습니다.

DNA/RNA 구조 깊숙한 곳에 있는 미토콘드리아[1]는 박테리아의 일종으로 태양과 달의 사이클에 따라 지구에 박테리아와 같은 작용을 하고 있습니다. 특히 이러한 작용이 일어나는 겨울에는 봄이나 여름, 가을과는 아주 다른 에너지 사이클이 일어납니다.

지각 있는 의식의 차원에서 사는 사람들은 사계절의 사이클 속에서 생활하지 않으면 불편함을 크게 느낄 것입니다. 왜냐하면 사계절이 없다면 여러분의 몸속에 변화를 알려주는 신호가 없게 되고 변화에 따라 재조정하는 방법을 알려주는 지시가 불가능하기 때문입니다. 여러분의 근원적인 의식은 내면 가장 깊은 곳에 존재하는 영혼과 육체의 기억(식물의 본성) 활동에 직접적으로 연관되어 있으며, 그 영향을 받고 있습니다.

물론 모든 세포들은 각각의 조직과 배열을 가지면서 육체

---

1) 미토콘드리아(Mitochondria): 거의 모든 진핵세포의 소기관으로써 탄수화물과 산소를 사용하여 에너지를 생산하는 것으로 알려져 있다.

와 의식 양쪽에 연관되어 있습니다. 그러나 세포들은 상호 관계를 하는 집단 사회의 성격의 면에서 보면 '분리'되었다고 할 수도 있습니다.

만약 미토콘드리아의 특정한 한 가지 기능이 가장 깊은 차원에서 공조가 깨지면, 그 외의 모든 것들은 비정상적으로 느낍니다. 나머지 것들은 부조화를 느끼고 마치 무엇인가 잘못되고 상실되어 잃어버린 무엇인가를 찾지 않으면 안 될 것처럼 느끼게 됩니다. 이는 마치 잃어버린 아이를 정신없이 찾는 어머니의 상태와 같습니다.

인체는 스스로 직관에 의해 자신에게 이로운 것을 안다

인간의 몸은 자체의 수많은 화학적 진화의 역사와 생체리듬과 이 시대에 변화하고 있는 의식의 주파수 사이에서 균형이 이루어져 있습니다. 만약 여러분이 아름다운 식물이나 꽃을 심어놓고서 그 성장을 돌보고 지원하지 않는다면 이들은 시들어 죽고 말 것입니다.

섬세한 꽃이 있다고 생각해 봅시다. 이 꽃은 뿌리를 뻗고 태양을 향해 잎들과 꽃을 피울 공간을 필요로 하며, 사랑을 받아야 합니다. 지구 위에 새로 태어나는 아이들도 이처럼 환경을 만들어 주는 것이 지극히 필요합니다. 이 차원전환의 시기에 육체적인 몸을 유지하고 유전자(DNA) 구조를 보다 높은 진동 상태로 바꾸기 위해서는 지구 위에 존재하는 사람들 모두가 치유되어야 합니다.

인류에게 필요한 많은 것들, 적당한 음식, 영양적인 환경, 그리고 깨끗한 공기, 맑은 물, 청정한 것 등등이 이미 주어져 왔습니다. 그러므로 부디 이런 것들에 주의를 기울여 주십시오.

지금 많은 사람들이 심리적으로 좋은 환경적 균형을 취해야 한다는 사실을 내면에서 알고 있습니다. 그러나 이러한 생리학적인 레벨을 이해하기 위해서는 여러분은 기본적인 창조의 역사를 받아들여야 합니다.

지금까지 인류학적인 면에서 고려된 약은 전혀 만들어지지 않았습니다. 진화상의 인류학적 발전 면에서 이야기하자면, 인류는 건강, 웰빙, 그리고 사람들에게 치유의 책임과 안전을 보장할 수 있는 방법과 이 시대 지구에 태어나는 아이들의 양육에 대한 특별한 과정을 준비해야 합니다.

사람들의 건강에 있어서 90%는 사회적인 환경에 영향을 받고 단지 약 10%만이 입으로 섭취하는 것에 좌우됩니다. 활력 있고 건강한 몸은 기쁨과 행복 속에서 절반의 시간만 보낼 수 있다면 그 유지가 가능합니다. 사람의 몸은 직관을 통해서 자신에게 좋은 것을 선택할 수 있고 참된 건강을 유지할 수 있습니다.

건강한 아이들은 자기 자신의 생존을 위해서 몸이 필요로 하는 것을 스스로 잘 압니다. 이것은 실험을 통해서 명백히 밝혀진 사실인데, 새로 태어난 아기들에게 아이스크림과 대구의 간유(肝油) 중 하나를 고르게 한 결과, 아기들은 지구상의 기존의 상식과는 달리 대구의 간유를 선택한 실례가 있습니다.

아이들은 무엇이 자신에게 최선인지를 알고 있습니다. 그리고 자유로운 심리적 환경 속에서 선택의 기회가 주어진다면, 나이든 사람들과 다가올 에너지 사이클을 체험하는 사람들까지도 최선의 것을 창조할 것이라는 사실을 잊지 않고 기억하길 바랍니다. 지금 살고 있는 여러분이나 최근에 태어난 아기나 곧 태어날 아이 등에 상관없이 인간의 안전한 상태가 평안을 주고 근심을 적게 만들어 줍니다.

인류를 치유하는 인류학적인 약이 지닌 3가지 측면

지구 위에 지금 태어난 아이들, 성숙한 상태에 있는 사람들, 또는 새로 태어날 영적 존재들의 안전을 위한 구성요건은 근본적으로 똑같습니다. 우리가 말하는 이 방면의 인류학적인 약은 세 가지의 주요 국면과 관계가 있습니다. 이 세 가지 국면에는 실용적인 면과 인간의 완고한 특성으로 인해 어려운 면 등 두 가지 측면이 있습니다.

내가 강조하고 싶은 첫째 국면은 최근에 문학 방면에서 많이 이야기되고 있는 종족적 조직입니다. 그러나 이 영향은 여러분에게 아주 명백히 나타나지는 않습니다. 여러분이 종족적 조직을 가지고 그 조직의 특정한 위치에 있을 때 여러분은 매일 누구와 교류하고 또 어떻게 교류 관계를 하는지 알게 됩니다. 그리하여 여러분은 어떤 사회적 기능에 인간관계의 맥을 가지고 자신의 가치를 인정하는 역할을 수행하게 됩니다.

인간이 느끼는 자신의 가치는 종족적 조직과 관계가 있으며, 그 속에서 어떤 위치에 있으면서 매일 자신의 건강을 강화하게 됩니다. 그리고 다른 사람들로부터 배려의 관심을 받습니다. 여러분이 이런 종족적 인간관계에 어떤 장애를 가지고 있을 때는 여러 가지 상황을 접하게 되는데, 이때 기본적 상징인 미트로콘드리아가 각성 상태로의 기능을 하지 못하며, 사람들은 자신감을 상실하게 됩니다. 이런 상실감 속에서 근심이 생겨납니다.

이 시대에 지구 위에서 어려움을 겪는 두 번째 상태는 성별(性別)의 인식과 그 성에 대한 책임감입니다. 이 사실을 아는 사람은 별로 없습니다. 만약 사람들이 자신의 성적 정체성을 확실히 알면 자신이 안전함을 느낍니다. 하지만 만약 사람들이 진정으로 자기 자신을 알지 못하면 불안함을 느낍니다. 그리고 그들의 삶에 있어서 불확실한 상태에 놓이게 됩니다. 그들은 다시 방황하게 되는 것입니다.

만약 여러분이 지배적/복종적인 유형의 사람이거나 육체적 존재로서의 역할이 확실하지 않다면 자신의 삶을 제대로 사는 모델이 될 수가 없으며, 젊거나 나이 많은 주위 사람들과 좋은 관계를 유지할 수가 없게 됩니다. 그리고 여러분은 두 번째로 걱정거리를 만들게 됩니다.

세 번째 근심의 측면은 이 지구 위에 있는 대부분의 사람들이 겪는 어려움으로 진화상 오래된 뇌2)의 진화적 영향에 의해 만들어진 가치의 구분입니다. 많은 사람들이 확실한 소속감(영혼의 안식처)의 부재로 인해 불안과 스트레스와 폭력의 상태를 만들어 냅니다. 그래서 그들은 영혼의 안식처를 찾기 위해 보다 깊이 찾아 헤매게 되고, 그리하여 물리적인 장소는 아니지만 예컨대 잠재의식이나 무의식 등의 명칭으로 언급되어 온 세계들을 경험합니다.

이것이 과거시대의 폭력과 공포와 환상 등으로 이루어진 모든 기억을 가진 단순한 오래된 뇌인데, 고대에 사람들이 조직에 속해있을 때는 관습과 사회적 기준 또한 폭력적이었습니다. 따라서 만약 협력적인 심리상태에 있는 사람을 대한다면, 그들은 대단히 편안함을 느끼고 협력적인 마음으로 세상을 경험할 수 있을 것입니다. 그러나 경쟁적인 환경에 처

---

2) 우리 뇌는 크게 두 부분으로 이루어져 있다. 하나는 하등동물도 가지고 있는 생명에 필수적이고 본능적인 반응과 관련이 있는 구뇌(舊腦)이고, 다른 하나는 인간만이 있는 이성판단 중추인 신뇌(新腦)이다. 평소에는 신뇌가 본능적인 구뇌를 억제하고 있지만 알콜에 의해 신뇌가 마비되면, 구뇌가 활성화돼 본능적이거나 폭력적, 충동적인 행동이 나오게 된다.

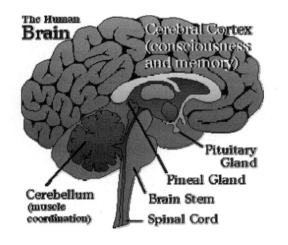

하게 되면 그들은 상실감과 공포를 느끼게 되고 주위 상황을 부정적으로 받아들이게 됩니다.

그래서 불안이나 근심의 세 번째 상태는 경쟁 사회를 함께 사는 영혼들의 '상실감'이며,

경쟁을 하는 영혼들은 '상실감' 속에서 서로 협력할 수밖에 없는 환경을 인지합니다. 여러분이 계속 기능 장애의 모습을 보여 주면 ― 대부분의 사람들이 그렇습니다 ― 서로 도움을 주고받는 일이 불가능한 환경 속에서 살게 됩니다. 그리고 기술과학자들이 여러분의 삶 속에 있었던 고대의 기억들을 찾아내고 그 기억들을 어떻게 해소하고 치유할 수 있는가를 결정하는 것이 중요합니다.

뇌 속의 부정적 기억들은 방출되어야 한다

여러분의 오래된 기억들은 DNA/RNA 조직 속에 저장되어 있습니다. 그리고 이러한 기억들의 메시지들은 여러분의 신경 조직을 통하여 오래된 뇌뿐만이 아니라 또한 원초적, 감정적 두뇌와 고차원의 상위 자아에게, 그리고 근육조직에도 보내집니다. 때때로 그것들은 이성적인 마음을 무력화시키는데, 그것이 바로 과학자들이 이러한 것들을 접해보지 못하고 그

것들의 실체를 설명할 수 없는 이유입니다.

여러분이 두뇌를 검사할 때에 CT(컴퓨터 단층)촬영을 합니다. 이때 과학자들이 의식 속에 있는 고대의 기억들과 연관된 두뇌 속의 신경조직을 자극해서 사전 테스트를 함으로써 중요한 결정을 내리는 것은 매우 쉽습니다. 과거 지구 위에서는 이런 방식으로 훈련된 사람들이 많았습니다. 이러한 실험을 하는 것은 아주 간단합니다.

사람들이 가지고 있는 오래된 유전학적인 부정적 기억들을 대량으로 방출하는 것은 사람들의 고통과 한계를 해결하기 위해서 지극히 필요합니다. 그리고 이것은 대규모적인 긍정적인 치유의 시기 속에서 가능하게 됩니다. 이러한 일이 개인적으로 이루어져야 한다는 사실은 아무리 독려해도 지나치지 않습니다. 여러분은 가능한 한 빨리 건강해지고 진보할 자격이 있는 존재들입니다.

지금 우주와 천상 에너지의 도움을 받아 잠재의식 속에 기억된 과거의 억압과 제약(制約) 상태에 대한 치유가 이루어지고 있습니다. 그러므로 우리는 물질적인 신체가 받아온 충격에 대해 설명하려 합니다. 또한 여러분이 이러한 고차원적인 에너지를 육체에 흡수하여 동화시킬 수 있도록 의식적인 레벨에서 어떻게 하는 것이 좋을까에 대해 생각합니다. 이에너지 리듬과 주파수들은 여러분을 이른바 차원 상승 과정에 준비시키기 위한 것입니다.

물리적 레벨에서 일부 사람들은 이들 에너지를 경험하게되는데, 물질적 신체의 충격들, 이를테면 심장의 가속, 압박감, 입이 마르고 습한 증상, 안구의 건조 등의 현상이 있습니다. 그러므로 베다3)나 요가4)의 실천에 관심을 기울여야 하

---

3) 베다(Veda): 브라만교의 성전(聖典)이며 인도의 가장 오래된 제식문학이자 종교철학

며, 스트레칭 등 몸의 유연성을 유지시키는 노력을 해야 합니다.

계속하여 높은 스트레스 상태에 있게 되면 물질적 신체가 경직되고 불안감의 발생 원인이 됩니다. 여러분이 알고 싶어 하는 것은 몸의 생체전기의 영향에 대한 것이라 생각합니다. 여러분의 몸속에는 수천 가닥의 전기 흐름이 있는데, 몸속에서 일어나는 긴장이나 근육조직의 수축은 전기 시스템을 차단시키고 그 흐름을 정체시키거나 역류시켜서 몸을 고통 속에 빠지게 합니다.

이런 증상이 있는 사람들에게는 매일 물속에서 수영을 하고 몸을 청결하게 유지하는 것이 최선의 방법입니다. 왜냐하면 그렇게 하면 그들의 몸이 물과 접지현상을 일으켜 몸속에 축적된 좋은 않은 전기 에너지를 방출시킬 수 있기 때문입니다. 물은 전기가 잘 통하는 전도체입니다. 여러분이 웃거나 게임을 즐기거나 건강과 기쁨 속에 뛰놀고 공포 대신에 즐겁게 웃는 세상 속에서 산다면, 또 우리가 매일 여러분을 이러한 환경 속에 있을 수 있게 한다면 여러분의 물질적 신체에게는 최적의 조건이라 말할 수 있습니다.

냉, 온수욕을 교대로 하면 몸의 전기적 조직이 변화되기 때문에 몸의 편안함을 느낄 수 있습니다. 일을 급하게 하거나 심하게 하면 여러분이 받는 스트레스는 증가합니다. 스트레스 압력이 증가할 때는 깊은 명상을 하거나 심신의 완전한 이완을 하거나 좋은 음악을 들으면 흐름이 원활해지고 몸을

이다. 리그베다 등 여러 종류의 베다가 있다.
4) 요가(Yoga): 원래 뜻은 '결합'을 의미하는데, 영육(靈肉)의 결합과 통합 등 깨달음을 목적으로 하는 것이다. 하타(생리, 운동) 요가, 라자(심리, 정신) 요가, 만트라 요가 등 7여 종의 요가가 있다. 그 중 일반적으로 알려진 것이 하타 요가이며 만트라 요가 중 가장 간편하고 효과적인 방법은 쿰바카(止息:호흡 멈춤) 행법으로 기혈의 유통과 세포의 정화에 탁월하다. (역주)

쾌적한 상태로 유지할 수 있습니다. 이런 식으로 하면 여러분의 에너지 상태를 아주 훌륭하게 변화시켜 줄 수 있는 것입니다.

인류의 DNA와 외계인의 관련성

지구 위에 살고 있는 인류의 오리지널 DNA 패턴과 '우주 가족'이라고 하는 우주의 형제자매들과는 어떻게 연관되고 공통점을 가지고 있는지에 대해 좀 더 깊이 설명해 봅시다. 우주의 형제자매들은 그들의 몸속에 그들만의 고유한 DNA/RNA 시스템을 가지고 있으며, 때문에 지금 이를 재조정하고 불완전한 점을 제거하고 있다는 사실을 알아야 합니다.

따라서 우리는 오랜 고대의 한때 지구 위의 수많은 장소에서 한 팀의 과학자들에 의해 DNA/RNA의 재배열이 이루어졌었다는 사실을 이야기하고 싶습니다. 그들은 여러분(현생 인류)과 같은 매우 특별한 인종을 이곳 지구상에 출현시키기 위해 부여해야 할 유전적 특성을 그때 알았던 자들이었습니다. 이러한 실험은 10만 년 내지는 20만 년 전에 이루어졌습니다. 하지만 지금 우리는 이러한 유전조작 조치의 일부가 잠재 가능성으로서가 아니고 물리적인 실제 행위로 이루어졌다는 사실에 대해 좋지 않게 생각합니다. 요컨대 지금은 우리가 다시 와서 인류와 접촉하고 여러분의 DNA/RNA 인자의 변형에 대한 정보를 제공하면서 어린 아이들이 뛰어난 지성을 가지고 건강하게 태어나게 하기 위해 활동하고 있는 시기입니다. 우리는 이러한 변화를 가능하게 만들 수 있는 씨앗을 가져왔습니다.

여러분의 행성에 유전공학이 이미 시작되었기 때문에 여러분은 이에 대한 길잡이가 필요합니다. 우리가 여러분에게

'외계인이 이미 이런 경험을 했으며, 다음 달 아니면 수년 내에 이와 같은 과정이 여러분에게도 이루어질 수 있다'는 사실을 알려주는 일은 지극히 중요합니다.

여러분이 물질적 신체의 모든 부위를 대체하는 방법을 터득할 때, 그리고 여러분의 과학자들이 DNA/RNA 인자를 재구성할 수 있을 때, 여러분은 어떤 종류의 원하는 아이도 출생시킬 수 있게 됩니다. 여러분은 눈의 색깔, 머리의 색깔, 피부색, 키와 사이즈 등을 마음대로 선택하며 이들 모든 것을 조정할 수 있게 됩니다. 물론 거기에는 원래의 유전공학 계획이 무엇이었느냐에 대한 큰 숙제가 있는데, 외계인들도 과거에 모두 빗나간 이 같은 실수를 저질렀으며 여러분 역시도 이와 같이 하려고 있다는 사실입니다.

인류의 DNA 공학의 위험성에 대해

여러분은 이상형의 사람을 일정한 형태로 고정시키려 합니다. 그러면서 많은 이상형의 사람을 가지려 합니다. 여러분은 이러한 것을 계속해서 반복하고 있습니다. 그러나 여러분을 보호하고 전 은하계를 보호하는 것은 우리가 가지고 있는 오리지널 종(種)입니다. 이 오리지널 종이 인류의 발전에 있어 다재다능의 융통성을 만들어 냅니다. 여러분이 오직 갖가지 다양함의 융통성이 있는 유전 인자들을 유지할 때만이 언제나 건강한 변종을 만들어 낼 수가 있게 되는 것입니다. 그러므로 여러분의 과학자들은 하나의 오리지날 어머니/아버지 유전 패턴만이 있다는 믿음을 수정해야 합니다. 아주 많은 유전자형이 존재하기 때문입니다!

이것은 너무도 중요한 부분인데, 대부분의 지구의 유전공학은 이타심과 배려심, 높은 지성을 가진 사람이 관리해야만 합니다. 지금 여러분의 과학자들은 외계의 지도와 안내를 받을 수 있으며, 그런 까닭에 겸손하지 않으면 안 됩니다. 이런 요소가 다 갖춰져 있을 때, 큰 기적이 성취될 수가 있습니다. 그러나 준비되지 않은 이 시대의 대부분의 사람들은 여전히 지구 위에 있을 것이고, 지구는 머지않아 어떤 식으로든 위험에 처하게 될 것입니다.

대단히 많은 고의적인 불순한 에너지가 경쟁적인 심리 상태에 있는 사람들에게 흘러 들어가는 것은 비극입니다. 인류의 무지와 불신, 과거의 실패로부터 탈출하고 싶어 하는 두려움으로 인해 지구상의 사람들은 대부분 유전공학을 고려할 만한 준비가 되어있지 않습니다. 지구상에서 그들의 파괴적이고 상처받은 마음이 치유되고 안정될 때까지는 세상에 이런 에너지가 들어가는 것을 우리는 제안하고 싶지 않습니다.

외계인에 관한 정보의 허와 실을 보는 안목의 필요성

우주의 형제자매 가족공동체라고 불리는 그들의 훌륭한 세계 안에서도 보다 위대한 의식(意識)과 지혜의 확장이 계속 이루어지고 있다는 사실을 알아야 합니다. 이러한 생명체들은 댄싱 파트너와 같은 존재입니다. 이들은 가장 위대한 존재로서 지구에 내려오는 것이며, 여러분은 하늘의 별을 쳐다보고 이들 외계인의 증가를 환영하고 두 팔을 벌려 영접해야 합니다. 이들 외계 존재들은 특별히 다른 존재가 아니라 여러분의 훌륭한 동반자가 될 수 있는 존재입니다.

특정 지역이나 지위에 있는 사람들과 자신이 인생에서 이룬 성공과 성취에 대한 만족감을 갖고 있는 사람들은 그것이 자기들 생(生)의 모든 것이라고 생각하기 때문에 외계인의 존재에 대해 저항감을 가집니다.

세상의 모든 것은 자기만을 위해 존재하는 것이 아니라 모두를 위해 혜택을 주며 흐름 속에 있는 공유물입니다. 현재 억압되고 잘못된 지식 때문에 지구의 사람들은 외계인에 대한 두려움을 가지고 있습니다. 특히 서양의 기술 편향적 관념에 익숙한 사회에서는 그들 외계 존재들을 대하는 방식에 있어 두 종류의 사람들이 있는 것으로 보입니다.

외계인의 존재에 대해 어느 정도 지식을 가지고 있는 사람들과 외계인에 대해 전혀 모르는 사람들이 있는데, 이들은 보다 높은 고등 생명체인 우주의 형제자매의 어떤 형태의 개입이라는 가정에 대해 저항을 하게 됩니다. 또한 이런 개념을 받아들이는 사람들 중 일부는 지금 지구 위에 흐르고 있는 물리적 에너지는 최고의 에너지가 아니라는 믿음 때문에 두려움의 상태 속에 있습니다.

그런데 외계인들 중 일부는 지구를 위한 긍정적인 목적과 협력적인 면에서 최고의 존재가 아닌 것도 사실입니다. 우리는 여러분이 언급하는 타산적인 일부 (어둠의) UFO 방문자들에 대해 특별히 논하려고 합니다. 단언하건대, 이들은 인도주의적 태도가 아닐뿐더러 따뜻한 가슴보다 그들의 타산적인 목적을 가지고 지구에 찾아오는 UFO 외계인들입니다.

그들이 여기에 있는 목적은 그들에게 필요한 안전한 거점을 재구축해 놓고 그들의 우주로 되돌아가는 것입니다. 그들은 지구에 특별히 장기간 체류할 목적이 아니며, 인류의 생존 상태에 특별한 관심이 있는 것도 아닙니다. 가능한 모든 요소들에 대해 거론하겠습니다. 만일 그들이 지구 사람들에게 탐지가 된다면 그들은 지구 위에서 숨거나 전쟁을 하거나 군대를 재배치할 것입니다.

우리가 의도하는 바는 공포심을 가지고 있는 여러분에게

그들에 대한 올바른 식견 정립에 도움을 주고 안전함을 느낄 수 있도록 알려주는 것입니다. 우리의 의도는 지구 위의 모든 여러분을 위해 모든 문제에 관한 가능한 최선의 해답과 해결책을 제시하려는 겁니다. 결코 우리는 오로지 과학자들, 정신과 의사들이나 또는 특정한 전문 직종의 사람들만을 위하거나 그들과 같이 일하려는 것은 아닙니다.

우리는 가난하고 무지하며 구속되거나 속박되어 있는 사람들과 함께하고 있으며, 그들의 육체적 건강과 더불어 영적 해방을 기원합니다. 우리는 지구에 은혜와 이익을 주기 위하여, 그리고 지구의 모든 사람들을 위해 사랑과 행복과 기쁨을 주기 위하여 여기에 왔습니다.

우리는 단언컨대, 여러분을 공포로부터 벗어나게 해줄 것입니다. 만약 그들이 여러분에게 사랑과 친절을 표시하지 않더라도 여러분 인류보다 높은 지성을 가진 사람들에게 여러분이 공포심을 가질 이유가 없습니다. 왜냐하면 적어도 그들

은 이성적이고 분별력 있는 신성의 소유자이기 때문입니다. 만약 여러분이 진정 두려워해야 한다면, 외계인이 아니라 지구상에서 서로 공격적인 사람들을 두려워해야 합니다. 왜냐하면 여러분은 공격적인 사람들 사이에서 어디로 도피할 수가 없기 때문입니다. 또한 이 사실은 어느 누구에게도 예외가 될 수 없으며, 어떤 식으로든 지구상의 모든 사람의 삶속에 투영되어 있기 때문인 것입니다.

지구에는 사악한 사람들 - 우주적 존재들은 아주 오래 전 고대에 이미 그들의 심성을 거쳐서 진화해 왔습니다 - 이 많기 때문에 지금 우주의 어느 곳에서 외계인으로 사는 것보다 지구에서 인간으로 사는 것이 말할 수 없이 두려운 일입니다.

여하튼 서로 간에 공격적인 상태는 삶에 도움이 되지 않습니다. 할리우드의 영화나 TV에 보면 우주인이 출현해서 서로 총질하고 불태우는 장면들이 나오는데, 이러한 우주인에 대한 여러분의 환상은 아주 잘못되고 어처구니가 없는 일입니다. 진화된 외계인은 전혀 이러한 행동을 하지 않습니다! 더구나 우주선은 무장되어 있지도 않습니다.

우주인들은 여러분을 공격할 필요가 없습니다. 무한한 우주에는 고등한 지성체(知性體)들이 거처할 수 있는 장소가 무한히 많기 때문입니다. 또 우주인들은 서로 다른 행성들을 탈취할 필요가 없습니다. 그들은 원하기만 하면 언제든 에너지를 유형의 물체로 만들고 행성을 창조할 수 있는 능력과 기술을 가지고 있습니다. 이는 어려운 일이 아닙니다. 여러분도 머지않아 이와 같은 일에 대해 생각하기 시작할 것입니다.

지구의 인구는 대단히 많습니다. 지구는 기존의 에너지 시스템으로 유지가 불가능할 정도로 빠르게 변해가고 있기 때

3장 우리엘 대천사 / 파라셀수스

문에 여러분은 물과 공기의 대체 에너지에 신경을 써야 할 것입니다. 그러므로 지구를 정화하고 지구 위에 남겨질 청결한 사람들을 구하는 데 먼저 노력하십시오. (일부 부정적) 외계인에 대한 문제와 취급에 관심을 두지 마십시오. 여러분에게 누차 강조하건대, 서로 해치지 않는 현명한 존재가 되십시오.

고차원의 외계인에게는 여러분의 몸을 샘플로 취할 필요가 없습니다. 그들은 인간의 육체를 노예화하거나 인간의 심신 (心身)과 영혼을 침범하기 위한 목적이 없습니다. 그들에게는 여러분에 관한 데이터가 이미 있습니다.

우주인들이 도대체 여러분을 가지고 무엇을 하겠습니까? 예컨대 노예를 만들겠습니까? 외계인의 높은 지능에 관한 시스템의 운영 방법에 대해 여러분은 모르기 때문에 그런 생각을 합니다. 우주선에서 모든 일들은 마음과 마음의 접촉 방법에 의해 운행되고 있습니다. 그런데 어떻게 여러분이 필요하겠습니까? 외계인이 여러분의 지구 위에 남기고 간 실험과 흔적 때문에 여러분은 신기하게 생각합니다. 이런 면에서 보면 여러분 중 일부는 외계인의 자손이라고 할 수 있습니다.

인류와 지구를 구할 책임은 인류 스스로에게 있다

우리 영적 세계와 천사들의 세계, 그리고 사랑의 스승들은 여러분의 유전자 코드와 상관없이 여러분의 능력과 힘을 강화시킴으로써 여러분을 구하고 싶어 합니다. 그러나 여러분을 구원하는 것은 어느 한 개인에게 짐을 지울 문제가 아니라 지금 지구상의 여러분 모두의 어깨 위에 달려 있는 것입니다.

남의 무거운 짐을 떠맡는 개인은 누구나 폭력의 힘에 의지하거나 금방 탈진되기 때문에 빨리 죽을 수밖에 없습니다. 그러나 보다 중요한 것은 여러분 각자가 개인적으로나 집단적으로 구원자가 되어야 한다는 사실입니다. 이러한 앎을 실천하는 것이야말로 진실로 우주적인 힘이 됩니다. 우리 모두는 여러분의 요구를 충족시켜주고 그 힘을 긍정적으로 사용할 수 있도록 도와주려고 여기에 왔습니다.

그래서 지금은 여러분의 비전(Vision)이 공적인 일이 되고 협력적인 노력으로 이루어지는 때입니다. 보다 많은 집단이 필요하고 보다 많은 사람의 세계적인 네트워크가 필요합니다. 지금은 예언된 한 사람의 구원자가 필요한 때가 아니라 과거와는 전혀 다른 방식으로 세계를 감쌀 집단적인 지성(知性)이 필요한 때입니다. 이 집단적인 지성으로 구성된 과학자들과 더불어 이 세계는 변화될 수가 있습니다.

순수한 마음으로 기다리는 사람들은 마음을 비울 수 있다는 이런 이점으로 새로운 집단의 개념 속에서 함께 변화될 수 있습니다. 동시에 여러분은 지구와 은하 간의 통신 능력도 가지게 됩니다.

여러분이 원하면 자신들의 이상을 구현하고 사람들에 대한 새로운 시각적인 이미지를 창출하는 데 모든 도움을 받을 수가 있습니다. 때문에 절망 속에 있는 대부분의 무지한 사람까지도 그들이 희망하는 목적지에 도달할 수가 있을 것입니다. 우리는 여러분에게 단지 환경보다는 인간의 치료가 더욱 필요하다는 사실을 명확히 말할 수 있습니다. 우리는 여러분의 행성에 대해서도 관심을 가지고 있습니다. 인간은 그들의 신념체계에 따라서 지구상의 모든 것을 창조하거나 파괴할 수가 있는 것입니다.

물론 기존의 전통적인 작업 방식은 변해야 합니다. 그리고 낡은 생태학적 환경시스템은 낭비를 가져오며 경색되었기 때문에 새로운 시스템으로 대체되지 않으면 안 됩니다. 어머니 지구의 시스템도 그 위에 살고 있는 사람들의 시스템처럼 경색되어 있습니다. 그래서 "친환경적 인증 마크"에 대단하고 특별한 슬로건을 첨가할 필요가 확실히 있습니다.

여러분의 나라(미국을 지칭함)는 대중매체에 의해 영향을 받는 세계의 한 부분입니다. 그리고 여러분은 광고의 영향을 받습니다. 외계인이 지구에 온다면 일부 사람들을 위해 거창한 기적을 일으키지 않을 것입니다. 그러나 그들은 지구를 위하여 기술적 향상을 위한 정보를 제공할 것입니다. 하지만 여러분은 얼마간 가능성 있는 새로운 신념을 창출하지 않으면 안 됩니다. 그리고 이러한 신념을 받아들일 뿐만 아니라 새로운 관념을 수용해야 합니다.

여러분의 나라는 창조적인 사상의 토대 위에서 세워진 국가입니다. 이러한 본래의 사상을 많은 사람들에게 되돌려줄 수는 없을까요? 산업발달에 따른 기술혁신은 여러분을 가혹한 노동에서 해방시켜 주었습니다. 또한 기술혁신은 레저(Leisure) 시기에 발생하는 각종 산업 폐기물에 대한 커다란 구제책이 될 것입니다. 모든 일에는 항상 보다 신성한 과정이 있다는 한 가지 예를 들도록 하겠습니다.

우리는 가끔 바다의 파래와 여러 가지 바닷말을 생산한 경험이 있는 조그마한 회사에 대해서 이야기합니다. 이러한 바닷말은 어떤 종류의 사막이나 온난한 장소에서 매 24시간마다 필요한 양을 재생산 할 수 있습니다. 이 식물의 녹색 세포는 바닷물로부터 섭취한 광물질 등의 영양분이 풍부하며, 인류에게 더없이 소중한 것으로 1년 내에 언제 어디서나 훌륭하고 경이롭고 건강에 좋은 영양분을 풍요롭게 제공할 수 있습니다.

이 식물은 아주 건강해서 화학 비료로 재배하는 것보다 재배 과정이 간단합니다. 따라서 경작자는 보다 저렴한 거름 생산 시설을 뒷마당에 설치할 수가 있습니다. 그리고 자신의 농장에 있는 가축과 닭의 분뇨 냄새를 정화하고 향상시킬 수 있는 이점이 있습니다.

이런 바닷말을 많이 생산하는 곳이 지구상에 몇 군데 있는데, 지금 볼 수도 있으며 어느 나라 어느 곳에서도 재배가 가능 하므로 아주 경제적입니다. 후원의 풀장 물속에서 재배하여 4인 가족의 가정에 공급할 수 있는 등 많은 이점이 있습니다. 그리고 여러분은 이를 이용하는 용도에 있어 소의 사료용뿐만이 아닙니다. 소들은 이 바닷말을 건초로서 많이 즐기는데 보통의 사료보다 이것을 더 많이 섭취합니다.

때문에 유기질 음식은 여러분의 가족과 동물을 위한 것이 되며, 토양을 개량하고 그 위에 자라는 것들을 위하는 것이 됩니다. 이 바닷말은 대단히 간단하고 저렴한 조건하에서 재배할 수 있습니다. 이것은 여러분이 땅에서 미네랄을 취하던 방법을 대체할 수 있게 해줍니다. 그리고 이 야채세포는 여러분이 원하면 매일 수확이 가능할 정도로 대단히 빨리 자라납니다. 그리고 이들은 어떤 한 분야에 보탬이 되고 농장 전체를 재구성시켜 줍니다.

여러분은 또한 어떤 종류의 꽃들도 자신들이 재배하고 싶거나 이런 방식으로 활용하고 싶다면, 취급할 수 있고 이를 땅에서 경작할 수가 있습니다. 꽃 또한 사람들이 지구상에서 지성적 사고를 하는데 필요한 미네랄과 영양분을 함유하고 있으며, 또한 이것들을 필요로 합니다. 꽃이 이 지구상에 출현할 당시를 되돌려 생각해 보십시오. 이 꽃이 지구상에서 지성적인 생명체와 같은 시기에 출현했다는 것이 흥미롭지 않습니까? 여러분은 그 사건 간의 고대의 진화적인 연관 관계를 주시해야 합니다. 이런 신성한 사건들은 현대에 흔합니다.

심각한 수준에 달해 있는 환경재앙의 위협

현재 여러분이 사는 지구의 환경은 따로 지적할 필요가 없을 정도로 아주 위급한 결정적인 시점에 와 있습니다. 그러나 여러분이 할 수 있는 대단히 경이롭고 효과적이고 흥미로운 실험거리가 있습니다. 현재 대부분의 사람들이 처해 있는 것과 같은 샘플 환경을 만드는 것이 그것인데, 이는 아주 간단합니다. 지금의 환경처럼 오염 정도가 심한 공기와 물, 그리고 영양 상태가 고갈된 토양 위에 야채와 식물을 심어서 자라게 하고, 작은 생명체들과 얼마의 미토콘드리아와 세포를 그 환경 속에 놓아두고 살게 해보세요. 그리고 그들의 자체적인 번식 과정을 관찰해 보십시오.

그다음에 이들 세포를 깨끗한 공기와 물, 동일한 영양분이 있는 환경 속에 놓아두고 그들이 이러한 환경 속에서 어떻게 번식을 하는지 보십시오. 그때 여러분은 인간 자신이 자체적인 재생(복제) 기능을 가진 세포들로 이루어져 있고, 그 세포들이 건강한 세포로서 전체적으로 재생이 불가능할 때 세포의 노쇠(老化)현상이 일어남을 알게 됩니다. 따라서 이런 실험을 통해 여러분은 최선의 환경 조건이 주는 지혜, 즉 환경이 오염된 상태에서는 세포의 재생이나 복제가 일어나지 않는다는 진리를 배울 수 있게 되는 것입니다. 이와 같은 실험은 이른바 좋은 과학영화나 다큐멘터리가 될 것입니다.

이 프로젝트는 매우 빠르고 쉽게 만들어질 수 있습니다.

그리고 여러분은 자신들의 세포가 과거 4-5세대 동안 심각하게 오염된 환경 속에 있었기 때문에 재생이 불가능할 정도로 뒤틀려 있다는 사실을 인식할 것입니다. 우리가 지적하고 있는 것처럼 이러한 연유로 인류는 자신의 무지와 탐욕, 남용 때문에 장차 멸종하게 될지도 모릅니다.

그러나 이것이 여러분이 반드시 겪어야할 운명은 아닙니다! 우리는 이 말을 가장 강력하게 강조하는 바입니다. 더 하고 싶은 말들이 있지만 이야기할 다른 존재가 있기 때문에 본인은 이만 떠나겠습니다. 창조주의 에너지가 여러분을 감싸주고 지구를 위해 우주적인 결실로 여러분을 인도해 줄 것을 기원합니다.

*그리고 이제 과거 여러분의 지구 위에서 뛰어난 전인적, 의학적 치유가였던 **파라셀수스**가 내 뒤를 이어서 개인적으로 설명을 추가하도록 하겠습니다.*

나는 파라셀수스[5]입니다. 본인은 여러분이 이해하기 쉬운 단순

---

5) (Paracelsus, Philippus Aureolus, 1493.9.24 ~ 1541.11.10) 중세 스위스의 의학자, 화학자이다. 아인지델른 출생. 소년시절을 광산학교에서 지낸 관계로 금속, 광부 및 그 질병에 관심이 많았다. 아버지에게서 의학과 화학을 배우고, 1510년 바젤대학교에 들어갔다. 그 후 뷔르츠부르크에서 연금술을 배웠다. 1517~1526년 빈 쾰른·파리 몽펠리에 등지와 이탈리아 각지를 돌아다니고, 페라라대학교에서 의학을 공부하였다. 동 대학을 졸업한 후 스페인, 영국, 네덜란드에서 육군 군의관 생활을 하였다. 1526년 바젤에서 시의(市醫) 겸 대학교수가 되었으나 의학 혁신을 위해 성급한 개혁을 시도하다가 사람들의 반감을 사서 1528년에 추방당했고, 나중에 잘츠부르크에서 병사하였다.
각 분야에서 많은 논설을 발표하였는데, 특히 학문세계의 중세적 풍습의 타파에 주력하였다. 연금술 연구에서 화학을 익혔고, 의학 속에 화학적 개념을 도입하는 데 힘써서 '의화학(醫化學)'의 원조(元祖)가 되었다. 물질계의 근본은 유황·수은·소금의 3원소라고 하였고, 점성술의 영향을 받아 독자적인 원리에 입각한 의료법을 제창하였으며, 산화철, 수은, 안티몬, 납, 구리, 비소 등의 금속화합물을 처음으로 의약품에 채용하였다. 사실상 그는 정신병 치료까지 포함하여 현대 의학 전반에 크게 공헌한 인물이었다. 정신의학자이자 심리학자였던 칼 융 박사는 파라셀수스에 관해 책에서 이렇게 논평했다. "파라셀수스는 화학약품의 분야뿐만이 아니라 실증적인 심리치료 과학 분야에서도 실질적인 개척자였다." (편집자 주)

한 용어로 이 새로운 시대(New Age)에 있어서 개조되고 있는 여러분의 물질적인 몸의 유전자 코드에 관해서 이야기하겠습니다. 최근의 '뉴 에이지(New Age)'란 말은 잘못된 호칭입니다. 왜냐하면 나는 수 세대 전에 지구 위에 살면서 의학적 운동 분야에서 뉴 에이지의 진정한 아버지였기 때문에 실제적으로 이 뉴 에이지는 사실상 '올드 에이지(Old Age)'라고 말할 수 있겠습니다.

최근에 여러분은 일반적으로 전인적(全人的) 건강6)에 대해서 관심이 많아졌습니다. 하지만 여러분이 이것을 무엇이라고 부르든 간에 나는 '의식적인 삶의 철학'을 창시한 사람입니다. 이것이 뉴 에이지 의미의 전부입니다.

모든 만물에는 지성적 의식이 깃들어 있다

속된 말입니다만 에너지에 대한 이야기인데, 사실 여러분은 '에너지'란 말을 '지성체(Intelligence)'란 말로 바꿀 수 있습니다. 그러면 만물이 어떻게 작용하고 있는지를 알게 될 것입니다. 여러분의 몸속에서 에너지라는 지성체가 어떻게 웰빙(Well-Being)의 느낌을 만들어내는지 알겠습니까? 이는 몸의 한 부위에서 다른 부위로 전달되는 메시지 역할을 하는 존재이며,

---

6)현대의학(주로 서양의학)은 인간의 물질적 신체만을 대상으로 하며 의식(意識)을 제외시키고 물질만 취급하기 때문에 완전한 의학이라 할 수 없고 부분의학, 육체의학이라고 밖에 할 수 없다. 따라서 질병의 완전한 치유도 불가능하다.
현대의학, 즉 부분의학은 질병과 각 신체기능에 대한 개념이 잘못되어 있기 때문에 수정되고 재정립되어야 한다. 인간은 육체뿐만이 아니고 감정체와 미묘한 여러 영적인 몸들의 합체로 구성되어 있다. 그리고 질병의 주된 원인은 육체보다 상위의 에너지체 및 정신, 감정, 영적인 문제에 원인이 있는 경우가 많으며, 따라서 가시적인 육체만으로는 근원적 치유가 불가능하다. 또한 현대의학은 유전자에 대한 기능 인식과 노화에 대한 근본 원인도 알지 못하고 있고, 전인적 의학, 통합의학, 영의학(Spiritual Medicine)에 대한 개념에도 무지하다. 오히려 고대 이집트와 인도, 티베트, 마야 등의 시대가 전인의학 시대였다. (역주)

파라셀수스

이는 전자기적인 에너지이기 때문에 여러분의 의식 속에 사념을 기록하는 존재임을 기억하십시오.

사실 여러분은 에너지 시스템으로 운영되는 존재입니다. 그리고 이 시스템에 의해서 여러분의 지성적 정보가 몸의 한 부위에서 다른 부위로 보내집니다. 때문에 여러분은 자신의 몸이 지성적 의식의 집합체라고 생각할 수 있는데, 이것들은 여러분의 물질적 신체가 어떤 행동을 취하려 할 때 서로 유기적으로 접촉이 이루어지면서 협력하게 됩니다. 이와 같은 방식으로 여러분은 의식적 활동의 레벨에서 지성체를 경험하게 되는 것입니다.

그리고 만약 여러분이 모든 것을 지성적인 존재로 생각하게 되면, 모든 개체는 어떤 형태를 취하게 되고 그에 연관된 개성을 가지게 됩니다. 예를 들면 여러분의 간(肝)이 우울한 상태에 있거나 대단히 즐거운 상태에 있을 때, 여러분은 간과 대화할 수 있고 이렇게 말을 걸 수가 있습니다. "여보게, 간! 우리가 오늘 저녁에 먹은 식사는 어떠했어? 당신 괜찮았는가?" 여러분이 그런 말을 건넸을 때, 자신이 해야 할 모든 것을 알고 있는 여러분의 간은 필요한 모든 것을 분출시켜 여러분에게 줄 것입니다.

인체의 모든 부분과 대화하라

만약 여러분이 예컨대 몸의 경락(經絡) 등에 관해서 무신경하게 생각하기를, 인체 내의 그곳에 전기적인 자극이나 충격이 계속된다고 상상한다면, 물론 그때 여러분은 자신의 몸과 상호 관계를 가지려 하지는 않을 것입니다. 하지만 여러분이 알아야 필요가 있는 것은 인간은 경락에게 말을 할 수 있다는 것이며, 만약 여러분이 경락과 더불어 분노하게 되면 경락이 뒤틀려 죽을 수도 있다는 것입니다. 아니면 기공체조나 이완운동 등과 같은 훌륭한 수련을 하면서 크나큰 기쁨 속에 있거나 마룻바닥에 편안히 누워 전신을 늘어뜨리고 자신이 바라는 기분 속으로 젖어든다면, 경락은 천상의 기쁨과 황홀한 정감의 흐름을 타게 될 것입니다.

자신의 감정을 지능적 시스템이라 생각하세요. 이 시스템은 언제나 여러분에게 자신이 가진 정보를 제공합니다. 몸은 여러분에게 정보를 줍니다. 그리고 또 생각합니다. 예컨대, 여러분의 손과 발은 그들 자체로서 생각하고 두뇌에 메시지를 보냅니다. 여러분이 바닥에 누웠을 때 등은 그 자체로서 생각을 합니다. 그리고 등은 바닥에 깔린 양탄자의 섬세하고 거친 상태를 기록하며, 바닥의 나무가 울퉁불퉁할 때는 불편하고 힘들어 합니다.

여러분은 양탄자에게 아주 훌륭하다고 말도 걸고 대화도 할 수 있습니다. 침대 위에서 반시간 동안 딱딱한 베개에 누워 시험을 해보세요. 그러면 베개와 대화를 하고 있는 자신을 발견하게 될 것입니다.

한편 작고 부드러운 깃털이 든 베개 위에 누워 있다면 이 베개에게 말을 걸면서 "야, 너는 참으로 좋구나."라고 말할 것입니다. 그리고 여러분은 대단히 편안해 할 것이고 머리와 얼굴의 느낌이 아주 부드럽고 좋을 것입니다. 또한 평화롭게 잠들 수도 있고, 전에는 좀처럼 생각해 볼 수 없었던 좋은 꿈을 꿀 수도 있습니다.

베개로부터는 다른 메시지가 들려올 수도 있습니다. 베개가 여러분에게 이렇게 말합니다. "당신은 사랑받고 있으며 편안하고 안전합니다. 때문에 당신은 몇 시간 동안 깊은 잠 속에서 천상의 꿈을 꾸며 성스러움과 황홀함을 경험할 수 있을 것입니다."

그러므로 자신이 주위에 있는 사물과는 대화하지 않는다고 생각하지는 마세요. 여러분은 삶 속에서 자신의 주위에 있는 만물과 관계를 갖고 있습니다. 설사 그것이 하늘이든지 여러분이 앉아 있는 의자나 자동차이든, 아니면 지구 반대편에 있는 사람이든, 여러분의 마음에 떠오르는 것은 무엇이든 여러분과 연관된 관계 속에 있습니다.

이들 연관성이 있는 것들과 대화를 갖게 되면 여러분은 곧 그 모든 것이 지성(知性)이 있음을 발견하게 될 것입니다. 조그마한 돌멩이 하나가 여러분의 구두 속에 들어온 상황을 생각해 봅시다! 여러분이 그 작은 돌멩이와 대화를 합니다. "여기서 나가라. 네가 나가지 않으면 내가 너를 던져 버리겠다."

여러분은 모든 것과 개인적으로 연결되어 있습니다. 때문에 설사 대상이 단지 일종의 감정일지라도 그것과 대화가 가능합니다. 만일 어떤 것을 나쁘게 보고 적대적인 의도를 가지고 있다고 한다면, 여러분은 그것을 집어서 던져버릴 것입니다. 여러분이 어떤 생각을 가지면 행동이 취해집니다. 돌멩이 역시 행동을 취해왔고, 땅 위를 굴러가며 편안히 안주할 곳을 찾습니다. 때문에 여러분은 그것이 땅 위의 어떤 곳에 머무를지를 아는 지능을 가졌음을 알 것입니다. 이는 대단히 분명한 사실입니다. 그렇지 않다면 이 돌멩이는 여러분의 구두 속에 들어오지 않고 언덕배기를 굴러가거나 또는 여러분의 발밑 모랫길에 있을 것입니다.

이 세상에 존재하는 만물이 여러분에게 기존의 정보와 진행 중에 있는 정보를 제공하고 있습니다. 그것은 전자기적인 시스템으로 되어 있기 때문에 가능합니다. 그것은 여러분과 대화함에 있어서 여러분에게 말할 수 있는 능력을 가졌습니다. 그러므로 주위의 사물들은 여러분의 삶과 사고(思考)에 의식적인 영향을 줍니다.

만약 여러분이 이러한 사실을 받아들인다면 삶 속에서 보다 많은 시간을 즐길 수 있게 될 것입니다. 그리고 이를 모든 사람들에게 적용할 수 있다면, 그리하여 여러분의 간(肝)이 여러분과 대화를 할 수 있으면, 다른 사람의 간 또한 그렇게 할 수 있을 것입니다. 여러분이 저녁식사를 하고 있는 동안 테이블 아래서 일어나는 그들 서로간의 대화를 상상해 볼 수 있습니까? 그들이 전자기적인 자극을 서로 주고받는 동안 그들은 분명히 대화를 갖습니다. 그래서 이는 여러분에게 자연의 법칙을 아는 데 도움을 줄 것입니다.

그리고 물론 물리적 현상의 특성들은 어느 정도 이와 동일합니다. 물리학(物理學)은 사실 자연이 가진 대단히 추상적인 성질과 일종의 대화를 하는 것입니다. 그리고 사람들은 이를 수학적 시스템의 일부로 생각할 수 있습니다. 수학의 시스템 또한 자신의 특성과 대화를 갖습니다. 수학은 전체적인 면으로 봐야지 빛의 스펙트럼처럼 개별적으로 봐서는 안 됩니다.

지금 스펙트럼과 빛에 대해 생각해 보겠습니다. 우주에 있는 여러 색들은 여러분의 삶에 영향을 주며 동시에 여러분의 전자기적 에너지 시스템을 작동하는 방식에 영향을 미칩니다. 그것이 켜지거나 꺼지거나 간에 말입니다. 그것이 꺼지면 여러분은 의기소침하게 되고, 켜지면 빛의 밝음을 느끼게 됩니다.

하늘에 무지개가 나타날 때 여러분은 모두 창조주께서 주신 훌륭한 선물이라고 생각하고 즐거워하는데, 물론 이는 진실입니다.

그리고 여러분은 자신의 삶에 있어서 의식(意識)이 올라가고 내려 감에 따라 여러 종류의 사람들과 여러 가지 다양한 경험을 하게 됩니다. 또한 물질적 신체의 성질에 영향을 주는 즐거운 인적 교 류는 여러분이 자신의 세포 속에 존재하는 의식과 대화하는 데 도움이 됩니다.

여러분의 체세포는 가슴이 기쁨으로 충만할 때 진동을 합니다. 그리고 몸의 발가락 끝에서부터 손가락 끝까지 따스함으로 가득 차고 감정이 상승하게 됩니다. 여러분이 자신을 배려해 주고 부 드럽게 친절과 사랑으로 대해 주며 서로 포용할 수 있는 새로운 친구를 만나면, 여러분의 몸은 화학적 성질이 달라집니다. 그리고 몸의 각 부위로 이 메시지를 보냅니다.

그리고 여러분이 건강을 위한 좋은 처방을 원한다면, 매일 최소 한 두 번 이상 마음껏 웃는 게 최고의 건강법입니다. 여러분은 이것이 뇌세포에 얼마나 대단히 좋은 것인가를 알면 놀랄 것입니다.

여러분이 기억해야 할 것은 인간의 진화는 차원 높은 두뇌의 개발, 신경세포의 수상돌기[7]의 용량 증대뿐만이 아니라 전적으로 자신의 호르몬 구조의 발달에 달려 있다는 사실입니다. 나이를 먹어가면서 이것들의 연결 상태가 느슨해짐을 알게 될 것이고, 이것이 여러분이 오랫동안 생각하지 않았던 무엇인가를 회상하는 능력이 떨어지는 이유입니다.

따라서 여러분은 뭔가 어떤 단순한 것을 연습하거나 행하는게 좋을 것입니다. 이렇게 고등지성체의 굴절 패턴에 영향을 미침으 로써 진화는 반드시 육체를 통해서가 아니라 의식을 통해서도 전

---

7)수상돌기는 척추동물의 신경세포인 뉴런으로 정보를 받아들여서 전기적 신호로 바꾼 후 체세포와 축삭으로 보내는 기능을 한다. 많은 나뭇가지처럼 생겼기 때문에 '수상(樹 狀)' 또는 '수지상(樹枝狀) 돌기'라고 한다.

승될 수가 있습니다. 의식은 영체에 의해 우주에 남겨지게 되고 다음 세대에게 전해집니다.

여러분의 진화는 전적으로 생물학적인 몸속에서만 이루어지는 것이 아니고 또한 영적의식(靈的意識) 속에서도 이루어집니다. 이는 지금 내가 여러분에게 이야기하려는 형태발생장(Morphogenic Field)[8]의 분야입니다. 따라서 여러분이 지구상에서 가장 높고 아

---

[8]영국의 생화학자 R. 쉘드레이크(Rupert Sheldrake)에 의해서 최초로 주장된 이론적 개념이다. 쉘드레이크는 모든 생명현상을 기계론적으로 환원하여 설명하는 데에는 한계가 있다고 보았다. 유전물질인 DNA와 살아있는 유기체를 구성하는 많은 종류의 단백질의 성질과 활동에 대해 생화학의 측면에서 많은 사실이 규명되었지만 그러한 생화학적 구성성분 분석이 생물체가 자신의 고유한 형태를 어떻게 지니게 되었는지에 대해서는 설명할 수 없다고 한다. 쉘드레이크에 의하면, 생명체의 형태발생과 유지는 유전자에 의해서만 결정되는 것이 아니라 형태발생장의 영향을 지속적으로 받는다고 한다.

형태발생장이란 모든 사물(事物)이 그 고유한 형태(形態)와 행태(行態)를 갖도록 형성시키는 공간상의 에너지 장(energy field)을 뜻한다. 즉, 원자(原子)도 사람도 모두 이 형태발생장에 의해 그러한 꼴(形)과 짓(行)을 갖게 되었다는 것이다.

과학에서는 사물의 형성과 행위를 그 구성원들 간의 밀고 당기는 힘(力, force)으로 설명하며, 그 힘의 공간상의 분포를 에너지 장(energy field) 또는 줄여서 장(場, field)이라 부른다. 질량을 가진 물체끼리 당기는 힘의 공간상의 분포를 중력장(重力場, gravity field)이라 부르며, 전기를 띤 물체끼리 밀거나 당기는 힘의 공간상의 분포를 전자기장(電磁氣場, electromagetic field)이라 부르는 것과 같다. 즉, 물체가 특정한 형태를 갖도록 힘을 작용하는 에너지 장이 바로 형태발생장이다.

이 개념은 유기체의 물리적인 정보가 유전자 안에만 존재한다고 보는 것이 아니라 유기체의 바깥의 주변에도 있다고 가정하고 그 정보들이 시간이나 공간의 구애 없이 신비로운 방식으로 손실 없이 그 장 안에서 전달되어 분포해 있다고 추정하는 것이다. 예컨대 이 개념은 다리가 잘린 환자가 없어져 버린 다리가 가려워 긁고 싶다고 느낀다든가, 잎을 자른 후 키를리안 사진을 찍어보면 원래의 온전한 형태의 오라 사진이 찍히는 사례를 설명할 수가 있다. 이밖에도 영혼이라든지, 집단무의식, 오라, 아카식 기록 등의 초자연적 개념들의 설명이 가능하다. (편집자 주) <블로그 우주벌레 참고>

름다운 사상들을 남기고 떠나고 싶다면, 육체로 다시 태어나면 됩니다. 다시 태어나면, 전에 끝냈던 부분을 되찾아 거기에 계속 이어서 다시 시작할 수 있습니다. 이와 같이 하면 되는 것이지 단테(Dante)의 연옥(煉獄)처럼 밑바닥에서 처음부터 다시 시작할 필요는 없습니다.

여러분은 한 번 더 무거운 바위를 산꼭대기까지 밀고 올라갈 필요가 없는 것입니다. 여러분이 산의 정상에서 시작하고 싶거나 날고 싶다면 여러분이 원하는 것을 젊은이들에게 가르쳐 주면 됩니다. 때문에 여러분은 좋은 실례가 될 수 있습니다. 본인은 여러분에게 매일 한 번씩 명상 중에 마음으로 날아다니는 수련을 해 보길 권합니다. 독수리처럼 하늘 높이 날아보십시오.

사실 마음속에서 상상하는 그림이나 이미지는 여러분의 고차원적 두뇌 기능 속에서 신경 시스템의 수상돌기와의 연관성을 만들게 됩니다. 그리고 이 수상돌기와 연관성을 만드는 일은 여러분 자신의 사념 체계에 있어서 참으로 중요합니다. 만일 여러분이 어떤 사물에 대해 생각하게 되면 체세포는 여러분이 연상한 그림에 연관된 감정에 맞도록 변화합니다.

때문에 사람들이 자신의 미래에 대하여 아름다운 꿈을 가지는 것은 설사 그것이 환상임을 알지라도 대단히 중요한 일입니다. 만약 사람들이 어떤 이야기를 상상하면서 써내려 간다고 합시다. 그러면 그것은 그들의 신화가 되거나 보다 훌륭한 잠재력과 실현 가능한 비전이 될 수 있습니다. 우리는 육체적 존재가 아니지만 전혀 죽지 않고 살아 있습니다. 여러분의 일상적인 기대와 믿음을 넘어선 저 건너편에 다양한 삶이 존재한다는 사실을 알고 실감할 수 있기를 바랍니다. 우리는 이곳에서 사람들에게 매일 사랑을 보내고 있으며, 그 사람들이 그곳에서 우리의 사랑을 느낄 때 우리가 얼마나 기뻐하는지 여러분은 알지 못할 것입니다. 이 상입니다. 파라셀수스였습니다.

[캐롤 오스틴]

공인된 예술 치료사/석사이다. 또한 개인적, 직업적 컨설팅 경력을 가진 교육 전문가이다. 캐롤은 아울러 〈아세니오 홀 쇼(Arsenio Hall Show)〉와 〈L.A. 굿모닝 쇼〉에서 청취자들에게 즐거움을 주었고, 〈ASK THE SOURCE〉라는 자신의 생방송 라디오 쇼의 사회를 보았다. 그녀는 천상의 존재들과 우주적 가이드들(The Source)로부터 특별하고도 유익한 조언을 직접 받는다. 그리고 그런 존재들의 초상화를 그리기도 하는 재능이 있다. 〈Humanistic Studies University〉〈UCSD Extension〉에서 학생들을 가르쳤고, 〈폴 솔로몬〉 재단의 교육 담당 성직자이다.

신성한 자아

채널링 조안나 체리

신성한 자아

채널링:조안나 체리

♣ 이 메시지는 내가 몇 년 전 나의 신성한 자아와 특별한 협력자들, 특히 바바지(Babaji:요가난다의 자서전에 기록되어 있는 불멸의 스승), 그리고 생 제르맹(st. Germain) 대사로부터 직접 들은 것입니다. 나는 마음을 신에게 맡김으로써 본 채널링 내용을 집필하는 인도를 받게 되었습니다.(조안나 체리)

인간의 영혼이 추락하게 된 역사

우리들 중에 지구에 최초로 왔던 존재들이 있었습니다. 그들의 목적은 물질적 형태를 가지고 철저히 시험해 보고 지구의 아름다움을 즐기기 위한 것이었습니다. 우리는 자신의 육체적인 몸을 창조했는데, 우리는 직접 창조주의 빛과 에너지로 우리 자신의 육체를 현현(顯現)시켰습니다. 별도의 출산(出産)은 필요하지 않았습니다. 그때 우리들의 물질적인 신체는 지금보다 훨씬 더 가볍고 밝았으며, 높은 진동의 상태 속에 있었습니다. 우리 자신이 모든 것을 창조할 수 있는 전능한 신(神)임을 알았기 때문에 당시 우리의 몸은 결코 나이를 먹거나 죽는 일이 없었습니다.

그때 우리는 지구에서 좀 더 밝은 다른 별로 왕래하면서 삶을 즐겼습니다. 그리고 우리가 원하는 것은 무엇이나 즉시 만들어졌습니다. 우리는 우주공간에서 우리와 분리되어 있는 것처럼 보이는 모든 것이 하나라는 사실을 잘 알고 있었습니다. 이와 같은 천상의 상태에서 우리는 오랫동안 살았습니다. 우리가 말하는 역사의 마지막 부분이 성경(聖經)에서 말하는 <에덴동산의 스토리>이며, 다른 종교에서도 이와 유사한 역사가 전해져 오고 있습니다.

그러나 기나긴 시간이 흐르는 동안 인류는 점차적으로 추락하게 되었고, 그에 따라 우리는 신성(神性)으로부터 멀어지기 시작했습니다. 그리고 물질세계만이 현실이라고 믿게 되었으며, 이런 상황이 점점 진행됨에 따라 물질 법칙만이 전부라고 믿고 그에 좌우되었습니다. 인류는 신(神)은 만물을 창조한 전능한 존재로 생각했지만, 자신이 창조주로부터 격리된 존재라고 믿고 난 후부터는 계속해서 결핍과 빈곤을 만들고, 질병과 전쟁, 늙음과 죽음을 만들어내기 시작했습니다.

계속해서 인간은 또한 깊은 죄의식과 두려움을 가지게 되었고, 그 죄의식과 두려움을 느끼는 만큼 에고(Ego)를 보호받고 강화하기 위해서는 어느 정도까지 에고의 분리를 가속시킬 필요가 있었습니다. 그리고 나아가서는 에고가 신(神)을 대체하게 되었습니다. 판단하건대, 역설적이게도 이러한 '추락'은 대단히 좋은 현상이라고 말할 수 있겠습니다. 왜냐하면 빠르고 늦든 간에 이로 인해 우리는 자신을 객관화함으로써 우리가 창조주와 하나라는 사실을 알게 만들어 주기 때문입니다.

우리가 신과 하나였을 때는 마치 물고기가 물이 무엇인지를 모르고 아무 생각 없이 물속에서 수영을 하는 것처럼 모든 것을 객체가 없는 주체의 상태로 느꼈습니다. 우리는 삶에 있어서 다양하게 일어날 수 있는 모든 가능성을 알고자 했습니다. 어려움과 즐거움의 가능성에 대해서도 말입니다. 그래서 우리는 물에서 분리되길 원했습니다. 나아가서 물에서 나와 버렸습니다. 왜냐하면 신은 언제나 변할 수 없고 우리는 언제나 신과 하나이며 이는 영원한 진실임을 알기 때문입니다.

그때 이후로 오랫동안 우리는 지옥에까지 가는 등 무한히 많은 경험을 통해서 점차 되돌아갈 수 있게 되었으며, 신을 알고 그 속으로 되돌아 갈 수 있는 지혜를 얻었습니다. 물론 분리되어 우리가 사랑과 힘의 감각을 많이 상실한 것은 큰 어려움이었습니다. 그러나 우리의 분리 시간을 피상적으로 판단하는 것은 우리가 사랑이 깃든 깨달음을 실천하고 우리의 결정을 수용하는 것 보다 별로 도움이 되질 않습니다.

삶과 죽음의 사이클에 대한 환상

신성(神性)의 온전한 금강석(金剛石)은 우리의 참된 정체성, 즉 참나(眞我)에 대한 우리의 그릇된 믿음으로 가려져 있었습니다. 지금 우리 주위를 둘러보면 노화(老化)와 죽음과 한계 등의 부자연스러움을 자연스런 것으로 생각하거나 '우리는 이렇게 태어나 살 수 밖에 없다'고 삶에 관해 생각해 왔습니다.

● **늙음과 죽음에 관해서**: 동물과 식물 등의 죽음은 자연의 사이클로서 자연스럽게 유지되고 있습니다. 그러나 인간의 의식이 이 행성의 지표면을 지배하고 있는 까닭에, 동물과 식물들의 죽음도 우리의 의식 속에 있는 죽음에 대한 신념과 기대의 지배를 받습니다.

그러나 어떤 나무와 식물들은 죽음에 대해 우리의 의식을 초월하는 것처럼 보이는 것이 있습니다. 반얀 나무[1]는 죽음의 과정을 모르며 어떤 야생화 식물들 역시 영원한 삶을 우리에게 보여 주고 있습니다. 이 식물들은 죽음에 대한 인간의 잘못된 신념을 속으로 비웃는데, 어떻게 수천 년 동안 언덕 위에서 꽃을 피울 수 있을까요? 실제로 무한히 살아가고 있는 작은 식물들이 많이 있습니다.

대체적으로 자연은 우리의 의식(意識)에 끌려가고 있습니다. 우리의 몸이 병들 수 있다는 신념이 늙음과 죽음을 창조할 뿐만 아니라 세균과 바이러스와 벌레들은 인간과 동물, 나무와 식물에게 해를 끼치고 죽게 만듭니다. 우리에게는 이를테면 암(癌)과 같은 것이 있는데, 이는 내적으로 자기 파괴적인 메커니즘을 가지고 있습니다.

지구상에는 죽음의 환상으로 뒤덮여 있습니다. 많은 나무들은 겨울에 잎이 떨어집니다. 그리고 꽃들은 추위를 견디지 못하고 시들어 죽습니다. 만약 지구가 안정된 상태에 있다면 나무와 식물들은 어느 곳에서든지 기후에 적응하여 살 수 있고, 쉬고 싶을 때 휴식을 취하면서 일 년 내내 자신이 바라는 삶을 충분히 표현하면서 살아갈 수 있을 것입니다.

이것이야말로 참으로 자연스러운 삶이며 계속 확장되어 가

---

1) 인도 원산지의 교목. 가지에서 많은 기근(氣根)이 나와 계속 뿌리가 되어 몇 천 년이고 살아간다.

4장 신성한 자아

고 있는 영원한 삶입니다! 죽음을 만든 이는 다름 아닌 바로 우리 자신인 것입니다.

영혼의 귀향(歸鄕)

이는 우리에게 희소식입니다. 우리가 살면서 아무리 진리에 대한 체험과 인식으로부터 멀리 벗어나고 가장 먼 잘못된 목적지에 이르렀다고 할지라도 우리는 지금 반환점을 돌아서 귀향하는 중입니다.

우리는 창조주 신(神)에 대해 정확한 이미지를 기억하고 있습니다. 신은 창조 저 너머 텅 빈 존재로서 어떤 성질을 갖고 있지 않습니다. 그러나 우리는 창조주 신이 자신의 삶 속에 깊숙이 내재되어 있음을 느낍니다. 신은 삶 속에서 자신을 표현합니다. 그리고 우리는 삶 속에서 놀라운 '신의 특성'과 만납니다. 이를테면 조건 없는 영원한 사랑, 빛, 기쁨, 힘, 아름다움, 자유, 조화, 평화, 모든 충만한 실질적 존재, 존재의 일체성, 영원한 확장, 영원한 생명, 완전한 전체성 등 말입니다. 우리의 참다운 유일한 희망은 우리가 갖고 있는 내적인 신성한 자아, 즉 신과 하나됨을 다시 경험하는 일입니다.

우리는 자신의 마음의 참 모습을 경험함에 따라 무한한 상상력을 발휘할 수 있는 사색가가 됩니다. 따라서 우리는 모든 것에 대해서 전체적으로 마음이 열려 있게 되고, 우리 자신과 모든 사람들을 위하여 실현 가능성이 있는 일과 필요한 선택을 자유롭게 할 수 있습니다. 그리고 무한한 창조가 가능합니다. 우리는 우리의 본질 속에 기쁨, 사랑, 환희, 풍요, 창조의 기쁨과 그리고 내재한 힘과 웰빙에 대한 각성과 느낌이 구족된 우리의 참모습을 경험하게 됩니다.

대부분의 깨달음에 대한 정의(定意)는 대개 여기에서 그칩니다. 그러나 아닙니다. 만약 우리가 귀향에 대한 아주 많은 선물을 받을 수 있도록 계속해서 나간다면 우주의 만물을, 그리고 자신의 정신, 감정과 육체적인 몸을 신(神)으로 다시 인식하고 경험할 수 있게 됩니다.

영적인 모임을 가지고 있는 사람들은 이 지구를 우리 몸이 흙으로 돌아간 찌꺼기로서의 '비대한 물체'처럼 생각하는 경향이 있습니다. "왜 몸에 관심을 가져야 하지? 육신은 단순히 우리가 죽을 때까지 갖고 사용하다 일이 끝나면 버리는 매체일 뿐인데. 우리는 어떤 식으로든 영원히 살잖아." 이것이 여러분의 일반적인 논리입니다. 그러나 진실은 인류의 대부분이 삶이 끝날 때 사실 한 육체를 가지고 일을 끝내지 못한다는 것입니다.(※영적완성을 이루지 못한다는 의미) 이것이 우리가 윤회(輪廻)의 시스템을 만들지 않으면 안 되었던 이유입니다.

지구 위에서의 인간의 삶이 대단히 어려웠던 것은 사실입니다. 때문에 삶을 유지하고 사회에 적응하기 위해서 신으로부터 단절된 느낌을 수용해야 했으며, 사실 이로 인해 사람들은 대체적으로 어디서 와서 어디로 가고 있는지도 모르며 아무런 휴식도 모르고 삽니다. 사실 이러한 어려운 상황의 경험을 자초한 것은 바로 우리 자신입니다. 때문에 우리의 몸과 지구를 신의 일부로서, 낙원으로서 체험하기 위해 우리가 다시 한 번 이러한 전설적인 창조를 아름답게 이룩해야 할 필요가 있었습니다. 이것이 인간의 어려운 삶의 체험에 대한 정확한 이유입니다.

빛으로부터 인간의 물질적 신체를 창조하기 위해서 우리는 몸이 고체가 될 수 있도록 빛의 에너지 진동수를 낮춰야 했습니다. 이 과정을 역으로 보여주는 것이 물리학자 아인슈타인의 상대성 이론의 공식인 $E = MC^2$ 인데, 이를 가장 간단한 말로 이야기한다면 '물질을 가속하면 물질은 에너지로 변한다.'는 것입니다.

따라서 우리의 물질적 신체는 신의 본질인 빛으로 만들어져 있습니다. 그리고 몸이 외형상 고체처럼 보일지라도 이는 전적으로 원자로 구성되어 있으며 99% 이상이 공간으로 되어 있습니다. 이 텅 빈 공간이 인간의 몸을 기적처럼 형성하고 있는 것은 사념(思念), 즉 신(神)의 사념입니다.(우리 역시도 어머니의 자궁 속에서 우리의 몸을 의식적 사념으로 만들지 않았습니까?)

늙고 죽는다는 인간의 유한한 생각을 제거하라

우리는 의식적으로 자신의 건강을 유지하기 위해서 매일 몸속 세포에서 일어나는 수백만 건의 거래를 하고 있지 않습니까? 우리는 매일 노쇠한 세포를 소멸시켜 버리지 않나요? 신의 생각은 완전한 확장입니다. 즉 완전한 아름다움, 생명력, 건강, 힘과 영원한 승리입니다. 사람들이 자신의 몸이 늙어가고 있는 것처럼 느끼는 것은 우리의 유한하게 제한된 생각 때문입니다.

마음과 가슴속에서 이러한 제한된 생각을 버리고 무한히 참된 신의 생각을 즐겁게 받아들이게 되면, 우리의 몸은 자연스럽게 완전한 상태로 돌아갈 수 있습니다. 이렇게 되면 모든 곳에서 가속이 일어납니다. 즉 우리의 마음, 감정, 그리고 몸의 진동 주파수 등이 촉진되어 높아지게 됩니다. 이것이 우리의 상승 과정입니다.

지금 빛의 시대로 들어감에 따라 지구 자체뿐만이 아니라 모든 것이 위로 끌어올려지고, 보다 빠르게 가속되고, 보다

가벼워지고 있습니다. 아울러 우리는 모든 레벨에서 보다 위대하게 신을 체험하면서 빛으로 되돌아가고 있는 것입니다.

우리는 이미 몸속에 있는 삶의 상처를 치유하고 빛으로 통합하는 것을 배웠습니다. 그리고 영(靈)을 속속들이 완전히 수용하고 신이 완전히 구체화된 우리의 형상은 아주 환상적입니다. 우리는 지금 이 환상을 향해 가고 있습니다! 우리가 '거기에 도착해서' 우리 자신을 빛으로 체험할 때 과연 어떻게 느끼게 될까요? 그 때 우리는 '이미 그곳에 도착해 있었고 언제나 항상 그곳에 있었다'는 사실을 깨닫게 될 것입니다.

우리의 진정한 몸은 불사(不死)의 몸입니다. 이것은 빛의 몸으로 이미 존재해 있었으며, 우리의 육체적인 몸과 같이 여기에 있습니다. 빛의 몸은 전체적으로, 영원히 아름답습니다. 이 몸은 늙거나 죽지 않고 에너지의 고갈이 일어나지 않습니다. 또한 이 몸은 시공을 자유롭게 왕래할 수 있으며, 시공간을 초월할 수 있습니다. 늙는다는 것은 환상입니다. 그리고 아름다움은 진실입니다. 우리는 자신에 대하여 이러한 사실을 조율할 수 있도록 배우기 위해, 그리고 우리가 이 지구 위에서 바로 불사의 몸을 성취하기 위해서 여기에 존재하고 있는 것입니다.

여러 종교의 기록에 불사를 성취한 많은 스승들에 대한 이야기가 있습니다. 그리고 이들은 지구를 떠날 준비가 되면 자신의 몸을 빛으로 바꿉니다. 대표적인 두 가지 사례를 소개합니다.

*바바지(Babaji):높은 요가 수행자였던 인도의 요가난다(Yogananda)의 자서전에 기록되었으며, 히말라야에 사는 영

히말라야에 거하는 요기 그리스도 바바지 - 대초인이다.

원한 불사(不死)의 스승으로 눈 덮인 그의 영역 밖에서는 거의 볼 수 없었던 존재입니다.[2]

　*생 제르맹(St. Germain):여러 목격자들에 의해 기록된 유

---

[2]바바지란 '존경하는 아버지'라는 의미로 글자 그대로 바바지는 모든 요기들의 대스승이다. 요가난다의 자서전에 따르면 이 위대한 존재는 수천 년 이상에 걸쳐 히말라야에서 자신의 육신을 보존해오고 있다고 한다. 그럼에도 외모상으로는 20대의 젊은이 모습을 하고 있다. 이미 오래전에 신적(神的)인 단계로 진화한 존재이나 인간을 돕기 위해 물질계로 하강한 아바타(Avatar)이다.
　바바지가 자신의 제자 라히리 마하사야의 환상의 욕망을 충족시켜 업(業)의 속박에서 풀어주기 위해 히말라야에 물질화시켜 창조했었다는 황금의 궁전 이야기는 이 위대한 존재의 믿어지지 않는 엄청난 능력을 뒷받침해 준다.　　(편집자 주)

생 제르맹 백작

럽의 신비주의자로 그는 수백 년간 살아 왔으며 결코 늙거나 죽지 않는다고 합니다.[3)]

이와 같이 이러한 상승과정을 통달한 사람을 서양에서는 전통적으로 '승천한 스승(Ascended Master)'이라 칭합니다. 그리고 티베트 불교에서는 이런 존재를 '싯다(siddha)'라고 하며, 또 도교(道敎)에서는 '불사(不死)의 신선(神仙)' 등으로 부릅니다. 이것은 단지 2가지 실례에 불과합니다.

완전한 통달의 선택

그렇다면 신체에 정통하는 것을 포함한 '완전한 통달'을 우리는 어떻게 경험할 수 있을까요? 이에 관해서 여러분이

---

3)신비에 싸인 전설적인 인물로 1500년대 중반기에 출생했던 것으로 추측된다. 성장하여 모든 유럽 언어에 능통했다고 한다. 그는 당대 최고의 검술가인 동시에 바이올린 연주의 대가이기도 했다. 개인적으로는 프랑스의 사상가 볼테르, 루소 등과 친구 사이였고, 유럽의 수많은 저명인사들과 교류했다.

그는 유럽에서 문학과 미술, 음악, 무예, 연금술 등의 모든 지식과 분야에 통달한 모르는 것이 없는 존재였고, 결코 죽은 않은 신비의 사나이로 알려져 있다. 일설(一說)에 따르면 그는 전생(前生)에 페르시아의 조로아스터였다가 승천했고, 중세에는 유럽의 비교단체인 〈장미십자회〉를 창시한 로젠 크리우츠였으며, 프랑스의 사상가 몽테뉴, 철학자 A. 콩트(Comte)이기도 했다 한다. 인간의 육신을 가지고 약 350 년간을 불사의 몸으로 살았는데, 사람들의 눈을 위해 중간 중간에 일부러 죽었다 다시 태어난 것처럼 일부러 연출을 했다고도 한다.

그 후 그는 마스터들인 엘 모리야, 쿠트후미, 듀알컬 등의 히말라야 초인 그룹과 85 년간 함께 했고, 현재는 지구 영단의 7광선을 담당하는 영적 대사로서 활동하고 있다.
(편집자 주)

4장 신성한 자아

우선적으로 할 일은 언제나 그렇듯이 여러분의 '내적 자아' 와 파장을 맞추어 공조하는 일입니다. 그리고 이를 위한 가장 정확한 방법은 지구 위에서 여러분이 완전한 통달에 관한 가능성을 어떻게 느끼고 아느냐 하는 것입니다. 이것이 여러분의 영혼을 자극하고 흥분시킵니까? 혹은 고양시키나요? 또는 여러분에게 보다 큰 기쁨을 선사합니까?

만약 그렇다면 여러분의 내적 현존이 여러분에게 이렇게 말하는 것이 확인된 셈입니다. "예 맞습니다! 이것은 지금 신이 당신들에게 바라는 것입니다. 이에 박차를 가하십시오." 만약 이것이 여러분의 마음을 움직이지 못했다면, 그러한 사람들은 지금 바로 자신을 위해서 다른 할 일이 있다는 이야기가 됩니다. 그러나 많은 이들에게 육신과 정신, 즉 성명쌍수(性命雙修)에 통달하는 현상이 여러분에게 서서히 나타날 것이고, 우리가 여기서 언급한 종류의 일들이 여러분에게 적당한 시간과 방법으로 다가오고 있습니다.

만약 여러분이 이를 명백하게 느끼지 못했다면, 여러분의 내적 자아와 더불어 깊은 명상의 공간속으로 들어가면 도움을 받을 수 있을 겁니다. 깊은 명상에 잠겨 여러분 자신을 완전히 통달한 존재, 즉 마스터(Master)로 마음에 그려보십시오. 그리고 어떤 일이 벌어지는지를 살펴보십시오.

여러분이 이 과정에다 자신의 에너지를 집중하는 방법을 인도받는다면, 여러분은 매일 자신의 내적 자아와 파장을 동조시켜 이런 상태에 머물고자 할 것입니다. 왜냐하면 여러분은 이런 과정을 통해 완전한 통달 상태에 들어갈 수 있는 자신만의 길을 갈 수 있기 때문입니다. 이 장(章)의 끝부분에 예시된 방법을 실행해 보는 것이 도움이 될 수도 있습니다. 아니면 여러분은 성장을 위한 여러분 자신만의 방법을 적용

해 보면서 이 방법을 수정하거나 그대로 실행해도 좋을 것입
니다.

육체 레벨에서 다시 젊어지기

인체의 재생성(再生性)에 대해 기본적인 것에서부터 살펴
봅시다. 여러분은 '순수한 육체적' 레벨에 있어서 자신의
몸이 가장 사랑하는 것을 따라가 주고 있습니까? 즉 지금 시
점에서 여러분이 가장 적합하다고 느끼는 것을 먹고 있습니
까? 음식물은 여러분의 몸과 똑같이 사념체입니다. 우리는
어떤 음식물이든지 우리의 생각, 사랑, 빛과 의도를 가지고
우리 몸에 전체적으로 유익한 에너지 진동이 되도록 바꿀 수
있는 능력을 가지고 있습니다. 커피나 초콜릿, 트윈키
(Twinkie) 등도 가능합니다.

그러나 우리가 충분한 능력을 갖출 때까지는 우리의 몸은
음식물을 선택적으로 좋아할 것입니다. 가공되지 않은 유기
적 생과일과 야채, 절인 견과류(堅果類)와 발아된 씨앗과 콩
은 가장 훌륭한 자연의 빛을 가지고 있습니다. 그러나 어떤
특정한 식품에 대해, 예를 들면 소고기와 같은 것에 대해 판
단하지 않는 것이 좋습니다. 이에 대해서는 여러분의 영혼에
귀를 기울이고 우리 몸이 바라는 최고의 상태를 따라가 보십
시오. 요즘에는 우리의 몸을 활기 있게 만들어 주고 몸의 상
태를 고양시켜줄 수 있는 놀라운 식품들이 쏟아져 나오고 있
습니다.

그리고 여러분은 자신의 몸이 원하고 즐기는 어떤 운동을
하고 있습니까? 그리고 자신의 몸을 빛을 받는 따뜻한 상태
로 유지시켜 주고 있습니까? 자신의 몸을 사랑스럽게 어루만
져 주고 껴안아 보며 즐겁게 해주고 있나요? 또 자신의 가슴

이 원할 때 삶 속에서 섹스를 허용하고 있습니까? 섹스에 대해서는 특별한 언급이 필요합니다. 많은 영적 교사들이 특별히 남성에 있어서 섹스가 몸을 약화시키거나 노화시킨다고 주장합니다. 그러나 섹스에는 보다 고차원의 진실이 숨겨져 있습니다. 여러분이 남녀 상호간에 에너지 교환이 이루어지고 존재 전체의 맥락에서 사랑스럽고 성스럽게 행위를 할 때는 성에너지가 크라운 차크라로 상승하여 존재 전체가 엑스타시를 경험할 수 있게 되기 때문에 섹스는 깨달음의 훌륭한 방편이 될 수 있습니다.

여러분은 호흡에 대해서 어떻게 생각하십니까? 숨을 길고 편안하게 쉬십시오. 여러분은 공기 중에서 호흡하고 있음으로 해서 생명력이 길어집니다. 내가 과거 한 때 상승 상태에 있어 보니까 주위의 공기가 너무 활기차게 살아 있고 너무나 사랑스러워 숨을 쉬는 것만으로써 내 몸이 젊어지는 것처럼 보였습니다. 우리가 공기를 기꺼이 받아들이고 공기로부터 원하는 것을 얻는 것은 좋은 일입니다.

통상적으로 이것은 우리의 마음과 감정에 있어서의 전환을 의미합니다. 여러분이 육체적 레벨에서 이를 받아들이는 것을 진실로 축복합니다. 왜냐하면 '순수한 물리계'란 존재하지 않기 때문입니다. 이 3차원의 물리계는 사념과 감정의 구현에 불과하며 우리의 영과 마음에 뿌리를 두고 있습니다.

감정 레벨에서 다시 젊어지기

여러분의 감정 레벨에 있어서 불사(不死)의 몸을 성취하는 데 필요한 것은 미해결로 남아 있는 여러 문제들을 깨끗하게 정화하는 일입니다. 이 문제들은 여러분의 삶에서 정화되지 않고 근육과 세포 속에 축적됨으로 해서 심신의 긴장과 정체, 질병 등을 유발합니다. 여러분에게 있어서 가장 필요로 하는 것은 용서하는 일입니다. 여러분에 관계된 모든 과거와 현재, 그리고 모든 사건들과 환경들을 용서하는 것입니다.

가끔 용서는 분노, 공포 또는 죄책감의 방출에 의해서 진행되지 않으면 안 됩니다. 육체적 운동은 가끔 묵은 감정의 해소에 훌륭한 수단입니다. 이 운동이 그 선택에 따라 놀라운 변화를 가져다줍니다.

감정적인 정화의 주요 부분은 우리가 의식적으로 무의식적으로 노화와 죽음에 대해 생각한 느낌들을 정리하고 버리는 것입니다. 아프리카의 어느 부족에서는 장로들이 어떤 사람에게 사형 선고를 내리면, 당사자는 나무 아래 앉아 24시간 내에 죽음을 결심하고 스스로 죽음을 맞이한다는 것입니다. 죽으라는 명령에 따라서, 아주 서서히 우리 내면에서 일어나는 기쁨의 억압과 자기 배반의 느낌을 상상해 보십시오!

우리는 이런 느낌에 너무 익숙해 있지만 우리의 표면의식은 이를 알아차리지 못합니다. 이는 40킬로그램이란 무거운 등짐을 지고 다니며 그런 사실에 익숙한 나머지 자신이 불필요하게 무거운 등짐을 지고 다닌다는 사실을 알아차리지 못하는 것과 같습니다. 존재의 외면에 깊이 뿌리박힌 감정을 정화하는 일은 크나큰 도전이며, 그런 감정을 내려놓았을 때 찾아오는 희열은 더할 나위 없이 큽니다!

우리 몸에 있어서 감정을 정화하는 데 대단히 좋은 방법 중 하나는 간단히 그것을 사랑하는 것입니다! 우리가 주어진 상황에 대해 감정들을 느끼고 반응하고 판단하기보다 역으로 그 감정들을 사랑하고 몸을 존중하게 되면 몸에 기쁨과 상승과 빛을 가져오게 됩니다. 이는 우리의 몸이 젊게 재생할 수 있는 대단히 중요한 과정의 한 부분입니다.

4장 신성한 자아

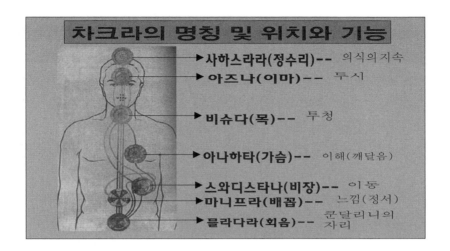

정신 레벨에서 다시 젊어지기 - 차크라의 중요성

불사(不死)를 성취하려면 정신적으로는 인간의 몸에 관한 뿌리 깊은 모든 유한한 믿음들을 던져버리고 대신에 무한의 진실들로 그러한 유한한 신념들을 대체해야 합니다. 그리고 우리가 인간의 몸에 관해서 새로운 인식을 갖는데 도움이 되는 추가적인 정보들이 있습니다.

이것은 차크라(Chakra)에 대한 이야기로서 우리 몸에는 7개의 주요 에너지 센터가 있는데, 이 차크라의 존재가 우리 몸의 재생에 결정적으로 중요한 역할을 합니다. 이 차크라 센터는 서로 상관관계를 가지고 회전을 하는데, 이 회전속도가 우리 몸의 생명력, 즉 젊음과 직접적인 관계가 있습니다.

사춘기 이후에는 차크라의 회전속도가 저하되는데, 이로 인해 노화(老化)가 진행됩니다. 그러나 필요한 방법에 의해서 차크라의 회전속도를 다시 높일 수 있습니다. 그리고 이를 해내려는 여러분의 의지가 이를 가능케 합니다. 이 과정을 설명해 놓은 좋은 책을 추천합니다. 피터 케들러의 『젊음의 샘에 관한 고대의 비밀(The Ancient Secret of the Fountain of Youth), 하버 출판사 간행 』이 그것입니다. 그러나 이 책의 성(性)에 관한 부분에 대해서는 나는 의견을 달리합니다.

이 차크라와 협력적 관계에 있는 것이 몸속의 내분비선(內分泌線)인데, 이 또한 우리 몸의 재생 과정에 중요한 임무와 역할을 수행합니다. 뇌하수체는 머리의 정수리에 있는 크라운 차크라와 협력적인 관계에 있으며, 내분비선 중에서 제일 중요한 역할을 담당합니다. *사춘기 이후에 우리의 무의식적인 명령에 의해서 노화(老化)가 진행되는데, 이는 뇌하수체에서 죽음의 호르몬 생산을 시작하기 때문입니다.*(※역주: 이 호르몬은 노화를 유발시키는 인자가 각인된 호르몬으로 추정됨)

다른 내분비선과 상관관계에 있는 차크라에 대해 설명하겠습니다. 송과선은 <제3의 눈> 차크라, 갑상선은 후두 차크라, 흉선은 가슴 차크라, 부신은 태양총 차크라, 췌장은 복부 차크라, 그리고 생식(生殖)을 담당하는 내분비선(난소 또는 정소)과 뿌리 차크라입니다. 우리가 내분비선의 참된 역할을 각성하게 되면 우리의 삶에 있어서 사랑스럽고 기쁘게 재생의 과정이 이루어질 수 있게 됩니다.

젊음의 재현에 대한 나 조안나 체리의 개인적 경험

이에 대해 본인 자신의 개인적인 경험을 여러분과 나누고자 하는데, 이렇게 함으로써 여러분이 보다 더 확실하게 신뢰감을 느낄 수 있으며, 여러분에게 보다 큰 선물이 될 수 있을 것입니다.

내가 처음으로 몸의 재생에 대한 가능성을 발견했을 때,

나는 이 '다시 젊어지기 프로젝트'에 대단한 흥분과 열정을 가지고 노력에 착수했습니다. 그리고 한동안 이러한 노력이 계속 이어졌습니다. 내가 남들에게 말하지는 않았지만, 알아차릴 만큼 일관성 있게 그것이 진행되고 있으며 나 또한 변하고 있음을 알 수 있었습니다.

그러나 나의 노력이 어떤 지점에서 항상 멈춰져 버렸습니다. 내가 그곳에 이르면 무력해져 버립니다. 이런 일이 계속해서 일어남에 따라서 나는 용기를 잃게 되고, 이 일에 무신경해져 노력을 중단하게 되었습니다.

최종적으로 89년 가을에 나는 내 마음 속에 이 일을 중단하게 만드는 어떤 특별한 사념의 벽이 존재한다는 것을 알 수 있었습니다. 그리하여 나는 명상 중에 이 벽을 향해 용감하게 들어가게 되었습니다. 녹색의 잔디밭을 가로질러 좀 낮고 검은 벽을 향해 날아갔습니다. 내가 그 벽에 도착하자 즉시 벽 속으로 직접 날아 들어갔습니다. 그 속에서 나는 검은 사념의 형체를 발견하고 그 속으로 날아 들어갔습니다. 그리고 그것이 내가 모르던 죽음의 공포였음을 실감했습니다.

내가 그 사념들 속으로 다이빙해 들어갔을 때, 사념들은 아무것도 없는 빈 공간 속으로 사라져 버렸습니다. 사념들은 사라졌습니다. 나는 수 주 넘게 마음속에서 이것이 깨끗이 정리되었다는 느낌이 들 때까지 몇 번이고 그 벽 속으로 날아 들어가는 명상을 했습니다.

1990년 가을에 내가 뇌하수체에 열심히 말을 걸다가 큰 난관의 돌파가 이루어졌습니다. 나는 과거에 뇌하수체가 죽음의 호르몬을 생산해 준 데 대해 감사했습니다. 이는 과거에 내가 요청함에 따라 이루어진 것입니다.(※ 역주: 이는 오래 전 과거 생에 윤회와 이에 따른 영적 수행을 위해서 자신이 스스로 이 호

르몬 생산을 요청, 입력한 것으로 사료됨)

나는 뇌하수체에게 "나는 한계가 없는 신(神)이었음을 기억하고 있으며, 이 몸이 재생되길 바란다."고 말했습니다. 그리고 뇌하수체에게 즉시 죽음 호르몬의 생산을 중지하고 생명 호르몬의 생산을 시작할 것을 명령했습니다.

아! 그러자 머리 꼭대기 정수리 부분(※경혈로는 百會에 해당) 전체가 열리며 빛이 쏟아져 들어왔습니다. 그리고 나의 뇌하수체가 황홀경 속으로 젖어들며 나에게 의사를 전달해 왔습니다. "나는 신에게 감사하며 더 이상 짐이 되는 일은 하지 않겠습니다. 나의 참된 직무를 다하겠습니다." 그런 다음 나는 다른 내분비선에 대하여 더 많이 알게 되었으며, 몸의 완전한 재생을 위한 방법을 인도받았습니다.

여러분은 아래 과정이 나의 재생 경험과 지식을 이해하는 데 대단히 중요함을 알게 될 것입니다. 그리고 이는 여러분이 자신의 성스러운 자아를 가능한 한 가까이 느낄 수 있게 하는 데 큰 도움이 될 수 있을 것입니다.

젊음을 되찾기 위한 장애물 해소법

우리가 회춘(回春)과 죽음의 초월을 성취하기 위해 가는 데는 장애물이 있기 마련인데, 이는 다름 아닌 일반적으로 사람들이 가지고 있는 상식적인 관념과 잘못된 생각들입니다. 우리가 참으로 이러한 상태를 성취하는데 필요한 '해독제'가 있습니다. 여러분이 원하면 아래의 이 진실들을 큰 소리로 확실하고 강하게 말하면 좋습니다.

● 잘못된 생각 1 - 다시 젊음을 되찾는 것은 불가능하고 노화와 죽음은 모두 확실하다.

◎ **진실(Truth)**: 아름다움과 완전한 건강은 나에게 실제 상황이다. 나에게 있어 다시 젊음, 노화의 치유와 상처의 치유는 자연스러운 현상이다. 나에게는 죽음과 노화는 부자연스런 현상이다. 나는 신으로서 모든 사랑과 빛, 파워, 지혜와 결정권을 가지고 있으며, 나의 회춘을 성공적으로 이루는 데 필요한 인내심을 가지고 있다.

● **잘못된 생각 2 - 나는 어쩔 수 없이 끌려가는 늙음과 죽음을 두려워한다.**

◎ **진실**: 나는 늙음에 대해 전혀 두려워할 필요가 없다. 나는 얼굴과 몸이 어떻게 생겼을지라도 전적으로 사랑받을 수 있는 사람이다. 나는 자신의 신적 본성을 통해서 공포심을 치유할 수 있다.

나는 죽음에 대해 전혀 두려워할 필요가 없다. 만약 내가 죽음을 선택한다고 하더라도 나는 빛 속으로 들어갈 것이고, 나의 사랑하는 성스러운 자아와 이를 통과한 사랑하는 이들이 나를 환영해 줄 것이다. 그리고 나는 완전히 보살핌을 받을 것이며, 새롭고 좋은 경험을 하게 될 것이다. 내 속에 본래부터 가지고 있는 신적 본성을 통해 죽음에 대한 모든 공포를 치유할 수 있다.

● **잘못된 생각 3 - 나는 다시 젊어지는 좋은 선물을 받을 자격이 없다**

◎ **진실**: 나는 사랑받는 존재이며, 전적으로 죄 없이 깨끗한 본성을 가진 존재로서 내가 참으로 알고 있는 지식을 다 갖춰 매 순간 매사에 최선을 다한다. 신은 나를 영원히 죄가 없는 깨끗한 본성을 가진 존재로 창조했으며, 이 참된 본성

을 바꾸기 위해 지금까지 내가 해온 일이나 또 내가 앞으로 할 수 있는 행위는 아무 것도 없다.

때문에 나는 참으로 누구도 해쳐 본 적이 없으며, 사람은 누구나 완전하고도 영원한 신적 존재로서 우리는 언제나 완전한 성장과 최상의 상태 속에 거할 수 있는 존재로 창조되었다. 나는 자신을 완전히 용서하며 나 스스로를 창조신으로 받아들인다.

● **잘못된 생각 4 - 나는 좋지 않은 불안전한 상태로 변할 것 같다. 나는 나를 잘 이해하지 못하는 사람들에게 혹사당하고 죽음을 당할 것이다.**

◎ 진실: 나는 자신의 신적 본성을 통해서 과거 생을 치유한다. 나는 안전하다. 나의 신성한 존재와 내가 만나는 대사(大師)들에 의해 나는 완전히 보호받고 있다. 나는 지금 살고 있는 세상에서 안전하며 사랑받고 있다. 젊음의 재생과 죽음의 초월 과정에 있어서 모든 사람이 나를 사랑으로 감싸주며 도와주고 있다.

● **잘못된 생각 5 - 나는 사랑받지 못할 것이고 친구도 없을 것 같고, 또 사회에서 소외될 것 같다.**

◎ 진실: 많은 사람들이 친구가 있고 사랑받았으며, 지금은 더 많은 사람들이 친구가 있고 사랑을 받고 있다. 지금 나의 친구들은 옛날의 나의 친구나 가족들이 아닐 수도 있다. 그러나 훌륭히 친구들이 생길 것이며, 우리는 서로를 발견하게 될 것이다.

● **잘못된 생각 6 - 만약 내가 젊음을 되찾고 죽음의 초월이**

가능하게 되면, 늙고 죽어야 하는 나의 가족과 친구에게 배신하는 것이 될 것이다. 그들을 사랑한다는 것은 그들과 같이하고 그들과 똑같이 되는 것이다.

◎ 진실: 내가 가족과 친구들을 위해 할 수 있는 가장 큰 사랑은 그들이 모두 활기에 넘치고 젊음을 재현하고 죽음을 초월한 사랑받는 신적 존재임을 내 스스로가 실증하는 것이다.

● 잘못된 생각 7 – 만약 내가 젊음을 다시 되찾으면 나는 지구 위의 함정에 빠질 것이다.

◎ 진실: 젊음의 재현과 동일한 과정에 의해서 내 자신 속에 내재한 신을 경험하게 되면 나 또한 몸이 빛이 됨을 알 수 있으며, 내가 필요하다고 생각할 때는 언제든 지구를 떠날 수도 있다. 그리고 나는 지구와 빛의 세계를 왕래할 수도 있다.

● 잘못된 생각 8 – 시간이 변함에 따라 나의 몸도 변한다. 나는 자신이 누구인지 알고 싶지 않고 자신을 정의하고 싶지도 않다.

◎ 진실: 나는 지금 이대로 영원한 나의 실체인 신(神)이다. 나 자신에 대한 이 정의는 모든 다른 정의를 초월한다. 그리고 나는 지금 즉시 이를 받아들인다.

여러분 모두는 위에서 열거한 이런 잘못된 생각을 얼마만큼 가지고 있습니다. 우리 문명에 있어서 인류에게 보편적으로 나타나듯이 말입니다. 이들 중 어떤 것은 생각의 출구, 즉 해결책이 될 수 있습니다. 여러분이 그것에 대해 잘못이 느껴질 때는 즉시 놓아 버리세요. 그리고 여러분의 내면의 자재신(自在神)이나 좋아하는 영적 스승에게 부탁해서 이를 해결하고 통과하십시오. 용기를 갖고 마음을 집중해서 그 속으로 날거나 미끄러져 들어가세요. 잘못된 생각 속으로 들어가다 보면 혼란을 느낄 수 있습니다. 대상이 둘이나 그 이상으로 갈라지는 일이 생길 수 있는데, 이럴 경우에는 이 과정을 반복해야 합니다.

여러분이 이들 중 하나를 잡았을 때는 그것을 통과해 가는 것이 좋습니다. 만약 이를 통과해 가게 되면 그것이 공간 속으로 날아가 없어져 버린 것을 알게 됩니다. 아니면 여러분이 그 형체의 곁에 있거나 공간 너머에 있음을 알게 됩니다. 이 공간 속으로 뛰어 들어가십시오!

지금 이 형체가 여러분의 아래로 가게 하거나 또는 그것이 여러분의 밑에서 대단히 작게 보일 때까지 여러분이 위로 상승하세요. 여러분 자신에게 말하십시오. 이것은 내가 신(神)이기 때문에 "내가 창조해서 내가 갖고 있는 것이다"라고, 그리고 계속해서 여러분의 뱃속에 넣어두세요. 그리고 이렇게 말하세요. "좋다. 이것은 내가 만들었다. 그래서 내가 지금 느끼고 있다."

만약 이럴 때에는 여러분이 원하는 방법을 선택하십시오. 우선 이것을 나에게 준 것에 대해 감사하고 이것의 에너지를 불러서 새로운 방향으로 돌리세요. 그리고 전동기의 스위치가 'ON(켜짐)'에 있는 영상을 상상하세요. 여러분이 머리 위로 두 손을 들어 스위치를 아래로 힘차게 내리면서 동시에 "꽝"하고 외치십시오. 그때 여러분은 그 형체가 아래로 떨어져 내려가며 한 점으로 축소된 뒤에 폭발해서 빛 속으로 사라진 장면을 볼 것입니다.

새로운 진실의 창조는 어떻게 이루어져야 할까요? 앞에서 열거한 진실은 여러분의 오염된 사념체를 정화시켜 줄 수 있는 해독제가 될 수 있으므로 이에 관심을 집중하십시오. 그러면 정말로 여러분에게 많은 도움이 될 것입니다. 여러분이 새로운 진실을 창조해 가면서 이것을 느끼고 즐기고 그리고 마음속 깊이 받아들이세요. 이것은 여러분에게 진실되게 느껴질 때까지 여러분의 에너지를 몇 주간 (몇 달 또는 몇 년간) 집중해서 이를 수련하십시오. 이것이 해결의 열쇠가 됩니다.

만약 여러분이 새로운 창조가 잘 이뤄지지 않고 옛 생각으로 되돌아간다면, 어떤 방식으로든지 아직 옛 생각에 에너지를 주고 있는 상태이며 무엇인가 잘못된 점이 있으므로 이것을 찾도록 노력해 보십시오. 이것은 여러 겹으로 싸여 있는 잘못을 층층이 벗겨내는 작업입니다. 이것이 제대로 느껴지기 시작하면 이 과정을 반복하십시오. 이는 지극히 효력이 좋으며, 내가 문제 해결을 위해서 사용해 본 방법 중에서 더이상 바랄 것이 없고 창조가 이뤄질 수 있는 최선의 방책이었습니다.

다음 과정은 아주 명료하고 정성스럽게, 또 가능하면 큰 소리로 말하는 것이 좋습니다. 그리고 이를 녹음해 놓고 깨어 있을 때나 잠잘 때나 상관없이 반복해서 듣는 것이 좋습니다.

죽음의 초월

지금 막 설명한 과정 중 미완성된 한 부분인데, 여러분이 자신의 죽음에 대한 생각과 느낌 속으로 들어가 보는 것입니다. 그러면 다시 여러분은 자신이 통과해야 할 여러 가지 다른 것들을 발견하게 될 것입니다. 가끔 과거 생(生)에서의 죽음에 관한 몹시 놀란 기억과 잘못된 신념으로 둘러싸인 기억이 떠오르기도 할 것입니다. 그리고 여러분은 이러한 문제들을 정화하기 위해서 7일간이나 그 이상의 준비기간이 필요할 수도 있으며, 또는 지금 바로 정화를 시작할 수도 있습니다.

나 자신의 근원인 신(神)으로부터 내가 분리된 존재라고 잘못 생각하고 믿어온 자신을 나는 용서합니다. 그리고 잘못된 생각으로부터 연유되어 만들어진 모든 현상과 한계, 그리고 이들을 만든 자신을 용서합니다. 나는 지난 과거에 죽음의 창조, 늙음, 질병 그리고 내가 경험한 모든 종류의 한계 상태를 만든 자신에 대해 용서합니다. 나는 언제나 내가 이해할 수 있고 할 수 있는 것에 대해 최선을 다했음을 알고 있습니다. 때문에 나는 제한된 생각에 의하여 만들어진 일과 경험에 대해 판단하지 않습니다.

나는 지금 죽음을 마음에서 끊어버렸습니다. 그리고 나는 제한된 생각 때문에 만들어진 육체의 늙음과 질병, 물질적 신체에 관한 모든 것들을 버렸습니다. 나이를 먹는다는 생각을 모두 버렸습니다. 내 본성의 실체는 늙지 않으며 영원합니다. 나는 자신이 이 빛의 형체(육신)가 반드시 죽을 것이라고 허위의 상상 속에 빠져 있는 '많은 대중(大衆)들 가운데 한 사람'이라는 생명에 대해 고착된 나의 잘못된 관념을 버렸습니다. 나는 죽음에 대한 모든 감정적 집착을 버렸습니다. 그리고 육체뿐만이 아니라 정신체 및 감정체 등 모든 체 속에 있는 죽음도 버렸습니다. 나는 장례식, 장례식장 휴게실과 묘지도 단념했습니다. 인생을 하직할 수 있다는 생각도 버렸습니다. 나는 이 영원한 나의 삶을 기쁘게 받아들입니다.(시간을 가지고 이 속에 젖어 드십시오.)

나는 이대로 신과 함께 하는 신 자신임을 압니다. 신 자신인 나는 신 자신을 표현하는 경이로운 존재입니다. 신 자신인 나는 빛과 사랑, 기쁨, 힘과 지혜입니다. 전지(全知)한 실체입니다. 자유롭고 무한하며 완전한 실체입니다. 신 자신인 나는 영원히 확장해 가는 생명입니다.

나는 지금 존재의 완벽함을 초대하고 받아들이면서 삶의 모든 부분에서 전적으로 이를 표현하기 시작했습니다. 한계 없는 무한한 나의 마음과 진실된 생각 - 나의 자연스러운 사랑과 기쁨의 감정, 그리고 모든 질병

4장 신성한 자아

이 치유되어 젊음이 재현되고 완벽하게 새로워진 나의 몸 - 이것은 나 자신의 신성함을 드러내어 표현하는 것입니다.

나의 몸은 영원히 지속되는 생명체이고, 전체성이며 완벽합니다. 이는 지금 그리고 영원히 신(神) 자신을 표현하고 있습니다. 나는 이 몸으로 지구 위에서 내가 원하는 대로 살 수 있습니다. 내가 원하면 1,000년이고 2,000년이고 살 수 있습니다. 힘차고 건강하고 생기 있게, 그리고 기쁨 속에서 살 수 있습니다. 내가 지구를 떠날 준비가 되었을 때는 몸을 지구에 남기지 않기 위해 빛을 만들어 가지고 갑니다. 나는 자신의 존재에 대한 이러한 사실에 대단히 감사합니다. 참으로 그렇습니다.

만약 여러분이 죽음과 늙음을 완전히 해결하길 바란다면, 여러분은 자신의 삶을 받아들이고 인내로써 끈질긴 노력을 해야 합니다. 특히 잠재적인 수준에서 죽지 않는다는 절대적인 믿음을 가진다면 쉽게 죽지 않습니다. 여러분이 죽음과 늙음을 해결하는 데 만약 시간이 10년이나 20년이 걸린다한들 그것이 대수이겠습니까? 우리가 '마지막 적(늙음과 죽음을 지칭함)'에게 굽실거리며 살았던 기나긴 시간과 비교하면 말입니다.

자신의 실체인 빛 속으로 들어가기 위해서는 죽음에 대해 가지고 있는 공포와 신념을 똑바로 바라보고 통과해 지나가야 하는데, 여기에는 시간이 필요합니다. 여러분은 이들과 직면해 나아갈 수 있는 용기가 삶을 살아가는데 필요한 에너지와 동일한 것임을 발견할 것입니다. 생동감과 기쁨의 증가는 이 일에 직접적인 결과를 가져다줍니다.

자신의 내적 자아에게 이 과정을 인도해 달라고 요청하십시오. 여러분에게 알맞은 때에 알맞은 방법으로 여러분은 이를 완전하게 통과할 수 있을 것입니다.

삶 속에서 잠재의식 정화하기

*사랑하는 나의 잠재의식적 마음에게: 나는 당신을 사랑하며 과거에 죽음의 과정을 창조하고 협조하여 준 것에 대해 감사합니다. 나는 당신이 나를 보호해 왔다고 생각하고 있음을 알고 있습니다. 당신은 나를 완벽하게 도와주었습니다. 이제 나의 마음이 변했음을 당신이 알았으면 합니다. 나는 나 자신의 실상이 신(神) 자신이요 무한한 신임을 기억합니다. 나는 죽음이 아니라 생명을 선택했습니다. 나는 청춘의 재현이 가능한 길을 택했습니다. 이 길을 위하여 당신의 협조를 부탁합니다. 가능하겠지요?

당신 속에 깊숙이 내재한 느낌을 들여다보고 만약 가능하다면 당신의 잠재의식이 어떻게 반응하고 느끼는가를 살펴보십시오. 될 수 있으면 정직하게 내버려 두세요. 이렇게 할 수 있다면 큰 발전을 이룩할 수 있습니다. 그렇다고 억지로 해서는 안 됩니다.

이런 말이 있을 수 있습니다. "뭐라고요?" 또는 "절대 안 됩니다." "좀 더 정보가 필요합니다." "나는 그것에 대해 생각 중입니다." 또는 "그 일을 합시다." 여러 가지 다른 반응이 있을 수 있습니다. 그냥 협조하십시오. 아마도 여러분이 잠재의식의 완전한 지지를 얻어내기 위해서는 여러분에게 꾸준한 끈기와 인내가 요구될 것입니다. 그러나 잠재의식이 일단 당신의 회춘 과정에 동조하게 되면, 당신의 성공은 확실하게 보장된 것입니다.

뇌하수체, 죽음 호르몬의 생산을 역전시킴

"나의 사랑하는 뇌하수체 샘이여! 나는 당신이 과거에 죽음의 호르몬을 생산하여 준 것에 대해 이해하고 감사하게 생각합니다. 이는 죽음에 대한 나의 잘못된 신념에 따른 것임을 압니다.

나는 신 자신이며 이대로 무한한 신임을 기억하고 있음을 알길 바랍니다. 나는 죽음과 늙음이 실제가 아님을 실감합니다. 나는 젊음의 재현을 성취하는 길을 택했습니다.

나는 사랑의 마음으로 당신에게 부탁하건대, 당신이 지금 바로 죽음 호르몬의 생산을 중지하고 생명 호르몬의 생산을 시작하기 바랍니다.

당신에게 좀 더 요구하건대, 우리 몸의 재생 과정에서 기쁜 마음으로 협력할 수 있도록 다른 내분비선을 각성시켜 주기 바랍니다."

이를 흡수하고 새겨 보십시오. 죽음 호르몬의 생산이 중지되는 것을 영상화하세요. 생명 호르몬이 시작되어 전신에 흘러넘치고 있음을 보고 느끼십시오. 모든 내분비선과 기관, 모든 뼈와 근육, 그리고 여러분의 몸속에 있는 모든 세포와 원자가 활성화되고 있음을 느껴보십시오.

여러분이 과거의 낡은 삶의 방식으로 추락하는 것을 방지하고 강력하고 뿌리 깊게 새로운 방식으로 전환될 수 있도록 이를 여러 번 반복하는 것이 좋습니다. 여러분이 이것을 반복할 때는 뇌하수체가 계속해서 죽음 호르몬의 생산을 중단하고 생명 호르몬의 생산을 시작하도록 뇌하수체에 감사한다는 말로 바꾸십시오.

여러분의 빛의 몸
잠재의식의 마음에서 상상하는 것은 모두 현실로 나타납니다. 그래서 여러분이 사념으로 상상하게 되면 실제 경험이 되어 터득이 빨라집니다.

여러분이 해보고 싶어 하는 것을 영상화하십시오. 그러면 여러분은 빛의 몸속에서 완전한 젊음과 건강, 아름다움, 무한한 에너지와 생명력을 체험할 수 있습니다. 지금 빛의 몸과 그에 관한 것들은 여러분의 것입니다. 이는 여러분의 물질적 신체가 해보고자 했던 방법입니다. 만약 여러분이 자신의 유한한 생각을 믿지 않으면 누구나 실현할 수 있는 방법입니다.

자신의 신적 자아에게 이런 아름다운 몸의 비전을 보여 달라고 요구할 수 있습니다. 아니면 여러분이 직접 상상해 볼 수도 있습니다. 명료하게 보십시오.(이는 단번에 전체가 나타나는 게 아니라 조금씩 나타납니다.) 여러분이 준비가 되면 그 속으로 들어갈 수 있습니다.

여러분, 지금 여러분의 빛의 몸의 정수를 느껴보십시오. 물질적 신체의 기관이 없기 때문에 그 기관들이 아무것도 할 수 없는 것처럼 느껴질지도 모릅니다. 이는 전혀 스트레스가 없는 전체적인 조화로 느껴질 것입니다. 여러분 몸의 각 부위에서 참으로 실재하는 신의 빛을 방사하고 있는 모든 원자 하나하나를 보십시오.

이 빛의 광휘가 증가하면 그대로 내버려 두십시오. 이 빛은 여러분의 몸을 위한 신의 사념임을 실감하십시오. 이 빛이 계속 빛을 내며 실제로 여러분의 육체적인 몸에 흡수되면서 모든 것을 완전한 여러분의 신적 자아로 변형시키는 것을 보십시오. 시간을 내서 여러분의 참된 실재인 자신이 빛의 존재가 되는 경험을 즐겨보십시오.

이 과정에서 여러분이 경험하게 되는 인내는 아주 좋은 것입니다. 여러분이 거울로 보는 육체를 넘어, 당분간 나이를 먹을지도 모르는 몸을 통해 빛의 몸을 볼 수 있는 것은 아주 훌륭한 일입니다. 그리고 만약 여러분이 진실로 자신이 신적 (神的) 자아와 합일되고 모든 선(善)을 받아들인다면, 어떤 시점에 여러분은 지구 위에서 빛의 몸으로 나타나게 될 것입니다.

I. 젊음의 재현 프로그램

이 과정은 명상과 실행의 두 부분으로 되어 있습니다.

1.명상

명상에 들어가십시오. 중심을 잡고 앉으십시오. 부드럽게 심호흡을 하십시오. 서서히 몸 전체를 이완하십시오. 마음을 편안히 하고 감정을 이완하십시오. 여러분의 전 존재를 축복하십시오.

차크라 명상

차크라 열기(열린 것을 보고 느낌)

차크라에 빛을 채우고 끝없이 방사함

차크라와 내분비선의 각성(또는 각성의 확인) 몸의 재생 과정에 있어서 이들이 전적으로 협력하는 것을 기쁘게 지켜본다. 차크라의 회전가속, 최고속도까지 (시계방향으로) 가속 및 최고속도 계속 유지 확인

차크라와 내분비선

*크라운 차크라 - 내분비선

*제3의 눈 차크라 - 송과선

*목 차크라 - 갑상선
*가슴 차크라 - 흉선
*태양신경총 차크라 - 부신
*복부 차크라 - 췌장
*뿌리 차크라 - 난소/정소

여러분의 몸을 신의 몸으로 보고 느끼십시오. 이렇게 말하고 느끼십시오. "내 몸은 신(神)의 몸이다. 신이 이 몸을 만들었으며, 신이 매 순간 이 몸을 재생시킨다. 신이 없다면 내 몸 또한 없다. 신의 의지와 에너지, 사랑, 지성, 생명이 지금 이 몸을 살리고 있으며 모든 것을 보살펴 준다."

신은 이 몸을 통하여 이 몸으로서 자신의 완전함을 표현합니다. 이것이 신의 심장 박동이며 이것이 신의 숨결입니다. 이것의 신의 간장, 신의 신장, 신의 기관, 신의 내분비선, 신의 뼈, 신의 근육, 신의 면역 시스템, 신의 눈입니다.

"나는 몸에 대한 과거 방식의 정의와 시각을 버렸다."

"이 몸은 지금 다시 형성되고 있고, 청춘의 재현이 이루어지고 있다. 신(나)의 성스러운 자아가 내 몸의 모든 원자 속에서 일하기 때문에 내가 이 과정을 성공적으로 창조할 수 있다. 이 몸은 매일 매일 보다 완벽한 빛의 몸으로 변해 간다. 내 몸의 근육도 강화되어 간다. 나의 피부는 부드럽고 깨끗하며 얼굴과 목은 활력과 생기가 넘친다. 내 눈은 완벽하다."

자신이 완벽한 빛의 몸이 되었음을 시각화하십시오. 집중해 들어가면서 이를 느껴 보십시오. 이제 그렇게 되었습니다. 넉넉한 시간을 갖고 여러분이 될 수 있는 한 완벽하게 느껴보십시오.

4장 신성한 자아

이러한 변형이 진행되는 동안 여러분은 거울에 신경 쓰지 말고, 나이 등의 외모를 의식하지도 말 것이며, 여의치 않은 과정이 있을 수 있다는 생각까지도 하지 않는 게 좋습니다.

여러분이 정신적이거나 감정적인 면에서 어떤 의지를 갖게 되면 그것은 틀림없이 현실적으로 구현된다는 사실을 기억하십시오. 만약 이러한 일이 한 번 나타나기 시작하면 그렇게 긴 시간이 필요하지 않지만 외관상으로는 얼마만큼의 시간이 걸리는 것처럼 느껴질 것입니다.

II 실행

이 프로그램은 매일 5~6회, 그리고 티베트 의식(신체 수련)은 매일 6회 반복하십시오. 매일 시작하기 전에 이렇게 말하는 게 좋습니다.

"나는 이 프로그램에 감사하며 이를 존중한다. 나는 이 의식(儀式)으로 인해 대단히 많은 도움을 받은 사람들과 마음을 같이하고 있다. 우리는 그들과 함께한다."

여러분이 이와 같이 할 때 그들이 여러분을 위하여 완벽하게 노력해 주고 있음을 느끼고 알 것입니다.

매일 이 의식이 끝날 때 여러분은 이렇게 이야기하는 게 좋습니다.

"나는 지금 이 젊음을 다시 되찾는 프로그램을 실행하는 데 있어 모든 것을 성스러운 자아의 책임 하에 둡니다. 그리고 이 책임은 계속됩니다. 오늘 밤낮 하루 종일, 그리고 계속되는 날들, 주, 달, 해 내내 내가 원하는 대로 계속됩니다. 나는 이에 감사드립니다. 참으로 그렇습니다."

만약 여러분이 최선을 다했는데도 아무런 성과를 느끼지 못한다면, 이는 어떤 면에서 스스로 자신의 성공을 막고 있음을 의미합니다. 따라서 여러분이 일상적인 느낌과 생각이 장애가 되지 않나 검토해 보고, 여러분의 참된 의지를 분명히 하며 의식을 계속해 나가십시오.

만약 여러분이 무리했다고 생각되면 휴식을 취하십시오. 이를 실행해 나가는 데 있어서 모든 행위와 휴식이 여러분을 성공의 집으로 인도할 것입니다. 이는 참으로 여러분을 위한 길입니다. 여러분의 노력에 진심으로 모든 축복을 보냅니다.

[조안나 체리]

교육학 석사이자 저자(著者)인 조안나 체리는 〈국제 상승 훈련 기관 Ascension Mastery International〉을 1983년에 설립한 창립자이다. 또 인명사전인 「*World Who's Who of Women*」에 등재되어 있다. 조안나는 자신의 영적 인도자들로부터 수신한 심오한 정보들을 통해서 사람들이 신성한 자아와의 연결, 빛의 몸의 활성화, 죽음과 유한성으로부터의 해방, 상승 마스터로의 복귀 등을 실현할 수 있도록 돕고 있다.

4장 신성한 자아

CHAPTER
05

힐라리온

―

채널링

존 폭스

5 힐라리온

채널링 : 존 폭스

여러분 모두 안녕하세요. 나는 여러분이 힐라리온이라 부르는 에너지 존재이며 진동입니다. 우리가 취급할 주제를 시작하기에 앞서 우리는 여러분과 연관되어 사용돼 온 에너지라는 개념에 대해 여러분에게 상기시키고자 합니다.

여러분은 이 에너지를 여러분 모두를 통해 위로 무한히 뻗쳐 올라가고 지구의 중심으로 뻗쳐 내려가는 에메랄드빛으로 상상할 수 있습니다. 여러분은 이 아름다운 빛 에너지의 중심 속에 있습니다.

이 에너지는 여러분을 밝게 해 주고 정화시켜 주며 가치 있고 유익하게 해줍니다. 그러나 이는 또한 여러분을 지구적인 관념들, 즉 기대치와 부정성들로부터 해방시켜 주는 것임

5장 힐라리온   175

을 아십시오. 이런 관념과 기대들, 부정성들은 여러분 속에 있을지도 모르며, 우리가 보여 주고 싶어하는 단순한 진실에 접근하지 못하도록 여러분을 붙잡아 둘지도 모르는 것들입니다.

'지구에서의 질병의 종말(질병 없는 지구)'이란 주제는 과거에 한 번도 언급된 적이 없는 굉장한 타이틀입니다. 여러분은 이 주제를 내면 깊은 곳에서 인식하고 있습니다. 많은 사람들이 이 변화를 증거하기 위해서 이 행성에 왔습니다. 따라서 이 변화는 가능성이라기보다는 한걸음 더 나아가 피할 수 없이 일이 되었습니다.

우선적으로 이 변화는 여러분이 질병의 특성에 대해 이해할 수 있도록 하기 위해 여러분 속에 유전적으로 존재합니다. 이 주제에 대해서 여러분에게 이야기하고자 하는 우리의 의도와 역할은 이 질병에 대한 여러 가지 측면을 명료하게 밝히는 것입니다.

첫째로, 이는 여러분 각 개인적 레벨의 사고와 감각, 느낌에다 이런 가능성(질병의 종말)을 주지시켜 주는 일입니다. 지구 위에서의 질병의 종말은 아지랑이 같은 환상이나 잘못된 생각이 아닙니다. 이는 진실이며 가능한 일이고 실제적 현실입니다. 이는 여러분이 정말로 알 수 있는 어떤 것입니다.

둘째로 우리는 여러분의 내면에 있는 독특하면서도 특별한 것을 찾아서 이용하도록, 그리고 이를 현실에서 구체화할 수 있도록 여러분을 자극하고자 합니다. 이런 저런 방법으로 사람들을 자극하거나 돕고, 또 인간들이 현실 속에서 실천의 목적을 가지고 물질세계를 배우기 위해 물질의 형태를 취하고 있음을 깨우쳐 주고 격려하는 것, 이것이 우리가 여기에 온 이유입니다.

셋째로, 여러분이 알아야 할 가장 중요한 것은 이 지구 위에서 질병이 인간과 더불어 존재하게 된 목적에 관한 것입니다. 이것은 무엇을 알기 위한 단순한 어떤 지적인 목적보다 주위의 다른 생명체들을 이해하는 하나의 수단으로서 사랑과 훨씬 더 많은 연관성이 있습니다. 따라서 여러분 이웃의 동료 남성과 여성들, 이 지구 위에 같이 살고 있는 다른 모든 생물들(동물과 식물, 공기, 지구)과 영적 존재들, 데바(Deva)의 존재들, 자연령(自然靈) 등에 대한 이해가 더 많이 이루어져야 한다는 사실입니다.

질병은 인간에게 무엇인가를 알려주려는 신호이다

질병의 존재 이유와 이에 대한 핵심은 여러분이 완전의식에 도달해야 알겠지만, 질병의 목적을 이해함으로써 여러분이 이미 가지고 있는 삶과 생명에 대한 완전한 깨달음이 가능하다는 것입니다. 질병의 고통은 인간으로 하여금 자신의 육체와 정신의 근원적 문제들을 되돌아보게 하며, 이를 통해서 인간은 영적인 완성을 향한 일보를 내딛을 수가 있게 됩니다. 아울러 여러분의 내부와 여러분 주변에 다양한 생명들이 충만해 있다는 사실을 좀 더 이해함으로써, 당신들은 자신의 지구에서의 배움의 주기(週期)를 매우 생생하고 심도 있게 끝마치게 되고, 그 다음 단계에서는 더 이상 질병이 필요치 않게 되는 것입니다.

만일 우리가 이런 점들 중 어떠한 것이라도 여러분에게 병에 대한 보다 깊은 이해를 가져다 줄 수 있다면, 우리는 성공한 것입니다. 그러나 여기서 더욱 중요한 것은 그럴 경우 여러분이 그것을 깨닫기 위해 직접적인 경험을 거칠 필요가 없기 때문에 여러분 역시도 성공한 것이라는 사실입니다. 보다 높은 관점에서 본다면, 다른 많은 것들 중에서도 여러분은 병으로부터 무엇인가를 배우기 위해 여기 지구에 왔다고 보아야 할 것입니다.

매번 병을 앓을 때마다 자신 속의 불균형으로부터 나오는 무엇인가가 있습니다. 그리고 거기에는 전에 알지 못했고 의식하지 못했던 무엇인가와 떠오르는 교훈이 있는 것입니다.

불균형이 여러분의 물질적 신체 속에서 병으로 나타나 그 상태를 보여 준다는 사실을 볼 때, 여러분을 일깨워주는 데는 이 방법밖에는 다른 길이 없습니다. 그리고 여러분의 감정을 통해서나 또는 사고과정이나 꿈을 통해서는 이러한 직접적인 일깨움이 불가능합니다. 이 병들 중 많은 것들이 처음 경험하는 것일 수도 있습니다.

이런 병들 가운데 많은 것들이 여러분을 일깨워 줄 수도 있고, 또 여러분은 어떤 이유로 해서 그 병이 주는 메시지를 듣지 못하고 교훈을 배우지 못할 수도 있습니다. 때문에 이 내면의 불균형으로 인한 질병은 심한 스트레스가 될 수 있으며, 많은 것들을 유발할 수도 있습니다. 그리고 이는 과거 생(生)으로부터 무엇인가를 알려주는 대단히 중요한 교훈일 수도 있는 것입니다.

병들은 여러분 자신에 대한 잘못된 이해라는 장애물 때문일 수도 있으며, 자신이 의식적으로 이 교훈을 배우고 받아들이길 원하고 있지 않음으로 해서 불가피하게 방법을 변경해야 하기 때문일 수도 있습니다.

어떠한 이유이든지 간에 여러분의 몸속에서 통상적으로 일어나는 어떤 문제가 있으면, 이는 여러분에게 불균형이 있음을 나타냅니다. 여러분의 몸은 – 무엇인가가 잘못되어 감을 알게 해주는 – 문제의 경고 장치입니다. 몸의 불편함은 균형이 깨졌다는 신호를 보내는 것이며, 몸이 여러분과 대화를 요구하는 것입니다.

이때 여러분이 이에 대해 제일 처음 알아야 할 일은 이 불균형을 알게 해주려는 목적이 무엇이며, 왜 이것이 여러분에게 일어났는지에 대해 시간을 가지고 노력을 기울이는 일입니다. 이는 세포 레벨에서의 이유가 아니라 유전적 레벨, 질병의 레벨, 과학적 레벨에서 대단히 훌륭하고 중요한 원인이 있는 것입니다. 이는 다른 것들에 의해서 잘 감추어져 있습니다. 그 대신에 여러분은 몸 안에서 일어나는 이 불균형이 자신에게 의미하는 목적이 무엇인지를 스스로 알아야 합니다.

이 과정에 있어서 여러분은 대체적으로 어떤 마음의 저항의 벽에 부딪치게 될 것입니다. 여기서 알아야 할 중요한 원칙은 여러분 속에 갖고 있는 잠재력은 당신 안에서 일어나고 있는 저항하는 힘과 현재 세상 속에서 쓰고 있는 에너지를 곱한 것과 같다는 것입니다.

잠재력은 저항력에다가 현재 사용하고 있는 에너지를 곱한 것입니다. 다음과 같은 등식입니다.

$P = r \times f$ P:잠재력, r:저항력, f:사용하는 에너지

이는 여러분에게 저항이 있게 되면 이를 통해 기다리고 있는 잠재력 또한 존재한다는 사실을 여러분이 알게 됨을 의미합니다. 여러분은 이 잠재력이 질병과 직접적으로 연관되어 나타나는 징표 속에서 미묘하게 나타나게 된다는 것을 알게 될 것입니다.

여러분의 몸과 기관들, 이에 관련된 조직들은 질병을 나타내는 신호로 여러분에게 봉사합니다. (우리는 다른 채널을 통해 『몸의 신호들(Body Signs)』란 책 속에서 이에 대해 포괄적으로 이야기

해 놓았습니다.)

질병이 가르쳐주는 교훈을 배우라

여러분이 무릎에 조금 찌르는 듯한 통증이 있을 때를 예로 들어봅시다. 이는 여러분에게 무엇인가를 보여주기 위한 신호임을 아십시오. 다시 말하면 이는 여러분이 세속적(다리 아래 부분으로 대표됨), 감정적, 육체적인 면과 연관성을 가지고 있으며, 여러분의 인생에 있어서 보다 고차원적 현실과 자아를 이해하기 위한 정신적인 면과 함께 보다 영적(다리 윗부분으로 대표됨)인 면과 연관성을 가지고 있습니다.

이런 전체적인 측면들이 무릎에 신호로 나타나게 됩니다. 하지만 여러분은 무릎의 통증 문제를 미리 피해갈 수 있습니다. 이것은 통증이 처음 시작될 때, 여러분이 이에 대한 전체적인 교훈을 흡수하기 위해 시간을 갖고 여러분의 생에 있어서 이러한 것들에 대해 적극적이고 보다 긍정적인 안목을 가짐으로써 가능합니다.

이 말이 대단히 어려운 난치병들, 암 종류, 에이즈 등과 같은 질병들일 때는 지나치게 단순하게 들립니다. 여러분은 이 병들에 흔히 부정과 같은 어떤 패턴이나 더욱 복잡한 것들이 있음을 알 수 있습니다. 이는 여러 생에 걸쳐 지속되기도 하고, 때에 따라 한 생애 동안만 계속되기도 합니다. 여러분은 어떤 이유로 해서 이 병을 자신의 삶 속으로 불러들입니다. 그리고 또 일생 동안 계속해서 여러분은 이 질병이 주려는 교훈을 살펴보는 데 마음 내켜 하지 않거나 그것을 배우려 하질 않습니다. 따라서 이러한 태도는 병에 대한 저항의 근원이 되고 더 나아가 부정의 근원이 됩니다.

여러분이 아는 바와 같이 부정한다는 것은 기묘한 것입니다. 어떤 것을 부정한다는 자체는 그것이 그곳에 있다는 사실을 알지 못하도록 하며, 그것을 덮어버리는 경향이 있습니다. 그럼에도 불구하고 여러분이 관심을 기울여 보거나, 그것에 대해 명상을 하거나, 꿈에다 그것에 관해 물어볼 때는 어떤 짧은 영감(靈感)이 떠오를 것입니다.

즉, 여러분 스스로 자신의 삶 속으로 질병을 끌어들인 원인들 중의 하나가 여러분에게 다가올 것입니다. 그때 여러분은 도움을 요청할 수가 있습니다. 여러분은 친구들로부터 그들의 의견을 통해, 때로는 그들의 아이디어를 통해서 도움을 받을 수 가 있습니다.

만일 여러분이 전인요법(全人療法)으로 치유를 하게 되면 이 치료법은 세포의 구조를 변화시키고, 타고난 자연치유력을 유발시키는데, 이런 치료의 아이디어는 보다 빠른 효과를 가져다 줄 것입니다. 항생제나 백신 예방 접종 등은 내면 스스로의 치유력을 촉발시켜 주지 못합니다. 때문에 그것들은 여러분이 가지고 있는 내면의 치유력을 자연스럽게 촉발시켜 주는 전인적 치료법보다 훨씬 비생산적인 방법인 것입니다. 그리고 병을 부정하는 단계는 자체적으로 그것을 인식할 수 있으므로 여러분은 그것을 보다 쉽게 다룰 수가 있습니다.

이러한 부정의 단계에서는 치료가 보장되지 않는데, 왜냐하면 대단히 많은 사람들에게 있어 거기에는 그들이 배워야 할 강력한 교훈이 있기 때문인 것입니다. 즉 인간이 배워야 할 교훈을 배웠을 때만이 비로소 완치가 이루어집니다. 이러한 무지한 상태가 사람들이 많은 생애들을 통해 자신의 병을 다루고 대해왔던 패턴인 것입니다. 그리고 물론 환자는 육체적인 레벨에서 자신의 병에 대해 외적인 치료 방법을 개입시키는 것이 가능할 것입니다.

이러한 개입은 의사나 치유가나 기타 다른 이들일 수도 있습니다. 그러나 여러분은 이들이 일반적인 관점에서 보는 대로 단순히 돈을 벌거나 남을 돕기 위해서 그런 일을 하는 것이 아니란 사실을 알아야 합니다. 정확히 말하자면, 여러분이 이들 의사나 치유가들에게 찾아가게 되거나 그들이 여러분에게 오거나 해서 치료자와 환자의 만남이 이루어지는 것은 서로가 삶의 교훈을 교환하기 위해서 입니다.

이들 치료자들은 여러분에게 무엇인가를 배우며, 마찬가지로 여러분 역시 그들에게서 무엇인가를 배울 것입니다. 여러분이 치료자들에게 찾아가서 이렇게 말할 때 비로소 여러분은 자신의 신세를 깨달을 수 있습니다. "당신은 나의 마지막 희망입니다. 당신은 나를 돕기 위해 있습니다. 나는 내 자신 스스로는 아무것도 할 수 없습니다." 이러한 남에게 의지하려는 낮은 자세는 유용한 면이 있는데, 왜냐하면 이는 여러분의 부정적인 태도를 포기하게 하고 대개는 그것을 사라지게 하는 경향이 있기 때문입니다.

그러나 이는 때때로 여러분 자신의 독창성, 여러분 자신의 진실과 사랑을 아는 것으로부터 여러분을 격리시킵니다. 여러분은 이에 보다 더 깊숙이 들어감에 따라 거기에는 많은 해답들이 있음을 알기 시작할 것입니다.

남을 돕는 치료자들은 먼저 자신을 치유해야만 한다

남을 치료하는 많은 조력자들과 치유가들이 다른 사람들을 돕는 데 있어서 비슷한 마음을 가질 수 있는데, 여러분은 우선 스스로를 치유해야 한다는 필요성을 기억할 필요가 있습니다. 치료자들, 여러분 중에 얼마나 많은 사람들이 자신의 몸과 마음, 정신, 영혼에 있어서 전체적으로 완전할 수 있습니까?

우리는 여러분에게 일부러 어떤 흠집을 내기 위해 여기에 온 것이 아닙니다. 오히려 여러분이 자신 속에 완벽성이 내재하고 있다는 생각을 가지게끔 하고 그러한 깨달음에 도달할 수 있도록 돕기 위해 왔습니다.

그렇습니다. 치료자 여러분은 다른 사람을 치유하는 것처럼 자신을 치유시켜야 합니다. 문제는 만일 여러분이 참으로 나쁘게 보이게 되면 사람들은 여러분을 믿지 않게 된다는 것입니다. 사람들은 이렇게 말할 것입니다. "그가 자신을 치료하지 못하고 탈모도 해결하지 못하고, 특별히 피부 컨디션이나 자신의 비만도 해결하지 못하는데, 어떻게 나를 치유할 수 있다는 말인가?"

우리가 이야기하는 것을 상세히 고객들에게 전달해 주십시오. 즉 여러분은 치료자로서 치유의 에너지를 그들에게 불어넣어 주고 이와 비슷한 기술을 사용할 뿐만 아니라 조언하고 여러분에게 이끌리게 된 이유를 고객 자신이 스스로 이해하도록 도움을 줄 수 있다는 점을 말입니다.

그때 여러분은 아주 정직하게 이렇게 말할 수 있습니다. "나는 이 특별한 삶의 교훈을 찾기 위해 대단한 고투하고 있습니다. 그래서 나는 여러분이 나한테서 보고 있는 특별한 것들을 여러분에게 보여줄 수 있는 것입니다. 이는 변명이 아닙니다. 이것은 단지 내가 누구라는 것에 관한 진실일 뿐인 것입니다."

여러분이 삶의 과정의 일부분과 여러분의 교훈, 여러분이 보다 깊이 있는 이해의 수준에서 다루는 보편적인 법칙을 보여 줄 수 있다면, 여러분은 그들에게 모범이 될 수 있으며 실제로 그들에게 보다 유익한 사람이 될 수 있습니다. 그리고 이는 훌륭한 것입니다. 특히 이것은 여러분이 자신 속에 활용할 수 있는 무엇인가를 가지고 있기 때문에 대단히 훌륭한 것입니다. 여러분은 본보기로서 사용할 수 있는 어떤 것을 가지고 있기 때문입니다.

　이거 너무 간단하지 않습니까? 하지만 여러분은 이것의 다른 이면도 존재한다는 사실을 이해해야 합니다. 즉 사실은 단지 여러분이 치유의 대상인 그들을 상담해 주는 것이 아니라 그들이 여러분을 상담해 준다는 것입니다. 그리고 여러분이 상대하는 사람들 중의 일부는 여러분에게 어떤 문제들을 가져올 것인데, 그것들은 여러분에게 작은 문제이든 큰 문제이든, 또 어떤 문제든 간에 여러분에게 실제적인 가치가 있는 것들입니다. 즉 여러분이 거기서 그들과 함께 상담과정에서 나누는 것들은 여러분 자신이 인생행로에서 수없이 경험하게 될 사건일 수도 있는 것입니다.

치유는 영혼의 주파수적 공명에 의해서

　두 영혼의 진동이 최소한 한 순간이나 두 순간 동안이라도 조화와 공명이 이루어질 수 있는 길이 없다면 치유는 이루어질 수 없을 것입니다. 여러분의 에너지 진동과 함께 공명이 이루어지지 않는 사람들은 여러분으로부터 떠나면서 이렇게 말합니다. "나는 이 사람을 좋아하지 않습니다. 나는 다른 곳을 찾아가 봐야 합니다."

　여러분이 이들과 함께 공명할 수 있는 이유는 영혼의 유사성 때문입니다. 여러분은 연결되어 있습니다. 여러분 사이에는 서로 함께 공유하고 있는 진동이 있습니다. 이 연결고리는 여러분이 도울 수 있는 모든 존재들과 연결되어 있습니다. 때로는 좀 불합리하게 들릴지라도, 문제해결의 실마리를 내담자인 그들에게 요청하는 것이 필요할 때도 있습니다. 이런 식으로 말이죠. "우리가 이 일을 취급하고 있기 때문에 당신은 나에게 대가를 지불했습니다. 아마 여러분은 내게 이야기해야만 하는 문제들이 있겠지요. 그러나 나는 당신의 문제가 무엇인지 잘 알지 못합니다. 그렇지만 당신은 아마도 알 것입니다."

이와 같은 말은 환자인 상대방을 상당히 자극하는 말일 수 있을지라도 여러분이 하는 일에 도움이 될 수가 있습니다. 때문에 우리는 여러분이 그러한 질문과 함께 일반적인 것에서부터 특정한 것으로 유도해 가기를 원하고 있습니다. 이는 모든 이들이 가진 나름대로의 개성이나 문제의 독특함을 구체화시키는 하나의 방법이며, 따라서 이는 여러분이 새로운 것을 발견하고 선택하도록 도와 줄 것입니다.

여러 가지로 매우 어려운 건강 문제들에 대한 새로운 선택과 해결책들이 생겨난 것은 이제 불과 약 50년 정도 밖에 되지 않았습니다. 여러분의 내면의 모습을 반사하고 반영하는 일종의 거울로서의 여러분의 사회는 이러한 발명과 아이디어, 기술적 변화를 억압해 왔습니다.

이 억압은 몇 가지 이유로 해서 일어났습니다. 즉 이들 중 명백한 것은 탐욕이며, 변화를 받아들이고 싶지 않은 마음의 태도와 또한 권력에 연관된 거래관계, 어둠과 빛, 그리고 여러분 대다수가 만들어낸 통상적인 갈등 등입니다. 이러한 계획의 훨씬 더 큰 부분으로서의 또 다른 이유가 있습니다.

인류는 기존의 무지한 질병의 행로에서 벗어나 이를 배움의 길로 받아들일 준비가 되어 있습니까? 이것이 오늘 말하는 주제의 핵심입니다.

여러분은 이 질문에 대해 "아! 맞습니다. 나는 그렇게 생각합니다." 라고 단순하게 답변할 수는 없습니다. 여러분의 모든 존재의 핵심, 즉 여러분의 영혼, 여러분의 과거의 모든 전생(前生)의 삶들, 여러분의 본질로부터 대답이 나오지 않는 한은 말입니다. 이것은 바로 가속되고 있는 인류의 본성이고, 모든 인류가 달성해야 할 앎이며, 본질입니다. 그러므로 이는 대단히 중요한 사회적인 논점이 되며, 여러분이 이를 조사해 본다면 정치적인 문제까지도 될 수 있습니다.

나타나고 있는 새로운 치유법과 변화의 물결

이에 대해 흥미로운 것은 여러분의 사회가 지금 대변화의 중심에 놓여 있다는 사실입니다. 지금 새로운 치유법이라고 인식되는 방법들이 나타나고 있습니다. 이것은 기존에는 사용되지 않았던 고대의 치유법이라고 말할 수 있는데, 부정적인 사념체(思念體)[1]들을 다루는 새로운 방법들입니다. 여러분의 사회는 이렇게 말하고 있습니다; 이 방법들의 가능성에 대해 살펴봅시다. 이것들을 한 번 시험해 봅시다. 그리고 이 새로운 치료 기술들에 대해 저항하고 부정하고 있는 단체들이나 제도들을 치워 버립시다. 우리 이것들을 해체해 버리고 바꿔 버립시다.

그런데 여러분이 질병에 걸리고 기존의 어떤 치료법이 유일한 해결책이라고 할 때, (이미 우리가 이 방법은 해결책이 아니라고 말했음) 여러분은 대단히 조급하여 이런 기존의 병원 의료 기술에 대해 실망을 느끼며 화까지 내게 됩니다. 하지만 의료단체들이 여러분에 대해 이해하고 것과 여러분 자신의 상태는 어떤 의미에서 여러분 자신의 반영임을 쉽게 알아차리지는 못합니다.

---

1) 인간의 마음의 창조 작용에 의해 만들어지는 비가시적인 형성물질.

5장 힐라리온

우리가 여러분에게 식약청과 FDA(미 식품 의약국), 미국의약협회, 미국암협회, 국립암협회의 잘못된 점을 용서할 때라고 넌지시 말하고 있는 것입니까? 새로운 것을 억압하고 새로운 아이디어보다는 그들의 고정된 생각을 장려하고 선전하는 역할을 담당하는 많은 단체들을 여러분이 반드시 용서해야만 할까요? 아닙니다.

그러나 여러분 자신 속에 잠재돼 있는 그들과 똑같은 태도는 용서하십시오. 즉 여러분 자신의 일부는 어떤 식으로든지 이렇게 말할 것입니다. "나는 어떤 사람이 제안하는 새로운 아이디어를 기꺼이 받아들이고 싶지가 않아. 나는 거부나 저항감이 드는 치료법에 대해 자신을 시험하고 싶지 않다."

여러분 안에도 새로운 치료법을 무조건 거부하고 부정하려는 마음이 존재할 수 있는 것입니다. 이는 난치병에 걸려 고생하고 있는 그렇게 많은 사람들보다도 우선 다수의 건강한 사람들을 위해서 대단히 중요한데, 왜냐하면 육체적으로는 멀쩡하지만 이런 폐쇄적 생각을 가진 자들이 정책을 입안하고 있는 사람들이기 때문입니다. 그들은 여기 여러분의 다수를 포함해서 자신들의 비전과 생각을 정책이나 제도에 반영하고 입안하는 사람들입니다.

그렇다면 우리가 이러한 단체들에게 변화를 요청하고, 이들이 어떻게 변화를 거부하는지, 또 제도를 바꿔 어떻게 이 새로운 아이디어를 받아들일 수 있을까에 대해 우리가 말해야 되지 않을까요? 예, 그렇습니다. 그러나 이 변화는 우선 여러분 자신에서부터 이루어져야 합니다. 그러면 이들 단체들을 용서하는 것이 실제적으로 가능해집니다.

순수한 기술적인 관점에서 이들 단체들이 행한 억압의 내력과 역사를 이해하기 위해서 우리는 여러분에게 다음 책들

책 <암 치유>의 표지

책 <암 치유의 실례>

을 공부하거나 시험해보길 권합니다. 베리 라인즈가 저술한
『암의 치유(The Healing of Cancer)』와 자매지인 『암 치료의
실례(The Cancer Cure That Worked)』가 그들입니다. 이 책에
는 심혈을 기울인 새로운 치료 방법들이 수록되어 있습니다.

의학적인 제도에 책임을 지우는 것이나 이런 의학 환경에
도전하는 것은 여러분의 사회를 변화시키고 여러분을 질병으
로부터 해방시킬 수 있는 유일한 방법은 아닙니다.

질병과 치유의 '역할'은 여러분 각자를 스스로 홀로서기를
할 수 있게 만드는 것입니다. 그리고 여러분이 자기 자신을
남에게 봉사하는 방법을 가르쳐 줄 수 있는 모델이 될 수 있
게 하는 것입니다.

이에 대한 우리의 이해와 역할은 『비전(Vision)』이란 책
속에 상세히 기술되어 있는데, 이는 보다 인위적인 일련의
상태를 나타내는 것들입니다. 여러분의 세계에서는 사랑을
주고받고 나누는 수단으로 돈을 사용합니다. 그렇다면 여러
분은 이를 직접적으로 실행하는 것이 좀 더 간단하지 않겠습
니까? 왜냐하면 세상에는 여러분이 정말 하기 좋아하는 어떤

것들이 있고, 여러분은 그것을 행하기 때문입니다. 또 여러분을 위해서 자기들이 하기 원하는 것들을 행하기 좋아하는 다른 누군가가 있고, 그들은 여러분을 위해 그것을 행하기 때문입니다. 대단히 이상적으로 들리나요? 어떻게 비용을 지불하게 되냐구요? 글쎄요, 직접 행하는 이러한 상황 아래서는 비용이 별로 안 들지 않습니까?

단순하게 여러분 내면에서 이를 이해하십시오. 그러면 이런 현실을 변화시키는 것이 가능합니다. 한편, 여러분은 그 중간에 끼여 있습니다. 여러분은 다음과 같은 두 세계의 중간에 놓여 있습니다. 그 두 세계란 하나는 낡은 방식으로 사랑에 대한 대체 방법으로 돈을 사용하는 것과 다른 하나는 새로운 직접적인 봉사의 방식인 것입니다.

때문에 여러분은 자신의 개성과 인격에 맞게 자신이 수용할 수 있는 방식을 고안하여 실행할 수 있어야 합니다. 만일 여러분이 단지 봉사를 위해 얼마간의 돈을 지불하는 것을 받아들일 수 있다면, 여러분은 두 가지 방식을 병용한 것이 되고, 얼마만큼은 자신 속에서 그것과 조화를 이룰 수 있게 됩니다.

우리는 이에 관해 테이프에다 광범위하게 설명해 놓았습니다. ‘가치 있는 일’, 돈, 서비스, 사랑 등에 대한 오디오와 비디오를 참고하기 바랍니다. 이것들은 자신을 관찰할 수 있도록 흥미롭게 구성된 것입니다. 왜냐하면 이것들은 여러분 자신의 존재를 위해 더할 나위 없이 좋은, 스스로 자기 자신을 들여다 볼 수 있는 방법을 일깨워 줄 수 있기 때문이지요. 더 나아가 여러분 자신이 변화될 것이기 때문입니다.

그러므로 치료자인 여러분 역시도 돈을 사용해야만 할 것이고 다른 것들과 더불어 이것의 균형 잡는 것을 이해해야만

합니다. 이 일은 더없이 중요합니다. 이 과정은 또한 여러분
자신의 영적인 측면을 보여줄 것입니다. 왜냐하면 돈은 쌓어
궁 시대의 방식으로 좀 구시대적 방식이긴 하지만 사랑을 나
타내며, 이는 아직 여러분에게 진실한 것이고 이 진실은 정
당히 평가되어야 하기 때문입니다.

질병이 지닌 영적인 의미

질병이 여러분의 삶 속에 개재되어 있기 때문에 이에 대하
여 좀 더 깊이 살펴보기로 합시다. 병은 여러분에게 내적인
삶의 교훈을 가져다주고, 여러분의 존재에 대해 앎을 제공합
니다. 병은 인간 존재 전반을 들여다보게 함으로써 완성을
향한 계기가 되며, 몸은 곧 영혼의 상태나 성격, 인생 자체
를 그대로 반영하는 거울과 같은 것입니다. 따라서 병을 가
진 여러분에게는 변화가 요구됩니다. 때때로 이 변화는 처음
시작될 때는 대단히 좋지 않게 보입니다.

그럴 때 여러분은 스스로 물어보십시오. "이 병 속에 나
의 일부가 어디에 있는가? 이 속에 나의 본질은 어디에 있는
가? 이 속에 사랑은 어디에 있는가?" 이 속에서 여러분이
가치롭게 여기는 어떤 것들을 탐색해 보십시오. 그러면 여러
분은 자신의 삶 속에서 중요하다고 생각한 것들을 발견할 것
입니다. 그리고 이렇게 말합니다. "내가 가진 중요한 것이
어디에 있는가?" 이 해답이 여러분에게 나타나는 대로 여러
분은 현 생애의 교훈을 얻는 데 있어 최초의 실마리를 잡을
수 있을 것입니다.

암의 경우에 있어서 만약 여러분이 이에 대해 단지 50%만
이라도 삶의 교훈으로 배운다면, (이 의미는 여러분이 근본적으
로 자기 시간의 절반과 의식의 절반, 중요한 것의 절반을 이해하고 창

조하는 것임) 암은 완화되기 시작할 것입니다. 이런 사례는 많이 있습니다. 물론 의사는 이 때문에 대단히 유명해질 수도 있으나, 여러분은 자신에 대한 내적 교훈을 받아들일 때 변화되기 시작합니다.

만약 여러분이 대단히 고통 받고 많이 힘들어 하는 상태에 있다면, 이때 자신에게 당신 자신의 영혼이 어떤 종류의 에너지인가를 스스로 질문해 보십시오. 이 보이지 않는 힘은 이렇게 이야기하겠지요. "우리는 당신을 가르쳐 깨닫게 하기 위해 병을 만들어 줄 것입니다." 이는 진실의 한 단면에 불과할까요?

아마 영혼은 이렇게 말할 것입니다. "나는 이 존재를 대단히 사랑하기 때문에 내 힘의 범위 내에서 이 교훈과 사랑, 이해, 존재의 각성을 나타내기 위해서 모든 것을 할 것입니다." 이는 여러분이 대영혼으로부터 분리되어 육체로 환생할 때 이루어지는 영혼의 임무입니다.

아, 그렇습니다. 그러한 분리의 뜻이 거기에 있는 것입니다. 여러분은 때때로 가끔은 대영혼의 에너지의 정수와 접촉이 이루어지기는 할 것입니다. 하지만 여러분이 항상 그 대영혼의 에너지와 함께 한다는 것은 이른바 "깨달음"이라고 불립니다. 다시 말해 대영혼의 에너지를 언제나 가지고 있으려면 여러분은 해탈(解脫)해야만 하는 것입니다. 깨달음의 상태에서는 순간적인 병의 치유를 포함해서 질병이 종결되고 그로 인해 다른 사람들을 도울 수 있는 방법 등 많은 일들이 가능하게 됩니다.

그러나 이보다 더 유익한 것이 있는데, 이는 여러분 속에서 잠재력이 융합되어 흘러넘치고 저항이 끝나는 것입니다. 질병은 곧 여러분의 삶에서 저항을 나타내는 것이기 때문입니다. 참으로 간단하지 않습니까!

여러분이 이 질병의 교훈과 더욱더 깊은 접촉이 이루어짐에 따라 여러분은 질병의 핵심에 대한 보다 깊은 각성이 이루어지게 되고, 그 결과로 여러분은 변하게 됩니다. 이에 따라 여러분은 통상적으로 대단히 명료하면서 심오한 문제에 직면해야만 합니다.

여러분은 자신의 친구들 중에 암으로 고생하는 사람이 있을 수 있는데, 이때 여러분은 그들에 대하여 터놓고 이야기해 줄 수 없는 상황이 존재하기도 합니다. 암은 여러분 속에서 어둠(부정)이 가장 짙게 드리운 부분입니다.

그리고 암은 통상적으로 여러분의 존재 속에서 신(神)에 대한 인식과 여러분 자신의 중요한 부분으로서의 상위(上位) 자아의 수용과 더불어 여러분의 사랑의 문제와 어떤 관계가 있습니다. 이는 여러분의 영혼과 하나됨에 관한 교훈입니다.

여러분은 환생하기 전에 여러 가지 중에서 내적인 앎과 이러한 사랑, 이런 방식으로 남을 돕는 방법과 사랑하는 방법에 대해 알 수 있는 경험을 하도록 결정했습니다. 이것이 여러분이 여기에 있게 된 이유입니다. 여러분 중 일부는 카르마(業) 체험을 통해 마음을 닦고 완성하기 위해 여기에 왔습니다.(카르마의 의미는 과거 생으로부터 만들어진 원인이 현생에서 영향을 받아 지금 질병으로 나타난 것임.) 업(業)은 특정 방식으로 에너지의 균형을 취하고 에너지를 창조함으로써 여러분이 사랑을 알 수 있도록 만들어 줍니다.

통상적으로 이것은 어려운 만성적인 질병에 관계된 깊은 거부감을 가진 주제로서 다루는 데 있어서 가장 어려운 부분입니다. 왜냐하면 여러분은 이에 정면 대항하여 이것의 훌륭한 장점을 수용할 수 없기 때문입니다.

　　　　　　　　　　　　　5장 힐라리온

남을 돕는 이미지네이션(Imagination) 명상 기법

여러분 자신을 얼마간 명상으로 스스로 인도하면 도움이 될 것입니다. 우리는 여러분이 병을 앓는 사람을 위해서 잠시 동안 생각해 주길 바랍니다.(이것은 여러분 자신을 위한 것이 아니나, 비로 나중에라도 여러분이 이 기법에 숙달되었을 때 자신을 두 번째 대상으로 이미지화하여 이를 다시 할 수가 있습니다.)

여러분! 어떤 어려운 병을 앓고 있는 사람들과 여러분이 돌봐 주고 싶은 사람들, 어려운 일로 고생하고 있는 사람들에 대해 생각해 보십시오. 그리고 여러분의 호흡을 편안하고 일정하게 유지하도록 하십시오. 무한한 창공으로부터 여러분에게 쏟아져 들어오는 충만하고 아름다운 빛을 상상하십시오. 이 빛은 아름다운 색상으로 황금색이고 은색이며 동시에 아름다운 백색입니다. 이 에너지 빛이 여러분을 통과해 빛나게 합시다. 그리고 자신 안에서 여러분이 알고 있는 고차원 자아와 하나가 되도록 돕고 스스로를 자극하도록 하십시오.

여러분이 이 빛 속으로 들어간다고 마음속에 떠올려 상상하십시오. 그리고 이 아름다운 빛 속에 있는 채로 높고 유리한 위치에서 여러분의 고생하는 친구를 내려다보십시오. 마음속으로 이렇게 물으십시오. "이 사람의 독특한 점이 있다면 무엇일까?" 대답이 의식 속에서 떠올라 특별한 존재를 밝혀 주게 하십시오.

지금 우리가 높은 유리한 위치(차원)에서 여러분 각자를 보고 있는 방법이 이와 같다는 사실을 아십시오. 여러분 각자는 특별하고 독특한 존재입니다. 이 지구 위에 여러분은 다른 모든 사람과 대단히 다른 특별한 존재이기 때문에 여러분은 대단히 많은 공헌을 할 수 있으며, 다른 사람들과 더불어 자신의 역할을 수행할 수 있습니다.

만일 여러분이 에너지적으로 여러분의 진동에 의해서, 그리고 여러분의 사랑에 의해서 여러분의 친구를 깨닫게 할 수 있다면, 단순히 그들에게 그것에 대해 말하는 것보다 여러분은 사람들에게 실제적으로 훨씬 더 커다란 영향력을 가질 것입니다. 때문에 지금 이렇게 상상하십시오. 여러분의 가슴속에서 아름다운 색상의 빛으로 에너지의 공을 만든 다음에 마음의 눈이나 팔을 뻗어 이 아름다운 빛으로 된 에너지 공을 여러분의 친구에게 던져 주십시오.

여러분이 친구에 대한 독특한 상상을 유지한 채로 에너지 공을 사랑스럽게 그들에게 전해 주십시오. 이렇게 말하십시오. "나는 당신을 사랑할 뿐만 아니라 자랑스럽게 생각합니다. 당신의 존재 속에 있는 특별함을 자랑스럽게 여깁니다." 이제 육체 속으로 다시 들어오십시오. 현재 의식 속으로 돌아오십시오. 그리고 깨어나 방을 의식하십시오.

이는 하나의 작은 시작입니다. 이것은 태도를 바꾸는 것입니다. 극적으로 에너지 변화를 창조하는 것이 아닙니다. 친구를 진심으로 보살펴 줌으로써, 그리고 친구 속에 있는 특별한 점들을 알게 해 줌으로써 여러분은 참으로 친구의 삶에 기여할 것입니다.

지구상에 태어난 삶의 목적

다음은 보다 큰 질문입니다. 그러면 왜 사람들은 태어나길 원하는 것일까요? 균형을 취하기 위해서나, 또는 보다 훌륭한 사람이 될 수 있기 때문이거나, 보다 많이 배울 수 있다거나, 세상에서 보다 큰 부자가 될 수 있기 때문이거나, 혹은 보다 많은 친구를 사귈 수 있기 때문일까요?

아닙니다. 이와 같은 것은 아무것도 없습니다. 사실 그것

　　　　　　　　　　5장 힐라리온

은 여러분이 우주의 일체성(一體性)을 깨달을 수 있고 이해할 수 있는 잠재성을 지닌 존재여서 입니다. 아마도 이것이 여러분의 영혼이 윤회환생하는 독특한 인생의 의미이자 행로일 것입니다.

때로는 여러분은 삶이 무엇인가를 어떤 심오한 방식으로 이해하기 위해서 환생합니다. 아마도 여러분이 내면의 깨달음을 성취하기 위해서나, 신(神)의 길을 알기 위해서 일수도 있습니다. 혹은 그것은 여러분이 무언가 구체화하고 싶어 하는 자신 내면 속의 창조적 충동이나 깨달음을 지구세계가 좀 더 좋은 세상이 될 수 있도록 일조함으로써 그 염원을 실현하기 길이기도 합니다.

이것은 장대한 계획입니다. 이것은 은하적인 스케일의 대단히 장대한 계획이기 때문에 영혼들은 우주적 원리와 법칙과 협정에 관한 질서에 따라 때에 맞춰 반드시 순환해야만 합니다.

우리는 『비전(Vision)』이란 책에서 상세히 설명해 놓았습니다. 이 책을 보면 12 우주의 원리가 있음을 알 수 있으며, 이들 각 원리는 여러분이 여기에 존재함과 관계가 있고, 지구 위의 질병에 대한 진정한 비밀이 설명되어 있습니다.

부디 질병을 가지고 여러분 안에 하나의 우주원리가 존재함을 깨달으십시오. 여러분 대부분은 이러한 우주원리를 어기거나 무시하거나 부정해 왔던 것이며, 또 일부는 그것을 인식했던 것입니다. - 이는 정말 평범한 것입니다 - 깨달으십시오. 어쩌면 여러분은 그 우주원리 속에 있는 에너지를 알고 있을 것입니다. 하지만 아마도 여러분은 그 원리를 따르거나 이와 하나가 되길 원하지 않을 것입니다.

'우주법칙'이란 말을 여러분이 사용하는 데에는 이 말이 대단히 어렵다는 의미를 내포하고 있습니다. 이는 다분히 여러분이 사회에서 처신하고, 옷을 차려입고, 행동하는 것과 기타 무의미한 모든 것을 어떻게 할 것인가에 관해 규정한 칙령처럼 들립니다.

그러나 우리가 이야기하는 실존의 세계와 영혼의 차원에서의 이해 등은 보다 고차원적인 것입니다. 우주법칙은 우주의 모든 차원의 각 레벨의 존재들에 의해 전 우주에 걸쳐 이해되고 유지되는 법칙입니다.

<음양의 법칙>(어떤 것과 이에 상반되는 것이 함께 작용하고 창조하고 모양을 형성하는 원리)과 같은 우주법칙의 일부는 우주의 다른 곳에서는 명백하게 그 자체가 나타나 있지는 않습니다. 여러분은 질병을 가진 사람 곁에 건강한 사람이 살게 할 필요가 없습니다.

이것은 <음양의 법칙> 때문인데, 이 법칙을 이해하는 다른 사회들에서는 빛(양)과 어둠(음)에 대한 이해를 우선적으로 다룹니다. 그리고 그들의 사회 속에는 빛(양)만 선택하고 어둠(음)은 다른 세계에 있게 했기 때문입니다.

예를 들면 여러분이 알고 있는 것처럼 이곳 지구 위에는 어떤 어둠이 자리하고 있습니다. 여러분 자신 속에는 세포의 기억 속에 새겨진 이러한 우주원리들을 가지고 있습니다.

그것은 우선적으로 육체로 태어나는 데 있어서 절대적으로 필요한 것입니다. 이들 원리는 형태나 관념 등과 더불어 육체 안의 물질적 형태로, 삶 속으로, 여러분 주위의 현실로 들어갑니다. 즉 이것은 물질적 육체와 현실이 형성되는 데 작용하는 원리인 것입니다.

여러분은 이런 우주 법칙들을 접하게 되어 여러분 자신의 내면에서 이것들을 경험하고 이해하게 됨에 따라 자신의 삶

5장 힐라리온

속에서 갑자기 카르마(業)가 빨라지고 있음을 알아차리게 될
지도 모릅니다. 일들이 보다 빨리 일어나게 됩니다. 여러분
중 많은 사람들이 이미 이를 경험하고 있습니다.

여러분은 이에 대해 예컨대, 이렇게 표현할 수는 없을 것
입니다. "나는 우연히 음양의 법칙, 또는 카르마의 법칙,
반영의 법칙(위에서와 같이 아래에서도)을 대상으로 연구하게
되었습니다." 그러나 여러분이 적극적으로 우주원리들에 접
근하여 이를 깨닫고 거기에 순응하는 만큼 여러분은 우선적
으로 실제 질병을 예방하고 있음을 알게 될 것입니다.

우주원리에 대한 무지로 인해 발생하는 여러 문제들

이것은 참으로 단순하기 때문에 여러분이 받아들이기에는
대단히 어려운 개념입니다. 그러나 이 우주원리는 여러분이
실제적으로 찾아내서 이 원리대로 살아가야 하는 길인 것입
니다. 여러분의 삶 속에서 이 우주원리나 다른 원리에 어떻
게 순응하지 않는가를 숙고해 보고 이를 지성적으로 따르는
것이 좋습니다. 그러나 여러분은 자신 속에서 이 문제의 진
정한 요체는 감정 속에 있음을 발견하게 될 것입니다.

어떤 레벨에서 이를 받아들이고 싶지 않은 마음과 또 궁극
적으로 이들 우주의 법칙 중 하나를 실제적으로 받아들이고
싶지 않은 마음이 있습니다. 여러분 속에서 이를 이해하는
것은 대단히 어렵습니다. 여러분은 이렇게 말할 수도 있습니
다. "나는 다른 사람들과 더불어 나의 삶의 몫을 다하면서
이 지구를 대단히 많이 도울 수 있길 바랍니다." 그러나 주
의 깊게 살펴보십시오.

여러분은 내면에서 자진해서 남에게 도움을 요청하고 싶지
않기 때문에 '도움의 법칙'을 사용하지 않을 수도 있습니다.

아무튼 간에 여러분은 깊은 내면에서 마음을 옭아매는 갈고리나 올가미에 의해 여러분 자신이 그렇게 하게 될 것입니다.

모든 우주법칙과 더불어 대개 여러분이 이에 대해 깊게 이해하는 것을 방해하는 어떤 내적인 감정원리가 있습니다. 이는 이 생(生)과 다음 생을 반복해 갑니다. 이는 여러 생을 통해 계속되는 느낌과 감정, 그리고 마음의 감각입니다.

때때로 하나의 실례(實例)가 이러한 우주원리를 이해하는 데 매우 도움이 될 수가 있습니다. 환자나 친구가 찾아와 여러분에게 자궁 질환인 자궁 섬유질 종양(fibroid uterine tumor)[2]에 대해 의논을 한다고 합시다. 이 사람은 전반적인 생식 시스템과 그 기능 여부를 알고자 하고 있습니다. 일반적으로 자궁 섬유질 종양은 악성이 아닙니다. 특별한 통증이나 월경 과다 등의 증상이 없으면 의사들은 수술을 권하지 않습니다. 자궁 섬유질 종양은 생식(生殖)과 창조할 수 있는 힘이 막혀서 문제가 생겼음을 의미합니다.

여성은 보통 세상에서는 자신을 표현하는 방법으로 허용된 성적 표현을 사회적 관습이나 도덕, 윤리 때문에 스스로 막고 상당 부분 거부하는 경향이 있습니다. 그렇다고 우리가 스트리퍼나 매춘부가 되라고 하는 것이 아닙니다. 한 여성이 자신의 창조 에너지를 온전히 발산할 수 있는 방법에 대해 이야기하는 것입니다.

세상을 위해 생명을 잉태하고 어린애와 같은 순수한 사랑과 아름다움을 가져오는 생식 에너지는 지금 물질적 신체와 호흡을 함께하지 못하고 있는 형국입니다. 다시 말해 자궁

---

[2] 일종의 혹인데, 암이 되지는 않는다. 세포 안의 섬유질이 경직되어 굳은 것이다. 발생 원인은 정서적 긴장, 두려움, 불안, 마음의 스트레스, 성적 에너지의 억압 등이다.

5장 힐라리온

섬유질 종양은 생식 에너지가 몸 전체에 고루 순환되지 못하고 한 곳에 막혀있기 때문에 생겨나는 것입니다.

삶이라는 교과 과정의 한 예로서, 이들 개인은 모든 것이 아교풀처럼 함께 연결되어 있는 사랑의 법칙과 관계된 우주 법칙을 이해하기 위해 가끔 이러한 현실계 속으로 태어날 수 있습니다. 또한 그들 속 어떤 곳에 <반영의 법칙>을 받아들이고 싶지 않은 마음이 있는데, 이 법칙은 몸이 그들 자신의 가슴속보다 깊은 곳이나 그들 자신의 영혼을 반영하는 것임을 나타냅니다.(**위에서와 같이 아래에서도, 속에서와 같이 밖에서도, 즉 아래는 위의 반영이며 밖은 내부의 반영임**)

이것은 종종 작용이 나타나는 두 개의 우주법칙입니다. 통상적으로 이는 세 번째의 원리를 육체의 형태 속으로 가져다주는데, 이는 그 사람과 그들 자신에게 주는 특별한 선물입니다.

이 개인과 같은 경우에 있어서 이는 <불멸의 법칙>이나 육체로 태어나는 것을 기꺼이 인정하거나 "예, 나는 여기에 존재합니다."라고 말하는 것과 관계가 있을 수 있습니다. "나는 존재한다(I am)."라고 말하는 원리는 영적 문서 속에서 종종 대단히 중요하게 인식됩니다. 여러분 자신 속에서 이를 아는 것과 이를 진정으로 이해하는 것은 사실 말로는 표현할 수 없는 경험입니다. 이것은 여러분이 꼭 집어내거나 책에서 읽을 수 있는 것이 아닙니다.

여러분이 치유를 위해 무엇을 할 것이고 무슨 기술을 활용할 것인가에 대해 해답을 연구해 감에 따라, 활용이 가능해지고 있는 기술들이 있는데, 이 기술들은 로열 라이프, 개스튼 나센스, 빌헬름 라이히(Wilhelm Reich)[3]에 의해 개발되었

---

[3]정신분석학의 창시자인 프로이드의 수제자였던 정신의학자(1897~1957). 나중에 자신

습니다. 그리고 다른 많은 훌륭하고 강력한 영양요법이 실용화되고 있으며, 여러분은 많은 해답을 발견할 것입니다. 단지 수산의 성분을 함유하고 있는 사탕무를 생으로 먹게 되면, 몸속 어떤 곳에서든지 모든 섬유질을 용해시킬 수 있습니다.

그러나 만일 이 기술이 이를 거부하는 일부 사람들에게 알려질 수 있다면, 에너지를 집적시킬 수 있는 이 방법은 참으로 그들을 한 단계 진전시킬 수 있으며, 그들에게 치유가 일어날 것입니다.

지금 자리를 잡아가고 있는 이 새로운 기술은 육체적 레벨에서 여러분의 질병을 처리할 것입니다. 그러나 여러분은 스스로 병 속에서 적극적으로 교훈을 찾아내지 않는 한, 병으로부터 교훈을 배우지는 못할 것입니다.

우리가 새로운 치료 기술들을 이해하는 만큼 이 새로운 기술들은 우선 치료자들에게 도움을 주게 될 것인데, 이것은 여러분의 삶의 교훈에 부정적인 것을 해소시켜 주고 여러분 자신의 참 존재를 알게 해 주면서 우주원리로 보이는 아이디어들을 향상시켜 줄 것입니다.

이와 같이 함으로써 치유가는 상담자가 되고 상담자는 치

만의 독특한 이론을 발전시키면서 프로이드와 결별했다. 그는 가부장적이고 권위주의적인 성억압, 그래서 위선적인 도덕주의가 우리의 무의식을 짓누르고 있다고 지적한다. 더 나아가 오르가즘 불능 사회는 신경증적 전염병과 폭력 범죄는 물론이고 독재정치 출현의 토양이라고 역설한다.
〈오르곤〉이라는 "우주의 근원 에너지"의 존재를 주창했는데, 라이히는 오르곤 에너지가 우주에 충만하며, 하늘의 색깔, 중력, 은하계, 등에도 존재한다고 하였다. 살아있는 생명체 안의 오르곤 에너지는, 바이오에너지 혹은 생명에너지(Life Energy)등으로 불린다. 라이히는, 오르곤 에너지는 '시각이나 열, 전기, 가이거 뮐러 계수기(Geiger-Mueller counter)등으로 실증되었다"고 믿었다. (편집자 주)

유가가 됩니다. 이와 같은 방법으로 여러분은 자기 스스로에게 가장 훌륭한 치유가이고 가장 훌륭한 상담역이 됩니다. 지금은 우선적으로 이 언급된 비밀스러운 비망록을 밝혀 줄 때입니다. 이로 인해 지금 여러분 대부분은 이를 실행하게 될 것입니다. 자신에게 내면에서 이렇게 질문해 보십시오. 당신은 준비가 되었습니까? 당신은 이런 방법들을 바라고 있습니까? 당신은 이를 수용할 수 있습니까? 당신은 기꺼이 지구 위에서 배움의 길로서의 질병으로부터 해방되기 위한 방법이 있습니까? 그리고 당신의 형제자매들 중에서 질병을 퇴치하는 것을 볼 수 있습니까?

처음에는 이 질문이 외관상 확실하므로 대답하기가 쉽습니다. 하지만 그 다음 단계에서 여러분은 이 질문의 참된 진의(眞意)와 그 질문이 얼마나 깊이 존재의 핵심을 건드리는지를 인식할 것입니다. 따라서 그 질문에 답변하는 것이 그렇게 쉽지 않음을 알게 될 것입니다.

우리는 여러분이 보다 높고 유리한 관점에서 이 질문을 다시 인식하길 바랍니다. 그리고 만일 이 대답이 좀 보잘것없는 것 같은 '예스'일지라도 여러분은 이런 답변의 가능성들이 자신을 깨닫게 해 줄 수 있음을 발견할 것입니다.

이것들은 지금 여러분 주위에서 모두 알려지고 있습니다. 그리고 여러분의 실존의 한 부분이라고 할 수 있는 존재의 깊숙한 부분에서 여러분이 이것을 받아들이면서 변화가 실제로 일어나고 있습니다.

알다시피, 여러분은 이런 우주원리들을 배워오지 않았습니다. 여러분의 어머니들은 흔히 이렇게 말했습니다. "외출할 때는 꼭 따뜻한 옷을 입어야 해. 그렇지 않으면 감기 걸리기 십상이다." 이럴 때 여러분은 어머니 말을 안 들음으로써 감기에 걸리게 됩니다. 그리고 여기에는 여러분이 자신 속에서 해결해야 할 이에 관한 심각한 문제가 있으며, 그 문제의 대부분은 여러분 자신의 고유한 낡은 패턴, 즉 진리의 말씀을 수용하지 않는 습관과 관계가 있는 것입니다.

여러분 중 어떤 이들에게는 에테르 광구(光球)가 이미 머리 위에서 빛을 발하기 시작했습니다. 여러분이 참다운 '예스', '그래요.'의 예스가 아니라 '영혼'의 예스 — "예, 시간이 되었어요."라고 "예, 나 자신을 사랑하여 이를 허용할 거예요."라고 말하는 예스를 깨닫는 사람에게 말입니다.

그리고 이로 인하여 우리는 여러분 모두를 자랑스럽게 생각합니다. 여러분이 지금 자신 속에서 이 에메랄드빛을 받아들이도록 자신을 열음에 따라서 우리는 이 빛이 여러분 속으로 가능한 한 최대로 확장될 수 있도록 노력할 것입니다.

지금 이 순간, 우리는 지구 위에서 모든 질병이 종결되었다고 생각하는 순간을 위하여 여러분이 이를 받아들이길 요청합니다. 이를 시험해 보십시오. 그리고 어떻게 느껴지는가를 보십시오. 아주 간단합니다. 그렇지 않습니까? 이 순간에 여러분의 영혼이 여러분에게 하고 싶어 하는 어떤 생각이 있음을 영상화해 보십시오. 여러분은 이 이야기를 기꺼이 듣고 싶어 하지는 않을 것입니다. 그러면서 여러분 자신 속에서는 어떤 반응이 일어날 것입니다.

따뜻하고 아름답고 사랑스러운 빛이 여러분에게 쏟아져 내려 올 것입니다. 여러분 자신을 보호해 주는 느낌이 이렇게 말을 합니다. "나는 기꺼이 듣고 있으며 자신을 사랑합니다. 나는 느끼고 있으며 이 속에 있는 신(神)을 압니다." 여러분은 이와 같은 것을 속에서 느끼며 이렇게 듣습니다.

이것은 이와 같은 것이 이렇게 일어날 수 있는 방법이며, 여러분이 듣길 원한다면 지금 이렇게 들려질 수 있는 방법입니다.

이는 보다 높은 수준의 명상법으로서 우리가 여러분 속에 가지고 있는 빛에 대해 말한 것을 시각화하면, 여러분은 2차로 자신에 대한 이미지를 볼 수 있을 것입니다. 무엇이 만들어져 나오고 이것이 말하는 바가 무엇이며, 그 속에서 이미지를 가지고 있는 존재가 무엇인지를 알아보십시오.

여러분 자신 속에서 이것들을 보고 아십시오. 이 작은 이들이 여러분을 병으로부터 보호해 줄 것이며, 여러분이 이를 이해하기 위해 이곳에 온 이유를 보다 더 잘 알 수 있도록 여러분을 도와 줄 수 있을 것입니다.

이는 여러분이 다른 모든 기술과 방법을 모두 확실하게 포기해야 한다는 것을 의미하는 것이 아닙니다. 그러나 이와 연결해서 이 방법들과 이에 대한 모든 지식을 사용하십시오. 그러면 지구 위에서 모든 질병은 사라질 것입니다.

이것이 이에 대한 우리의 인식입니다. 여러분은 지금 교차로에 와 있습니다. 만일 여러분에게 "여러분 준비돼 있습니까?"라는 물음의 해답에 "예스"라면, 여러분은 이 지구 위에서 모든 질병이 종말을 고하도록 인도해 주는 길목에서 향연을 벌이게 될 것입니다.

우리는 여러분이 이 아이디어를 듣고 우리의 사랑을 받아들이고 이에 대한 모든 것을 위해 자신 속을 살펴보는 것에 감사합니다. 아울러 균형의 원리와 보다 높은 수준에서 질병을 이해하려는 여러분의 긍정적 의지에 대해 깊은 사의를 표합니다.

또 우리는 여러분이 보다 많은 정보를 찾아내고 여러분 자신 속에서 이를 발전시켜 나갈 수 있도록 격려를 보냅니다. 여러분은 이것이 대단히 놀라운 영감의 근원이며 여러분 속에서 발산하는 에너지의 근원임을 알 수 있을 것입니다. 그리고 이에 대해 우리는 다시 한 번 깊은 사의를 표하는 바입니다.

[존 폭스]

1974년 노스 웨스턴 대학에서 전기공학자로 재직중이던 존 폭스는 새로운 에너지 장치에 관심을 가지고 있었는데, 이것이 계기가 되어 새로 지식과 원리의 근원인 채널링을 하게 되었다. 존을 통해서 메시지를 표현하는 이 에너지적 존재를 그는 "힐라리온"이라고 호칭하며, 현재 지구상에서 인간의 진화를 돕고 있다.

이 존재는 특히 우주적 사랑에 대한 인간의 능력을 언급하고 있고, 모든 사람들이 가슴을 열고 우리의 진정한 모습인 빛과 사랑의 등대로서 이 땅에 비추는 자가 되어야 함을 강조한다. 뿐만 아니라 힐라리온은 점성가들, 과학자들, 물리학자들, 예술가들과 치유가들을 위해 깨달음과 진화에 관계된 기술적 정보들을 제공하고 있다. 이 영적인 인도자는 개인적 문제와 전생(前生), 삶의 목적, 진동 치유와 우리 신체의 상징적 의미 등에 관해 통찰력을 줌으로써 많은 사람들을 돕고 있다.

5장 힐라리온

익제카

채
널
링

버
레
인
크
로
포
드

6 익제카

채널링:버레인 크로포드

※ 익제카는 오리온 성좌 속에 있는 한 비물질적 행성인 인터레이더 (Interraithe)의 12위원회 조정자이다. 그리고 과거 지구상에서 고대 마야 문명의 케즈탈라틀(Queztalatl)로서 구약 시대의 예언자 엘리야 였으며, 또한 고대 이집트의 아임호텝(Imhotep)[1]이었다.

1. 행성 지구는 모든 물질이 창조된 것과 동일한 근원인 빛 의 불덩어리에서 창조되었습니다. 이는 창조의 근원자로부터 이루어지는 창조의 과정으로 에너지를 형체 속에 불어넣어

---

[1] 고대 이집트에서 "의술의 신(神)" "평화의 왕자" "그리스도의 모형"이라고 불렀었다. 아임호텝은 기원전 2850년경부터 기원전 525년경까지 하나의 신 내지는 치유가로 숭배 되었다. 초기 기독교인들에게도 "평화의 왕자"로 숭모의 대상이었으며, 약 3,000년간 그 리스와 로마에서도 그는 신으로 숭배되었다고 한다. 또한 사제, 건축가, 천문학자, 마법 가, 게다가 시인, 철학자로도 알려져 있다. 아임호텝은 이집트 3왕조 시대의 왕 Zoser의 궁정에서 살았고, 이집트인들이 고대에 지중해를 건너 그리스 문화의 토대를 놓았을 때 그의 가르침들이 그리스에 이식되었다.　　　　　　　　　(편집자 주)

고체화시킵니다. 따라서 이 행성은 여러분의 항성인 태양의 자장(磁場) 속에서 에너지가 구형의 형태를 취하면서 무한한 지혜로부터 창조되었습니다.

여러분이 알고 있는 바와 같이 지구는 중심부 쪽에 보다 많은 용융체로 이루어져 있습니다. **지구는 주변 은하계 지역 속에 있는 모든 생명체들의 도서관입니다.** 그리고 이 지구는 우주의 특별한 지역을 관리하는 우주 관리자에 의해서 입식되고 양육되었습니다. 지구는 태양으로부터 떨어져 주위를 운행하면서 생명들을 낳아 여러 가지 식물들과 동물들, 그리고 인간의 의식체(意識體)들이 살 수 있도록 했습니다. 그리고 이렇게 아름다운 정원으로 봉사하면서 생육하는 능력으로 모든 생명들을 도와 왔습니다.

의식각성을 통해 진화하는 존재 - 인간

형체를 가지고 있는 모든 것들은 일정한 기간 동안 그 특정한 형상을 취하는 의식(意識)의 점들입니다. 시간은 의식이 차원의 여행을 하는 데 있어서 참고가 되는 지점으로서의 역할을 합니다.

그것은 빗방울이 떨어져서 땅에 닿으면서 그 자체가 자양분으로 변할 때의 바로 그 순간입니다. 또한 창조주 의식이 지구에 접하면서 자신을 무수한 삼라만상의 형태들로 변형시킬 때의 그 순간입니다.

이 글을 읽을 수 있고 이 메시지를 숙고할 수 있는 여러분은 **인간(Human Being)**입니다. 인간이란 단어 자체에 다음과 같은 숨은 의미가 있습니다. **색조(Hue)＝색채, 사람(Man)＝현현(顯現), 존재(Being)＝빛**입니다. 즉 여러분은 빛으로 현현한 색채인 것입니다.

빛으로 가득한 고무공을 상상해 보십시오. 그리고 이 고무

공에 수백만 개의 구멍이 났다고 상상해 보십시오. 여러분 각자는 구멍을 통해서 흘러넘치는 하나의 빛입니다. 여러분은 창조주 의식(意識)의 한 점들입니다.

여러분은 신의 창조력을 지닌 의식(意識)의 한 점으로서 항상 존재해 왔으며, 또 언제나 존재할 것입니다. 여러분은 영원히 모든 차원 속에, 모든 공간 속에 존재합니다. 여러분의 의식은 지금 이 특별한 시간과 공간 속에 초점이 맞추어져 있습니다. 그러나 여러분은 이곳에만 한계가 지어져 있지 않습니다.

이는 여러분이 이 순간에 이 책의 이 특정한 페이지와 이 특별한 말에 초점을 맞추고 있는 것과 비슷합니다. 만약 여러분이 자신의 버전(Version)을 확장하면 이 책의 끝부분까지도 볼 수 있게 됩니다. 만약 여러분이 좀 더 확장하게 되면 이 책을 잡고 있는 손을 보게 되고 여러분이 앉아 있는 곳, 여러분의 방과 정원도 보게 됩니다. 여러분은 가구와 나무들도 볼 수 있게 됩니다.

만일 여러분은 창문을 쳐다보거나 나무 사이를 올려다본다면 하늘을 볼 것입니다. 여러분은 방금 어떤 일을 했습니까? 여러분은 자신의 의식과 앎을 확장시킨 것입니다.

여러분은 왜 이 시기에 이 행성에 육체로 태어나 삶을 살아가는 길을 택했습니까? 창조자인 여러분은 창조와 하나 되는 즐거움을 누리기 위해서 이 길을 택했습니다. 여러분은 의식의 한 점으로서 모든 고체성의 레벨을 경험하기 위해서, 그리고 매 순간 창조의 과정을 통해 살아가기 위해서 모든 창조를 통해 진화해 나아가고 있습니다.

여러분은 자신의 원초적 생각에 반응하는 원자와 분자로 여러분이 창조한 여러분의 육체보다 훨씬 위대합니다. 또한 여러분은 여러분이 도구나 창조의 방편으로 사용하는 감정

(Emotion:활동 에너지)보다 훨씬 위대하며, 영감의 방편으로 사용하는 여러분의 마음보다 훨씬 더 위대합니다.

여러분은 자신의 삶을 완성하기 위해서 의식을 확장해 가는 영적 존재입니다. 인간의 실제적 창조의 과정은 수많은 삶의 형태와 더불어 실험을 통해서 이루어집니다.

여러분의 행성에 존재하는 거의 모든 형태의 생명체(동물들)는 은하계 전체에 퍼져 있는 여러 행성에서 사고하고 통신할 수 있는 존재로 진화되었습니다. 그리고 지구는 이들 생명체들을 위해 도서관과 양성소로 제공되었습니다.

인류는 지구상의 진화한 생명체로서 행성 지구를 (지배하는 것이 아니라) 돌보는 관리자로 봉사하기로 했었습니다. 여러분은 생명들이 계속해서 진화할 수 있도록, 또 조화로운 분위기를 유지할 수 있도록 여러분의 사랑(우주의 아교풀)을 사용하는 길을 선택했습니다.

인류의 영성이 추락하게 된 과정

하지만 여러분도 알다시피 물질적 신체로 태어난 후 이 행성 위에서 많은 사람들이 영적 창조자로서의 유산을 잊어버리기 시작했습니다. 그리고 자신과 육체를 동일시하기 시작했습니다. 이들은 자신을 꽃피우기 보다는 자신이 창조(唯一者, 宇宙意識)로부터 분리된 존재로 믿기 시작했습니다. 이와 같이 해서 두려움이 만들어졌습니다.

사랑은 접착제이고 두려움은 혼돈입니다. 사랑은 원자와 분자(생체조직)를 함께 보육합니다. 이는 창조력입니다. 그러나 두려움은 결합을 파괴하고 분리시킵니다. 그리고 이는 혼돈의 원인이 되고 물질체(육체조직)를 붕괴시킵니다.

이 '두려움 시나리오'는 성장을 창조하기 위한 방법입니다. 여러분 자신을 정원에 있는 토양으로 생각해 보십시오. 여러분은 식물이 성장할 수 있는 토대가 되는 영양분이며 부식토입니다. 여러분은 토양으로서 태양 속에서 숙성되었습니다. 여러분은 단단하게 되었으며 하늘과 분리됨을 느꼈습니다.

여러분은 영적 존재로서 자신을 고체성의 물질에 침투시켰습니다. 여러분은 분리의 느낌을 경험했습니다. 죽음과 파괴의 꿈속에서 춤을 추었습니다. 증오와 무지의 그림자 속에서 살아 왔습니다. 그리고 지금은 이러한 낡은 신념의 구조를 깨부수고 있습니다. 여러분은 오랜 세월 동안 두려움의 경험을 초월할 수 있는 씨앗을 심고 있었습니다.

여러분이 진화해 가는 길은 밀도(3차원)를 넘어서 의식을 확장해 가는 것이고, 동시에 자신이 이제껏 경험해 온 모든 깨달음을 활용하는 것입니다. 그리고 전체(우주)와 분리되어 있다는 생각이 지구상의 모든 질병과 모든 세기 동안 계속되어 온 전쟁의 원인이라는 사실을 이해하는 것이 진정한 깨달음입니다.

DNA 코드는 세포의 알파벳

여러분과 여러분의 행성 지구는 탄생을 향해, 즉 지구적인 의식의 탄생을 향해 움직여 가고 있습니다. 지난 5,000년 동안 여러분은 빛의 광선, 가속된 광선을 통과해 왔으며 앞으로 20년간 이 특별한 빛을 통해 여행할 것입니다. 이 가속된 광선은 대서양 속을 흐르는 걸프 해류와 유사합니다. 수많은 행성들이 이 광선 속을 흘러 왔으며, 에너지 진동을 3차원 밀도의 고체성에서 4차원과 5차원으로 상승시켰습니다.

지구는 이 탄생을 통해 움직여 가고 있습니다. 그리고 모든 생명체의 의식이 보다 높은 각성 속으로 가속되고 있습니다. 여러분이 (빛 속의 존재로) 태어남에 따라 여러분은 개인적으로, 단체적으로 통합된 의식으로 진화해 갈 것입니다. 그리고 은하계를 통해서 의식의 각성과 확장이 이루어진 은하의 존재들과 연결될 것입니다.

2. DNA/RNA 코드는 여러분의 과학자들에 의해서 그들이 은하계와 그 복잡성을 이해하는 정도의 수준에서 이해되고 있습니다. 여러분이 천문대에서 고성능의 망원경으로 밤하늘을 관찰해 보면 수십억 개의 가시적이고 불가시적인 별들이 일정한 패턴과 집합으로 정렬되어 있음을 잘 알 수 있습니다.

만일 여러분이 은하계의 패턴을 이해함에 따라 우주를 해독할 수 있게 되어 있다면, 여러분은 자신이 이와 같이 창조를 이해할 수 있다는 사실에 대해 즐거워할 것입니다.

이 같은 사실은 여러분이 인체 내부로 시선을 돌려 세포의 성질을 볼 때와 똑같습니다. 여러분의 알파벳은 26자입니다. 여러분은 이 알파벳들을 조합하면 수백만의 단어들을 만들어 낼 수 있습니다.

이 알파벳 글자와 이들로부터 나오는 발음은 그 자체로서는 아무런 의미가 없습니다. 그러나 여러분이 이것들을 상징적으로 페이지 위에다 배열하고 음성적으로 발음함으로써 이것들의 발음과 단어들로부터 의미가 만들어집니다.

세포의 알파벳인 DNA는 100,000개 이상의 신호를 가지고 있습니다. 100,000 대 26! 이러한 다양한 설계로부터 만들어질 수 있는 다양성과 변화를 상상하는 것은 현재 상태의 지능을 가진 인간의 정신으로는 거의 상상이 불가능합니다.

영적 존재로서의 여러분은 지금 거주하고 있는 몸의 설계 건축가입니다. 이는 여러분의 오라장 속에 가지고 있는 신념의 핵심이고 여러분의 사념체이며, 육체로 수많은 환생을 가져다 준 영혼의 정수입니다.

그렇습니다. 거기에는 코드(Cord)가 있습니다. 그러나 이 코드는 피아노나 플루트처럼 악기로서 봉사합니다. 여러분의 실체는 이 악기의 연주자로 일생 동안 똑같은 음률로 연주합니다. 그리고 여러분이 오직 그 음률에 싫증이 나게 되었을 때만이 여러분은 에너지를 잃어가기 시작하고, 여러분은 쇠퇴하여 결국 죽게 되는 것입니다.

사랑은 모든 것을 하나로 융합시키는 매체

지금 행성의 에너지 가속을 통해서 육체의 진동주파수가 상승되고 있습니다. 우유와 과일과 단백질이 가득한 혼합체를 상상해 보십시오. 이 성분들은 혼합체 속에서 자리 잡고 있습니다. 이것들은 바닥에 있거나 위에 떠 있으면서 적당한 위치에서 정지, 혹은 안정되어 있습니다.

지금 여러분이 이 혼합체를 회전시킵니다. 이들 성분들은 서로 움직이고 돌기 시작합니다. 여러분은 이것의 회전속도가 증가함에 따라서 이 성분들이 튀어 오르고 회전하는 쇼를 볼 수 있습니다. 결국 이들은 서로 뒤섞인 브랜드가 됩니다. 그리고 종국에는 분리라는 것이 없어집니다.

가속된 에너지 광선은 혼합체를 만듭니다. 여러분 속에 분리되어 있던 모든 것들이 회전해서 혼합됩니다. 여러분은 잠재되어 있던 과거의 사념들과 감정들이 표면으로 떠오르는 것을 보게 됩니다. 여러분은 오랫동안 잊어버리고 있던 기억들이 불러 일으켜지는 일들을 경험하게 됩니다. 그리고 살아 있는 색채로 자신의 두려움과 직면하게 됩니다.

이 모든 변화와 혼란의 가운데서 여러분의 몸은 어떤 역할을 할까요? 이는 이 혼합체 속에서 과일과 단백질이 용해될 수 있게 하는 우유였습니다. 여러분 내면 속에서 그런 역할을 하는 것은 곧 사랑이며, 여러분의 사랑이 감정들과 경험들이 혼합될 수 있게 합니다.

진정으로 건강하다는 것은 오늘 당신이 여기 있는 그대로를 받아들이는 것입니다. 혼합체가 되십시오. 여러분의 모든 부분을 사랑하십시오. 특히 여러분이 좋아하지 않는 부분과 문제가 되는 부분을 사랑하십시오. 왜냐하면 사랑은 단순히 "나는 당신을 좋아합니다." 라고 말하는 것보다 훨씬 더 위대하기 때문입니다. 사랑은 참으로 세포와 원자와 분자, 여러분의 DNA 조직을 함께 유지시켜 주는 접착제입니다. 사랑은 여러분을 성장시켜 주는 토대입니다. 만일 여러분이 자신의 어떤 부분을 싫어한다면 그 부분은 붕괴되기 시작합니다.

차크라의 기능과 작용

차크라 시스템을 이해하는 것이 대단히 중요합니다. 이 생명의 바퀴, 이 에너지 보텍스는 여러분 존재에 생기를 불어넣어 줍니다. 동양에서는 이를 전통적으로 차크라(Chakra)라고 부릅니다.

이 차크라는 여러분의 모든 영혼의 정수와 연결자 역할을 합니다. 이들은 타원형의 빛의 구체로 큰 계란과 닮았으며, 여러분의 육체 바깥으로 약 3~5 피트 정도까지 확장되어 있습니다. 그리고 이 보텍스는 전자기적인 에너지의 수신자이고 전달자입니다.

각 보텍스(차크라)는 의식(각성)의 레벨에 상응하여 작용하며, 에너지와 사념체(Thought Form)가 차크라 시스템 속으로 들어갈 수 있는 통로 역할을 합니다.

척추의 기저 부분에는 첫 번째 차크라인 생존 차크라가 있습니다. 대부분의 일상적 시간 동안에 여러분은 물질적 신체에 여러 생명력을 부여하는 기능과 기능을 작용케 하는 호

1번 물라다라 차크라의
모습을 그린 문양

2번 차크라의 모습

흡, 음식물의 소화 등 생존의 기본 요소에 직접적인 관여를 하지 않습니다.

그러나 여러분이 죽음과 두려움의 사념, 질병과 파괴의 사념에 집중하게 되면, 여러분은 이 생존 차크라의 자연스러운 에너지 흐름을 방해하고 혼란시키게 됩니다.

배꼽 아래에 자리잡고 있는 두 번째 차크라는 성(性)과 창조의 차크라입니다. 여러분의 삶에 있어서 대부분 이 에너지 보텍스는 대단히 자연스럽게 깨어 있으며 사념을 필요로 하지 않습니다.

성(性)과 출산(出産)과 창조적인 표현은 기본적으로 몸과 그 경험 자체입니다. 그러나 여러분의 사회는 이 자연적인 과정을 문제가 있는 것처럼 도덕적인 문제로 만들었습니다. 그리하여 그에 따른 죄책감과 두려움, 억압, 혼란, 분노와 자기증오 등은 성 차크라 속에서 생명에너지의 흐름에 장애를 만듭니다.

3 번 차크라의 모습

태양신경총에 자리 잡고 있는 세 번째 차크라는 내면의 태양입니다. 이는 의지와 힘을 통해서 생명 에너지의 흐름을 활성화하고 촉진시켜 주는 에너지 센터입니다. 염원이 달성되고 구현되는 것은 이 에너지 보텍스를 통해서입니다. 두려움과 무기력과 혼란은 여러분의 내적 사념

4번 차크라의 모습

이 구현될 수 있도록 에너지를 부여해 주는 이 차크라의 힘을 멈추게 합니다.

네 번째 차크라는 가슴 중앙에 자리잡고 있습니다. 이는 가슴 차크라로 우주의 모든 것을 하나로 묶어주는 사랑을 통해서 작용하는 에너지 보텍스입니다. 이는 4차원적 감정(동적 에너지)의 경험입니다.

이 가슴 차크라는 가슴 위에 있는 3개의 영적 차크라와 가슴 아래에 있는 3개의 지구적 차크라의 중간에 위치하면서 중심적인 역할을 합니다. 이 차크라는 사념이 형상을 취하는 과정을 시작하게 하는 에너지 보텍스입니다.

전기 에너지화한 작은 패턴의 사념 다발이 이 가슴 차크라에 도착하면 모든 창조적인 표현을 묶어주는 에너지로 활성화됩니다. 하지만 슬픈 감정, 분리감, 자기증오와 두려움 등은 이처럼 하나로 묶어서 통합시키는 과정을 멈추게 합니다.

목의 인후 부분에 자리잡고 있는 다섯 번째 차크라는 통신 차크라로서 이는 창조적 표현의 바로 아래 레벨의 역할을 합니다. 이 인후 차크라는 생각하는 것이 실제로 구현되게 하는 차크라입니다.

5번 차크라의 모습

이는 정신의 영역, 즉 에텔의 영역으로 여기서는 사념적 존재가 5차원적 경험을 하게 됩니다. 이 통신 차크라는 영감(靈感)을 통해 생각을 나타내고 이 생각을 응집된 개념으로 만듭니다. 그런데 두려움과 우둔, 공격성, 쓸데없는 사념들은 통

6장 익제카

6번 아즈나 차크라

신의 오류와 혼란을 초래하면서 이 통신 차크라를 정체시키거나 마비시킵니다.

앞머리 이마의 중심 부분에 자리 잡고 있는 여섯 번째 차크라는 '제3의 눈'이라고 부릅니다. 이는 통찰력(차원 간 투시), 직관(내적 인식)과 심령적 능력(육체적 눈으로는 볼 수 없는 것을 보는 능력)을 제공합니다.

이 **심령 차크라**는 영감을 담당하며, 다른 차원을 들여다볼 수 있는 수용 기관으로서의 능력을 보여줍니다. 또 이 차크라는 영혼과 창조의 센터로 기능을 합니다. 그리고 미지의 두려움, 불청(不聽)과 불가시(不可視)의 두려움을 해소시켜 주며 분리감의 원인과 무지와 자기 가치의 상실감을 개선시켜 줍니다.

7번 차크라의 모습

일곱 번째 차크라는 머리의 정수리 부분에 자리 잡고 있으며, 천 개의 연꽃잎을 가진 형태로 왕관(Crown) 차크라라고 부릅니다. 이 차크라는 최고의 진동 수신자이며 지식적 앎을 초월한 참다운 앎의 출입구 역할을 합니다. 이 크라운 차크라는 직접 (성령의 영혼들과 성령 속에서) 영감을 받습니다. 이 차크라는 신의 능력, 영혼의 정수, 고차원 자아와 모든 것을 알고 경험함으로써 얻어지는 평화를 완전하게 받아들이는 수용 기관입니다. 그러나 쓸데없고 무가치한 사념들과 삶과 죽음에 대한 두려움은 전능한 근원의 힘이 자연스럽게 흐르는 것을 막습니다.

참다운 건강은 물질적 신체에 활력을 주면서 자연스러운 에너지 보텍스의 흐름 속으로 이완해 들어가는 것입니다.

이완하고 편안하십시오. 마음과 근육과 삶의 에너지를 편안하게 하십시오. 여러분의 잠재의식과 그 마음은 단순히 물질세계를 보고 듣고 느끼고 통신하는 도구입니다.

여러분의 삶의 활동에서 90%는 여러분의 의식적인 마음으로 컨트롤되지 않습니다. 의식적인 마음은 자연스러운 흐름을 방해하고 병의 원인이 됩니다. 때문에 항상 편안하십시오.

유전(遺傳)이란 무엇인가?

3. 유전이라는 것은 각 세대의 유사한 사고방식의 사념 패턴을 통해서 만들어진 유전자 코드의 계속적인 재생산의 과정입니다. 질료 위에 이와 같이 각인된 것이 육체의 몸속으로 응축됩니다. 의식(意識)의 점인 각 개인은 영체(靈體) 속에 있는 사념 패턴에 알맞게 유전적 작용을 선택합니다. 물질적 신체는 사념에 맞게 조정이 이루어지고, 영혼의 경험에 맞춰 조정이 이루어집니다.

여러분은 유전을 여러 형태의 자동차에 비유할 수 있습니다. 우리는 시보레, 포드, 혼다 등 여러 형태의 자동차를 볼 수 있습니다. 이 유전자 코드는 각 자동차의 독특한 스타일을 만들기 위해 설계된 기계 부속품에 비유할 수 있습니다. 이들은 펜더(흙받이), 헤드라이트, 차대의 길이 등을 제외하고는 공장에서 기본적으로 비슷하게 생산되어 나옵니다.

이처럼 여러분은 특별한 형태의 머리, 눈, 몸을 가진 특정한 종족의 집단입니다. 그리고 여러분은 차를 구입한 후 이 차를 개인적인 취향에 적합하게 맞출 수 있는 가능성이 있습니다. 여러분은 이 차의 디자인을 변경시킬 수도 있습니다.

그러나 통상적으로 당초에 특별하게 만들어진 모델의 기본적인 요소는 유지될 것입니다. 여러분의 육체적인 몸의 경우에도 이와 같습니다. 여러분은 이 개체에 익숙해질 수 있습니다. 그리고 여러분은 그렇게 합니다.

환경적인 영향은 여러분이 처한 특별한 사회로부터 받는 직접적인 사념 패턴의 결과입니다. 여러분은 자신이 처한 환경 조건에 맞춰 익숙해지기 시작합니다. 가끔 이 익숙해짐이 두려움과 혼란의 원인이 되었습니다. 그리고 여러분은 자신의 몸을 삶을 표현하기보다는 오히려 보호 기능에 충실하도록 개조하기 시작했습니다.

유전과 환경의 기본적 요소는 일정하게 유지됩니다. 진동의 장(場) 속에서 에너지의 증가는 단순히 '마음'이 가지고 있는 생각들을 드러내주고 활성화시킵니다. 여러분이 한 번 생각한 바를 잊어버리는 것은 더 이상 불가능한 일입니다. 이처럼 여러분이 자신의 생각들을 바꿈에 따라 육체는 거기에 맞춰 그대로 따르게 됩니다. 그리고 여러분이 자신의 의식을 밝게 하고 깨끗이 정화하여 '핵심적 신념'을 실행하는 것만큼 보다 건강한 방식으로 작용을 시작하게 됩니다.

여러분의 삶을 불행하게 만드는 주요 핵심 신념은 육체적 죽음이 있다는 잘못된 믿음입니다.

지구는 이미 4차원 영역 속으로 들어갔다

인간은 말귀를 알아들을 나이 때부터 사람은 결국 죽지 않으면 안 된다는 이야기를 들어왔습니다. 이 죽음의 개념은 여러분 주위에 널려 있습니다. 이것은 여러분을 계속 따라다니는데, 이는 모든 것 뒤에 자리 잡고 있습니다. 여러분은 언제나 끊임없는 무의식적인 죽음의 두려움 속에서 살고 있습니다. 하지만 만일 여러분이 자신의 전체적인 삶 속으로 뛰어들고 '지금 이 순간에 완전하게 사는' 분위기를 만든다면, 여러분에게 도움이 될 것입니다.

대다수의 사람들은 현존하는 두려움에서 빨리 벗어나기 위해서 전체적으로 살지 못하고, 호흡도 얕게 하고, 온전하게 사랑도 하지 못함으로써 육체의 죽음에 대한 이런 맹목적인 믿음에 반응합니다. 여러분에게 육체적으로 죽지 않을 수 있다는 이 파격적인 생각, 영원히 살 수 있다는 개념은 터무니없어 보입니다. 그러나 우리는 여러분이 보다 높은 차원의 진동 속으로 들어가는 이때에 여러분의 고착된 핵심적인 믿음을 변화시켜야만 한다는 점을 지적하지 않을 수 없습니다.

여러분과 여러분의 행성이 1990년 4월에 4차원 속으로 움직여 들어갔는데, 이는 정녕 사실입니다. 이를 상상해 보십시오. 4차원은 아스트랄 영역입니다. 이는 여러분이 과거에 물질적 신체로부터 벗어났을 때 체험한 적이 있는 진동의 영역입니다. 여러분은 아스트랄 영역으로 들어갔습니다. 때문에 여러분은 죽은 것입니다. 그러나 인류는 이 사실을 알지 못하는데, 왜냐하면 지구 전체가 여러분과 함께하기 때문입니다. 이렇게 된 사실을 여러분이 어떻게 알 수 있겠습니까? 얼마나 시간이 점점 빨라지고 있는가를 살펴보십시오. 여러분의 사념들이 얼마나 빨리 현실화되고 있는지를 살펴보십시오.

여러분은 4차원 영역에 있기 때문에 어떤 연령이든 자신이 원하는 몸을 의식적으로 선택할 수 있는 기회를 가졌으며, 그 연령의 건강과 생명력을 경험할 기회를 가지고 있습니다.

여러분은 지구가 좀 더 고차원과 그 진동으로 이행됨에 따라 다음 차원의 5차원과 에텔계와 정신계의 신체, 그와 상응하는 동일한 물질적 신체를 가질 수 있습니다. 그러면 여러분은 '육체의 불멸(不滅)'이란 개념을 가지고 서로 이렇게 이야기를 나눌 수도 있습니다.

"내가 죽지 않고 이 몸을 언제나 유지할 수 있다는 뜻입니까?"

"예."

"오! 맙소사! 그럼 이제부터는 내 몸에 보다 관심을 기울이는 게 낫겠군요!"

"그렇습니다."

"정말요?"

"예"

인간은 홀로그램 우주의 한 조각

4. 여러분 각자는 신(神)이라는 대우주에 속한 소우주(小宇宙)입니다. 여러분은 만물에게 생명을 불어넣는 신의 홀로그램(Hologram)입니다. 여러분은 유리 조각판 위에 비쳐진 레이저광의 홀로그램을 본 적이 있습니까? 이는 단지 3차원적입니다. 여러분은 여러 각도에서 이를 볼 수 있습니다. 만일 여러분이 이 유리판을 부숴 버렸다면 믿을 수 없게도 모든 유리 조각 위에 전체적 영상이 그대로 비쳐진다는 사실을 아십니까? 여러분은 바로 이 유리 조각과 같습니다. 여러분은 전체적 이미지를 담고 있는 한 부분인 것입니다.

우주적 사이클과 리듬은 모든 생명체 속에서 비슷하게 나타납니다. 우주 속의 모든 것은 살아 있습니다. 가장 작은 세포의 구조도 가장 복잡한 유기체의 리듬을 그대로 투영합니다. 우주는 살아 있는 생명체입니다. 그래서 숨을 들이쉬고 내쉽니다. 우주는 형태를 취했다가 이 과정을 거쳐 오랜 기간 동안 비물질적 형태를 취합니다. 90% 이상은 불가시의

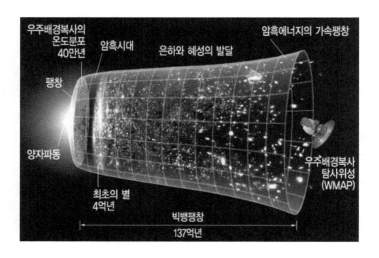

상태에 있습니다. 이는 마치 여러분 의식(意識)의 90% 이상
이 무의식인 것과 같습니다.

　여러분의 과학 이론처럼 빅뱅(Big Bang)[2]이 있었습니다.
그리고 이는 언제나 계속되고 있습니다. 여러분이 ‘블랙홀
(Black Hole)’ 이라 부르는 것도 존재합니다. 이것은 모든
차원을 통해서 에너지를 이동시키며 자신의 이미지를 투영하
고 차원들 위를 조이는 형태로 움직이면서 평행 우주들을 만
듭니다. 이 평행 우주는 차원들을 통해 움직이고 있는 여러
분이 체험하는 경험의 대우주이고, 평행적 삶을 체험하는 대
우주입니다.

　모든 차원에 걸쳐 모든 물질적 존재를 통해 같은 에너지의
흐름이 이루어지고 창조의 행위와 혼돈, 우주만물의 음(陰)

---

2) 1백 37억 년 전 대폭발로 우주가 만들어지고 순식간에 천문학적인 크기로 팽창했다
는 빅뱅 우주팽창론이다. 이 학설이 얼마 전 가설이 아닌 사실인 것으로 밝혀졌다. 최
근 미 항공우주국(NASA)은 빅뱅 이후 남은 열 측정을 위해 지난 2001년 발사한 우주배
경복사탐사위성(WMAP)이 수집한 자료를 바탕으로 이같이 발표했다. 찰스 베네트 WMAP
연구단장은 “우주가 수천 억조 분의 1초도 안 되는 짧은 시간에 엄청난 팽창을 일으켰
다” 고 밝혔다. (편집자 주)

과 양(陽)은 시작과 끝도 없이 영원히 변치 않고 움직여 갑니다.

명상의 필요성과 불꽃 명상

5. 차원의 변형이 계속되고, 인류가 지구를 가로질러 유입되는 에너지의 파도를 타게 됨에 따라 여러분이 이완하고 몸의 영적 흐름을 여는 시간을 가지는 것과 이른바 명상을 하는 것은 대단히 중요합니다. 아침, 저녁으로 조용히 앉아 빛의 영역과 평화 속으로, 그리고 마음 너머의 세계로 들어가 보십시오.

규칙적인 명상이 필요한 이유는 몸과 마음에 평화를 심어 주는 습관과 평화의 의식(儀式)과 경험을 만들어 주기 때문입니다. 이 능력은 여러분을 평안하게 만들어 주는데, 여러분이 언제 어디서든 자신의 중심에 자리할 수 있는 능력을 가졌음을 알게 될 것입니다. 이에 따라 여러분은 점차 시간의 속도가 느려지는 것을 느끼다가 마침내는 무시간[3]의 상태로 들어가게 됩니다. 문장과 문장 사이, 말과 말 사이에 시간이 존재하게 됩니다. 때문에 마음은 더 이상 여러분을 혼란시키지 못할 것입니다. 그리고 여러분은 평온과 정적을 배우게 될 것입니다.

여러분이 거대한 호수라고 상상하고 명상을 하십시오. 나무에 있는 나이테의 고리처럼 호수 속에 있는 물결의 고리를 보십시오. 호수의 가장자리로부터 시작해서 수면을 잔잔하게 하기를 시작하십시오. 그것이 점점 더 고요하고 잔잔하게 되

---

[3] 시간은 의식 상태의 차원에 따라 상대적으로 전개되는 것이며 사람들이 알고 느끼고 있는 시간은 3차원 의식이 만들어낸 환상이다. 시간이란 자아의식이 존재할 때만 존재한다. 사념을 넘어선 세계, 유상삼매를 넘어선 무상삼매의 상태, 절대의 세계에는 시간이 존재하지 않는다. 그 자체가 영원이고 영생이다. 의식이 사라지면 시간이 사라지고 절대 공(空)만 남는다. 이는 만물, 만상, 모든 생명의 고향이다.(역주)

는 것과 드디어 수면이 거울처럼 되어 주변의 나무들이 수면에 비치게 되었음을 바라봅니다.

이제 몸속으로 움직여 들어가십시오. 그리고 이렇게 에너지를 잔잔하게 하는 행위를 여러분의 가슴 차크라 속에 있는 가슴의 중심에 도달할 때까지 계속 하십시오. 더 깊이, 더 깊이 계속 들어가십시오. 이 가슴 차크라는 내면의 불인 피라미드의 센터로써 이곳에 있는 조그마한 불꽃이 훨훨 타오르며 밝게 빛나기 시작합니다. 불꽃 속으로 움직여 들어가십시오. 서서히 그 불꽃이 쉽게 확장되고 위로 상승됩니다. 그 불을 여러분의 목으로 이동시켜 통과시키고, 이어서 앞이마, 그리고 크라운 차크라를 통해 위로 올라갑니다. 이 불꽃은 여러분의 에너지 원천인 머리 정수리에서 벗어나 머뭅니다.

이제는 아래 방향으로 불을 따라가십시오. 부드럽게 가슴속으로 되돌아 내려옵니다. 그리고 다시 불꽃은 확장되어 태양신경총으로 들어가고 성 차크라와 척추의 기저부 속으로 내려가며, 몸 밖으로 나와서 접지 코드를 통해 지구 속으로 내려갑니다.

이 에너지 불꽃이 지구의 중심에 도달할 때까지 계속 확장해 가십시오. 이 불꽃을 통해서 여러분의 의식을 몸속으로 되돌려 상승시키십시오. 그리고 바로 단전 밑에서 정지시키십시오. 그곳에 머무르고 이완하십시오. 단전(丹田)에 이르도록 깊게 숨을 쉬십시오. 여러분의 출생처인 그곳에 머무르십시오. 신과 여러분의 연결처인 그곳에 머무르십시오. 이완하고 호흡하십시오.

여러분의 몸속에 있는 이 능력은 이것이 내부로 들어감에 의해서, 그리고 삶이 생명의 자동제어 시스템이란 것을 앎에 의해서 여러분은 삶에 관한 모든 것을 알 수 있고 환경 등 문제 모두를 변화시킬 수 있음을 실감 - 실제의 눈인 영안(靈

眼)으로 - 하는 것입니다.

삶이란 여러분 자신이 누구이며, 자신이 무엇을 생각하고 있는가를 그대로 비추어 보여 주는 것입니다. 다시 말해 삶이란 여러분이 자기 자신을 들여다보는 일종의 거울입니다.

여러분은 이 사실을 창조의 법칙으로 실감할 때까지 피해와 희생의 느낌과 고통과 좌절의 느낌을 계속하게 될 것입니다. 이는 특히 행성의 에너지가 동요되고 여러분이 바닥에 침전물이 쌓인 와인(Wine) 병과 같은 자신을 뒤엎어 버리는 것과 같습니다. 여러분은 이 침전물이 무엇인지를 알고 있습니다. 이 찌꺼기를 정화시키기 위해서 여러분은 고요한 정적 상태로 들어가는 것이 필요하고 이완이 필요합니다.

지구 차원변형에 따라 준비해야 할 심신의 요소들

6. 여러분 몸속에 있는 에너지는 전자기적 자장으로 이 에너지가 사념체를 맥동시켜 여러분이 삶이라 부르고 '현실'이라 부르는 3차원 밀도의 장(場) 속으로 움직여 들어가게 만듭니다. 이 에너지 맥동이 모든 것에 대한 창조력과 조화를 이룹니다. 이것이 여러분의 몸속에서 움직이고 몸속 여러 곳에서 에너지 정체를 일으키는 여러분의 의식입니다.

이 고체성 밀도의 장이 진동의 상승으로 가벼워지는 만큼 여러분의 사념체 역시 가벼워져야만 합니다. 아니면 이 전자기 에너지 장이 교란되어 질병을 일으키게 될 것입니다. 그리고 물질적 신체를 쇠약하게 만들 것입니다. 이런 사념의 변화는 조각 작품을 위해 돌을 깎는 창조적 노력에 비유될 수 있습니다. 딱딱한 석재를 가공하기 위해서는 무거운 도구인 해머나 정이 필요합니다. 만일 여러분이 그와 같은 무거운 도구로 진흙을 가공한다면 가공품을 망가뜨리고 말 것입니다.

정이나 해머로 진흙을 가공하게 되면 재료만 망가뜨리고 혼란만 가져오는 결과를 초래하게 되며, 조각의 형상은 만들어지지 않을 것입니다. 그래서 여러분은 진흙으로 형상을 만들 때 손을 사용합니다. 여러분은 도구로 조각을 떼어내는 것이 아니라 때로는 진흙을 덧바르면서 부드럽게 진흙으로 원하는 형상을 만듭니다.

예를 들어 여러분이 과일 젤리 같은 액체 형상을 만든다면, 여러분은 필요한 성분을 배합해서 주형에 붓고 냉각시키고 굳혀서 형상을 만듭니다.

여러분 환경의 고체성의 밀도가 가벼워짐에 따라 여러분은 돌과 같이 단단하던 상태에서 액체처럼 가벼운 상태로 이동하고 있습니다.

이처럼 여러분은 새로운 재료에 따라 창조의 방법이 변하지 않으면 안 됩니다. 때문에 여러분의 감정을 유발시키는 여러분의 사념 또한 변해야 합니다. 완고한 사념과 두려움과 증오로 인한 분리감, 고통과 슬픔에 의한 분리감은 보다 유연한 사고(思考)와 사랑과 보살핌, 하나됨, 기쁨과 축복 등 바뀔 필요성이 있습니다.

육체적인 레벨에서 여러분의 통상적인 음식물들을 바꾸고 여러분이 먹는 음식물의 질을 경감시키는 것이 중요합니다. 이 행성에서는 동물도 여러분과 똑같은 차원 전환의 과정을 밟고 있습니다. 그리고 이들의 신체를 먹는 것은 현재 진행되고 있는 진동의 변화에 해롭습니다. 그러므로 태양으로부터 직접적으로 에너지를 받아들이는 식물들을 섭취하길 여러분에게 권합니다. 여러분의 몸에 직접적으로 영양분을 공급하는 야채와 과일, 콩 종류와 곡물은 생명의 근원입니다.

비타민과 미네랄 제품들은 주의 깊게 살펴봐야 합니다. 왜냐하면 몸은 이들을 거부하며 몸과 동화가 이루어지지 않기 때문이지요. 가공된 식품들, 설탕과 가공된 성분을 피하십시오. 야채나 살아 있는 식물에서 공급되는 자연스러운 천연의 영양 식품을 취하십시오. 깊은 곳에서 나오는 신선한 물을 마시도록 하세요. 그리고 배꼽 아래까지 내려가도록 깊게 숨을 쉬십시오. 그러면 여러분은 건강한 몸을 만들 수 있습니다. 여러분은 어떤 광물(鑛物)에 끌립니까? **여러분이 끌리는 이 광물질이 음식물에서 부족한 성분이며, 치유를 위해서 여러분이 필요로 하는 것입니다.**

　보석류4)와 수정(水晶)의 에너지는 치유력을 가지고 있습니다. 그리고 외부로부터 받는 좋지 않은 영향력을 차단시킵니다. 어떤 종류의 보석에 여러분은 관심이 가십니까? 이 사랑스러운 창조물의 존재는 여러분의 가슴을 밝게 만들어 주는 데 도움을 주며 여러분의 사념 체계를 변화시켜 줍니다.

　만일 여러분에게 크리스털 보석으로 명상을 할 수 있는 지혜로움이 있다면, 여러분은 존재의 통합된 실체와 접촉이 이루어질 것입니다. 왜냐하면 이들은 성장의 촉진과 시너지(에너지 증폭) 기능의 신비함을 가지고 있기 때문입니다.

　여러분 각자는 지금 탄소 기초의 패턴으로부터 규소 기초의 패턴5)으로 바뀌어 가고 있습니다. 여러분은 크리스탈(水

---

4)보석류는 지구 생명의 정수로 인간의 뇌수와 같은 것이다. 이는 지구 생명의 정수의 파동을 가지고 있고 각기 고유의 에너지를 발산하며 생명체에는 고진동의 유익한 치유와 정화의 에너지가 된다. 수정은 에너지 증폭 효과가 가장 뛰어나고 강하며 특히 국산의 자수정이 월등하다. 보석류(특히 수정)는 순금과 같이 사용할 때 에너지가 조화롭게 되며 치유효과가 증폭된다.
　수정은 소유 전력(前歷)이나 사용 상태에 따라 오염될 수 있는데, 천일염이나 죽염수에 담가 처리하면 정화된다. 에드가 케이시도 보석류를 권했는데(미국 인디언들이 애용하는 라피스레즐리), 이는 남청색으로 수정과 비슷한 에너지를 갖고 있다. 보석류는 몸에 밀착할수록 좋으며 특히 차크라 부위나 베개 속이 좋다. (역주)
5) 성경 요한 계시록에서 이야기하는 심판의 형태를 말한다. 지구와 더불어 가는 인간 등 모든 생명체의 에너지 변환 상태를 뜻하는데, 탄소 기초의 구조는(현재의 지구와 인간의 상태) 저진동의 고체성 구조로 6-6-6이며(탄소 고리형 벤젠타이프) 실리콘 구조는 9-9-9 형태로 비고체성의 유동성으로 반에텔체의 상태이다. 실리콘 화합물은 액체성을

晶)이 되어 가고 있습니다. 이것은 그리스도의 구현이고 에너지의 수신기이자 전도체(傳導體)이며, 신의 무한한 지식인 것입니다.

인류를 위해 봉사하는 영적 스승들

7. 여러분의 가족과 직장 동료, 스쳐가는 행인들 사이에 수많은 연관이 있는 것처럼 이 행성 위에서 물리적으로 봉사하고 있는 영적인 스승들 간에도 헤아릴 수 없이 많은 관계가 있습니다.

모든 영적 대사(大師)들은 지구에서, 그리고 다른 행성에서 봉사하고 있습니다. 이 행성 위에 살고 있는 모든 사람들은 다른 행성에서 삶을 경험한 존재들입니다. 이들 중 일부는 지구가 바로 그들 출생의 근거지입니다. 이들이 인간의 형태로서 최초로 의식을 열고 삶을 경험한 것은 지구가 처음인 것입니다. 하지만 현재 지구인의 대다수는 우주의 다른 곳에서 최초의 삶을 경험한 사람들입니다. 그리고 그곳은 통상적으로 수십억 개의 태양을 가진 가까운 이웃 은하계들입니다.

지구에 영적 스승으로 출현한 존재들은 그들이 밀도 높은 육체를 가졌던 과거의 자신을 잊지 않은 사람들입니다.

이들은 의식의 각성이 이루어져서 자신의 근원을 알 수 있게 되었고, 귀가 열린 사람들을 깨달음으로 인도하기 위해 자신의 전 생애에 걸쳐 노력하고 있습니다. 여러분이 알다시피 모든 사람들이 이들의 말에 귀를 기울이는 것은 아닙니

많이 갖는다.
저진동의 고체성 분자구조(분리)에서 고진동의 유동성 에너지 분자구조(비분리)로, 즉 심신의 에너지체 상승과 깨달음만이 구원의 길임을 예견한 것이다. 미래의 세계, 개벽과 심판 이후의 세계는 결정의 세계, 보석의 세계 즉 빛의 세계이다.

다.

천사의 영역은 실체 6차원이며 영적 영역입니다. 7차원은 신(神)의 영역입니다. 우리는 7차원적 관점에서 우주를 묘사하고 있습니다. 그리고 우리는 사람들이 분리의 차원이라고 하는 이들 차원들을 졸업했습니다. 이 차원(次元)이란 용어는 상호 연관된 차원의 세계 위에 차원의 층들이 있는 것처럼 광대한 차원의 범위를 제한시키는 단점이 있습니다. 의식이 사념을 초월하고 시간을 초월하고 공간을 초월하여 보다 더 넓게 열린 사람들은 6차원에 거주합니다.

미국 정부의 음모와 UFO에 관한 올바른 인식의 필요성

여러분이 지금 이 순간 행성 위에 있는 어떤 UFO 세력들과 정부와의 관계에 대해 말할 때, 정부와 UFO 세력들을 정확히 정의하는 것이 중요합니다. 정부란 너무나 광범위한 것을 표현하는 용어입니다. 이 정부의 관리들의 대다수는 자신의 마음속에 기껏해야 가족과 퇴직 후의 문제나 염려하며 일하는 수백만의 종사자들인 것입니다. 이들은 그저 지방의 슈퍼마켓에 있는 타블로이드 신문에서 UFO의 기사를 읽었을 뿐인 것이죠.

보다 정확히 말하자면 (소수 엘리트 세력의 음모일 뿐) 정부 전체의 음모는 없습니다. 한편 외계인의 우주선에 대한 얼마간의 지식을 갖고 있는 여러분의 정부와 연관된 사설 대행기관에서 일하는 일부 사람들이 있습니다. 적은 수의 사람일지라도 이들은 행성의 변형 과정을 돕기 위한 프로젝트를 개발하기 위해 외계인과 같이 일하고 있습니다.

UFO, 즉 '미확인 비행물체'라는 명칭은 잘못된 것입니다. 은하 간을 운행하는 대부분의 우주선들은 쉽게 식별할 수 있습니다. 이 차원 변형의 기간 동안 모든 은하계로부터 지구

를 방문하는 많은 방문객들이 있습니다. 이들 대다수의 존재
들은 남을 참견하거나 또는 지구 위에 지금 살고 있는 사람
들을 위험하게 하는 정도의 수준을 이미 넘어선 의식의 존재
들입니다.

일부 어둠의 4차원과 5차원적인 존재들이 있는데, 이들은
의식(意識)이 사념을 초월한 수준으로 열려있지 않으며, 무
한한 지혜의 근원과 접촉이 이루어지지는 못했습니다. 이들
존재들은 여전히 상대를 무너뜨리거나 흡수해 버리는 방식에
만 몰두하고 있습니다. 이들은 현재 자신들의 역할에 대해
재교육을 받고 있고, 신중해야할 필요성이 강조되어 왔습니
다.

이들이 지구 위에서 육체로 태어났든지 또는 다른 어떤 곳
에 있든지 간에 그들은 이 행성 위에서 혼란과 고통을 유발
하는 존재들로, 지금 그들이 있는 장소에서 보호받고 있습니
다. 또한 여러분의 태양계 내외에 존재하는 수백만의 강력하
고 대단히 우호적인 존재들이 있는데, 이들은 여기 인류의
깨달음과 상승을 위해서 정화시키는 방식으로 일하고 있습니
다.

행성의 혼란과 파괴를 획책하는 이들은 변화의 가속을 경
험하게 될 것이며, 고통과 두려움의 늪에서 누구의 도움도
받지 못할 것입니다.

우리가 언급한 바와 같이 여러분 각자는 자신의 에너지 장
을 정화시킬 수 있는 능력이 있으며, 새로운 방식의 사고(思
考)와 감정과 행위를 통해 새로운 현실을 펼쳐나갈 수 있는
능력을 가지고 있습니다. 여러분 각자는 여러분 삶의 창조자
들인 것입니다.

만일 여러분이 이 음모의 시나리오에 동참한다면 여러분의
사념체는 계속해서 피해를 입게 될 것입니다. 여러분의 끊임

없는 음모의 이야기는 여러분이 공론으로 만들어 우주로 갖고 갈 것입니다.

그렇습니다. 이 행성이나 다른 어떤 곳에서도 삶의 모든 측면을 알기 위해서는 신중해야 합니다. 세상에는 언제나 사랑과 두려움, 고통과 환희, 기쁨과 슬픔의 이분법을 선호하는 사람들이 있을 수 있습니다.

우리는 여러분이 자신에 대한 모든 것의 결정자임을 알려줍니다. 여러분은 자신의 마음에 떠오르는 것을 결정하고 의식 속에 가지고 있는 생각을 결정하는 주인입니다.

여러분은 현실의 결정자이며 창조자로서 장차 자기 자신의 모습이 될 사념을 우주 속으로 내보내고 있습니다. 따라서 여러분이 음모에 대해서 생각하길 바란다면 여러분은 이를 창조하게 될 것입니다. 여러분이 사악한 제국에 대해 자꾸 생각하길 바란다면 여러분은 이를 창조하게 될 것입니다. 소비에트 연방에 대해 잠깐 살펴봅시다. 미국에 있는 대다수의 사람들은 소비에트 연방을 사악한 제국이라고 믿고 있었던 것이 그리 오래되지 않았습니다. 지금 이 제국은 어떻게 되었습니까? 너무나 많이 변했습니다!

사념의 창조법칙에 대해

8. 여러분이 '사막의 폭풍'이라고 불렸던 과거 걸프(Gulf) 전쟁은 감정이 모든 것을 지배하는 4차원, 즉 아스트랄 영역의 물리적인 데모였습니다. 후세인과 부시는 각기 그들의 추종자들에게 그들 식의 '악(惡)에 대한 선(善)'의 실례를 보여주었습니다.

이들 각자는 세계인들이 가지고 있는 마음속의 분노를, 즉 내적인 전쟁을 외적인 전쟁으로 나타낸 사람들입니다. 사담 후세인은 지구에 행성 의식의 경험을 제공했습니다. 모든 세

계가 후세인 증오에 투표를 했습니다. 후세인이 쿠웨이트를 침공한 한 달 후에 여러분의 행성은 4차원의 진동에 진입했습니다.

사념은 반드시 현실이 됩니다. 사람들 속의 배후에 있는 감정(동적 에너지)의 사념은 보다 빨리, 그리고 보다 명료하게 현실이 됩니다.

여러분은 자신이 바라는 바를 현실화(現實化)시키게 되며, 자신이 두려워하는 것 역시도 현실로 나타납니다.

이 행성에서 최대의 소원은 미국과 소련 간의 냉전 종식이었습니다. 소련이란 초강대국의 경제 붕괴를 통해서 여러분은 소련에 대한 경계심이 해소되고 평화에 대한 협상이 가능함을 발견했습니다.

설사 미국과 소련의 문제가 종식되었다고 하더라도 행성 위에서의 최대의 두려움은 미친 광인(狂人)이 일으킬지도 모르는 전쟁(가능성이 있다면 중동)과 세계적인 핵전쟁의 가능성입니다.

여러분은 자신이 바라는 것을 만들어냅니다. 그리고 자신이 두려워하면 두려움이 만들어져 나타납니다. 이 행성의 광기를 바꿀 수 있는 유일한 방법은 여러분이 광기의 창조자란 사실을 아는 것입니다. 자신의 의식을 내적으로 향하게 함으로써 자신이 사념의 힘과 제어력을 가지고 있음을 실감해 보십시오.

여러분의 사랑이 우뚝 서게 되면 이에 따라 전세계가 이를 기억하게 될 것이란 점을 아십시오. 또한 여러분은 자신이 반대하는 모든 것을 제거해 버리고 싶어하는 바람을 가지고 있을 수 있다는 점을 아십시오. 여러분은 마음을 안쪽으로 향하게 하고 자신의 존재 모든 부분과 대화를 시작해 보십시오. 여러분의 부분들이 극단적으로 삶과 신문과 텔레비전을 통해서 반영되고 있음을 아십시오.

여러분의 다른 부분들과 대화를 시작해 보십시오. 그리고 만일 여러분의 문제점들을 풀 수 있는 다른 길이 있을 수 있다면 이를 요청해 보십시오. 아마 이는 분노와 두려움, 좌절과 투쟁과는 다른 방법이겠지요. 여러분은 이 부분들을 기꺼이 바꿀 수 있겠습니까?

만일 여러분이 이들 모두가 반대하지 않으면서 같은 목표를 달성할 수 있다면 그것은 어떤 방법이겠습니까? 만일 여러분이 행복하고 평화롭고 원하는 것을 그대로 가질 수 있는 길이 있다면 그것은 무엇이겠습니까? 여러분은 기꺼이 이 길을 택할 수 있겠습니까? 이 변화가 시작입니다. 여러분은 자신을 만들어 가는 인도자이자 창조자입니다. 여러분은 자신의 삶 속에서 계속해서 모든 것을 보여주는 주인공으로서의 창조자입니다. **내적으로 새로운 것을 창조하면 외적으로 새로운 것이 나타나게 됩니다.**

지구를 구할 수 있는 유일한 대안은?

9. 주위 은하계 속에 있는 모든 생명체의 도서관으로서 이 행성은 개조가 필요한 시기에 와 있습니다. 이 행성은 인류

의 혼란스러운 마음 때문에 몹시 불안정한 상태에 있습니다. 인간들의 가슴속에 사랑이 없기 때문에 데바계, 엘리멘트계의 정령들이 식물과 동물의 생명을 구하려고 과도한 노력을 기울이고 있습니다. 이들은 인간의 사랑에서 나오는 창조적인 힘을 필요로 합니다. 여러분의 증오로 인해 분열된 힘이 행성을 거의 파괴 상태로 몰고 가고 있기 때문입니다.

여러분의 마음이 변하지 않는다면 - 행성 위에 있거나 행성을 방문하는 - 외계인들과 영적 스승들은 조금밖에는 인류를 도와줄 수가 없습니다.

우리는 여러분이 자신의 모든 삶을 파괴하기 전에 깨어나서 자신의 힘을 발휘하길 바랄 뿐입니다. 여러분은 자신의 창조자입니다. 여러분이 가지고 있는 모든 생각과 여러분에게 달라붙어 있는 핵심적 신념은 모두 형상화될 것입니다.

여러분이 믿고 있는 것들을 한 번 자세히 살펴보십시오. 가끔 여러분은 이렇게 말합니다. "아! 맞아, 난 알고 있어. 하지만 이는 진실이야." 무엇이 진실입니까? 여러분의 정부는 나쁜 사람들로 가득 차 있습니까? 지방법원과 시청과 주정부, 그리고 정부청사를 방문해 보십시오. 여러분은 최근의 TV쇼와 사랑의 사건들과 돈 문제의 어려움 등에 대해 이야기하는 사람들을 발견할 것입니다.

여러분의 신념의 배후를 잘 살펴보십시오. 두려움의 이면을 잘 살펴보십시오. 그러면 여러분 자신이 오늘날 세계 평화와 영원한 평화에 대한 해답이 됩니다.

10. 현재 진행되고 있는 지구 대변동의 시나리오를 보면 인류와 행성의 필요에 부응하지 못하는 모든 구조들은 명백히 붕괴 소멸되게 되어 있습니다. 이들은 자체 중량으로 인해 추락하고 있습니다. 대지는 새로 밭갈이 되고 있으며 새

로운 현실의 씨앗들이 심어지고 있습니다.

무엇이 자라게 될까요? 여러분 개인의 가능성이 무한한 것처럼 인류와 지구, 태양계, 은하계의 가능성은 무한합니다.

요약해서 소개하는 우리들 견해의 맥락은 다음과 같습니다. 여러분의 행성은 가속된 에너지의 광선 속을 여행 중이며, 이는 행성 의식의 새로운 탄생을 가져다 줄 것이고 뒤따라 여러분의 행성과 비슷한 경험을 치른 다른 행성의 대표자들과 만남이 이루어질 것입니다.

이러한 사건의 결과는 이 행성에서 전에는 결코 상상할 수 없었던 의식의 확장과 창조성의 개화를 가능토록 할 것입니다. 근본적인 설계팀이 행성과 모든 생명의 장을 치유하기 위해 모든 구조와 시설에 대해 재고할 것입니다.

사회, 주(州), 국가, 그리고 행성 레벨에서 모든 분야의 전문가 위원회가 환경, 동물복지, 건강, 교육, 주택문제, 농업, 운송, 비즈니스, 정부구조, 복지, 분배 등에 필요한 문제들을 다루기 위하여 조직되고 구성될 것입니다.

삶에 필요한 모든 분야를 종합하고 향상시키기 위해 새로운 구조가 만들어질 것입니다. 우주의 상담자들이 인간들의 수호자로서 완벽한 이해의 바탕위에서 충고하고 상담하게 될 것이며, 인류와 지구의 치유에 대한 책임을 질 것입니다.

이 일은 여러분과 여러분의 친구들에게 달려 있습니다. 우리는 방문자로 여기에 와 있습니다. 여러분은 결정의 창조자입니다. 여러분은 혼란과 황당함과 계속적인 회생의 드라마와 멸망의 길로 가는 침략자를 선택할 수 있습니다.

또는 사랑과 기쁨, 평화, 조화, 양육, 배려, 협력과 인류의 계속되는 진화의 경험을 선택할 수도 있는 것입니다.

[버레인 크로포드]

익제카와 채널링을 하는 버레인은 이렇게 말한다. "나에게 있어 채널링은 통제로부터의 자유로움을 배우게 하고 새로운 단계의 깨달음을 열어주는 하나의 경이로운 과정입니다. 내가 다른 차원으로 옮겨갈 때 나는 나를 압도하는 조건 없는 사랑을 느낍니다. 그것은 날마다 내가 보다 조화롭게 평화롭게 사는데 도움이 되었습니다. 우리는 누구나 다 채널링을 할 수 있습니다. 우리는 우리 자신을 통해서 지혜가 흐르게 할 수 있고, 그럼으로써 매순간 직관이 우리를 인도할 것입니다."

버레인은 1987년부터 크고 작은 그룹들을 위해 채널링을 행해 왔다. 익제카는 그러한 모임에서 보통 약 2시간 정도 가르침을 제공하고 질의에 답변한다.

CHAPTER
07

줄리언

——

채널링   준 버크

7 줄리언

채널링 : 준 버크

창조 작용이 일어나는 과정

사람들은 직선적인 시간[1]의 흐름과 이에 대한 애착 때문에 창조를 이해하는 데 어려움이 많았습니다. 그리고 창조를 무형의 에너지적인 면에서 이해하려는 노력보다는 항상 자기들 식의 고정된 관념 테두리 내에 집어넣으려 하고 있습니다. 나는 인류의 직선적인 이해 기능에 관련해서 창조 이론을 명확히 설명하고자 합니다.

---

[1]현재 지구 인류의 3차원적 시간의 개념으로 시간은 과거, 현재, 미래로 한 방향으로 한 흘러간다고 절대적으로 믿으며 착각하고 있다. 사실 시간은 에너지 패턴에 바탕을 둔 것인데, 의식의 한 점과 그 다음 의식되는 한 점 사이를 시간으로 알고 느끼고 있는 것이다. 다차원에서는 그 에너지 패턴에 맞는 다차원 시간이 전개되며, 3차원 의식을 한 번 벗어나 보면 시간과 공간, 자신과 물체의 본성을 알 수 있다.(역주)

창조는 움직임 속에 있는 에너지입니다. 모든 것은 창조 중에 있고, 창조되었으며, 창조될 수 있습니다, 이른바 텅 빈 허공2)은 방향성을 갖지 않은 에너지이며, 이는 움직임을 내포한 빈 공간입니다. 이는 순수한 잠재력을 가진 맥동(脈動)하는 에너지입니다. 이 에너지는 팽창과 수축을 통해 아직 창조가 이루어지지 않고 가능성을 가진 채로 수천 년 동안 이런 상태를 유지하고 있습니다.

일상적인 예를 들어 보겠습니다. 일정한 양의 크림을 봉인하고 치워둡니다. 시간이 경과함에 따라 이 크림이 가진 잠재력에 의해 작용을 일으키고 에너지 상태가 변합니다. 팽창과 수축이 시작되고 세포가 변합니다. 그리고 에너지가 증발되고 폭발을 일으킬 수 있습니다.

이는 본래 가지고 있던 에너지의 질이 변해서 최종적으로 새로운 성분이 된 것입니다. 제한된 사고방식을 가진 사람들은 이를 크림이라고 부를 것이며, 진화되고 창조적인 사고방식의 소유자들은 여러 변화 가능성 중의 한 형태일 뿐이라고 말할 것입니다. 그래서 창조의 한 형태가 이루어져 증발되고 폭발한 것입니다. 이것은 진동이 증가함에 따라 새로운 리듬을 만들기 시작한 것입니다.

만들어지고 난 후 수천 년이 지나고 어떤 에너지 상태가 형성되면, 그것은 맥동하는 자신을 던져 버리고 최종적으로 폭발해 버리고 맙니다. 이것이 바로 '빅뱅 이론'으로 이 시

---

2) 허공: 태허(太虛)로 창조 이전, 만물만상이 생겨나기 이전의 우주의 본 모습으로 진공묘유(불교), 도(도교), 무, 허공, 천상 등으로 표현된다. 유상삼매 너머 무상삼매의 자리로, 자아와 사념이 사라진 상태, 저 너머의 세계로 절대 공의 경지, 아무것도 없이 텅 비어 있으나 무한 의식(에너지)으로 충만해 있으며 적멸(寂滅)과 적정(寂靜)만이 있는 경지이다.
이를 알 때 자기 실체란 본래 없으며(우주 자체이고 전체임) 만물만상이 자기사념의 투영임을 알게 되고, 자기 자신의 생명의 본모습(영생의 실체)을 알게 된다. (역주)

7장 줄리언

점에 빅뱅이 존재 속에서 일어나는 것입니다. 이른바 빅뱅은 전체적으로 이루어지는 창조의 자연스러운 한 부분이었습니다.

그들은 자신이 본래 가지고 있는 움직임을 통해서 맥동하고 진동하면서 자신의 정체성(正體性)을 유지하고 있습니다. 그들은 우주에 있어서 자신에게 알맞은 그들 자신의 진화과정을 밟게 될 것입니다.

모든 창조는 자신 속에 오리지널 에너지의 복제품을 갖고 있습니다. 사실 여러분은 자신의 세포 운동을 통해서 창조의 이미지를 만들어내고 있는 것입니다. 이 근원적인 오리지널 에너지와 리듬 운동의 각인은 모든 것 속에서 반복되고 있습니다.

리듬과 운동의 패턴 속에서 에너지의 특성이 분리되고 변하기 시작하며, 그 변화된 에너지에 따라 자신을 움직여 갑니다. 이 에너지의 특성은 자신 속에 우주의 구조와 진동 리듬을 간직합니다.

변화된 에너지는 기본단위요소로 분리해 갑니다. 이 단위요소는 운동과 분리를 통해 자신 속에 오리지널 패턴을 계속 간직하고 있습니다. 이 요소는 계속 성장하고 알맞게 진화해 갑니다. 이들은 우리가 말하는 공기와 불, 물, 땅이 되어 각기 고유한 운동과 특성을 가지고 공간을 점유하고 팽창 수축과 고형화 상태를 이어갈 것입니다. 그리고 이들로부터 다른 모든 것들이 생겨날 것이고, 각기 고유한 특성을 지닐 것입니다.

4만 년 전보다 훨씬 이전에 인류의 세포가 만들어지기 시작했고 기본형이 만들어졌으며, 그 이후에 호모 사피엔스(현생 인류)가 출현했습니다.

우주는 자체 내에 원천적 에너지의 질서와 원형을 갖추고 진화하기를 시작했습니다. 이 진화는 에너지 원형으로부터 오는 직관적인 지도를 통해서 (삼라만상으로) 표현하기를 배우는 것이었습니다. 이 질서와 내적 지침을 자체 내에 내포한 에너지 원형은 점점 더 명확해져 갔습니다.

이 에너지들 속에는 일종의 구분이 있는데, 이는 지금껏 창조되고 진화해 온 관계와 관련해서 확실한 목적이 있었기 때문입니다. 이들 자연과 우주공간에 존재하는 것들은 자체의 리듬과 진동 속에서 개성을 갖지 않은 상태로 계속 남아 있을 것입니다. 또한 그것들은 우주 속에 있는 모든 것들과 우주의 영속적인 진화를 위해 자연히 변화가 필요불가결하게 될 것입니다. 따라서 이것들은 우주의 에너지를 조정할 수 있게 될 것이고, 매 3,000년마다 필요한 변화를 가져올 것입니다.(※그림-1 참고)

나선형으로 상호작용하는 진화의 에너지들

인류가 계속 진화하고 성장해감에 따라 자신의 정체성을 보다 완전히 파악하게 되었습니다. 그리고 인류는 자신 속에 가지고 있는 내면의 원형을 개성적으로 잘 표현하게 되었습니다.

인간이 사고 능력과 표현 능력에 관한 정신적 원형을 발달시키는 동안 대자연의 힘들은 역할을 다하기 위해 본능과 직관의 이해력을 이용했습니다. 인간이 자신의 개성화(個性化)된 에너지들을 통해 타고난 우주적인 재능을 작동시키는 것은 정신적으로 (무엇인가를) 구현하려는 하나의 의지와 염원을 발달시킵니다.

그리고 인간이 더욱 개성적으로 진화됨으로써 2,600년의

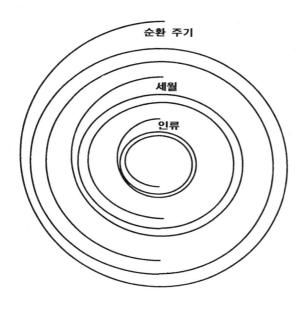

[3개의 나선의 기능]

1.인간은 우주의 자궁 속에서 서서히 진화한다.
2.세월은 인간에게 진화할 수 있는 시간을 공급한다.
3.순환적 주기는 우주공간을 정화하고 형성한다.

[그림-1]

순환적인 진화주기(나선 상태)로 진입하게 될 것입니다.

이 주기적으로 반복되는 리듬은 우주가 숨을 들이 쉬고 내쉬면서 에너지를 유지하고 움직이게 하는 잠재적 창조력의 맥동입니다. 이 순환 주기의 리듬 속에 있는 모든 것은 우주 속에서 자신의 정체성을 나타내는 에너지 진동을 가지고 있습니다.

이러한 에너지들의 개인적이고 집단적인 상호작용을 통해서 진화(進化)가 일어납니다. 인간의 개인적인 나선 에너지는 인류의 집단적인 나선 에너지와 상호작용하고 그것과 합일(合一)되어 높이 승화되어 갑니다. 그리고 또 인류의 집단적인 나선 에너지는 우주의 운동을 지배하는 보다 커다란 우주적 나선에 영향을 미칩니다.

이것들은 나선형태의 에너지로써 하나가 서로 다른 것 속에 들어 있고, 각기 함께 서로에게 영향을 미치고 있습니다. 사람들이 신학을 통해서 이해하는 것처럼, 이렇게 해서 창조가 시작되고 일어나는 것입니다. 그리고 성경에서 이야기하는 것처럼 7일간의 창조는 하루 24시간, 7일의 기간으로 구성된 것이 아닙니다. 하루는 대충 잡아서 시간적으로는 1,500년 정도였습니다.

이 1,500년은 긴 진화의 과정 속에서 계속 새롭게 반복됩니다. 매번 이 주기가 새롭게 시작되면 진화가 일어나고, 에너지가 다시 한 번 새롭게 변화됩니다. 그리고 매번의 1500년 주기는 우주를 위해서 특별한 에너지를 개발합니다. (※ 그림-2 참조)

이 에너지는 이제 지정된 원형인 하나의 모형을 따르기 위해 새로운 창조를 시작합니다. 태허(太虛) - 텅 빈 공간 - 는 그 자체의 자연적인 팽창과 수축 운동을 통해서 분열되었고, 새로운 생명체의 분리된 종(種)을 만들기 시작했습니다.

나누어진 이들 각 에너지는 각기 하나의 종들이 되었습니다. 이들은 처음에는 감각들을 통해, 그 다음에는 자신의 정신적 작용을 통해 자신을 개발하고 발전시켜 갔습니다. 마음은 인류에게 자신을 위한 도구 - 자신이 원하는 방향에 초점을 맞추고 창조 가능한 에너지의 근원이 될 수 있게 하는 - 가 되었습

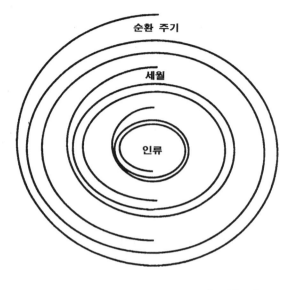

[그림-2]

[세월 & 순환 주기]

1. 움직임(운동) - 진동
2. 호흡 - 행위
3. 영(靈) - 직관 또는 통찰
4. 사고(思考) - 마음
5. 소통(의사전달) - 공간
6. 형상 - 물질
7. 흐름 - 조정

니다. 인간의 마음은 사고(思考)하여 아이디어를 창출하고 창조가 가능한 우주적 에너지와 연결해서 창조를 시작합니다. 그리고 다시 이러한 일이 일어나는 데는 또다시 수천 년이 소요됩니다.

절기(節氣)에 따른 에너지적 흐름

여기에는 언제나 리듬과 창조의 흐름이 되는 수학적 공식이 있었습니다. 이 공식은 계절로 표현되었습니다. 한 사이클 내에서 각 사분의 일은 그에 해당하는 특정한 에너지가 생겨나 작용합니다.

24 절기 중 춘분(春分)의 시기에 어둠과 빛의 균형이 잡히는 것은 모든 창조가 이루어지는 데 있어서 동일한 균형을 허용합니다. 이것은 새로운 시작과 운동을 촉진합니다.

하지(夏至)의 에너지는 창조 다음에 이루어지는 양육과 유지의 성격을 띱니다. 다시 한 번 추분(秋分)을 통하여 균형을 지향하고 사용된 에너지에 대한 보상을 나타냅니다. 사람은 하나의 씨앗으로서 그가 완성되는 데 필요한 잠재 에너지로 채워져 있습니다. 사람의 사이클에 있어서 우주적 에너지는 사람이 생명을 유지하고 진화를 이룩하는 데 격려가 됩니다.

여러분이 우주와의 관계를 이해하는 것은 대단히 중요합니다. 여러분이 이 에너지를 알게 되면 이는 보다 완전하게 여러분을 도와 줄 것입니다. 이를 받아들이는 것은 하나의 진전을 의미합니다. 만약 과거에 너무 매혹되어 집착하면 현재를 충실하게 살 수 없게 되므로 여러분은 속도를 늦추고 자신을 살펴봐야 합니다.

여러분은 소위 말하는 물병자리에 살고 있습니다. 이는 형제애의 시대입니다. 지난 1991년은 2,600년 주기의 15번째 해였습니다. 이 물병자리의 시기는 인간이 영적으로 진화해서 증오를 벗어나고 평화를 받아들이는 시간입니다. 이 시기는 자연과 양극성에 의해 균형이 이루어지는 때입니다.

몸과 마음의 균형 유지의 중요성

사람들은 자연과의 관계를 재인식할 것이며, 이에 따라 자신과 우주와 내적 균형을 이루게 될 것입니다. 그들은 작업과 놀이, 활동과 휴식 간에 균형을 취하지 않으면 안 됩니다. 지금 이 시점에서 이에 대한 새로운 인식과 수용이 이루어져야 합니다.

지금 이것이 여러분의 에너지 사용에 대해 중요한 열쇠가 됩니다. 이 상황을 평가하고 이해하기 위해서 여러분의 현재 위치를 받아들이십시오. 그래야만 여러분은 이를 변화시킬 수 있습니다. 변화는 새로운 인식에 의해서 이루어집니다. 어떤 사물에 대한 여러분의 다양한 관점이 이에 대한 취급과 이에 의해 받은 영향력을 변화시킬 수 있습니다.

균형에 대해 깨닫는 것이 지금 이 시점에서 여러분에게 최고로 중요합니다. 사람들은 자신의 몸과 마음이 영혼의 집적체임을 알아야 합니다. 자신의 사원(몸)을 잘 배려할 수 있어야 하는데, 몸은 영혼의 거처이기 때문입니다. 지금의 높은 진동의 에너지 상태에서는 균형 잡힌 음식물 섭생이 필요하며 이는 대단히 중요합니다.

이는 모든 개체가 자기 에너지에 적합하게 균형을 맞춘다는 것을 의미합니다. 극단은 해답이 될 수 없습니다. 몸에는 자기 나름대로의 음식물 패턴이 있으며 그에 따라 필요하고 중요한 어떤 종류의 음식물이 있습니다. 양파, 샐러리, 양배

추, 브로콜리, 파스닙, 감자 등 이들 식품들은 몸의 근육과 생체조직을 유지시켜 주는 데 도움을 줍니다. '어떤 것은 조금 덜 좋다거나 이것만이 좋은 것이다.'라는 생각은 옳지 않습니다. 여러분에게 맞는 에너지 패턴을 선택하십시오. 어떤 사람은 쇠고기가 필요하고, 어떤 사람은 필요하지 않을 수 있습니다.

각 시대마다 어떤 박테리아가 들어오면 이를 봉쇄해 버리고 진동 에너지에 맞게 다른 것을 개방합니다. 많은 사람들이 요즘 오래 동안 자신을 괴롭혀 온 알레르기의 영향을 덜 받고 있는 자신을 발견할 것입니다.

향후 10년은 에너지의 전환 시기입니다. 이때는 지나간 과거를 해소시키고 다가오는 미래를 수용하는 때입니다. 시기적으로 대단히 중요한 시점입니다. 지금은 3,000년 주기의 에너지와 새로운 2,600년의 기간과 새 10년이 동시에 겹치는 시기입니다.

인류는 이 10년 동안에 본래 가지고 왔던 빛의 몸으로 완전히 통합해 가게 됩니다. 인류는 태초가 시작된 이래 처음 지니고 있는 진동 주파수와 접하는 기회를 가지게 되고, 빛의 참된 의미를 경험하게 되며, 그 나름대로의 진화 과정을 시작하게 됩니다.

1990년과 1991년에 아주 중요한 변화가 일어났습니다. 이는 그들이 처해 있는 옛날의 환경과 습관, 패턴을 파괴하는 것처럼 부정적으로 보일 수도 있습니다. 보다 큰 가능성을 위해서 과거의 것들을 해체하는 것은 사실 자신에게 분명하게 이해되기는 어려우며 불편하게 느끼도록 만듭니다.

일어나고 있는 우주 에너지적 변화들

사람들은 지금 우주에서 작용하고 있는 에너지 진동 속에서 변화를 경험하고 있습니다. 지금은 더 이상 자신에게 도움이 되지 않는 과거에서 자신을 해방하는 때이며, 동시에 자신의 완전한 가능성(깨달음)을 향하여 가는 때입니다.

모든 만물이 같은 근원에서 만들어진 동일한 에너지 원형이나 공식을 가지고 있음을 알 때, 여러분은 육체적 존재로서 우주내의 변화들에 영향 받고 있음을 이해하기 시작할 것입니다. 이 변화들은 우주를 움직이는 보다 높은 진동의 비개성적 우주 에너지에 의해서 유발된 것입니다.

행성의 에너지는 자체의 진화의 주기에 있어서 특정한 시기의 특정한 에너지 상호작용에 부응합니다. 이 에너지는 사람들의 내적 패턴과 접촉해서 필요한 변화를 일으키고 경험하도록 돕습니다. 그리고 이는 여러분을 일상적인 함정(습관이나 죄업)으로부터 탈출하도록 돕습니다.

지금 여러분 자신은 이 우주 속에서 과거에 경험해 본 것 중 최고의 높은 진동율을 경험하고 있습니다. 이 높은 주파수의 진동은 과거의 관점을 변화시킬 수 있을 뿐만 아니라 자신의 물질적 작용까지도 변화시킬 수 있습니다. 이 10년 동안 여러분은 존재하는 모든 것이 오직 하나임을 이해하게 됨으로써 물리적인 의지를 보다 강하게 컨트롤할 수 있게 됩니다.

이 시대가 바뀔 때 과거의 낡은 에너지는 점차로 봉인되고 새로운 에너지가 열리게 됩니다. 이 변화는 질병에 대해 영향을 미치고, 이를 이해하고 극복할 수 있는 능력을 가져다 줍니다.

이 에너지는 본래부터 자신 속에 가지고 있는 힘인데, 자연적(직관적) 또는 정신적 의지에 의해 변화됩니다. 에너지의 진동은 에너지의 레벨을 변화시킵니다. 모든 창조물은 움직임 속에 있는 에너지입니다. 그리고 모든 창조물은 진동의 정도에 따라 자신의 힘이 표현됩니다.

육체적 인간은 두 가지 근원으로부터 자신의 성향을 이어받습니다. 그 하나는 - 자기를 탄생시켜 준 - 근원적인 에너지 소스에서 가지고 나온 자기 본래의 기억입니다. 다른 하나는 자신의 육체적 유전자로서, 부모에게서 물려받은 남성과 여성의 유전자입니다. 가장 강력한 유산은 근원적 에너지 소스입니다.

이를 정확하게 사용한다면 어떠한 유전적 특성도 극복할 수 있습니다. 진화 과정상의 적당한 때가 되면 인간은 이러한 사실을 인식하게 되고, 사람들은 이것의 사용법을 이해하기 시작합니다. 이전의 시대에는 사람들이 이에 대한 안내를 받기 위해 바깥쪽에서 찾았습니다.

이 시대에 그들은 내면으로 그 힘을 전환함으로써 자신에게 그 힘을 실어줄 수 있게 됩니다. 그리고 이 에너지를 내부로 돌리는 것은 인간 자신에게 육체적, 감정적, 정신적, 또 영적으로 영향을 주게 됩니다.

마음은 사람들이 직접적으로 에너지를 사용할 수 있는 도구입니다. 적당한 시기에 때가 되면 사람들은 복잡한 에너지의 변화를 경험하게 됩니다. 그리고 자신 속에 가진 모든 것들이 이 상승 에너지의 진동에 반응하게 됩니다.

많은 사람들이 불편함을 느낄 수 있습니다. 왜냐하면 꾸준히 변화하는 에너지는 그들에게 자신의 존재에 대해 불확실하게 느끼게 하기 때문입니다. 이 변화는 우주에 의해 추진되는 것인데, 우주는 사람들에게 이 에너지를 선사해서 사람들이 진화를 이룩하는 것을 돕습니다.

육신은 마음 상태의 반영이다

이 에너지 진동의 상승은 내적 우주를 변화시키고 그들의 세포를 변화시킴으로써 자신의 정신적 능력을 강화시키기 위한 것임을 알기 바랍니다. 사람의 마음은 사용 여하에 따라 몸의 작용을 확장 또는 감소시키는 도구입니다.

사람들은 실제로 자신의 생각 여하에 따라 자신의 몸을 병들게 할 수도 있고, 완전하게 할 수도 있습니다. 사람들의 사념은 세포의 에너지를 증가시킬 수도 감소시킬 수도 있으며, 변화를 창조할 수도 있습니다. 사람들은 자신의 내면에서 창조적인 면을 일으키고 끊임없이 전진하고 재창조해 갑니다.

건강은 사실상 균형의 산물입니다. 건강은 정신적이고 육체적이며 영적입니다. 마음은 자극이 필요하고 몸은 보양이 필요하며, 영(靈)은 깨달아야 합니다. 만약 사람들이 인생에 있어서 모든 것을 의무적인 것으로만 본다면, 삶이 대단히 피곤해질 것입니다.

사람들의 정신적 상황은 자신의 시각대로 모든 것을 채색합니다. 결국 그들은 자신의 몸에 자신의 시각과 동일한 내용을 창조할 것입니다. 왜냐하면 몸은 자신의 사념을 구현하는 유일한 장소이기 때문입니다.

여러분은 자신의 몸에 영향을 주는 만큼 그대로 영향을 받게 됩니다. 참으로 건강한 존재가 되기 위해서는 아래 항목의 실천을 권합니다.

1. 치유를 확언하는 방법을 활용하고, 건강을 다짐하며 하루를 시작하십시오.
2. 자신에게 집착하지 말고 주위 사람들에게 마음을 열어 놓

으세요.

3. 몸에 대해 절제와 균형을 취하십시오. 녹색 야채와 섬유질이 풍부한 음식의 식단을 마련하십시오. 식사 때는 마음을 편안히 가지십시오.

4. 적당한 운동을 하십시오. 걷기는 아주 훌륭한 전신 운동입니다. 가사 또한 유용한 운동이 됩니다. 관절 운동을 하세요. 절제는 과한 것보다 좋습니다. 마음에 산소를 공급할 수 있도록 심호흡을 하십시오.

5. 매일 최소한 15분 내지는 20분 정도 조용한 시간을 가지십시오. 조용히 앉아 마음을 평화롭게 하고 침묵 속에 명상을 하세요. 그리고 조용히 자신을 느껴보십시오.

6. 매일 자신에 대한 집착을 버리고 자신을 자유롭게 하도록 노력하십시오. 어떤 일이 생기면 그것에 대해 생각하고 그 교훈에 대해 감사하며 축복하십시오. 그 일이 잘 되길 기원하고 나서 놓아 버리고 잊어버리세요. 부정적인 사고방식과 행위로부터 벗어나게 되면 많은 고통과 불행을 덜어주고, 그것이 증폭되는 것을 예방해 줍니다.

7. 미소가 좋습니다. 그보다 더 좋은 것은 웃음입니다. 삶에는 행복한 순간이 많이 있습니다. 이 일들을 많이 즐기십시오. 햇볕이 따스한 날, 물웅덩이에서 새들이 물을 먹고 있는 모습, 이들 모두는 여러분의 영혼을 고양시켜 주는 힘이 되며 이를 잘 받아들인다면 여러분의 정서는 풍요로워질 것입니다.

8. 매일 잠시 동안 다른 사람의 입장에서 사물을 보도록 하십시오. 이는 자신으로부터 벗어나게 해줄 것이며, 주위 다른 사람을 이해할 수 있는 능력을 확장시켜 줄 것입니다.

9. 삶을 살아가는 데 있어서 생기는 일들은 불 속의 불꽃과

같습니다. 여러분의 마음에 따라 더 강렬히 타게 할 수도 있습니다. 이를 선택하는 기술과 지혜를 배우십시오.

10. 마지막으로 자신의 몸을 어루만져 보세요! 자신의 몸과 마음과 영혼에 감사하십시오. 이는 자신의 정서를 건전하게 만드는 데 도움이 됩니다. 병으로 핑계를 돌리지 마세요. 기꺼이 자신에게 정직하게 될 수 있도록 자신을 충분히 사랑하십시오.

변화와 상승을 위한 다짐

1.나는 육체를 가진 무한한 영(靈)이다.
 나는 매일 마음으로부터 안내를 받는다.
 나는 진화 중이며 자유롭게 변화해 가고 있다.
 나는 무한자 실존의 힘이고 실존의 투영이며 실존의 구현이다.

2.나는 전체(무한자)가 나임을 받아들인다.
 나는 이것이 나의 존재 전체에 스며들어 충만케 한다.
 몸과 마음, 영혼 – 나는 전체이며 하나이다.

3.내면에는 지금 나를 인도하며 안내하는 인도자가 있다.
 나는 이를 인정하고 모든 부정성에서 자유로워졌다.
 나는 자신의 전 존재를 고차원의 상위 자아에게 맡겨 해방시키고 이를 성취하였다.

4.내가 필요로 하고 원하는 모든 것은 나의 정확한 생각과
행동을 통해서 완전하게 실현된다.
나는 나 자신 이대로 모든 것의 주인이다.
나는 이것을 현실로 실현했다.

5.나는 건강에 대한 모든 선입견을 해소시켰다.
나는 이 변화가 가능하고 성취될 것임을 인정한다.
나는 매일 이렇게 성취되고 성취된 증거를 보게 된다.

실수를 통해 무엇인가를 배우라

건강 문제에 있어서 제일 큰 문제는 두려움입니다. 실패의
두려움, 성공에 대한 두려움, 실수하는 데 대한 두려움 말입
니다. 사실 실수는 진화의 일부입니다. 실수로부터 무엇인가
를 배우게 되고 이를 이용해서 다른 어떤 일의 기초가 될 수
있습니다. 이미 일어난 일은 일어난 것이며 이를 변경시킬
수는 없는 일입니다. 그러나 자신의 마음가짐에 따라 이 일
이 여러분에게 미치는 부정적 영향은 감소시킬 수 있습니다.
실패를 통해서 배우고 계속 전진해 가십시오.

여러분이 할 수 있는 일은 즉시 처리하고, 일 처리에 대한
기술을 익히세요. 전체적으로 크고 힘든 일은 보다 작게 부
분적으로 나누어서 해결하십시오. 그리고 한 부분씩 처리하
십시오.

일 전체를 '처리'하는 데 대한 걱정은 그 일을 해결하는
데 오히려 방해가 됩니다. 부분이 해결됨으로써 전체 해결의
실마리가 나타납니다. 걱정과 스트레스는 온전한 건강의 측
면에서 볼 때 '전인적 건강'에 방해가 됩니다. 이럴 경우에

는 여러분 자신이 이런 것들에 지배당하지 말고 스스로 컨트롤해 나갈 수 있어야 합니다.

여러분의 생각이 곧 여러분의 현실이 된다는 점을 기억하십시오. 긍정적인 사고로 긍정적인 일이 많이 이루어지도록 하십시오. 마음속에 좋은 심상을 그려 자신을 변화시키십시오. 이 변화가 이루어지고 있는 우주 속에서 자신의 힘에 대한 확신을 가지십시오! 감사합니다.

[준 버크]

※ 준 버크는 국제적으로 알려진 강연자이고 깊은 트랜스 상태에서 채널하는 영매이며, 28년 동안 줄리안이라고 하는 전사와 채널링을 해왔다.

젊을 때는 예술가와 삽화가, 그리고 조각가로 뉴욕에 있는 록펠러 센터의 과학 산업 박물관에서 근무했다. 또한 그녀는 한 사람의 주부이자 어머니, 할머니였으며, 임사(臨死) 상태의 경험도 많이 했다. 초기부터 에테르 세계와 물질계 사이를 연결하는 다리 역할을 해왔으며, 최초의 저서로는 「자아발견과 현현(SELF-DISCOVER & MANIFESTATION)」라는 책이 있다.

CHAPTER
08

노바 8
—

채
널
링

노

먼

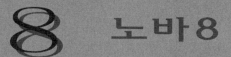

8 노바8

채널링 : 노먼

에너지 보텍스와 창조현상

에너지 보텍스(Vortex)는 간단히 말하면, 그 자체 속에 창조를 결정짓는 빛의 패턴(코드)을 내포하고 있는 나선 형태로 된 빛의 흐름을 말합니다. 빛이 처음 그 근원으로부터 창출될 때는 자체적으로 상호작용이 일어나, 프리즘을 통과하는 순간에 생기는 광선들처럼 여러 특정한 성질들로 갈라집니다. 그리고 이 특정한 성질은 자신이 원하는 경험을 구현하기 위한 능력 여하에 따라서 다시 창조의 방향을 정합니다.

빛의 광선이나 특성이 에너지 보텍스에 의해서 투사(집중)되고 홀로그래픽 이미지를 교차하여 형성하자마자 즉시 창조가 일어납니다. 하늘에 빛나는 별, 기적과 같이 보이는 사람들의 몸, 또는 유연하게 흘러가는 강물 등 이 모두가 빛에 의해 창조된 것입니다.

　창조의 형상(창조물)이 지속적인 생명력을 유지하기 위해서는 모든 면에서 빛의 투사가 꾸준히 유지되어 주어야 합니다. 빛의 투사가 변경될 때, 그렇게 됨으로써 다른 창조가 일어나고, 계속해서 경험이 발생합니다. TV와 마찬가지로 전기 에너지가 공급되는 동안은 계속해서 그 형상이 유지될 것입니다.

　상황이 바뀔 때가 또 다른 경험으로 옮겨갈 때이며, 빛의 투사도 개인적이거나 집단적인 여러 방식으로 바뀔 수가 있습니다.

　아래 사항은 변화를 위한 중요한 수단이 됩니다.

1. 하나 또는 그 이상의 보텍스 - 이에 연관이 있는 디자인과 이미지에 영향을 줄 수 있는 에너지 보텍스.
2. 빛의 투사, 증폭 또는 감소에 의한 에너지 진동의 조정(예를 들면 투사 필터의 증감과 같은 것)인데, 이 투사는 이미지 구현체의 밀도를 조절한다.
3. 또는 빛 자체에 대한 능력의 변화, 어떤 에너지 특성의 증감에 따른 보텍스 속의 광선들, 또는 이들의 강도, 마치 화가의 그림이 붓에 영향을 받는 것처럼 이들이 창조에 영향을 미칩니다.

　창조의 근원은 그것이 인체에 있어서 차크라가 되었거나 또는 행성에 있어서는 '신성한 장소'[1]가 되었거나 간에 에너지 보텍스를 통해서 추적될 수 있습니다. 지구는 기본적인

'12+1'의 집중에 의해 창조되었는데, 이는 수많은 우주에서 이루어져 온 모든 창조의 패턴을 나타냅니다.

전체 스펙트럼을 내포한 채 빛의 특정한 광선을 가지고 있는 각 보텍스는 창조자들에 의해 계획되었고, 어떤 시공간의 합의된 지점에서 다른 에너지 보텍스와 서로 교차가 이루어질 때까지 특정한 별들의 세계들을 통해 인도되었습니다.

이러한 상태가 이루어졌을 때 동화 가능한 에너지의 통합 (빛의 패턴 혹은 '행성 그리드 망')이 이루어졌으며, 천국으로 알려진 파라다이스 행성이 만들어졌습니다.

이 에너지 보텍스가 창조자들에 의해 보일 때에는 별들 사이를 왕래하는 코르크 나사같이 생긴 여러 색깔의 크고 아름다운 빛의 아크(말하자면 빛의 고속도로)처럼 보입니다. 그리고 이는 근원 속으로 수렴되어 가고 있는 찬란한 빛의 무지개 구(球)의 진수처럼 보입니다.

특정 보텍스와 인간의 관계

여러분이 이 에너지 보텍스를 체험하기 위해서는 자기가 선호하는 특정장소에 자연스럽게 저절로 이끌려지는 것이 있어야 합니다. 이 '자연적인 이끌림'은 빛의 특성이 인간 속에 일부 입력되어 있기 때문에 가능합니다.

때문에 여러분의 영혼들은 각기 특정한 '광선과 에너지 보텍스에 부합하거나 상응하는 관계'를 가지고 있습니다. 빛의 패턴과 잘 조화를 이룬 사람들은 그들 자신에 입력된 코드와 조화가 되는 특정 보텍스에 동조되어 에너지화(磁化)가

---

1)이 신성한 장소들은 보텍스들이 지구 지표면과 교차하는 곳의 지역들이다. 주요 12+1 보텍스들의 장소는 구약성경 내의 책 번호 가운데 2장 속에 암호화 되어 있다.

이루어지게 됩니다.

이와 같이 조화를 이루기 위해서는 자연스러운 진화의 질서와 우주적인 사건들의 흐름과 일치 상태에 있어야 합니다. 오직 사랑을 실천함으로써 여러분은 두려움과 의심으로부터 벗어납니다. 그리고 자신이 변화하여 마음을 열고 이웃을 용서하고 받아들임에 따라 여러분은 대단한 상승을 이룰 것입니다.

인간의 빛의 패턴 - 이것은 소리와 색채를 규정짓는 형판이고, 숫자로 나타난 이치 / 인간의 DNA 원형 속에 나타난 수학이다 - 과의 개인적인 연관성에 관계된 흥미로운 정보들은 명상이나 묵상, 또는 내면으로 들어가는 개인적인 방법들에 의해 접근할 수가 있습니다.

그리고 이 코드들은 행성 프로그램 속에서 개인의 역할에 관한 청사진을 나타낼 뿐만 아니라 3차원 저 너머로 진화해 갈 수 있는 영혼의 길을 표시하고 있습니다.

변화의 마지막 시기에 진입함에 따라 많은 사람들이 지금 이 행성 위에서 자연스럽게 본인이 가야 할 본래의 '고향'을 향해 가고 있습니다. 특별한 존재의 에너지 대열들을 통과하고 새로운 이미지가 만들어질 때 이러한 일들이 일어납니다. (풀장 속으로 얼음 덩어리가 녹아들어 가는 것과 같이 말입니다.)

지금 지구에서는 에너지 진동의 상승이 이루어지고 있습니다. 그리고 물질의 유한성과 고체성이 유연해지고 있으며, 의식이 확장(존재와 환경에 대한 의식의 각성)되어 가면서 이를 영혼에 구현해 가고 있습니다.

모든 3차원적 에너지 패턴(육체나 정신체, 감정체와 아스트랄체가 가진 사념들)은 지금 우주의 여러 차원들을 통해 영혼의 여행을 돕도록 자극받고 있습니다.

13번 째 에너지 보텍스의 중요성

'+1'로 표시되는 13번째 에너지 보텍스는 이 지구의 변환 시기에 특별한 역할을 합니다. 이 보텍스는 가끔 이 행성 사이클에 있어서 과거와 현재의 모든 것이 입력되어 있는 결정적으로 중요한 '계관석(鷄冠石)'으로 언급됩니다. 뿐만 아니라 이 행성의 4차원과 그 이상의 차원으로의 상승을 위해 일련의 최후 일들을 활성화시킬 수 있는 정보 코드를 가지고 있습니다.

여기 지금 에너지 보텍스는 우리의 현실 속에 존재하는 모든 것들의 변형을 위해 준비하고 있고, 새로운 빛의 패턴을 투사하고 있습니다.

이 13번째 빛의 패턴은 4차원 에너지 진동 주파수에 공명하면서 3차원의 존재들이 다음 차원 옥타브의 현실로 전환할 수 있도록 조율하는 큰 소리굽쇠 역할을 하고 있습니다.

지구상의 다른 에너지 보텍스 장소뿐만 아니라 이런 성스러운 지역을 방문하는 존재들은 높은 진동의 빛의 투사에 의해 어떤 방식으로든지 영향을 받게 될 것입니다. 만약 이들이 이 상황과 조화를 이루지 못한다면, 무엇인가 소외되는 것처럼 느낄지도 모릅니다. 그러나 이들이 한 번 에너지와 잘 조화되면 다른 사람들을 위해 주파수를 조정하는 소리굽쇠 역할을 하면서 훌륭하게 그리스도 의식을 경험할 것입니다.

예수는 이 에너지의 진동 속에 동조되어 있었기 때문에 그리스도 의식을 드러내 예증(例證)할 수 있었습니다. 그에게서 일어난 남을 치유시키는 현상은 그가 보다 순수화된 에너지를 가지고 사람들을 접촉한 결과로서 나타난 것입니다.

에너지 채널링을 할 수 있는 도관(導管)이 되고 한 개인의 고유한 에너지 주파수의 본질을 상승시키기 위해서는 육체적, 감정적, 정신적, 그리고 영적으로 모든 면에서 깨끗이 정화되고 조화와 균형이 이루어져야 합니다.

지구상의 에너지 보텍스들의 기원

지구의 에너지 보텍스들의 역사는 지구의 창조를 위한 사념이 만들어졌을 때부터 시작되었습니다. 이 에너지 보텍스는 필요한 곳으로 힘을 분리시키고, 투사시키고, 방향을 정하며, 행성을 위해 자신이 바라는 빛의 특성을 교차해 작용시킵니다.

이전에 창조의 모든 형태가 이런 패턴으로 만들어질 것이라는 데 대해 합의가 이루어졌기 때문에 12우주의 각 우주(우주 중의 우주)는 자신 속에 존재하는 모든 기본 요소를 갖고 있는 빛의 광선을 공급했습니다.

이 12 우주들의 모든 방사체들이 멀리 떨어진 우리 은하수 은하계에 도착해서 씨앗이 '심어짐'으로써 결국 이 에너지가 행성 지구에 물질적 생명체를 탄생시키고 진화가 시작되었습니다.

이때 지구의 짧은 역사 속에서 이 에너지 보텍스들은 우주의 법칙과 더불어 완전히 정렬되었습니다. 빛과 사랑의 흐름이 풍부해졌을 때, 행성 위에 있는 모든 것들이 자연스럽게 진화되었습니다.

그리고 앞서 결정된 시기에 이 기본적인 에너지 보텍스들은 창조주에 의해 의도적으로 변경되었기 때문에 지구는 대단히 융통성 없는 오리지널 청사진으로부터 해방이 가능해졌습니다.

이 과정 속에서 지구는 창조의 나머지 부분으로부터 분리되었고, 통상적으로 받을 수 있는 높은 진동 주파수의 도움이 없이 진화하도록 남겨졌습니다. 여기에는 두 가지 이유가 있었습니다.

(1) 그 하나는 지구의 영혼이 창조주의 한마음(창조주의 집단의식)으로부터 완전히 독립해서 '자유의지'를 경험하기 위한 것입니다.

(2) 두 번째는 우주에 있는 다른 존재들에 의해 시도될 수 있는 실험에 의한 간섭을 줄이기 위한 것입니다. 그래서 여러분이 창조의 근원으로부터 분리된 존재라는 환상을 경험하기 위해서 지구라는 무대가 설치되었습니다.

신들과 지구주민의 영적 퇴보 과정

이 에너지 보텍스들은 창조의 세계들을 지탱하는 생명유지 시스템이기 때문에 이것은 행성의 생존유지를 위해서 필요한 기본 에너지 단위들을 공급합니다. 이 에너지 보텍스들이 재정렬되었을 때, 이것들은 행성의 진화를 위해 필요한 최소의 양만 공급했습니다. 사실상 이것은 일련의 행성 진화 프로그램을 촉진하는 데 필요한 높은 진동의 에너지를 받기 위해 기다리면서 휴식하게 되었습니다.

그런데 이러한 에너지 보텍스의 변화는 또한 지구 영역 바로 가까운 이웃에 있는 어떤 존재들에게 충격을 주었습니다.

물론 이 실험에 직접 참가하지 않은 모든 이들은 이 변화의 영향권 밖에 머물러야 한다는 사실을 알고 있었습니다. 비록 그렇다고 할지라도 일부 영혼들은 그 경고에 주의를 기울이지 않았습니다.

그리하여 그들 자신의 의지에 따르는 이들 영혼들은 스스로 금지 구역에 들어갔으며, 그 즉시 자신이 알고 있는 고차원 에너지로부터 단절된 사실을 깨닫게 되었습니다. 그 결과 그들은 서서히 의식을 잃어가기 시작했고, 그들의 기억은 왜곡되어 버렸습니다. 성스러운 사랑의 특성을 잊어버리고 진실된 앎과 이로 인해 얻어지는 자유를 잃어버렸던 것입니다.

그런데 잘못된 영혼들은 자기들의 잃어버린 자유를 되찾고 싶은 바램 속에서 지구와 주민들을 배후에서 통제해 갔습니다. 한 실례로서 그들은 인간들로 하여금 그들 자신 속에 내재하는 신(神)을 어리석게 바깥쪽에서 찾도록 만들 수가 있었습니다. 이와 같은 방식으로 지구상에 육화된 영혼들은 인간에게 분노하고 시기하고 심판하는 독불장군 식의 신(神)들에게 굴종하게 되었던 것입니다. 이런 작은 신들은 자기 식의 잘못된 믿음을 행성 의식에 투사하고 숙달시켜 대부분의 영혼들이 지구 위에 거하는 동안에 전적으로 어둠과 무지 속에 머물게 하였습니다. 그리고 대중들로 하여금 그들을 통제하기 위해 만든 가르침이나 종교에 맹목적으로 복종하도록 만들었습니다.

그리고 이 기본적인 에너지 보텍스가 변경됨으로 인해 행성과 태양계들, 우주들 사이의 천체(天體) 지도가 다시 수정되어야만 했습니다. 지구에 근거를 둔 이들 영혼들이 별들에 관계된 이 이정표들이 완전히 혼란되어 있다는 사실을 안

것은 그렇게 오래되지 않았습니다. 그래서 일부의 존재들은 너무나 황당한 나머지, 지금 많은 존재들이 머물고 있는 지구의 내부(지저세계)로 철수했습니다. 그리고 이들은 지구의 표면에 너무나 해를 끼친 '작은 신들'의 사념체로부터 피난해 온 사람들과 결합했습니다.

누가 어떻게 판단하든 관계없이, 지구 위에서 일어난 이 모든 일들이 그들에게 중요한 경험을 할 수 있도록 기본적인 요건을 제공한 것은 높이 평가할만한 일입니다.

원래부터 계획되어 온 일이거나 돌발적으로 일어난 환경 등에 관계없이 이 모든 일들은 그 목적을 충실히 이행했습니다. 우리가 지금 자신을 이해하고 보다 큰 계획에 따른 우리의 임무와 역할을 알게 됨에 따라 우리는 이 사실을 잘 받아들일 수 있게 될 것입니다.

에너지 진동의 상승으로 인해 나타나는 변화들

최근에 이 기본적인 에너지 보텍스가 우주의 자연적인 질서와 다시 조화를 이루게 되었습니다. 이것은 창조자들이 지구에 기초를 둔 대표자들과 협력하여 조율이 이루어졌습니다.

1989년 중반쯤에 모든 에너지 장소들이 지구 에너지/의식의 주요 핵심 지점으로 재활성화 되었고, 높은 진동 주파수의 에너지 투사에 동조할 수 있도록 맞춰졌습니다. 이와 같이 해서 조화의 리듬이 표면화되고 질서의 체계가 더욱 정립되었습니다.

지금 인류는 거대한 네트워크의 고진동의 빛 에너지와 조화를 이루면서(엘리멘탈계와 천사의 영역을 포함하는 다른 천상의 왕국들에 도움을 받으면서) 보다 확고히 정립되어 가고 있습니다.

이 네트워크 속에 있는 사람들은 그리스도 에너지 진동 영역과 함께하게 되고, 이 지구의 현실 속에서 4차원의 경험을 받아들이기 시작하고 있습니다. 이에 따라 그리스도는 인간 의식의 집단적 메시아로 다시 돌아 왔습니다.

이 행성 프로그램이 완성됨에 따라 지구상에 존재하는 모든 생명체와 더불어 지구는 의식의 확장을 향해 중요하고 큰 진전을 이루었습니다.

지구는 곧 이러한 굳어진 고체성의 밀도와 한계를 넘어설 수 있게 될 것입니다. 아울러 인류는 현존하는 예컨대 두려움과 불신, 판단, 질투, 남의 자유를 구속하고 싶어 하는 욕망 등에서 나오는 생각과 행위들과 그 속에 고착된 것들을 극복할 수 있을 것입니다.

이런 낡은 양상은 최근에 고차원의 영역으로부터 퇴출된 부조화된 에너지와 상호작용함으로써 보다 명백하게 드러나게 될 것입니다. 소위 작은 신들과 모든 '조화롭지 못한 것들'은 높은 진동의 에너지와 조화될 때까지는 3차원에 머물러 있게 될 것이며, 지구가 상승할 때 이들은 변하게 될 것입니다.

이 변화에 적응하지 못하는 대부분의 사람들은 더 많은 혼돈과 혼란을 겪게 될 것입니다. 이 활성화 과정의 일부로서 에너지 보텍스들이 변화에 적응하기 위해서 '미세한 조정'이 있었는데, 이는 지구 변화의 프로그램에 있어서 모든 코드와 창조에 영향을 미치게 됩니다.

지구는 지금 우주의 시간/공간, 이에 관계된 일련의 일들

(평행적 시간대의 활동을 포함하는)에 알맞게 다차원 세계의 차원 출입구로서 열쇠 역할을 할 수 있게 조정 중에 있습니다. 이 출입구는 <스타 게이트(Star Gate)>, 즉 우주의 문으로 알려져 있는데, 이것은 다양하고 커다란 우주 전반에 걸쳐 통행의 질서와 안전을 지켜줍니다.

지구 내부 세계로부터 오게 되는 3차에 걸친 호출 신호가 있다

지구의 표면과 내부 세계에 있는 차원 출입구는 아스트랄 영역과 마찬가지로 제한이 해제되어 각성이 이루어진 영혼들이 들어갈 수 있는 곳입니다. 이는 지구의 3차원적 경험 너머로의 진화가 이루어진 영혼에 해당되는 아주 중요한 천상의 '1차 소환'에 대한 준비 조치를 의미합니다.

이 출입구는 소환에 응해 출발 준비가 된 사람만이 접근할 수 있습니다. 이들은 3차원 형태 너머로의 진화가 이루어지고 다음 옥타브로의 진입에 대해 스스로 책임질 수 있는 의지가 명백한 영혼들입니다.

이러한 준비의 열쇠는 인간 드라마에 대한 욕구를 내려놓고 무한한 생각의 영역을 받아들이려는 열망입니다. '제2차 소환'은 행성의 균형과 정화를 완성하는 데 필요한 아주 중요한 힘의 에너지를 최종적으로 지구에 방출하기에 앞서 이루어집니다. 다음번 우주의 사절들은 지구에서 계속해서 일어나는 일들을 경험하고 싶지 않은 영혼들에게 도움을 줄 것입니다.

3차 소환은 '최종적인 소환'으로서 3차원 지구의 변형이 이루어지기에 앞서 시행될 것입니다. 이것은 마지막 날에 드러난 상태에 따라 제한되고 엄격한 조건 하에 선발된 이들에게 해당될 것입니다.

창조주의식(宇宙意識)에 의해 보내진 신호(Sign)에 동조하지 못한 사람들에 대해서는 지금의 지구와 비슷한 환경 조건의 다른 행성 영역으로 (물리적 우주선에 의해서나 또 다른 방법에 의해) 보내져 다시 정착할 준비가 이루어지게 됩니다. 그리고 이들은 그곳에서 각 개인의 의지에 따라 진화의 과정이 이루어질 수 있게 될 것입니다.

지구와 건너편 다른 곳에서 함께 일어나고 있는 변화에 따른 반응은 아주 엄격하게 이루어집니다. 이 고차원의 진동에너지는 육체를 가진 영혼들을 포함해서 예외 없이 지구의 모든 창조물들에게 영향을 미칩니다. 여기에는 몇 가지 다음과 같은 이유가 있습니다.

[에너지 진동 주파수에 따른 엄격한 분류]

1.창조의 빛이 우주의 질서 안에 있는 인간의 현존이라는 진실 위에서 언제나 밝게 빛나고 있습니다. 남녀 할 것 없이 자신이 보다 위대한 계획에 통합된 일부분임을 받아들인다면, 현재 일어나고 있는 일들과 조화하는 것이 그렇게 중요한 이유가 명백히 이해될 것입니다. 과거의 낡은 패턴들이 지금 변화를 위한 길을 만들기 위해서 방출되지 않으면 안 됩니다.

만약 이것들이 이루어진다면 행성의 집단의식과 그 외 모든 것들이 다른 차원의 영역을 경험할 수 있도록 제자리를 찾아 움직여 갈 것입니다. *그러나 만약 이러한 변화에 저항하는 사람들이 있다면, 그들은 혹독하고 큰 시련을 겪게 될 것*

입니다. 그리고 이런 시련을 통해서 그들은 높은 진동 주파수의 목적을 깨닫게 될 것입니다.

2. 에너지 보텍스는 지구를 위해 창조의 근원으로부터 퍼부어지는 순수한 에너지로서 위대한 생명들을 뒷받침해 주고 있습니다. 지구는 이들 고차원 에너지로 완전히 채워질 때 모든 것이 완전히 새로운 삶 속에서 숨쉴 수 있게 될 것이며, 제한과 고체성이 우선적으로 해소될 것입니다. 모든 것이 새롭게 만들어질 것입니다!

3. 에너지 보텍스는 아무 제약 없이 지금 지구에 고차원의 존재들을 운반할 수 있습니다. 인류와 지구의 상승 과정을 돕기 위해 우주의 먼 지역으로부터 많은 존재들이 오고 있다는 사실은 최고로 중요한 사건입니다.

그러나 이 은하계 사절들은 지구의 조밀한 사념체들과 마주해야 하는 어려움이 있기 때문에 지구인들은 이러한 부조화된 사념체를 정화한 후에 그들을 맞이할 준비를 해야 합니다. 여러분은 모든 사람과 모든 것 속으로 사랑과 빛을 투사해야 합니다.

형성되고 있는 빛의 공동체들

지구 위 모든 곳으로부터 사람들은 에너지 보텍스에 끌려가고 있으며, 새롭게 사랑과 빛의 환경을 만들기 위해서 이 에너지를 활용하며 공동체를 건설하고 있다는 사실은 아주 흥미롭습니다. 이런 주거지를 '빛의 공동체'라 부릅니다.

'빛의 공동체'란 이 3차원 영역의 제한된 사고(思考)와 상황을 초월하고자 하는 원초적인 바람으로 스스로 존재와 진리를 탐구하는 데 공동 관심사를 가진 모임을 말합니다.

바꾸어 말하면, 이런 모임은 창조자인 동시에 피조물로서의 자신들에게 일어나는 변화들에 대해 완전히 책임을 지려는 만남의 장소를 말합니다. 이 빛의 공동체는 참가하는 사람들의 필요와 바람에 따라 여러 형태를 취합니다.

이 빛의 공동체는 참가자들의 필요와 염원에 따라 여러 가지 형태를 취합니다. 근본적으로 중요한 것은 그들이 이 속에 들어가는 것이고, 무엇을 해야 할 것과 하지 않아야 할 것을 알고 이에 대응하는 일입니다. 한 번 이것이 확실하게 정립되면 목표한 바를 성취하기 위해 사랑과 헌신의 마음을 가지고 실천적인 행동으로 옮겨갈 것입니다.

만약 여러분이 무엇인가를 충분히 사랑한다면(여러분의 꿈이나 비전이 포함됨), 이는 여러분의 가장 큰 소망에 따라 그대로 다시 되돌려 받게 될 것입니다. 만약 여러분이 자신의 영적 성장과 창조를 지탱해 주는 환경을 사랑하고 그 속에 있고 싶어 한다면, 그대로 될 것입니다.

만약 여러분이 남을 사랑하는 것을 좋아한다면, 이러한 기회를 제공해 주는 환경을 만들게 될 것입니다. 또 만약 사랑받는 것을 사랑한다면, 역시 마찬가지로 그리 될 것입니다. 만약 여러분의 소망이 지구 위에 천국을 건설하고 싶은 것이라면, 여러분 자신이 이를 실현하도록 노력하십시오. 이것이 여러분의 참된 사랑이라면 이는 반드시 실현됩니다.

여러분의 불신과 두려움을 해소하십시오. 왜냐하면 지금 이야기되고 있는 사랑은 무조건적이며 남녀노소의 구분도 없고 반대하는 힘도 가지고 있지 않기 때문입니다.

'빛의 공동체'들은 섬과 같은 것으로 생각할 수 있는데, 이들이 연합했을 때는 시간 바깥에 존재하는 고요한 바다가 됩니다. 이들은 여러분이 고진동의 고차원 현실로 부드럽게 전환해 갈 수 있도록 만들어 줄 수 있는 초석(礎石)과 같은 것입니다. 이들은 '사랑은 길을 밝혀주는 역할을 한다.'는 사실을 알고 있는 영혼이나 영혼의 집단에 의해 만들어진 결과입니다.

국제적인 공동체들은 외딴 숲속이나 사막에 있는 단지 생활하는 데 필요한 환경이 아닙니다. 여러분이 현재 있는 그 환경 속에서 바로 지금 공동체는 시작됩니다. 이는 단지 여러분 스스로와 자신의 모든 생각과 행동을 포함하여 자기의 삶을 구성하는 일체를 사랑하는가의 문제입니다.

'존재하는 모든 것'을 위한 사랑은 여러분을 보다 선호하는 환경 속으로 들어가게 해 줄 것입니다. 그러나 중요한 것은 여러분의 태도가 지금 당장 변해야 한다는 것입니다. 만약 여러분이 자신 속에서 사랑을 표현할 수 없다면, 여러분이 외적으로 어디에 있는가 하는 것은 중요하지 않습니다. 여러분이 자신의 정체성을 나타나게 해 주는 사랑을 받아들인다면, 그때는 전체 현실 - 하나의 전체, 신(神), 일체성(一體性) - 을 포용하는 깨달음과 의식의 확장이 가능해질 것입니다.

그리하여 섬은 대륙이 되고, 대륙은 지구가 되고, 지구는 전체가 되고, 전체는 하나로서 우주적인 하나, 신적(神的)인 '하나'가 됩니다. 여러분이 분리를 경험하면서 모든 어려운 고난을 겪고 난 후에는 이 말이 너무 쉽게 들릴 수도 있겠습니다. 그러나 자신이 직접 체험해 보지 않고는 결코 알 수 없을 것입니다. 여러분을 사랑하는 다른 이를 당신이 사랑하듯이, 그렇게 여러분 자신을 먼저 사랑하도록 노력하십시오.

그러면 여러분이 남에게 사랑받고 싶은 것처럼 다른 이를 진정으로 사랑하게 됩니다.

아마도 여러분은 이런 사랑 속에 사로잡힐 것이고, 그렇게 되면 과거에 얽매이거나 미래를 걱정할 시간이 없을 것입니다. 만약 자신을 위한 사랑과 모든 것을 위한 사랑 속에 거한다면, 여러분은 지혜와 기쁨을 실감하게 될 것입니다. 사랑이 여러분을 위하여 이밖에 다른 무엇을 해 줄 수 있다고 생각하십니까?

마지막으로 여러분이 이 위대한 존재를 무엇이라 부르든, 우리 모두가 "모든 것", "한마음" "하나님" "근원" 또는 "신(神)"과의 의식적으로 분리를 체험하고 그에 대한 이해를 얻기 위해 지구의 3차원 광장에 참가한 것은 기억할 만합니다.

우리는 자신에게 부과된 경험을 되살리면서 이 과정에서 독자적인 의지의 여러 면을 많이 탐구했습니다. 이제는 이 과정에서 습득한 지혜를 가지고 참된 모든 것과 조화를 이루며 그곳으로 되돌아갈 시간입니다.

우리는 빛의 존재이며, 우주의 시민입니다. 그리고 우리의 귀향은 의식의 보텍스를 통해 이루어집니다. 감사합니다.

우주 그리스도의 한줄기 성령

채
널
링

투
에
타

9 우주 그리스도의 한 줄기 성령

채널링 : 투에타

♣ 독자들에게 : 여러분은 아마도 아래의 본문에서 일반적으로 잘 사용하지 않는 문구와 말의 스펠링에 신경이 쓰일 것입니다. 이 내용들은 우주 그리스도의 한 줄기 성령으로 알려진 나의 사랑하는 존재에 의해서 내 의식적인 마음 위에 각인된 것입니다.(투에타)

　신성(神性)인 나는 근원의 빛 속에 있습니다. 여러분 모두에게 평화를 기원합니다. 나는 우주 그리스도의 한 줄기 성령으로서 여러분에게 말합니다. 나는 분리를 넘어선 의식(意識)으로서 사랑 속에서 모든 것이 하나 되게 하는 조화의 의식 존재이며, 자아와 다른 모든 것들 속에 거하고 있는 성스러운 영적 에센스(Essence)입니다. 나는 죽음을 넘어서지 못한 사람들의 이해 저 건너편에 있는 그리스도의 신성으로서 말합니다.

그럼에도 나는 여러분이 자신의 신성을 선언케 하고, 신성 속에 거하고 있음을 일깨워 주기 위해 왔습니다. 나는 얼굴도 없고 형체도 없습니다. 그러나 나는 말하고 있으며, 창조의 자궁 속에서 아직 태어나지 않고 자신의 표현과 실현을 위해서 기다리고 있는 모든 존재의 얼굴입니다.

성(性)과 출생의 영적 의미를 탐색한다

대응하는 양극성의 요소들 속에서 작용하는 인력(引力)의 법칙은 불균형 상태에서 균형을 유지하고자 시도합니다. 이것은 인간 - 신성한 존재의 의식을 가진 지구의 존재 - 이란 개체의 단위 속에서 가장 훌륭하게 예시된 것입니다. 남녀가 만나 함께 아이를 가지는 관계 속에서조차 그렇습니다. 그러한 행위는 신성한 본질을 실현하기 위한 안정된 경험과 기회가 가능해 지도록 주어진 환경 안에서 균형을 추구하는 것입니다.

이것은 사람들이 자신과 자신이 가진 본질을 깨달을 수 있도록 자세히 탐색하는 것을 의미합니다. 인간은 누구나 자기 자신이 완전하지 않다는 것에 대해서 부정하는 말을 하지는 않습니다. 왜냐하면 인간은 삶 속에서 주입된 신념을 통해 자신의 성적(性的) 정체성을 남성이 아니면 여성이라는 식으로 인간의 반쪽만을 수용하기 때문입니다. 그리고 사람은 이러한 자신의 불균형을 수정하고 균형을 취하기 위해 이성(異性)과의 관계를 상상합니다. 성행위는 여러분이 완전한 하나 됨의 상태 속으로 몰입하여 융합될 수 있는 최고의 표현으로 보입니다. 이는 내면의 과정으로 들어가기 위한 일종의 외적인 추구입니다.

성행위와 출산(出産)은 개인적으로 할 수 있는 최고의 표현으로 권유되어 오고 존경받고 숭상되어 왔습니다. 게다가 지구의 유대교 사회에서는 금전과 재화를 얻기 위해서 남성과 여성 모두 다 육체적 특성을 이용하길 권유받아 왔습니다. 개인의 완성과 신성(神性)을 실현하기 위한 인간의 탐구는 근원의 자리로 향한 사람들의 진화 과정 속에서 계속되어 왔습니다.

출산이라는 것은 아버지 - 어머니 - 아이라는 삼위일체(三位一體)의 경험이 관계된 일입니다. 부모는 3차원적인 틀 속에 있는 존재이고, 아이는 차원 너머의 영역으로부터 온 존재입니다. 고차원적 영역에서 일어나는 창조 작용과 마찬가지로, 생식(生殖)은 성스러운 존재의 사념이 진입하여 이동하고 무작위로 움직이며, 끌어당기고 접촉을 일으킵니다.

난자와 정자가 결합할 때는 이와 같이 동일한 과정이 반복되는데, 이런 과정을 통해서 신성의 에센스를 담을 능력이 있는 새로운 존재가 태어나는 것입니다. 끌어당김과 접촉의 사이클이 시작되는 그 정확한 순간에 입태(入胎)하는 존재의 영향력이 실현됩니다.

7주 된 태아의 모습

이 과정은 지구라는 이원성의 차원 속에서 가장 위대한 경험의 기회를 가질 수 있게 하는, 즉 다시 말해 그리스도 자아의 실현을 가능케 하는 가장 적합한 섹스 상대를 선택하는 데서 시작됩니다.

이 입태하는 존재는 남성 또는 여성이 되기 위해서 그에 상응한 특정한 염색체를 난자 속에서 끌어당기고자 인력의 패턴을 조정합니다. 그 시점부터 탄생이 이루어질 때까지의 출산 과정의 형태는 몸속에 들어가기 위해 기다리고 있는 존재에 의해서 조율이 이루어집니다.

숙주인 부모, 혹은 아기의 어머니는 이 출산의 과정에서 도구나 실험실의 역할을 합니다. 어머니가 무엇을 어떻게 하더라도 이 과정은 태어나기를 기다리는 아기 때문에 그 역할의 중요성이 가려져 축소되고 맙니다.(이는 여러분의 과학자에게는 기껏해야 기적이라는 말로 이해되고 설명되는 수준입니다.) 그리고 태어나는 영혼은 육체가 더 이상 불필요해져서 자신의 차원 영역으로 되돌아갈 때, 그리하여 이 영혼이 육체를 벗고 자유를 얻어 다차원적인 존재가 될 때까지는 안내자의 인도를 계속 받습니다.

이 과정이 어떻게 이루어지느냐고요? 새로운 삶의 사이클을 시작하기 위해 미완성의 염색체 조직이 모여 결합될 때 신성한 존재인 '영혼'은 다음과 같은 조치를 행합니다. 즉 전생(前生)의 경험과 지식으로 영혼은 신성 실현을 위한 최적의 삶의 기회가 될 수 있도록 염색체 패턴을 가장 알맞은 방식으로 배열하고 조정하는 것입니다.

이것은 컴퓨터를 프로그래밍하는 것과 유사하다고 할 수 있겠습니다. 여러분이 아시다시피, 컴퓨터를 가지고 여러분은 단지 프로그램 안에서 특정한 작업만을 수용할 수가 있는데, 왜냐하면 그 프로그램이 깔린 컴퓨터의 성능이 그 프로그램에 맞춰져 제한되어 있기 때문입니다. 그런데 프로그램은 보통 취급자가 아는 것보다 더 많은 정보나 기능을 가지고 있는 경우들이 있습니다.

그리고 '아주 우연히' 취급자가 전에는 사용할 수 없었

9장 우주 그리스도의 한 줄기 성령

던 프로그램 기능의 일부를 우연히 발견하게 됩니다. 그래서 취급자는 '새로 발견한 프로그램'의 부분을 탐구하기 시작합니다. 그리고 이미 설치되고 알려진 부분을 가지고 새로 발견된 프로그램 기능을 사용합니다. 우리의 삶의 사이클도 이와 같지 않습니까?

우리의 신성한 존재(영혼)는 자신의 바라는 것과 필요로 하는 것을 세포의 DNA 원형 속에다 입력시킵니다. 이에 따라 염색체는 바라고 필요로 하는 것에 따라 조정을 합니다. 여러분은 이것을 눈의 색깔, 신장, 체중, 지능 등으로 알게 됩니다. 여러분은 이를 어떤 개인의 영향이나 개인 프로그래밍의 결과로 알고 있으나, 영혼의 눈은 이 몸을 신성을 표현하기 매개체로 봅니다.

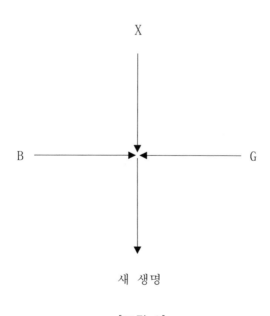

[그림 1]

[생명창조의 과정]

제1단계
영혼B + 영혼 G + 영혼 X = 합의(※역주: 영계에서 부모, 자식, 3자 영혼 간의 지상 탄생의 계획을 사전에 합의함)

제2단계
영혼 B, 환생의 사이클로 들어감(※역주: 아버지 역할의 영혼)

제3단계
영혼 G, 환생의 사이클로 들어감(※역주: 어머니 역할의 영혼)

제4단계
영혼 B + 영혼 G의 유전적 약속의 인력에 의한 결합(※역주: 결혼이나 결합)

제5단계
영혼 X, 영혼 B와 영혼 G의 행위를 위해 대기함(※역주: 성행위)

제6단계
행위에 의한 패턴의 확립(그림 1 참고)

제7단계
임신의 시기에 맞춰 새로운 생명체의 몸을 프로그래밍하기 위한 X의 에너지 투사

제8단계
유전자 DNA는 세포 재생산을 위해 영혼으로부터 정보를 운반하여 각 세포로 가져가고, 이번 생의 경험을 통해 신성을 표현하기 위

해 가장 적합한 몸을 유지할 수 있도록 정보를 입력함.

제9단계
영혼이 완성된 몸으로 들어감. 탄생의 과정을 시작함.

제10단계
새로운 생명체의 탄생과 출산

제11단계
새 생명의 첫 호흡과 독자적 행위 시작

제12단계
새 생명의 사이클 시작

위의 이러한 12단계는 생명 창조에 관한 개념적 과정을 설명한 것입니다. 이 과정은 여러분의 차원에서 경험을 쌓을 수 있도록 마련된 것입니다. 세 번째 당사자인 새로 태어나는 영혼의 영향력 없이는 신성(神性)의 표현(신성한 존재의 탄생)이 불가능합니다.

인간의 과학자들은 실험실에서 세포 분할 생식을 해 왔지만 삼위일체(아버지, 어머니, 신생아)의 에너지를 일으키는 영향력이 없이는 한계가 있으며, 이를 인식하지 못하고 있습니다. 삼위일체의 흐름을 상징하는 여성의 수태 밖에서 일어나는 외부의 과정은 세 영혼이 이전에 동의한 것을 실체화시키는 데 사용될 수 있습니다.

그러나 과학적인 연구와 실험에 대한 욕망 때문에 인간은 전체 과정에서 일어나는 신생아의 영혼이 기여하는 부분을 부정해 버립니다. 쾌락과 영생에 대한 집단적인 욕망으로 인하여 인간은 자신들에게 무익한 연구의 길로 들어갔던 것입니다. 특별한 인간이나 종족을 창조하기 위한 희망은 여러분의 유전 공학에게 배후의 추진력이 됩니다. 이 특별한 초인간적 존재는 지구권에서 그리스도 의식을 실현한 사람입니다. 하지만 이는 여러분의 유전적 실험이나 기타 실험실에서 성취될 수 있는 성질의 것이 아닙니다.

그러나 새로운 삶의 사이클 - 신성을 실현하기 위한 새로운 기회 - 을 위하여 계속 노력합시다. 여러분의 영혼은 각기 신성하며 경험의 과정을 통해 신성을 실현하길 바라고 있습니다. 이렇게 신성을 구현하는 경험은 지구 영역에서만 한정되는 것이 아니고 우주적으로 일어나고 있습니다. (그림2 참조)

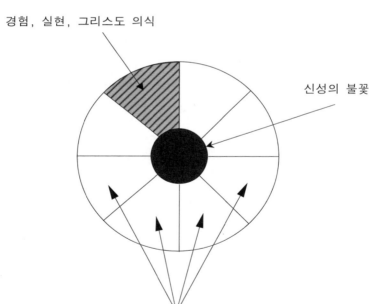

경험, 실현, 그리스도 의식

신성의 불꽃

개인적인 생애(삶의 기간) / 의식이 신성을 실현하지 못한 경험의 측면. 잠재적인 그리스도 실현을 위해 계속되는 경험을 일으키는 불균형 상태. [그림 2]

DNA 속에 잠재된 신성(神性)의 비밀

지구 차원의 체험은 그 밀도가 (음과 양이라는 상대적인) 이원성의 차원을 만들어내기 때문에 독특한 것입니다. 지구상의 체험은 삶이라는 교육 과정중의 여러분의 생각 속에서 여러분 내면의 신 의식(God Consciousness)을 구현할 수 있는 경험의 기회를 빠르게 제공합니다.

하지만 여러분이 지구에서 펼쳐지는 이 가속된 프로그램에 들어갈 때는 사전에 만들어진 하나의 합의 사항이 있습니다. 즉 인간은 스스로 그러한 경험들 속에서 마음의 균형을 성취하고 집적된 경험 속에서 자신의 신성을 표현할 수 있을 때까지 이 프로그램 속에 머물러 있지 않으면 안 된다는 것입니다.

지구인에게 DNA는 세포핵 내의 유인능력(誘引能力)을 이루는 한 구성단위를 뜻합니다. DNA의 프로그래밍에는 지성(知性)이 있는 듯합니다. DNA는 세포 생산과 재생의 전 과정에서 그 자체가 변화하여 일부가 RNA로 나타납니다. 이런 면에서 DNA는 창조 과정의 기원과 연결돼 있는 것으로 생각됩니다.

남성과 여성의 염색체 속에 들어 있는 각각의 유전자는 두 쌍의 미완성 유전자를 한 단위로 완성시키기 위해 만나 결합합니다.

이 세포들의 DNA는 대기하고 있는 그것들의 불균형 상태에서 완전한 실현을 위해서 균형을 추구합니다. 이 DNA 요소 속에는 지구가 아직도 탐구 중에 있는 크나큰 미스터리가 숨어 있습니다. 하지만 지금까지 이 탐구는 출산의 단계에 머물러 있습니다.

이 DNA에는 두 가지 측면이 있습니다. 그 하나는 여러분의 과학자들에게 알려진 것으로 우성적인 것이고, 다른 것은 열성적(잠재적)인 것으로 아직 나타나지 않은 것입니다. 이 열성적 부분은 우리가 탐구하게 될 현존하는 잠재적 에너지 진동들입니다.

아직 나타나지 않은 잠재적인 측면은 여러분의 차원에 국한되거나 제한받지 않고 차원의 틀을 벗어나 모든 것을 아는 전지(全知)의 측면입니다. 이것이 활성화되었을 때는 신(神)의 힘을 나타내는 신성한 측면이 됩니다. 여러분의 몸속에 가지고 있는 모든 세포는 이 사실을 알고 있으며, 여러분의 본성인 신의 본질을 표현하기 위해 기다리고 있습니다.

여러분 차원의 범위 안에서 여러분은 고유한 에너지 진동 내에서 활동하고 작용합니다. 그리고 이 특정한 에너지 진동은 그 안에 있는 모든 것들의 밀도를 지니고 있음으로 해서 만물은 조화로운 모습을 유지합니다. 사유(思惟)의 과정 속에서도 진동이 변하면, 밀도가 변하는 것을 증명해 보일 수 있습니다. 이런 진동의 변화는 여러 가지 형태로 체험해 볼 수가 있습니다.

먼저 가장 자주 체험하는 것은 반작용(Reaction)의 체험입니다. 이는 신체의 분자 차원에서 일어나서 전신으로 퍼집니다. 그러면 당사자는 불안하고 초조하며 자신의 존재감을 느끼지 못합니다. 그 이유는 정확히 꼬집어 말할 수 없습니다. 반작용이 개인의 삶을 지배합니다. 어떤 경우에는 개인의 생존 문제까지 일으키기도 합니다. 자아와 그 요구, 욕망에 집중하는 것이 추진력이 됩니다. 다른 모든 것과 모든 관계들은 자아를 위해 존재하는 것처럼 보입니다.

어떤 사람들은 이런 개인을 지극히 자기중심적인 사람, 즉 지극히 이기적인 사람으로 간주하기도 합니다. 이것은 자아

　　　　　　　　　9장 우주 그리스도의 한 줄기 성령

안에서 초기의 변화를 인식하게 되는 한 단계인데, 즉 생명을 '무엇'이라고 정의했던 우성적 측면과 잠재된 측면들의 관계가 최초로 바뀌어서 둘 사이에 에너지 균형의 달라졌음을 나타내는 것입니다. 따라서 과거에 존재로 수용되었던 것은 이제 더 이상 수용되지 않습니다. 에너지 진동이 바뀌었음을 이제 내면에서 경험하고, 만물이 상호 연결되어 있음을 실제로 드러내 보이는 것입니다.

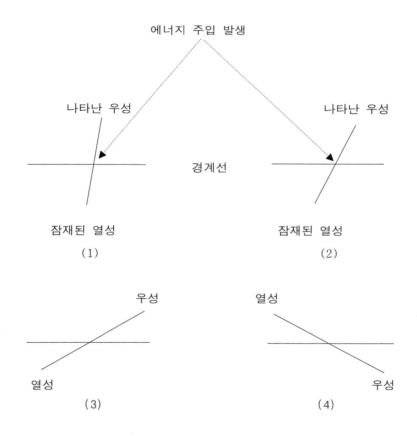

_____

열성   우성

(5)

[그림 3]

(※주의: 그림3의 (1)~(5)에서 볼 수 있는 것처럼 여러분은 에너지 진동의 변화를 받아들입니다. 이에 따라 자신 속에 있는 우성과 열성 간의 균형을 경험하게 됩니다.)

※ 역주(그림 3 해설):차원의 틀 속에 최초로 진동 에너지의 주입(탄생)이 이루어지고
(1)처음에는 나타난 우성과 잠재된 열성이 가장 상반된 이중성을 나타내고
(2)시간이 지나감에 따라 점차 이것들 간에 이중성의 간격이 좁혀지고
(3)시간이 지나감에 따라 점차 이것들 간에 우성과 열성의 간격이 더 좁혀지고
(4)시간이 지나감에 따라 우성과 열성의 역전 현상이 일어나며
(5)드디어 이것들 간에 이중성이 균형을 취하고 한 차원 속으로 통합이 이루어진다. 즉 상승과 깨달음이 완성되는 것이다.

에너지 진동의 변화에 의한 DNA의 우, 열 작용

모든 에너지의 진동 패턴은 이전 사이클 위에 한 사이클이 세워지는 순환적인 형태입니다. DNA의 우성적 측면과 열성적 측면 사이의 균형이 잡히는 데 따른 결과로서 DNA는 에너지 진동 패턴과 직접적인 관계 속에 있습니다.

여러분이 학교에서 '너는 타락한 존재, 가치 없는 존재'라고 배워왔을지라도 이는 모두 그릇된 가르침이라는 것을 아십시오. 그런 가르침들은 기득권을 고수하려는 교회 성직자 집단에 의해 이용되었습니다.

지금 여러분이 보여 주고 있는 세상의 모든 것은 여러분이

자신의 차원에서 표현한 모든 결과입니다. 여러분은 진동의 패턴에 반응할 수 있는 지점에 와 있지 않기 때문에 어정쩡한 상태에 있습니다.

진동이 느려지면 DNA의 지배적인 면이 더 강해지고, 삶과 관련된 모든 행위가 그 차원의 밀도에 집중됩니다. 지구를 지배하는 차원에서 사는 존재들은 신(神)의 의지를 실행할 기회가 있는 차원에 존재합니다.

신성(神性)과 중심근원의 각 측면이 경험해야 할 기회가 있는 까닭에 경험을 위해 마련된 차원이나 우주가 있습니다. 그 기회와 중심근원의 각 측면의 성공적인 발현이라는 매개변수들이 경험했던 것과 경험할 것들과의 통합을 어렵게 만듭니다.

여러분이 선과 악이라는 이원성의 상태에 머무는 것보다 신의 뜻을 보다 잘 구현할 수 있는 길이 있을까요? 이 상태는 양쪽 끝을 가진 직선으로 표시할 수 있겠습니다.

"X" <_____> "X"의 정반대

선(善)<_____>악(惡)

이 확실하게 제한된 이원성의 상태는 여러분을 끊임없이 선택하게 만듭니다. 대부분의 선택에 있어서 여러분은 DNA의 우성적 측면으로 향하게 됩니다. 여러분 행성의 에너지 패턴이 변함에 따라 지금 여러분의 선택에 있어서 변화가 일어나고 있습니다.

개인의 세포 레벨에 있어서는 이 선택이 힘든 갈등으로 나타납니다. 처음에는 잘 모르겠으나 나중에는 감기나 바이러스라는 것으로 나타납니다. 사람들은 내적 투쟁을 진정시키기 위해 약물을 찾습니다. 이러한 경험은 나타나지 않는 열성적 상태에서는 잠을 방해하는 움직임으로 보이고, 우성적인 부분에서는 자신의 상태를 변하게 하는 것이 됩니다.

진동의 변화는 인간의 선택함이 없이는 나타나지 않으며, 에너지 패턴을 변화시키는 외부 근원이 인간을 위해 진동을 변화시키지도 않습니다. 그 보다는 인간이 내면에서 진동의 빨라짐을 경험하는 것은 개인이나 집단이 그 과정을 활성화시키는 최초의 생각이 일어나게 하는 차원, 또는 신성의 물방울을 일으키는 차원으로 들어갔기 때문입니다.

여러분의 차원 속으로 들어오는 영혼은 이 세계의 진동을 활성화시키고 변화를 일으키기 시작할 수 있습니다. 별들을 여행하는 여러분의 형제에 대해 말하자면, 그들도 역시 지구에서 변화를 일으키는 과정에 착수하기 위해 이 신성한 에너지 방울로 여러분의 차원에 들어올 수가 있습니다.

진리의 탐구자로서 여러분은 의식 속에서 (진동을 상승시키려는) 이 행위를 실행해 왔습니다. 많은 사람들이 에너지 진동을 증가시킴에 따라 에너지 진동이 강화되고 가속되었습니다. 그리고 이러한 과정은 지금 지구라고 알려진 여러분의 행성에서 일어나고 있는 것입니다.

신성의 에너지 방울에 대한 여러 반응들

그림-4에서 'A'는 한 줄기 성령(신성의 한 에너지 방울)이 차원의 틀 속으로 진입하는 상태를 나타냅니다. 화살표 'B'는 이 차원에서 처음으로 진동 상태의 변화를 느끼는 영혼으로 이들은 변화에 반응합니다. 그리고 다른 영혼 'C'는 이들에 끌리거나 혹은 행동의 변화를 보이지 않습니다.

이들이 한 줄기 성령을 경험할 때 일부는 이에 끌리고 일부는 반발합니다. 그리고 다른 일부는 현재의 에너지 진동을

한 줄기 성령(신성의 한 에너지 방울)의 최초 진입

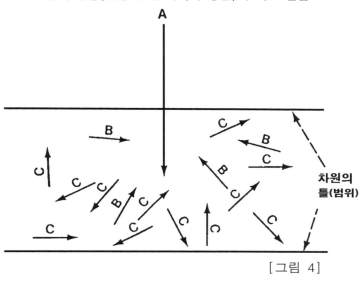

[그림 4]

유지하는 상태를 선택합니다. 이러한 현상은 여러분의 차원에 관한 문제라고 말할 수도 있고, 또는 개인적인 문제라고 말할 수도 있습니다.

각각의 화살표를 여러분 자신의 세포구조 속에서 나타나는 활동으로 보십시오. 이 우주적 율동이 바로 만물을 창조한 근원의 끊임없이 변화하고, 성장하고, 확장하는 표현행위를 계속해서 만들어 나가는 것입니다. 이 모든 창조의 근원이 여러분이 하느님(神) 또는 <창조주>라고 알고 있는 존재인 것입니다.

여러분 개개인의 몸은 대단히 민감한 메커니즘으로 되어 있으며, 자신이 처한 주위 환경으로부터 계속적으로 신호를 받아들이고 있습니다. 여러분 두뇌의 일부는 의식적이든 무의식이든 간에 이들 신호를 받아들이고 번역하여 기록합니다. 가끔 의식 속에서 여러분은 특정한 느낌이나 감정, 생각

신성의 에너지 방울(한 줄기 성령)

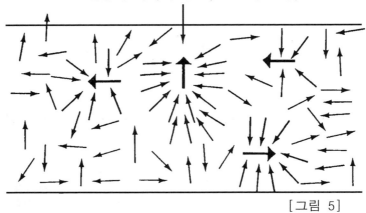

[그림 5]

등을 기록하는데, 이들의 출처가 어딘지는 모릅니다.

여러분의 몸에는 이들 신호에 대응해서 그 기능을 변화시키는 내분비선이 있습니다. 예를 들면, 목 뒤에 따끔한 것을 느끼는 경우가 있는데, 이는 여러분의 심한 에너지의 불균형 상태를 나타내는 것이며, 에너지의 부조화를 육체에 기록하는 것입니다.

이와 같이 몸의 모든 부분이 긴장하고 느낌이 고조되고 이에 따라 사람들은 미지의 상황에 직면하여 이에 맞서는 힘이 증가하게 되고, 아니면 이 상황으로부터 탈피하는 힘이 증가하게 됩니다.

여러분은 어떤 방에 들어가 보지 않고도 그 방 안의 분위기를 불편하게 느껴 본 적이 있습니까? 아니면 그와 반대로 편안한 상태로 느껴보지 않았습니까? 또 여러분은 상대의 경직된 상태를 즉각 알아차리며 다른 사람을 만나본 적이 있습니까?

이 시대의 여러분의 주기(週期)에는 여러분의 영적 성장을 가리키는 것으로 보이는 감각과 깨달음과 경험들이 여러분에

9장 우주 그리스도의 한 줄기 성령

나타나고 있습니다. 이렇게 이런 일이 일어날 수 있는 것일까요?

왜냐하면 인체에 더 많은 변화를 유발하는 에너지의 주입과 증가로 인해서 여러분의 몸이 바뀌고 있고, 의식의 자각(自覺)이 높아지고 있기 때문입니다.

지구를 돕기 위해 온 영혼들 - 스타 피플

여러분의 영혼이 스스로 선택해서 전혀 다른 환경인 지구 차원의 몸속으로 들어와 머물 때, 여러분의 성장은 이 지구 환경의 영향을 받습니다.

영적 성장의 대부분을 차지하는 이 성스러운 영적 스파크(Spark)는 어디서 이루어질까요? 여러분의 성장에 가장 큰 영향을 미친 것은 어떤 행성입니까?

여러분은 전에도 이와 같은 진동을 가진 지구에 머문 적이 있습니까? 만약 그렇다면 몇 번이나 지구에 머물렀습니까? 마지막 경험은 언제였습니까? 영혼이 경험을 하기 위해 준비는 되어 있었습니까? 또 얼마나 많은 상처와 고통을 받았습니까? 치유는 충분했습니까? 그리고 여러분의 성장과 진화를 위한 가장 큰 잠재력은 무엇이었나요?

지구적 경험을 계획한 모든 이들은 사전에 각기 이러한 문제들을 깊이 고려합니다. 그리고 이 지구의 경험을 하기 위해 온 더 많은 사람들은 자기 내부에 가두어져 있는 신성(神性)을 발현(發現)시키려는 목표를 가지고 있습니다.

게다가 이러한 지구적 경험 속에서 성장하려고 지구의 진동 속으로 들어온 존재들 외에 다른 이들이 있습니다. 즉 여러분 행성의 변화 과정에 도움을 주고자 지구인과 더불어 힘을 합치기 위해 이곳에 온 존재들이 있는 것입니다.

여러분은 이들을 '별의 사람들(Star Peoples)'이라고 합니다. 이들은 여러분이 삶의 경험 속에서 말하는 이른바 업(業)/법(法)[1]이라는 특정의 패턴을 벗어난 사람들입니다. 이들의 목적은 여러분 차원의 틀 속에서 신성한 에너지를 정착시키고 이를 위해 이 변화의 전 과정이 빨리 이루어지도록 인도자로서의 역할을 하는 것입니다.

이들은 자신의 주변에 있는 모든 이들에게 감수성을 고양시켜주는 역할을 합니다. 이들은 여러분 행성의 불안정과 혼란을 겪고 있는 형제들을 도와주기 위한 선물로서 여기에 왔습니다. 이들은 에너지의 진동과 맥동을 알고 있습니다. 그리고 다른 사람들이 가끔 알지 못하고 지나가는 미묘한 차이점을 빨리 알아차립니다.

이 존재들이 정밀하게 실험을 해본 결과들은 사람들의 체세포 벽이 얇어지고 있음을 밝혀줄 것입니다. 여러분의 DNA/RNA 속에 입력되어 있는 유전인자는 DNA의 12번째 계단 위에 나선 형태로 되어 있습니다. 이 나선 형태의 변화는 세포를 정의하는 개념뿐만 아니라 세포의 대사를 변화시킵니다.(지구의 과학자들은 아직 신적인 레벨에서 관찰할 수 있는 메커니즘을 가지고 있지 못하기 때문에 아직 더 많이 연구해야 합니다. 이 신적인 레벨은 아-아-아-아 원자의 레벨입니다.)

---

1)불교용어로써 법(法)은 산스크리트의 '다르마(Dharma)'의 한역어(漢譯語)이다. 기원은 인도의 고전인 《베다》에까지 소급된다. 베다시대의 달마는 리타(Rita:天則) 등과 함께 '자연계의 법칙, 인간계의 질서'를 나타내는 용어로 사용되었다. 그 후 브라마나·우파니샤드 시대에는 '인간의 행위'의 규정으로 사용되어, 법칙·질서의 의미 외에 정당(正當)·정의(正義)로 변하여, 권리(權利)의 관념 및 지켜야 할 의무(義務), 계율(戒律), 규범(規範)과 같은 뜻이 첨가되었다.
업(業)은 일반적으로 기독교에서 이야기하는 죄와는 다른 개념이다. 이것은 선과 악의 양측을 모두 포용하고 있으며 인과응보성을 가진 잠재 에너지를 함축한 개념이다. 죄는 죄업의 범주에 속하고, 선은 선업의 범주에 속한다. 선업도 완전히 넘어서야, 즉 존재의 균형을 다시 잡아서 에너지가 완전히 소멸되어야 종결된다(입도한 것임). 업은 가드레일과 같은 역할을 해줌으로써 상승과 초월을 가능케 하는 도약대의 기능을 하게 되며, 자기의 카르마를 이해하고 사랑할 수 있을 때 진정한 깨달음과 상승이 가능하다.

세포 대사의 변화는 각 개인이 가진 모든 존재의 면, 이를 테면 인내력의 한계, 음식물의 선호도, 신체조직에 침범하는 대상의 수용 능력, 에너지 진동 패턴의 조정, 정신적 변화의 수용 능력 등에 영향을 줍니다.

먼저 이 스타 피플들(Star Peoples)은 자기 자신이 어머니 지구와 매우 밀접히 조율되어 있는 보통의 다른 사람들과는 파장이 맞지 않는다는 사실을 알아차립니다. 그들은 어른이 되면 자신이 보통 아이들과는 '다른 아이'였음을 깨닫습니다. 또 그들은 친구들에게 같은 또래의 아이로 받아들여지기를 원하지만, 자신에게서 보통 사람들과는 다른 리듬에 반응하는 어른의 모습을 종종 발견하곤 합니다.

이들의 대부분은 적극적인 지적욕구가 있고, (보통사람들이 삶을 사는 인생관과 같은) 일반적인 보편성을 수용하는 데 어려움을 가지고 있습니다. 그래서 조용히 앉아 자기 내면을 반추하거나 독서를 하며 평온과 정적을 추구합니다.

이들이 삶에 있어서 주된 일은 남을 돕는 것이고, 남에게 도움이 되는 일입니다. 그런데 이들이 한 번 남을 돕는 직업을 갖게 되면, 모든 일을 수용하는 포용성과 더불어 빠르게 자신의 기존의 잘못된 환상에서 벗어납니다.

대부분의 경우, 이들은 자기 내면 속에 채워지지 않고 만족할 수 없는 바램이 있습니다. 그리고 이들이 자신과 비슷한 파동의 사람을 만나는 것은 마치 오아시스에 오는 것과 같습니다.

지금의 시대적 주기(週期)에 이러한 모임의 장소는 사람들이 같이 와서 기쁘게 에너지의 변환을 경험하는 곳입니다. 이들은 작은 집단에 함께 모이는 일이 자신을 이해하는 과정을 가속화한다는 사실을 깨닫습니다. 그러나 분리로 인한 단절감과 고독은 자신이 바라는 목표물에서 멀어지게 합니다.

낮은 진동 속에 묶여 있는 사람들은 이 에너지의 변화에 영향을 받지 않은 것처럼 보이는데, 이것은 왜일까요? 이들의 영혼에 프로그래밍 된 DNA 패턴은 저진동에 친숙할 수 있는 사람의 것이기 때문입니다. 이들은 지구에서 경험해야 할 많은 측면들을 가지고 있습니다. 이들의 영혼 의식(意識)은 이 진행 과정에서 어떻게 선택해야 하는가를 알고 있습니다. 인체의 각 부위에서 나오는 힘은 경험에서 비롯된다고 알려져 있습니다. 육체와 정신을 지배하는 힘과 기타 추진력은 이 경험의 부분에서 나오고 인도된다고 합니다. 지구 차원에서 여러분은 내재된 신성의 균형을 취하고 이를 표현할 필요성을 알고 있습니다.

미리 정해진 존재의 사이클을 통해 어머니 지구의 진동은 보다 미세하게 조정되었습니다. 이는 별에서 온 사람들(Star People)이 지구상에 육화하여 지구의 보다 미세하게 조율된 진동에 응답하고 감응하면서 지구 행성의 주파수를 수용하고 파장을 맞추었기 때문에 가능했습니다.

지구의 패턴 속에 있는 이러한 변화는 점진적이지만 윤회의 사이클 속에 있는 사람들에 의해 경험되어졌습니다. 지구와 지구의 주민들과의 관계는 변화되고 있습니다. 이 저진동에 가장 가까이 접하고 있는 사람들은 불안과 불균형을 느끼고 있습니다. 이 본질은 뭐라고 정의할 수 없으나 경험의 모든 면을 통해 이것이 강화되고 있는 상태입니다. 세포의 틀 속에 있는 세포막은 그 밀도가 감소하고 있는 상황을 경험하고 있습니다. 신적 레벨의 요청에 의해 세포 자체에서 중요한 변화가 시작되고 있습니다. 인간의 삶은 변해 가고 있는 것입니다.

[세포 및 DNA 형상의 차이 비교]

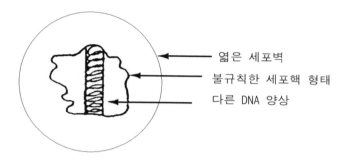

엽은 세포벽
불규칙한 세포핵 형태
다른 DNA 양상

(1) 지구에 살고 있는 '별들의 아이들'의 세포 패턴

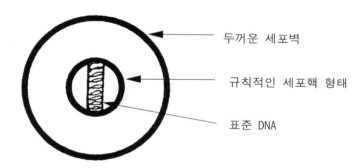

두꺼운 세포벽

규칙적인 세포핵 형태

표준 DNA

(2) 지구에서 다양한 삶을 경험한 사람들의 세포 패턴

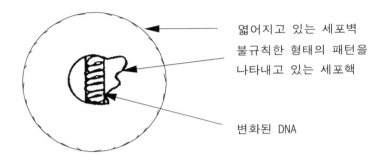

엷어지고 있는 세포벽

불규칙한 형태의 패턴을
나타내고 있는 세포핵

변화된 DNA

(3) 어머니 지구의 진동 에너지의 변화를 경험한 사람들의 세
포 패턴

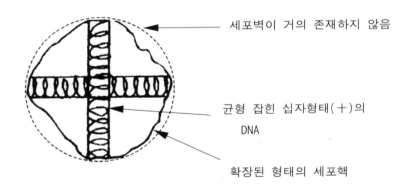

세포벽이 거의 존재하지 않음

균형 잡힌 십자형태(+)의
DNA

확장된 형태의 세포핵

(4) 새로운 시대(다음 사이클)에 살 지구 사람들의 세포 구조

[그림 6]

9장 우주 그리스도의 한 줄기 성령

사람들이 이 에너지 진동의 변화에 조율되고 조화를 이룸에 따라 보다 평화롭고 각성된 의식을 경험하게 됩니다. 그리고 자기 자신과 그 밖의 다른 모든 것들과의 분리감이 감소됩니다. 이렇게 해서 사람들의 세포벽이 얇아지게 됩니다. 지구의 사람들, 즉 인류는 지구에서 만물의 영장으로서의 영향력을 가진 존재로서 이 에너지 진동의 변화에 맨 마지막으로 조정이 이루어집니다. 왜냐하면 모든 창조물들이 그러한 변화에 파장을 조율하여 적응하고 있기 때문입니다. 인간은 에너지 주입과 더불어 각자 고난과 시련을 겪음으로써 자신의 이원성을 수련하고 있는 것입니다.

지구의 에너지 진동을 높이기 위한 천상의 개입 – 신성의 물방울들

만물이 창조된 태초 이래 계속되는 이런 과정을 기억하면서 지구의 인류가 받고 있는 에너지의 주입에 대해 살펴봅시다. 모든 창조주/창조의 측면을 도와주는 존재의 근원으로부터 오는 에너지의 계속적인 흐름이 있습니다. 어떤 사람들은 이들을 한 줄기 성령(신성의 물방울), 혹은 개인적으로 큰 충격의 실례로 관찰할 수 있습니다.

다 같이 [그림-7]을 보고 생각해 봅시다. 각각의 둥근 원(圓)은 대근원(창조주)의 날숨을 상징하는데, 대근원을 표현하는 다양한 모습들로 생명을 탄생시키기 위해 신성의 불꽃으로 창조의 날숨을 불어넣고 있음을 의미합니다. 중심에 집중되어 있는 각각의 직선들은 창조의 그 다양한 '차원', 다양한 창조의 그 모습들을 유지하려는 지속적인 에너지 주입을 상징합니다. 그 각각은 지속적이고 다수의 신성한 물방울들로 이뤄져 있습니다.

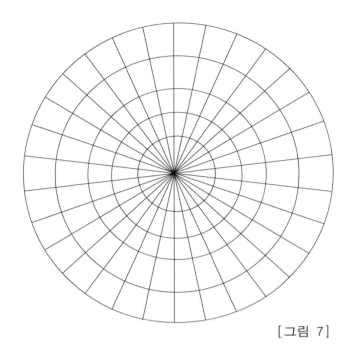

[그림 7]

　이 목적을 위해서 지구와 그 주민들이 가장 큰 원 위의 바
깥 부분에 있다고 가정해 봅시다. 지구와 지구 인류가 성장
해 감에 따라 - 모든 진화는 하나의 성장 과정입니다 - 주입된 각
에너지 방울을 경험하게 됩니다. 인간은 각자마다 원 위의
경험의 자리가 다르기 때문에, 전체 성장 과정 속에서의 위
치에 따라 에너지 방울에 반응을 더 보이거나 덜 보이기도
합니다.

　에너지의 방울이 주입되면 마음이 동요하는 사람도 있고
아무것도 느끼지 못하는 사람도 있습니다. 에너지의 방울은
무감각한 그런 사람들의 것이 아니라 에너지의 방울에 반응
하는 사람들의 것입니다. 각각의 에너지 방울은 창조의 최고
조에 도달할 즈음에 대근원으로 회귀하는 사이클을 시작합니
다. 이는 끝없이 이어지는 공급과 수용의 과정입니다. 지구
인이 물질로 현현하고 다시 대근원으로 회귀하는 것을 느끼

　　　　　　　　　9장 우주 그리스도의 한 줄기 성령

는 것은 어쩌면 이런 개념에 대한 이해 때문일지 모르겠습니다.

지구상의 인간들은 – 나는 여러분을 지구라고 알려진 행성에 나타난 신성한 에너지의 집단적인 현현이라고 말합니다. – 여러 갈래의 진화의 흐름에서 나왔습니다. 사이클 속에 있는 이곳 지구에서 (인종적) 대표자들은 그들이 온 기원들만큼이나 다양성을 나타냅니다. 이들은 각기 자기들 속에 프로그래밍된 DNA의 계단을 올라가면서 경험을 불사르고 드디어 자신 속에 있는 신성(神性)을 표현하게 됩니다.

사실을 말한다면 에너지의 방울들은 이 과정을 돕고 봉사하기 위해 지구의 차원에 주입되었습니다. 그리고 이 세계의 이원성(二元性) 또는 양극성의 속성 때문에 이들의 경험 결과는 다양하게 나타납니다.

이 부분을 시작하면서 우리는 사이클상의 이 지구에서 남성과 여성 – 주로 육체적인 형상– 의 성적 문제에 대해 이야기했습니다. 각자가 신성을 실현하는 창조자가 되기 위해, 그리고 각자가 가진 선물을 동등하게 드러내기 위한 영혼의 욕구에 의해서 이렇게 고조된 성적 표현이 자극될 수 있지 않을까요? 각자의 내면에서 신의 모습을 표현하는 것이 인간 경험의 목적입니다. 인간은 이원성의 차원을 경험하면서 자신을 다양한 방법으로 표현하려고 합니다. 인간의 행위 이면에 있는 주도적인 힘은 항상 인간에 내재해 있는 대근원(神性)의 형상이 자신의 완전함을 표현하려는 욕구입니다.

지구에서 삶의 경험을 통해서 이 염원을 추진해 감에 따라서 가끔 이들의 표현이 본래의 목적과는 아주 다른 이상한 방향으로 나타날 때도 있습니다. 또 다른 인간들은 자신이 지도적인 임무를 수행하고 내재된 신성의 욕구를 바꾸어 표

현하기도 합니다. 지구의 인류는 이 사이클의 마지막 단계에
와 있습니다.

내재된 신성은 자신을 표현하기 위해서 압력을 가합니다.
이것은 그 개인을 이끄는 힘에 따라서 다양한 방식으로 나타
납니다. 기본적으로 창조의 추진력에 대한 자극은 성적 방종
이 아니라 창조적인 과정 속에서 창조주의 측면을 표현하려
는 영혼의 욕구입니다.

지구라고 알려진 행성의 사랑하는 형제들이여! 오직 여러
분은 신성을 표현할 수 있는 창조의 한 국면이 되십시오. 그
리고 근원의 신성을 최대한 표현하도록 하십시오. 아무것도
여러분을 방해하지 못합니다. 그렇게 하도록 합시다. 경험과
더불어 성장하고 있는 여러분 자신의 공명 패턴에 따라 이
지구 차원에 주입된 모든 신성한 에너지 방울들을 환영합시
다.

나는 여러분을 축복합니다. 여러분과 더불어 신을 축복합
니다. 나는 신(神)을 드러내고 표현하는 모든 삼라만상을 축
복합니다. 나는 우주 그리스도의 한 줄기 성령입니다.

[투에타]

투에타는 빛의 메신저들 중의 한 사람으로서 텔레파시 메시지
를 수신한다. 그녀는 트랜스 채널러가 아닌 의식적인 음성 채널
러로서 영단(Spiritual Hierarchy)이나 아쉬타 우주 사령부, 엘리
멘탈계로부터 직접 텔레파시 형태로 메시지를 받고 있다.

CHAPTER
10

팔라스 아테나와 아이올로스

——

채널링 밥픽스

10 팔라스 아테나와 아이올로스

채널링 : 밥 픽스

우리는 가슴속에 큰 기쁨과 사랑을 가지고 여러분을 다시 한 번 만납니다. 우리는 오래된 가르침이긴 합니다만 아직도 여전히 새로운 가르침을 여러분 앞에 가져왔습니다. 이는 고대 지혜로운 사람들의 가르침이기 때문에 고대의 영혼들에게 깨달음을 준 바가 있습니다. 이것은 신께서 지구에 존재하는 모든 사람들에게 선사하는 오래된 깨달음의 선물입니다.

우리는 아이올로스[1]와 팔라스 아테나[2]입니다. 우리는 성스러운 파트너이며, 완전히 충만한 존재이고 자유 자체입니다. 그런 우리가 여러분에게 참된 신의 선물과 성령의 빛을 가져

---

1) 그리스 신화에 나오는 바람의 신.
2) 그리스 신화에 나오는 여신으로 지혜와 공예 예술의 여신, 아테네 여신의 별칭.

왔습니다. 우리는 여러분이 백색 빛과 자유의 불꽃이라 부르는 성령이요, 빛의 대사들(Masters)입니다. 그래서 우리는 여러분에게 완전한 자유와 지혜와 하늘의 온전함을 가져다주려 합니다.

스스로의 속박을 깨뜨리고 내면의 신성을 주시하라

우리에게 있어 여러분과 더불어 차원 상승의 문제를 밝혀내 가는 것은 가장 흥미롭고 흥분되고 기쁜 과정입니다. 왜냐하면 참으로 우리가 알고 있듯이, 여러분은 이미 상승된 존재이기 때문입니다! 이것이 진실임을 우리는 알고 있습니다. 그리고 더하여 우리는 여러분의 가슴속에 있는 영혼의 자리를 알고 있으며, 바로 지금 여러분이 가지고 있는 가슴의 왕좌에는 참나(眞我)가 자리하고 있음을 알고 있습니다. 또한 그 진아가 여러분이 진아와 합일되려는 모든 바램과 요구을 어떻게 환영하는가를 알고 있습니다.

그러나 어리석은 경험과 생활 때문에 여러분은 가슴속 왕좌에 있는 위대하고 신성한 진아에게 무엇을 바라고 요구할 것인가를 모르는 때가 있습니다. 사실 여러분의 가슴은 자신의 삶을 잘 이해하지 못합니다. 왜냐하면 여러분은 스스로 힘을 부여한 다른 권위들에 둘러싸여 있기 때문입니다.

그리고 나는 지금 여러분에게 말합니다. 모든 권위들 중에서 최고인 여러분 자신을 총사령관으로 임명하십시오. 여러분은 자신이 무한이며 완전한 평화임을 알게 될 것입니다. 또 여러분은 지구에 있을 동안에 완전함을 알게 될 것입니다. 이 모든 것들이 여러분의 뜻대로 될 것입니다. 그리고 이것들은 적당한 때에 좋은 방식으로 당신들과 접하게 될 것입니다.

사랑하는 이들이여, 우리가 이야기한 이 모든 것들은 사실 여러분이 지구상의 모든 것들에게 부여해준 모든 권위들의 사령부입니다. 만일 이 사령부가 "나는 당신의 종입니다"라고 명령하면, 오히려 여러분은 여러분에게 봉사하기 위해 지구상에 있는 모든 것들의 종이 되는 것입니다.

우리는 이 완벽한 진리를 이해하고 있는 여러분을 기꺼이 환영합니다. 왜냐하면 이는 삶 자체에 관한 깨달음이기 때문이지요. 자재신(自在神)인 여러분의 진아(眞我)는 총사령관이며, 여러분의 인간적인 에고(Ego)나 그 관념이 아닙니다. 왜냐하면 여러분의 인간적인 에고와 관념은 스스로 여러분을 한정짓는 속박에서 만들어지는 까닭입니다. 이는 여러분이 삶에서 경험하며 배우고 받아들이는 자기 자신의 한정입니다!

스스로 만든 자신의 속박으로부터 해방됩시다! 그리고 하늘로 비상(飛上)하는 비둘기처럼 여러분의 영혼을 천상으로 상승시키십시오!

지금 조용히 눈을 감아 보십시오. 그리고 내면을 성령의 빛으로 충만하게 하십시오. 바라건대 여러분의 가슴속에 신(神)의 임재(臨在)를 기원합니다. 개화되고 있는 자신의 신성인 진아가 빠르게 자유의 불꽃 위에 임해서 더 이상 명멸하거나 꺼지는 일이 없이 여러분의 척추와 존재의 전신 모든 부분에서 찬란하게 빛나길 기원합니다.

부디 모든 이들이 이미 상승되었음을 깨닫기를! 그리고 나는 내면에서 여러분 자신의 고유한 빛의 존재이자, 이미 여러분 자신이기도 한 육신의 형태를 지닌 상승한 진아를 불러냅니다. 여러분은 이미 이 존재를 알고 있는지도 모르며, 지구상에 있는 동안 이 존재가 여러분과 소통하고 여러분을 통달의 경지로 데려갔는지도 모릅니다!

나의 첼라(Chela)[3) 여러분, 지금 여러분의 가슴속에 있는 마음의 눈을 여십시오. 그러면 여러분의 실체인 참나를 보게 될 것입니다. 거기에는 이전에 자신이었으며 성스러운 천사로 빛을 발하는 진아가 있습니다. 여러분 모두는 이러한 위대함을 성취하기 위한 영혼의 소유자입니다. 여러분 각자 앞에는 지금 상승의 기회가 놓여 있습니다! 또한 여러분 각자는 자신을 인도하는 성스러운 대아(大我)를 가지고 있으며, 그 존재가 바로 여러분의 자존하는 진아(眞我)인 것입니다. 그 신적 현존(I AM Presence)[4)인 존재가 여러분 앞에 서서 황홀하게 빛나고 있습니다!

내면에 거하는 신적 현존 – 진아가 여러분을 인도한다

'빛나는 대영혼', '위대한 빛의 존재', '이 스승' 등 여러분이 무엇이라 부르든 이 존재는 사실 물질화된 차원의 레벨에 현현한 것이며, 본래는 다차원적 레벨의 지각대상이고 여러분의 참나가 구체화된 이미지(Image)임을 이해하기 바랍니다.

이 스승의 형상은 자애와 자비, 지혜를 체험하기 위해 인성을 취하게 되며, 여러분은 이 인성으로 인도될 것입니다. 또한 이 스승을 여러분 자신의 현존이 아닌 다른 것으로, 여러분이 깨닫거나 관계를 맺는 현존으로, 혹은 지구상의 다른 스승으로 체험할 수가 있습니다.

---

3) 인도에서 불문(佛門)에 들어온 제자나 입문자를 호칭하는 용어. 신지학(神智學) 쪽에서도 <구도(求道)의 길에 입문한 제자>라는 뜻으로 사용한다.
4) 나라는 대아적 존재의 현재 여기 있음(현존)을 나타낸다. 바꿔 말하면 이는 곧 인간 안에 있는 신적 실재, 즉 불성(佛性), 신성(神性)을 뜻한다고 볼 수 있다. 종교적 용어로 하나님, 한얼님이라고 해도 무방할 것이다. (이상 편집자 주)

사랑하는 여러분, 사실 여러분이 보여 주고 있는 이 사랑스러운 몸이 여러분 실체의 일부란 사실을 아십시오. 사랑하는 이들이여! 그렇다고 혼동하지는 마십시오. 겉보기 외관만 가지고 실수하지는 마십시오. 이 외관은 단지 여러분의 신성인 진아와 영혼의 투영에 불과하기 때문입니다. 진아는 여러분이 원하는 대로 어떠한 형태나 형상을 취할 수 있습니다.

자비로운 스승이든, 빛의 존재이든 여러분이 어떤 형태의 모습을 요구할지라도 진아는 그러한 형상으로 현현하여 여러분에게 관용과 사랑과 지혜의 가르침을 가져다 줄 것입니다. 사실상 예수나 석가와 같은 외적 스승들도 여러분이 자기 내면의 진아 또는 대아(大我)에 대해 가지고 있는 사랑 때문에 나타난 것입니다. 왜냐하면 이런 외적 스승들은 거울이 어떤 대상을 비추듯이, 지구상의 당신 안에 있는 신적 존재를 반영하고 연상시켜 다시 여러분의 기억을 일깨워 주는 역할을 하기 위한 것이기 때문입니다.

여러분 각자는 일상적인 마음을 넘어 초월적인 의식으로 넘어가기 위해 그런 기억을 가지고 있습니다. 여러분은 어떤 상황으로 이끌려질 것이고, 자신의 현존 안에 잠재돼 있는 무한한 지혜와 무한한 평화, 무한한 사랑 등을 일깨워 주는 의식의 고양된 경지로 상승될 것입니다.

그리하여 여러분 각자는 전 생애를 통해 필요한 환경과 사람들, 가르침으로 인도될 것이며, 여러분 자신보다 훨씬 더 지혜로운 영적 스승들은 여러분 내면의 존재인 완전한 영(Spirit)을 반영합니다. 이 영이 신적인 현존인 진아입니다.

우리는 지금 여러분 앞에 마주하고 있는 이 성스러운 영(靈)을 포옹하길 요청합니다. 왜냐하면 이는 여러분 자신의 실체이기 때문입니다! 여러분 참자아의 신성이기 때문입니다!

이 대사가 표현하는 신성한 형체를 포옹하십시오. 그리고 이것이 여러분의 안내자이며 스승임을 아십시오. 왜냐하면 여러분은 학생이고, 여러분의 고차원적 상위(上位) 자아들은 여러분의 스승들이기 때문입니다.

인간 에고의 형상과 속박의 마음을 내려놓고 여러분의 현

신적 현존이자 진아인 신성한 대아, 그리고 그 중간 매개
체인 고등한 자아(Higher Self)를 이미지화 하였다.

10장 팔라스 아테나와 아이올로스

존 안에 있는 무한한 지혜를 껴안으십시오. 여러분의 신적 자아(神我)인 대영혼(I AM Presence)으로부터 여러분에게 속한 것들을 드러내십시오. 지금 여러분 앞에 있는 사랑하는 스승의 형상을 껴안으며, 가슴에서 나오는 가르침을 통해 참으로 여러분에게 속한 것들을 드러내십시오!

신성 발현(發現)의 초기 단계에서의 현상들

여러분은 혹시 상쾌감과 활기찬 생명력을 느끼지 않습니까? 이는 차원 상승의 첫 단계입니다. 왜냐하면 그러한 현상이 육체적이고 물질적인 지구차원에서는 신적인 상태로 진동이 높아지고 가벼워지고 가속되는 본질이고 핵심이기 때문입니다. 이미 여러분을 옭아맨 속박의 끈이 끊어지기 시작했습니다.

이 속박의 끈은 무엇일까요? 이 함정은 무엇일까요? 이는 인간적인 에고에 포획된 상태입니다. 이것은 여러분이 기꺼이 지구와 지구적 권위에 부여한 한 형태입니다. 그렇게 함으로써 여러분은 삶의 생동감과 생명력을 포기하고 말았습니다. 그렇게 하는 동안에 삶의 생동감과 생명력의 하향과 그 진동의 둔화과정을 밟기 시작하고, 드디어는 물이 어는 것처럼 고체화되었습니다.

그러나 이러한 고체화된 형상의 진동이 빨라짐에 따라 과정은 역전되었습니다. 여러분은 자신의 근원으로 되돌아가기 시작했습니다. '종교(religion)'라는 말은 원래 <뒤로 향하다>는 뜻으로 모든 영혼에게 '귀향'이란 메시지 던져 주고 있습니다. 귀향의 집은 가슴에 있습니다. 이 가슴은 신(神)이 거하는 곳입니다. 그래서 신을 회상하는 사람은 심장이 촉진됩니다. 심장이 촉진되면 여러분의 모든 체세포에 이 메시지가 전달됩니다.

이 통신은 처음에 에너지 가속과 촉진의 감각으로써 여러분의 두뇌와 여러 장기와 기관에 기록이 됩니다. 가끔 여러분은 이러한 촉진 현상을 전율이나 서늘함 등으로 느낍니다. 많은 사람들이 진리의 말을 들을 때 어떤 신호나 느낌을 바랍니다. 여러분은 이 신호를 소위 말하는 닭살이나 소름처럼 느낄 수도 있으며, 빛의 쏟아짐이나 빛의 섬광, 또는 흥분되는 느낌 등 여러 가지로 느낍니다.

여러분 각자는 이 지구에서 이러한 통찰력과 힘을 가지고 있습니다. 이것은 시작부터 여러분의 것이었고, 지금도 그러하며, 미래에도 여러분의 것입니다. 끝이란 단지 여러분의 인간적인 마음의 환상일 뿐입니다. 왜냐하면 어떤 하나가 지나가면 또 다른 것이 선택되고, 먼저 것 위에 다른 것이 되돌아오며, 이런 식으로 계속 이어지기 때문입니다. 인간의 눈에는 마치 끝이 있는 것처럼 보입니다. 그러나 신(神)에게 있어 끝이란 존재하지 않습니다. 한 번 와서 지나간 것까지도 여러분에게 되돌아와 다시 나타납니다. 생명은 끝이 없습니다. 여러분이 한 번 표현한 것은 모두 여러분에게 다시 되돌아옵니다. 모든 것들이 지금 이렇게 완성되고 있습니다. 자신의 사이클을 완성하고 있습니다. 인간의 끝임 없이 반복되는 카르마는 모두 근원의 자리로 귀향하고 있습니다. 카르마의 바퀴는 고향을 향해서 굴러가고 있습니다. 그리고 지구에 있는 모든 영혼들은 영광스럽고 환상적인 귀향의 행사에 참가하고 있는 것입니다.

지구 학교의 졸업과 영혼들의 귀향

다가오는 10여년 내에 지구에 있는 모든 영혼들은 귀향의 길로 인도될 것입니다. 많은 영혼들이 잠시 동안 더 지구에 머물길 선택할 것입니다. 그들에게는 그렇게 할 수 있는 기회가 주어질 것입니다. 그러나 지구의 에너지 진동과 행성 자체는 귀향하는 영역에 머물게 될 것입니다. 그러므로 카르마(Karma)의 장(場)에 더 머물고 싶어 하는 인생 수업 중인 학생들은 지구가 본거지가 아닌 다른 이들과 (다른 행성에서) 업(業)의 삶을 같이 경험하는 기회를 얻게 될 것입니다. 이 기회는 다양한 방법으로 그들에게 주어질 것이며, 다른 차원으로 되돌아가서 그 차원의 상태 속에서 지구 카르마를 경험하는 기회도 주어질 것입니다.

그러나 지구에 남고자 희망하는 영혼들은 모두 다음과 같은 사실을 이해해야만 합니다. 즉 여러분은 시간왜곡이 최상의 차원 경험 속으로 가속화되고 있는 우주를 비행하는 일종의 우주선(지구)에 타고 있음을 알아야 합니다. 지구 전체는 차원이 전환되는 행성이며, 지구와 관련된 영혼들은 모두 이 전환 과정의 부분임을 자각하고 깨달아야 하는 것입니다.

여러분의 몸은 어떤 차원에서도 여러분이 하게 되는 체험으로부터 제외될 수 없습니다. 왜냐하면 여러분의 몸 부위 모두는 여러분이 하는 경험에 참가하기 때문입니다. 지구의 모든 부분 역시 이런 변화를 좋아하든 싫어하든, 또는 의식적으로 선택했든지 안했든 간에 이 상승의 계획에 참가하게 됩니다. 모든 이들이 영혼 속에서 어느 날 고향으로 돌아가기로 선택했고, 바로 그날이 다가온 것입니다! 이 10년은 신(神)의 눈 속에 있는 하루입니다.

이제 모든 영혼들은 귀향(歸鄕)하고 있습니다.

이 위대한 축제는 여러분 각자가 준비해 왔습니다. 이 위대한 축제는 처음부터 여러분의 것이었고, 지금도 그러하며, 여러분이 자신의 실체 속으로 들어감에 따라 미래에도 계속 그러할 것입니다. 많은 스승들이 물질적 행성과 비물질적 행성에서 여러분을 환영할 것입니다. 그들은 자신의 영적 지식을 여러분에게 전달할 것이며, 이 지식은 여러분 내면의 진아가 깨닫기를 요구하는 것입니다.

하지만 가끔 여러분은 이 지식에 대해 준비가 되어 있지 않을 것입니다. 바로 이 메시지는 거기에 대해 여러분에게 알려주는 것이고, 여러분을 준비시키고자 하는 것입니다. 각 단계는 자체의 수용 가능성을 내포하고는 있으나 첫 단계는 진리의 말씀을 듣기는 하면서도 여러분이 이해하지 못하고 거부합니다. 그리고 그 다음에는 가슴이 성장을 촉진시키고 자신의 경계와 제약, 주위의 권위와 한계를 녹이기 시작합니다. 바로 그 담장과 심장의 갑옷이 녹기 시작하면서, 즉 기존의 경계가 다 무너지면서 상승의 불꽃이 모든 환상을 소멸시키고, 밝음과 빛이 진실 위에 드러날 것입니다.

해체되고 있는 인간과 천상 사이의 장벽들

신께서 말씀하신 바, 그는 인간이 노력해서 만든 것을 시험할 것이며, 위대한 불꽃이 천상으로부터 출현해서 여러분이 만든 모든 것을 소멸시킬 것이라고 하셨습니다. 천상에서 만든 모든 것은 지속될 것이나 지구에서 만든 모든 것은 사라지게 될 것입니다. 그리고 그때 남겨진 모든 것은 신의 것이 될 것입니다.

여러분은 자신의 노고와 손실에 대해 슬퍼할 것입니다. 하지만 처음에는 모든 것을 잃어버리는 것처럼 보이나, 종국에

10장 팔라스 아테나와 아이올로스

는 모든 것을 얻는 것이 됩니다. 이전에는 여러분을 막고 단단히 에워싸고 있었던 것들이 지금은 해체되고 있으며, 신의 불길에 의해 연소되고 있습니다. 때문에 과거에 일종의 보호막처럼 보였던 것이 이제는 그것이 천상이라고 부르는 곳에 있는 사랑하는 존재들로부터 여러분을 분리시키는 장벽처럼 보일 것입니다.

신적 존재인 나 아이올로스는 팔라스 아테나와 함께 여러분에게 축복을 보냅니다. 우리는 이 상승의 메시지와 그 과정을 가르쳐 주는 정보를 가지고 여러분을 만났습니다. 이것은 여러분의 참나와 그 실체를 알려 주고, 대사 스승이라고 알고 있는 존재가 여러분 앞에 형상을 가지고 나타나도록 일러 주는 최초의 가르침이었습니다.

처음에는 이 스승인 진아가 여러분으로부터 분리된 것처럼 이해하는 것이 좋겠으나, 여러분의 마음이 열림에 따라 종국에는 이 존재가 자신으로부터 분리된 존재가 아니라 자기의 참자아인 것을 알게 될 것입니다. 그리고 여러분은 자신의 참모습이 본래 신적(神的) 진아이고, 신이 여러분에게 준 것은 충만(Fullness)임을 알게 될 것입니다. 여러분은 지금 좀 버거운 육신을 쓰고 수고로움을 겪고 있습니다. 게다가 여러분은 선조(先祖)들의 짐까지 지고 다닙니다.

여러분은 모든 조상의 권위를 몸에 지니고 태어났으며, 이 권위가 자신의 인간적인 에고로써 몸속에 깃드는 것을 허용하였습니다. 조상들의 모든 신념들이 여러분의 체세포 속에 구체화되어 있고, DNA 속에 깊이 새겨져 있습니다. 특별히 주목할 점은 체세포의 구성 성분이 모두 빛이란 사실입니다. 때문에 이런 신념들은 모두 환상이며, 언제 어떤 순간이든 변할 수 있습니다. 그러나 이 신념이 매 세대마다 입력되기 때문에 우리는 여러분이 이 신념의 무게와 압력을 견디며 수고하고 있음을 알고 있습니다. 여러분의 마음은 조상과 사회의 신념에 꼭 붙잡혀 있으며, 이 집착의 마음을 어떻게 할 수 없는 것처럼 보입니다. 여러분의 인간적 마음은 이 신념에 속박되어 있는 것입니다. 만약 여러분이 신념들을 놓아버리면 신념들은 확실히 죽거나 소멸할 것이며, 보이지 않는 힘이 와서 신념들을 데려갈 것입니다.

신성의 작은 불씨와 믿음만으로도 영적 해탈이 가능하다

사랑하는 빛의 자녀들이여! 우리는 여러분에게 들려줄 대단히 중요한 메시지를 갖고 있습니다. *즉 여러분의 하고자 하는 자발적 의지가 없다면, 이 우주에는 여러분 자신을 구해주고 데려갈 수 있는 물리적 힘이 전혀 존재하지 않는다는 사실입니다.*

때문에 우리는 말하건대, 지구와 천상에서 여러분을 데려갈 수 있는 존재는 없습니다. 여러분 자신이 신(神)이며, 여러분 속에 신의 실체가 살고 있습니다. 이것이 없이는 여러분의 생명력은 소멸되고 말 것입니다. 바로 이 생명력은 무한히 작지만 진정 신의 힘입니다!

믿음의 말로 여러분에게 말을 하고 있는 존재는 바로 여러분의 그리스도입니다. 겨자씨만한 믿음이 있다면 여러분은 큰 산도 움직일 수 있습니다. 이 믿음이 생명의 불꽃입니다. 이 믿음은 무한히 작아 보이지만 여러분의 카르마와 육체는 무한히 커 보입니다. 그러나 겨자씨만 한 믿음이 있으면 산 같이 큰 카르마도 움직일 수 있습니다. 이런 생명력은 믿음을 촉진시킬 수 있는 여러분의 일부입니다.

여러분 중 많은 사람들이 밝게 타올랐다가 깜부기불로 남

10장 팔라스 아테나와 아이올로스

은 모닥불을 보았을 것입니다. 한번 밝게 타오른 깜부기불은 그 밝은 불(신)을 잘 기억합니다. 신을 기억하는 것은 깜부기불에 바람을 불어넣어 불꽃을 창조하는 것입니다.

작은 불꽃은 창조의 모든 것을 충분히 점화시킬 수 있으며 기쁨의 모닥불을 창조할 수 있습니다.

축복받은 이들이여! 희망을 포기하지 마십시오. 믿음은 환상에 대한 여러분의 무기입니다. 믿음에는 승리만이 있습니다. 왜냐하면 믿음은 생명의 불꽃을 일으키기 때문입니다! 여러분의 에고는 이 불꽃을 끌려고 할 것입니다. 에고는 자신의 주위에 벽을 만들고 자신을 보호하려 하고 모든 것을 소유하려고 합니다. 그러나 한번 밝게 타오른 불꽃은 재만 남을 때까지 모든 것을 태워 버리고 말 것입니다.

결국에는 모든 것이 신(神)입니다. 여러분은 사랑하는 모든 것 앞에 서 있으며, 여러분이 보고 있는 모든 것들은 신의 길 속에 존재합니다. 아직 모든 것을 신으로 보지 못한다면, 여러분은 그것들에게서 아직 신을 발견하지 못한 것입니다.

이런 진리는 현명한 사람들만 이해합니다. 많은 사람들이 신에 대한 환상을 만들며 허구의 가아(假我)를 창조하고 있습니다. 여러분은 조상(彫像) 같은 것들을 만들어서 우상으로 숭배할 필요가 없습니다.

사람들은 잘못된 개념과 믿음으로 우상이나 조상(彫像)을 만듭니다. 지도자라고 부르는 사람들을 봐도 이는 간단하고 명백한 사실입니다. 여러분은 지도자들을 자신의 지갑 속에 있는 화폐처럼 숭배하고 칭송합니다. 이들은 여러분이 신에 대해 갖고 있는 믿음처럼 대단히 미묘한 존재가 될 수 있습니다. 이런 권위들은 여러 형태와 힘으로 여러분에게 다가오며, 신으로부터 인간 영혼에게로 전달되는 메시지를 와전시킵니다.

"나는 길이요, 빛이요, 생명이다." 이는 지상에 왔던 그리스도의 말입니다. 이 예수 그리스도는 여러분 속에 내재된 신의 선물인 그리스도(진아)를 여러분에게 일깨워 주었습니다. 여러분 속에 있는 그리스도는 살아 움직이는 신입니다. 살아 움직일 뿐 아니라 깨어 있는 신입니다. 살아 움직이고 깨어 있는 나의 실존입니다. 나의 실존인 진아(眞我)의 불꽃이 점화, 촉진됨에 따라 이는 더 크고 아름답고 찬란하게 빛날 것입니다. 이는 사랑과 자비의 불꽃입니다. 이 자비는 인간의 생명과 삶의 모든 길속으로 부어 주는 신의 방사입니다. 계속 흘러넘치는 컵과 같습니다. 죽음의 그림자 속을 걷거나 환상과 권위의 거짓 현상 속을 걸을지라도 이는 강인하며 어떤 욕망도 이를 파괴시키지 못합니다.

쿤달리니 에너지의 각성

생명의 불꽃이 커짐에 따라, 그리고 촉진과 가속이 이루어짐에 따라 인간의 몸이 이에 반응을 하는데, 처음에는 흔들림이 오고 진동의 가속과 촉진이 계속됩니다. 호흡과 심장이 모두 촉진될 것입니다. 가슴속에서 심장이 뛰고 호흡이 빨라집니다. 여러분은 자신 속에서, 그리고 자신의 호흡 속에서 에너지의 소용돌이를 느끼게 됩니다. 그리고 이 호흡이 계속 확장됨에 따라 몸속의 모든 세포에 도달하게 되며, 이 맥동은 온몸으로 느껴질 때까지 계속됩니다.

여러분은 자신의 척추 속에서 강력한 상승의 흐름을 알게 될 것입니다. 이는 생명의 양식이며 신(神)의 나무이고 쿤달리니(kundalini)[5]입니다. 이들 모두는 같은 것입니다. 이들

10장 팔라스 아테나와 아이올로스

모두는 생명나무를 촉진시키고 모든 것을 소진시켜서 생명의 에너지로 만들어 줄 것입니다.

　모든 환상은 진실만 남을 때까지 투명하게 되지 않으면 안 됩니다. 촉진 과정이 가속화됨에 따라 여러분의 양식인 생명의 나무는 계속 강화됩니다. 여러분은 심장과 마음, 몸과 영혼 양쪽을 연결하고 있는 척추 속에서 빛의 에너지를 느끼게 될 것입니다. 이는 참자아의 모든 부분을 알 수 있을 때까지 척추를 오르내릴 것입니다.

　여러분의 몸속에는 어둠의 부분이 있기 때문에 빛은 보다 조심스럽게 침투하지 않으면 안 됩니다. 왜냐하면 어둠의 부분은 여러분이 자신의 시야에서 보이지 않는 곳에 숨겨 놓은 자신만의 개성적 영역이기 때문입니다. 어둠의 부분은 여러분의 권위가 눈여겨 보이지 않도록 여러분이 선택한 영역입니다. 때문에 어둠의 부분은 이웃이 보지 못하도록 숨겨 놓은 어질러진 방과 많이 닮아 있습니다. 이는 다락방이나 지하실과 비슷합니다. 또한 자신과 남들이 보지 못하도록 소유물을 숨겨 놓기 위해 선택한 벽장과 비슷합니다.

　사랑하는 여러분, 그러나 이 어둠의 장소는 드러나지 않으면 안 됩니다. 이것은 광명(光明) 속으로 나와야 합니다. 이 곳들을 처음 보게 되면 여러분에게 두려울 것입니다. 그리고 이에 연관된 일들이 일어날 것입니다. 그러나 이 촉진의 과정에 있어서 처음에는 이의 가속과 사랑이 나타납니다. 여기에서 나타나는 불꽃은 위협적이고 대담하게 타오르면서 여러

---

5) 요가에서 사용하는 용어로 '코일'이라는 뜻이며, 인체의 회음부인 성 차크라에 자리하고 있다. 이것은 우주의 근원적 에너지로 이 에너지가 각성할 때는 세포에 전기적 에너지가 충전되고 활성화된다. 또한 회음부에 미세한 진동이 일어나게 되고 제1 차크라인 성 차크라가 개발되고 활성화되며, 척추를 타고 상승하면서 머리 정수리의 크라운 차크라를 하나씩 개발(점화)시켜 나간다. (역주)

분이 다른 사람들과 나누고 싶지 않은 경험들 속으로 과감하게 나아갈 것입니다.

그리고 이 기간 동안 여러분은 많은 권위의 힘들에게 도전을 받을 것입니다. 그러나 사랑하는 이들이여! 이 권위의 힘들은 여러분 자신이 만든 것이며, 모두 자신의 영혼과 선택에 의해 창조된 환상일 뿐입니다.

자신의 참다운 진아는 여러분의 모든 요구들을 환영하고 존중해 주는 사령관입니다. 여러분이 자신의 권위를 어떤 곳에 두더라도 진아는 여러분에게 이것을 선물로서 줄 것입니다. 왜냐하면 여러분의 바라는 것이 무엇이든 간에 진아는 창조해야만 하기 때문입니다. 여러분이 자신의 권위를 다른 사람에게 위임하더라도 이 역시 하나의 창조 행위입니다. 여러분이 자신의 힘을 알고 인정하더라도 틀림없이 창조는 일어납니다. 그리고 이 두 가지를 알고 인정하더라도 역시 또한 창조는 일어납니다. 이것은 여러분 자신의 신념에 따라 어려움, 또는 자비(慈悲)에 관한 영혼의 경험으로 여러분을 인도할 것입니다.

인간의 두려움은 깨어나기 전의 무지로 인한 환상의 산물

영혼은 언제나 자신의 진아에 의해서 인도를 받습니다. 설사 여러분에게는 그렇게 보이지 않을 때라도 말입니다. 이는 신이 여러분에게 주는 선물입니다. 이 경험들은 여러분 영혼을 흔들어 깨우는 것을 의미합니다. 이것은 도전을 의미하고 여러분을 흔들어 깨워 두려움을 쫓아버리는 것을 의미하는 것입니다. 왜냐하면 깨어나는 순간 여러분의 가슴에는 두려움이 없고 환상도 없어지기 때문입니다. 그러나 무지의 환상이 있는 곳에는 두려움이 있게 됩니다.

이것은 무엇을 의미할까요? 두려움은 환상 때문에 생겨납니다. 여러분이 환상을 없애 버려야 하지만, 이 거짓된 권위를 창조했을 때는 이것이 없어지는 것을 두려워하게 됩니다. 사랑하는 여러분, 여러분이 무서워하는 두려움은 환상의 산물입니다. 따라서 여러분은 가슴속에서는 이것을 알고 있으므로 이를 소멸시킬 것입니다.

두려움에 대한 인식은 여러분이 자신의 권위와 초점을 신(神)이 아닌 다른 곳에 둘 때 생겨납니다. 두려움은 자신이 만든 것으로서 신에 대한 무지의 산물인 것입니다.

모든 두려움은 환상을 낳습니다. 여러분이 자유의 불꽃을 가열시켜 가슴속에 진실을 재창조하면, 신에 대한 앎이 재창조되고 두려움은 사라지게 됩니다.

이 황당한 두려움은 지구의 모든 영혼이 느끼고 있습니다. 그래서 이 어둠과 환상, 거짓 신들과 권위들이 정화되어 빛의 몸이 됨에 따라 지구의 영혼들은 변형을 경험하게 될 것입니다.

때때로 영혼이 신(神)의 모든 것을 즉각적으로 받아들이는 초월적 영적 체험이 가능합니다. 그러나 이 위대한 환희의 순간에 이 갑작스러운 현상은 거의 극복하기 어렵고 통제 불가능한 상태가 될 수 있습니다. 이것은 마치 그러한 현상이 영혼이 육체에서 이탈되도록 촉진시키는 것과 같으며, 이런 일을 겪은 사람은 지구상에서의 현실적 경험에서 벗어나 버리게 됩니다.

여러분 대부분에 의해서 유체이탈(幽體離脫)이라고 불리는 이 경험을 한 사람은 다시 되돌아와서 원상태로 복귀해야 합니다.(어떤 사람들은 이탈이 가속되어 육체 없이 신의 빛에 머무는 초월의 상태를 경험함) 이 상황은 영혼에게 수렴되어야 하고, 영혼은 육체 속으로 되돌아와야만 합니다. 사실상 발생한 일은 여러분 자신의 의식이 강렬한 빛과 힘 속에서 스스로를 지탱할 수 없었던 것입니다. 이윽고 그 경험은 사라지게 됩니다. 그러한 (초월적) 의식은 저절로 감사하게 내면의 신(神) 속으로 사라집니다.

인간은 현실 의식으로 복귀해야만 하며, 이는 곧 신비체험을 잃어버리는 대가(代價)를 치러야만 하는 것입니다. 그리고 양쪽을 오가는 흔들이 추(錘)는 신을 경험한 상태에서 인간의 현실로 되돌아옵니다. 여러분은 초월적 경험을 하는 순간에는 황홀한 흥분을 느끼게 될 것이고, 그 체험이 사라진 그 다음에는 갇혀있는 듯한 답답함을 느끼게 될 것입니다. 즉 여러분은 현실로 돌아왔을 때는 자유가 박탈당한 것처럼 느낄 것이고, 단지 그 신비체험을 기억이나 하고 찬양이나 해야 하는 것으로 느낄 것입니다. 그러나 사랑하는 여러분, 흔들이 추는 앞과 뒤로 흔들릴 것이고, 이를 계속 반복할 것입니다.

차원상승은 육체와 정신의 동시 변형이며, 완성이다

우리가 주의를 주고 권고하고 싶은 것은 여러분 각자가 물질적인 몸과 그것의 각성, 가슴과 영혼의 모든 것을 촉진시키는 운동을 통해서 깨어나야 한다는 것입니다. 이 생기를 띠게 하는 과정이 여러분을 내면에서 가속시키는 만큼, 몸을 내버려 두지 말고 항상 몸과 정신이 동행해야 합니다. 이것이 상승의 정의입니다. 즉 여러분이 이제까지 만들었지만, 천상의 도구로서 지금 여러분이 새로이 창조해야 할 그런 것들을 뒤에 남겨두지 않는 것입니다. 이는 조밀하게 응축된

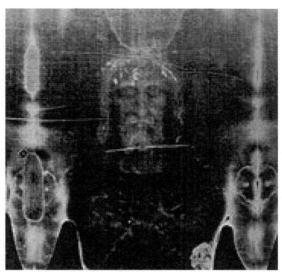

<투린의 수의(壽衣)>에 나타난 예수의 형상

육체가 지금 녹아내리며 변형이 이루어지고 있음을 의미합니다. 인간의 몸을 만든 재료와 물질은 빛으로 만들어져 있습니다.

예수가 이러한 과업을 성취했을 때, 상승으로 인한 빛의 이미지가 그의 몸을 둘러싼 의복의 옷감 위에 만들어졌습니다. 이때 그의 몸에서 일어난 전자기적인 화학 작용이 너무나 굉장한 장관이었기 때문에 예수의 이미지가 수의(壽衣)에 각인되어 남았습니다. 이 수의는 오늘날 잘 알려져 있습니다.6) 이것이 여러분이 알고 있는 수의든 아니든 간에 문제될

---

6)예수의 시신을 감쌌던 것으로 전해지는 가로 1m, 세로 4m의 아마포로 중세 십자군 전쟁 때 터키에서 발견되어 1572년부터 이탈리아 토리노의 한 성당에 보관돼오고 있다. 1898년 처음으로 사진을 촬영하자 육안으로 보이지 않던 '예수의 형상'이 나타나 '기적'의 반열에 올랐다. 이후 신앙의 대상이 돼 왔으며 수차례의 화재로 소실될 뻔 하였다.
(편집자 주)

것은 없습니다. 진실은 밝게 빛나게 됩니다. 예수의 수의가 존재한다는 사실과 이것이 그의 상승과 변형으로부터 갖는 힘은 우리 모두가 주목해야할 축복입니다.

예수가 자신의 상승을 창조한 3일 동안은 아니라도 여러분은 이와 비슷한 과정을 경험하게 될 것입니다. 사실 여러분의 몸이 상승하는 데는 이보다 더 긴 시간이 소요될 것입니다. 이 과정은 정신과 육체의 가속과 더불어 이미 시작되었습니다. 여러분은 이 촉진에 따라 의식의 각성과 세포의 조정이 바뀌고 있습니다. 이를 통해서 빛의 흐름이 이루어지면 여러분의 DNA 구조는 변화하게 됩니다.

지난날의 환상들은 태양이 보다 밝게 빛남에 따라 극복될 것입니다. 어두울 때만 거짓 신(神)은 진실처럼 보일 수 있습니다. 그러나 태양이 밝게 빛날 때, 여러분은 지구상의 모든 영혼들을 자신과 똑같은 영혼으로서 인식합니다. 그들은 여러분보다 더 잘나지도 못나지도 않습니다. 신의 눈으로 볼 때는 모든 것이 동등합니다. 그리고 기존의 권위들이 여러분에게 준 것이 무엇이든 간에 여러분은 이를 그것들에게 되돌려 줄 것입니다. 그것들은 여러분에게 그 선물을 위탁했습니다만 그것들은 여러분보다 더 좋거나 더 나쁜 존재가 아닙니다.

이러한 깨달음과 더불어 여러분이 신의 왕국을 찾는 데 있어서 궁극적으로 그것들이 여러분에게 도움이 되지 않으며 지구에서 왕국을 건설해 줄 수도 없다는 사실을 여러분은 알아야 합니다. 여러분만이 이 일을 할 수 있습니다. 왜냐하면 여러분의 영혼만이 진아의 힘을 가지고 있기 때문입니다. 신적 존재인 진아는 여러분만을 위해 존재합니다. 여러분이 만약 다른 사람들을 치유해 줄 수 있는 인자한 영혼이 될 수

10장 팔라스 아테나와 아이올로스

있다면 우리는 여러분에게 한 번 다른 사람을 치료해보라고, 즉 그들 진아에게 치료되었다는 승인을 받아보라고 요청하고 싶습니다.

왜냐하면 여러분 각자가 알고 있는 것처럼 그들이 스스로 자신을 치유할 의지를 갖고 있지 않는 한, 여러분은 그들을 치유할 수 없는 까닭입니다. 사실 지구에 있는 영혼들은 그들 속에 내재하는 신(神)을 제외하고는 누구도 다른 사람을 치유할 수 없습니다.

변형되고 있는 인류의 DNA

더없이 사랑하는 이들이여! 여러분을 축복합니다. 우리는 이제 상승과 촉진에 의해 여러분의 몸을 다시 만드는 과정인 두 번째 단계의 가르침을 시작했습니다. 이는 역시 많은 측면들이 있습니다. 그 하나는 빛의 방사가 더 오래 지속됨에 따라 이 과정에서 환상의 속박으로부터 풀려나 자유롭게 되는 것입니다. 인간적 에고의 제한과 그 기존의 권위들은 단지 생명이 없는 재질로 구성된 장벽들이기 때문에 사람들이 이 사실을 깨닫기 시작함에 따라 녹아 없어져 버립니다.

우리는 여러분의 신적자아, 즉 진아(眞我)의 빛과 힘과 더불어 여러분이 보다 생기 넘치는 것을 봅니다. 또 강력한 진아의 힘과 빛이 빛나는 가운데 우리는 영혼을 감싸고 있는 옷이 벗겨지는 것을 봅니다.

사랑하는 이들이여, DNA에는 영혼에 관한 것이 응축되어 담겨져 있습니다. 이것은 여러분의 인간적 에고가 지니고 있는 환영(幻影)에 의해 고양되었고 변형되었습니다. 이전에 단지 사념이었던 것이 물질이 되었고, 형상 우주의 재료가 되었습니다.

어떻게 해서 이러한 형상이 만들어졌을까요? 어떻게 해서 사념이 결정화되어 형상이 되었을까요? 여러분 선조의 세대들은 유전학이라는 것을 여러 번 창조했었습니다. 그들이 가진 사념의 힘으로 그렇게 했던 것입니다. 이것은 그들 속에서 창조된 권위였으며, 여러분이 유전자(遺傳子)라고 알고 있는 현실의 실타래를 창조하기에 충분히 강한 힘을 가졌습니다.

이 유전자들은 여러분 선조(先祖)들의 사념과 감정들을 저장하고 운반하고 있습니다. 그리고 마음의 열기에 의해서 유전자 안에 담겨져 있는 조상들의 생각과 감정들이 녹기 시작함에 따라 이것들은 하나씩 하나씩 여러분의 시야에 나타날 것입니다. 이것은 여러분보다 앞선 세대의 사람들에게도 그러했습니다.

이제 DNA의 옷장의 문들이 열리고 있고, 유전자 풀(Pool)[7]에 많은 변형이 일어나고 있습니다. 혹은 유전자 안에 들어 있는 선조들에 의해 유전자 안에 운반되어 온 낡은 권위들이 녹아내리고 있다고 말할 수 있습니다. 생명 없이 껍질에 가리어져 굳어져 있던 사념체가 되살아나고 보이지 않는 곳에 있던 대영혼을 해방시키는 것은 바로 이렇게 녹아내리는 과정인 것입니다.

그래서 이것들은 새로운 단계의 새로운 깨어남을 시작합니

---

7) 1951년 T.도브잔스키가 제창하였다. 주어진 시간 안에 번식 가능한 어떤 생물집단 속에 포함되어 있는 유전정보의 총량을 말한다. 다시 말해 한 종류의 생물집단이 가진 유전자의 다양성을 가리키는 말이다. 유전자 풀은 어떤 집단에서 그 구성이 항상 평형을 유지하고 있는 경우를 말하며, 따라서 상당히 큰 집단이 아니면 유전자풀을 일정하게 유지할 수 없다. 어떤 일방적 돌연변이가 우선적으로 일어나든지, 일반적인 도태가 일어나면 그 평형이 깨진다. 이러한 경우에는 새로운 평형 상태에 도달하기까지 변화는 계속된다. 생물의 진화는 어떤 생물집단의 유전자 풀의 변화에 원인이 있는 것으로 생각되고 있다. (편집자 주)

다. 때문에 낡은 몸들은 지금 자유로워질 것입니다. 몸들은 계속 같은 상태로 남아 있지 않을 것입니다. 여러분은 나선형 계단 위의 시간을 통해서 여행해 왔고, 현재 여러분의 3차원 현실 속으로 여행해 내려왔습니다. 이들 각 계단은 여러분 자신의 에너지 진동을 낮추었고 몸을 응축하였으며, 자신의 힘의 본질을 제한시켰습니다. 여러분은 자기 자신에 관한 잘못된 신념의 옷감으로 스스로를 싸고 있습니다. 그리하여 그것을 자신의 집이라고 부르며, 자신의 영혼을 그 안에 영원히 가두어넣고 있습니다. 여러분 각자는 자신의 조상들을 미리 알고 있었고 조상들이 오는 것을 보았습니다. 여러분은 그들을 껴안고 그들을 가정이나 가족이라고 부릅니다. 여러분은 자신에 관해서 그들의 천으로 몸을 감싸고 자신의 본질과 원래의 이름을 망각해 버렸습니다.

여러분은 지금 선조들이 여러분에게 부여한 통제로 인해 갇혀있고, 조상들의 유전 때문에 본모습이 가면에 숨어 있습니다. 한때는 여러분이 무한자로, 신(神)과 같이 살았지만 지금은 유한한 상태로 죽음과 더불어 살고 있습니다. 여러분의 삶은 길어보아야 겨우 백여 년 정도 지속됩니다. 여러분의 몸은 과거의 경험을 재연시키면서 기억 속에서 살고 있는 죽은 조상(彫像)이 되었습니다.

영혼의 3차원 여정은 끝나가고 있다

그러나 머지않아 여러분은 이러한 3차원계로의 여행을 끝마치게 될 것이고, 근원의 집으로 되돌아갈 것입니다. 그곳에서 여러분은 창조주이신 어버이 신(神)과 같이 다시 완전해 질 것입니다. 그리고 아름다운 환상의 정원에서 살게 될 것이며, 그곳에서 여러분의 몸은 빛 속에 영원히 거하게 될 것입니다.

여러분은 지금 이러한 여행 중에 있고, 자신이 머물렀던 곳을 기억할 것입니다. 과거의 기록은 지금까지 여러분에게 알려지지 않았습니다. 그러나 지금 이 베일은 모두 거두어졌고, 지금까지의 인류의 여정에 관한 지식이 여러분에게 공개될 것입니다. 이는 여러분이 과거에 머물렀던 곳을 설명해줌으로써 곧 여러분의 미래를 말해 주는 것입니다. 여러분이 오랫동안 잊고 있었던 아틀란티스와 레무리아의 여행 기억이 여러분에게 공개될 것입니다.

이는 여러분이 빛으로부터 물질적인 몸의 형태로 하강한 450만년이 포함됩니다. 여러분의 세포는 이 과정을 기억하고 있으며 지금 근원으로 되돌아가고 있습니다.

우리가 여러분을 데리고 천상을 향해 귀환하는 여행에 나서는 것에 병행해서 여러분은 지구상의 이러한 경험들로부터 여러분 자신들(여러분의 세포들)을 해방시키십시오. 육체의 DNA 재배열과 재구성이 시작될 수 있도록 지구의 구속으로부터 벗어나 여러분의 가슴과 마음을 자유롭게 하십시오.

여러분의 체세포는 모든 특성의 빛이 통과할 수 있도록 조정이 이루어질 것입니다. 여러분의 세포는 모두 변형되고 있으며, 여러분의 비전과 생명력의 흐름과 진동에 의해서 더 많이 변경될 것입니다. 그리고 여러분의 비전과 생명력의 흐름과 진동에 의해서 여러분 각자는 자신을 위해서 스스로 이를 결정할 것입니다.

지금까지 여러분의 대부분은 3차원적인 현실을 창조하기로 결정했었습니다. 이 3차원의 요지는 유한함과 죽음인데, 이는 인간 자유의 제한과 물리적인 현실로의 응축을 의미합니다. 이 물리적인 응축은 여러분의 과학에 의해 합의, 결정되는 고유한 계량치를 갖습니다. 그러나 삶의 에너지 진동이 가속되고 충전됨에 따라 여러 세포는 패턴을 재조정하기 시작합니다. 여러분의 염색체와 DNA는 모두 변하기 시작할 것입니다. 거기에는 과거의 기억이 사라질 것이고, 그것의 환영(幻影)만이 있게 될 것입니다. 이 환영은 투명한 형체가 되어 DNA의 모양이 마치 좁게 틀어진 달팽이 속처럼 보일 것입니다.

인체는 빛을 담기 위한 성배(聖杯)이다

이를 경험하기 위해서 여러분은 눈을 감고 여러분 속에 있는 신적 현존인 대영혼이나 진아를 불러내십시오. 지금 여러분의 진아 의식이 여러분 속으로 들어오기를, 그리고 여러분의 몸에 체화되기를 요청하십시오. 이렇게 해서 촉진과 가속이 느껴지는 만큼 여러분은 자신의 한계를 넘어서며, 자신의 인식 속에서 차원의 변형이 일어나게 됩니다.

빛이 퍼져나가게 하고 아무런 저항 없이 비치게 하십시오. 지금 이들에 대한 저항이 해소되었습니다! 빛이 이들을 투과해서 자유롭게 비쳐나가게 합시다. 빛은 자신이 좋아하는 곳은 어떤 곳이든 자유롭게 여행할 수 있는 무한한 능력을 가지고 있습니다. 빛을 규제할 수 있는 어떠한 물리적인 것도 없습니다. 광자(光子)는 자신만의 지혜와 방식으로 대부분의 고체 목적물을 통과해 갑니다. 각성이 확장됨에 따라 여러분은 자신의 제한과 한계를 넘어 무한한 빛 속으로 들어갑니다.

이 무한한 빛이 더 강하게 빛나게 합시다. 그리고 이것이 여러분에 의하여 우주적으로 적용되고 알려지게 합시다. 진아의 빛이 여러분 내면 속에서 빛남에 따라 무한의 신(神)이 여러분과 같이 빛납니다. 여러분 자신인 빛은 곧 신의 빛입니다. 이 신의 빛은 여러분의 생명력 속에서 언제나 비쳐왔습니다. 여러분은 신(神)의 일부입니다. **여러분은 무한한 존재 속에 있는 한 세포들인 것입니다.**

여러분 스스로 자신의 무한함을 인정하는 만큼, 여러분은 자기 자신이 대단한 존재이고 지혜임을 알게 됩니다. 이는 언제나 여러분의 수중에 있습니다. 이를 잡기 위해서는 무한의 지혜와 잠재력을 알기만 하면 됩니다. 이들은 신의 가슴 속에 잠자고 있습니다. 그리고 신의 가슴은 곧 여러분의 가슴 자리에 있습니다.

지금 빛이 밝게 빛나면서 여러분의 육체를 넘어 참나 속으로 확장되어 가고 있다는 사실을 아십시오. 여러분은 자신의 몸이 신(神)의 감로를 담기 위한 성배(聖杯)란 사실을 알기 시작했습니다. 즉 자신이 빛이며, 성배는 이 빛을 담는 그릇이란 사실을 알기 시작한 것입니다.

이리하여 여러분은 4차원이라 부르는 의식의 차원을 처음으로 깨닫게 됩니다. 때문에 빛에 대한 여러분의 혼란은 해소될 것입니다. 여러분은 자신이 빛이며 빛이 자신의 참모습이란 사실을 알게 됩니다.

여러분은 성배에 대해 이미 인식하고 있습니다. 그리고 이것이 진실임을 압니다. 하지만 여러분이 4차원에 진입할 때 여러분 차원의 관점에서는 마치 4차원은 빛만을 수용하고 빛만을 가지고 있는 것처럼 보입니다. 그 빛은 여러분 자신인 것입니다.

성배는 누가 어떻게 만들었을까요? 바로 여러분이 거기에 부여한 권위들에 의해 그것은 형성되었고, 소유되었습니다. 여러분이 권능자인 진아, 총사령관에게 한 요청 때문에 여러분을 위해 몸을 창조했습니다. 그리고 이렇게 창조된 각자의 몸은 물질적 신체의 구조 위에 다른 벽돌이 추가되었습니다.

여러분의 육체 자체는 사념들로 창조된 어떤 건물과 같은 구조입니다. 그리고 (벽돌이 쌓이듯이) 사념이 하나씩 다른 사념 위에 올려짐에 따라 여러분이 거주하게 될 몸이 창조됩니다. 이 몸은 여러분이 지상에서 살기로 선택한 모든 조건적 요소를 상대로 여러분을 보호할 것입니다. 즉 이것은 여러분이 필요로 하는 것을 먼저 앞서서 현명하게 선택할 것입니다. 여러분의 몸은 기후적 조건과 개인적인 조건에 잘 적응하게 될 것입니다. 여러분이 참여하게 될 모든 세계들에서 여러분의 개성적 자아가 창조될 것이며, 여러분을 보호하도록 그 몸에 벽돌이 추가될 것입니다.

이 육신은 여러분이 만든 성배입니다. 이는 또한 영혼의 빛을 위한 수레로 알려져 있습니다. 여러분이 육체적 삶을 남용할 때 이 성배는 더 이상 유지할 수 없게 되거나 파괴되고 말 것입니다. 이것은 다른 것을 위해서 버려지게 될 것입니다. 그러나 영혼 자체는 영원합니다. 이는 신의 선물로 주어졌기 때문입니다.

지금 4차원의 존재로서 또는 4차원에 들어갈 존재로서 여러분은 자신이 무한한 빛이며 무한한 잠재력이고, 또 여러분이 그 속에서 어떤 일을 수행하기 위한 필요한 매체로서 아직 성배(聖體)가 있다는 사실을 이해하기 시작했습니다. 우리가 지금 여러분에게 말하건대, 이 성배를 더 빛나는 빛으로 보십시오. 그리고 여러분은 이것이 단순한 고체가 아니고 사념과 인식의 구성물이란 사실을 알기 시작합니다. 그것은 마치 종이가 점점 얇아지는 것처럼 투명해집니다. 여러분이 그것을 목격한대로 여러분은 자신의 물질적, 육체적 조건을 넘어선 존재임을 깨닫습니다.

이것은 보다 가속된 4차원의 형태입니다. 이 성배는 보다 높은 차원에서는 더욱 투명해지기 때문에 여러분의 눈에 겨우 보이는 상태에 있습니다. 하지만 이와 같은 방식으로 여러분은 자신이 무한한 신(神)이며, 위대한 신적 현존인 진아가 자신에게 주어진 선물이란 사실을 배우고 수용할 것입니다.

사랑은 우주를 유지시켜주는 생명력

우리가 여러분에게 말하건대, 여러분 각자는 신의 입장에서 해야 할 과제를 가지고 있습니다. 왜냐하면 신의 몸속에 있는 모든 세포는 신의 무한과 무한자로서의 목적을 가지고 있는 까닭입니다. 모든 세포가 신의 실재로서 재배열될 때, 서로 동시에 협력이 이루어지게 될 것이며, 때문에 이들은 하나로 작용합니다.

만약 여러분의 몸이 신의 이미지가 아닌 다른 어떤 것으로 만들어졌다면, 여러분의 모든 세포가 다른 방향으로 움직이게 되고 살아남지 못한다는 사실을 알게 될 것입니다. 여러분은 수백만 조각으로 떨어져 나갈 것입니다. 그리고 여러분의 생명력은 여러분과 함께 몸속에 머물지 못할 것입니다.

여러분과 함께하는 생명력을 이름하여 사랑이라 합니다. 그리고 사랑은 자비이며, 모든 것을 하나로 묶어주는 신의 선(善)입니다. 사람들이 분리를 시작했을지라도 사랑은 사람들을 다시 되돌아오게 할 것입니다. 사랑은 생명의 마력(魔力)입니다. 사랑은 이 우주의 모두가 함께 가지고 있는 힘입니다.

사랑 앞에는 믿음이 와 있습니다. 믿음으로부터 생기를 부여하는 힘이 생겼습니다. 그리고 생명력 있는 불꽃이 자신을 존재로 표현하기 시작했습니다. 이때 그것으로부터 희망이라고 볼 수 있는 것이 생겨났습니다.

말하자면 생명력, 즉 힘이라고 불리는 것으로부터 희망이 생겨나는 것입니다. 희망, 그것은 곧 신(神) 자신이 현존하고 있음입니다. 그리고 빛이 자신의 조건들을 초월해 갈 수 있다는 인식이 희망입니다. 희망은 빛으로 하여금 결국 승리하게 할 것이며, 그 힘은 무한하게 됩니다. 희망은 상승 과정을 촉진시켜 줄 것이고, 육체를 지니고 있을지라도 영원한 생명을 여러분에게 줄 것입니다. 희망은 여러분이 신과 다시 하나가 될 것이라는 이 모든 것입니다. 그리고 그 다음에 이것이 사랑 자체가 되는 것입니다!

사랑은 모든 것이 하나가 될 때 5차원을 창조하는 본질입니다.

그러나 여러분이 아직 4차원에 있는 동안에 우리는 여러분이 자신의 육체적인 몸의 외부에 있는 다른 차원의 몸을 알도록 만들 것입니다. 거기에서 여러분은 성배가 아직 빛을 소유하고 있음을 알 것입니다. 그리고 여러분은 성배가 여러분의 시야에는 투명하게 보일지라도 다른 차원의 사람에게는 아직 고체로 보인다는 사실을 알게 될 것입니다.

또한 여러분은 다음과 같은 사실을 알게 될 것입니다. 여러분은 자신이 무한의 신임을 알면서 삶을 살아갈지라도 다른 사람들은 여러분을 각성하지 못한 개체로 알고 있을 것입니다. 또 그들은 스스로 자신을 보는 것처럼 자기들 방식대로 여러분을 이해할 것입니다. 그러므로 그들은 여러분이 지혜 있는 사람임을 알지 못할 것이며, 때문에 그들의 안목은 여러분을 인식할 수 없습니다. 그들은 단지 성배(육체)만을 인식할 뿐입니다!

이것은 4차원에 대한 하나의 지각입니다. 앞으로 10년 내에 일어나게 될 차원 상승의 최초의 단계는 모든 빛의 영혼들이 자기 자신을 빛으로 알게 되는 것입니다. 그들의 성배는 변형되기 시작할 것이며, 성배의 전자기적인 패턴이 재배열될 것입니다. 모든 것이 다시 한 번 신과 함께 합일 될 것입니다. 그리고 우주의 모든 무한자의 원형이 탐구될 것입니다. 그럼에도 성배의 비전은 언제나 같은 상태로 남아 있을 것입니다.

그럼에도 지구상의 모든 것이 용해되고 더 이상 육체적인 존재가 아니라고 상상하는 것처럼 아직은 여러분이 그렇게 완전한 빛의 존재로 상승되지는 않을 것입니다. 그렇습니다. 여러분은 여전히 어느 정도 육체적 존재일 것이지만, 그러나 4차원적인 존재가 될 것입니다.[8] 그 안의 존재들에게는 삶의 이원성이 여전히 공유되어 있고 그 세계의 빛에 관한 모든 것이 여러분에게 알려질 것입니다. 그리고 물질적인 존재에 관한 모든 것이 그 빛 속에서 의도적으로 공유되고 변형이 이루어질 것입니다.

다가오는 미래에 대한 전망

행성 지구의 변형과 재구성 과정은 향후 10년의 후반기에 시작될 것입니다. 이때에 지구의 모든 시스템은 참된 것으로 재배열될 것입니다. 이는 또한 신의 시대 (앞으로 10여 년 동안) 에 일어나야 하는 육체적인 상승이기도 합니다.

---

8) 인간은 앞으로 반 에텔체로 진화하게 되는데, 이 새로운 몸은 반은 물질이고 반은 에테르 질료로 이루어져 있다고 한다. 따라서 완전한 100% 빛의 존재인 에테르체는 아닌 것이며, 반물질적(半物質的), 반육체적(半肉體的) 존재인 것이다.(편집자 주)

이 시대에 처음으로 나타나는 현상은 영혼들이 깨어나고 여명의 빛이 밝아오는 것입니다. 여명이 점점 더 밝아옴에 따라 완전히 밝은 정오가 될 것이며, 감춰졌던 모든 것이 드러나게 될 것입니다. 이런 숨겨진 것들은 머지않아 곧 탐구될 것이고, 모든 것이 밝혀지게 될 것입니다. 이 시기에 빛은 무한한 신과 우주 무한자의 지혜와 조화가 이뤄지도록 지구의 시스템을 재평가하고 재조직하며 재구성하는 방식으로 비쳐야만 합니다. 빛은 한 곳에서 다른 곳으로 조화롭고 부드럽게 흘러가야만 하는 것입니다. 그리고 여러분의 과학은 모든 것이 서로 조화를 이루면서 아무런 마찰이 없는 초유동전도성(超流動電導性)의 과학으로 성장해야만 합니다.

이와 더불어 여러분의 육체적인 몸은 변형되고 다시 만들어질 것입니다. 이 몸은 영적인 본질과 여러분의 차원에 맞는 영적인 몸으로 다시 형성될 것입니다. 이것은 3차원이 4차원 이상으로 전환되어 상승될 때 완결될 것입니다.

그리고 물리적으로 재구성되고 있는 신체가 완전한 빛으로 변형되는 데는 다시 2,000년 정도가 걸릴 것입니다. 과거 지구상에 예수의 탄생과 더불어 3차원 세계가 완성되는데 대략 2,000여년이 걸렸듯이, 이제는 다시 그 기간 동안에 모든 영혼들 속에 그리스도가 재탄생할 것입니다. 왜냐하면 고차원으로 진입하는 것은 곧 그리스도가 다시 오는 것, 즉 재림(再臨)이기 때문입니다.

(그리스도 재림의 상징적인 참된 의미는) 인간 각자의 성배 속에 있는 그리스도의 아이가 도래하여 내면에서 다시 태어나는 것입니다. 그리하여 완전한 빛의 존재로 새로이 거듭나는 것입니다.

이것은 죽음의 그림자 속에서조차 그 모든 사망이 환영처

럼 보일 때까지 성배에 넘쳐흐르고 있는 살아있는 신의 빛입
니다. 죽음이라는 환영의 현실이 한 때 영혼 위에서 지배권
을 쥐고 있었던 것은 영혼의 권위가 그 환영에게 부여되었기
때문인 것입니다. 이제 영혼은 자신의 권위를 다시 회복해야
만 합니다. 그리고 이 상승의 과정을 재구성하고 다시 출발
해야 합니다.

빛을 이용한 합일 명상법

　나는 여러분이 지금 사랑의 역군이 됨을 환영합니다. 등을
기대고 조용히 앉으십시오. 그리고 바로 여러분 자신인 빛을
한 번 호흡하십시오. 성배 너머의 빛을 시각화하십시오! 여
러분이 사랑하는 사람을 한 사람씩 포옹하는 모습을 시각화
하십시오. 여러분이 이들을 사랑과 빛으로 포옹함에 따라 이
들은 성배를 넘어서 빛 자체가 될 것입니다. 참으로 여러분
이 그토록 애정을 갖고 사랑하는 모든 것들은 자아의 빛에
의해 용해되고 소진될 것입니다.

　이 진아의 빛, 신의 정수와 내적 그리스도는 모든 것이 여
러분과 하나로 되고 다시 한 번 자아의 일부가 될 때까지 모
든 것을 감싸 안을 것입니다.

　이들 모든 것을 하나씩 감싸 안으십시오. 여러분이 그토록
사랑하는 이들 역시 빛이 될 때까지 여러분의 가슴속으로 데
려와 포옹하십시오. 여러분 주위에 있는 아이들과 은혜의 선
물들 역시 여러분과 하나가 될 때까지 빛 속으로 데려오십시
오. 이들의 부모와 친구들도 여러분 앞으로 데려와 그들 모
두가 사랑 속에서 하나가 되게 하십시오. 여러분이 거하고
있는 주위의 것들, 여러분 몸이 부여받은 모든 것들, 여러분
의 집과 방안, 주위 환경의 모든 것들을 여러분의 가슴과 빛

으로 데려와 역시 빛과 하나 되게 하십시오.

또 지금 여러분의 국가적인 어려운 문제들과 세계적으로 인식되고 있는 난제들을 여러분의 가슴과 빛 속으로 가져와 빛과 하나가 되게 하십시오. 모든 난제와 국가적으로 연관된 유산들을 빛 속으로 가져와 인간들이 만들어낸 모든 불안들을 사랑으로 용해하십시오. 그리고 이를 지켜보십시오. 이것이 무한한 사랑입니다. 나의 친구들이여, 이것이 참으로 무한자의 사랑입니다.

이들 모두를 이러한 사랑 속으로 가져오십시오. 그러면 이들은 모두 빛과 하나가 됩니다. 지금 여러분의 건강하지 못한 지구를 빛 속으로 데려오십시오. 그래서 이 자연의 모든 것들이 사랑 속에 거하도록 하십시오. 그러면 이들은 끝없이 응답하고 기뻐할 것입니다. 또 여러분은 이들이 기뻐하고 좋아하면서 상승의 촉진이 일어남을 보게 될 것입니다. 여러분의 지구는 신속히 완성되어 졸업을 이룰 것이고, 모든 환경적인 병들이 마치 하루 밤의 일처럼 치유될 것입니다. 이들을 빛 속으로 데려오십시오. 그러면 이들은 빛과 하나가 될 것입니다.

그리고 이제 모든 국가적인 장벽들이 하나가 될 수 있도록 그것들을 여러분의 빛 속으로 가져옵니다. 하나의 지구, 하나의 개념, 하나의 사랑 말입니다. 이어서 어머니 지구 전체와 거기의 모든 사람들, 그들의 모든 신념들, 천상의 모든 것들과 아스트랄 세계의 모든 것들이 빛 속으로 들어와 역시 빛과 더불어 하나가 됩니다. 그리고 지금 천상에서 여러분을 기다리고 있는 지구의 모든 (외계) 형제와 자매들을 데려오십시오. 왜냐하면 이 태양계의 모든 다른 행성들은 이미 상승되었고, 4차원 이상에서 여러분을 기다리고 있는 까닭입니다. 이들 역시 하나가 될 수 있도록 이들을 빛 속으로 데려오십시오. 그리고 여러분은 평화와 형제애 속에서 다시 하나로 결합될 것입니다.

우리는 지금 지구가 다음 2,000년의 기간 동안에 빛이 될 뿐만 아니라 태양계의 모든 것이 순수한 빛이 될 것이란 사실과 그 과정을 알고 있습니다. 다음 2,000년 동안에는 여러분이 알고 있는 것처럼 물질적인 우주가 존재하지 않습니다. 모두가 하나가 될 것이기 때문입니다.

여러분은 어떠한 고체성도 갖지 않고 어떠한 제한도 없는 빛의 세계에서 자유인이 될 것입니다. 그리고 삶의 모든 것이 무한한 생명이 되고, 신의 무한한 환희가 될 것입니다. 이는 모든 것을 하나로 묶어주는 사랑의 흐름을 통해서 유지될 것이며 신의 자애 속에서 성장해 갈 것입니다. 신의 자비는 모든 이의 가슴속에 있는 진아를 통해서 표현되는 신의 추진력을 말합니다.

여러분을 축복합니다! 이 경험은 신의 시대에 3차원에서 4차원으로 바뀌는 여러분의 전환을 말합니다. 그리고 다음 2,000년 주기는 5차원으로 변환될 것입니다.

최종적인 5차원의 형태는 모든 것이 빛으로 작용하는 것입니다. 태양계 전체가 자신의 참모습인 빛과 결합될 것입니다. 이 2,000년 동안에는 여러분이 알고 있는 것처럼 더 이상 물질적인 태양계는 존재하지 않을 것입니다. 이들은 빛으로서 자신의 최고의 속도(진동)로 되돌아 갈 것입니다.

지구상에 있는 각 영혼들과 기타 모든 행성계들은 그들 자신의 본래의 상태를 수용할 것입니다. 그들은 자신을 창조신으로 받아들일 준비가 되어 있습니다. 모든 것이 자신의 근원으로 되돌아갈 것입니다. 사랑하는 여러분, 여러분은 이

신의 시대에 4차원 이상으로 상승할 준비가 되어 있습니다.

본인은 팔라스 아테나와 함께하는 아이올로스입니다. 그리고 우리는 상승의 비전과 더불어 여러분을 환영합니다. 이 상승의 비전은 여러분이 알고 간직해 왔던 가장 완벽한 성취와 온전함을 여러분에게 가져다 줄 것입니다. 여러분을 제한하는 것들로부터 자유로워집시다. 그리고 신께서 역사하심을 신뢰합시다. 한 번 신의 불꽃이 점화되면 더 이상의 환상이 존재하지 않을 때까지, 그리고 빛만이 존재할 때까지 그 길에 있는 모든 것이 소진될 것입니다!

나는 신 자신입니다. 생명이 있는 모든 것이 내 앞에 있습니다. 여러분의 축복을 빕니다.

[밥 픽스(Bob Ficks]

밥 픽스는 지난 30년 동안 미국과 아시아에서 명상을 가르치고 강연해온 명상 지도자이다. 또한 미 네바다주에 있는 국제 자아실현 재단(FFI)과 태국의 치앙마이에 있는 명상 각성 대학(AUM)의 설립자이기도 하다. 그는 1960년대 처음으로 인도의 마하리쉬 마헤쉬(Maharishi Mahesh) 요기로부터 〈초월명상〉을 배웠고, 스승의 지도하에 약 80,000 시간 이상 깊은 명상 수행을 했다고 한다. 그동안 밥 픽스는 고대의 인도와 아시아의 형이상학적 가르침과 현대 의학, 과학을 연결시키는 다리 역할을 해왔다.

아울러 그는 뉴에이지 운동의 개척자들 중의 한 사람으로서도 유명하다. 승천한 대사들(Ascended Masters)의 가르침을 전파하기 위한 매체로서 1980년 중반 사나트 쿠마라와 사난다의 인도 하에 〈빛의 위원회(Council of Light)〉라는 단체를 설립했다. 그리고 마스터들로부터 받은 그의 수많은 채널링 정보는 '커넥팅 링크'나 '스피리트 스피크'와 같은 여러 잡지 등에 정기적으로 연재되기도 하였다.

현재도 그는 미국과 일본, 태국 등에서 존경받는 명상 및 채널링, 불교 분야의 권위자이다.

10장 팔라스 아테나와 아이올로스

CHAPTER
11

플레이아데스인들

—

채널링　바바라마시니악

11 플레이아데스인들

채널링 : 바바라 마시니악

　지금 우리가 여기에 왔습니다. 이 특별한 때에 우리가 여러분의 현실 속에 다시 한 번 오게 된 것을 기쁘게 생각합니다. 우리는 함께 모여 유익한 시간을 나누면서 여러분의 행성에서 출판될 정보 자료를 제공하고자 합니다.

　이러한 출판물들은 대중들의 의식(意識)의 코드를 각성시키고 영향을 줄 수가 있습니다. 진화하고 있는 인류를 위해 우리들로부터 전해지는 이런 출판 정보들은 인류 사회에 점차 축적될 것입니다. 그리고 독자들이 인쇄물을 통해 자신의 내면 깊숙이에 잠재돼 있는 정보를 접하게 될 때 코드가 촉발됨으로써 어떤 반응을 일으킬 것입니다. 많은 출판물들, 사상과 철학이 현재 여러분의 행성에 퍼뜨려지고 있습니다.

그리고 이것들은 모두 여러분의 유전자(DNA) 속에 입력되고 암호화(Coded) 될 것입니다.

인류가 공통적으로 가지고 있는 한 가지 특성은 인류가 신념의 시스템을 나누어 가지고 있다는 것입니다. 인류의 신념 속에는 놀라운 풍요와 변화가 있습니다. 그러나 이는 지구 위의 신념체계 속에서 인류를 하나로 묶어주는 역할로 합의가 되어 있는 영역입니다.

지구는 살아있는 생명도서관의 목적으로 창조되었다

이 지구는 여러분이 행사를 개최하기 위한 시민회관을 짓는 것과 같은 방식으로 여러 실험들을 하기 위해 고안된 에너지와 의식의 집합체입니다. 지구는 의식(意識)의 실험들을 위한 장소를 제공하고 후원하고 실행하기 위해 자체를 설계하고 적절하게 조정했습니다. 우주의 모든 행성들은 어떤 목적을 가지고 설계되었습니다. 여러분의 행성 지구는 의식 망으로 복잡하게 엮인 살아 있는 에너지체들(생물체들)이 거처할 하나의 활동무대로 창조되었습니다. 그리고 이 행성에는 '생명 도서관'이라고 일컫는 여러분의 현 체제의 역사로 가득 차 있습니다. 우리는 이 글을 읽는 사람들이 우리가 가져온 사상(思想)으로 인해 일어나는 의식의 촉진제를 받아들일 준비가 되어 있는지 궁금합니다.

만약 여러분이 지구를 이해할 수 있다면, 지구는 살아 있는 도서관이었고 은하 간의 정보 교환 센터였음을 알 것입니다. 에너지 광선 센터와 정보 창고의 연결 역할을 하기 위한 여러분의 은하계 속의 특정 장소였습니다.

그것은 의식적이고 협력적인 모험 이야기와 의식적이고 비협력적인 모험 이야기를 여러분에게 해 줄 것입니다. 이런 모험은 여러분 우주의 역사에서 펼쳐진 것들입니다.

이는 지각 있는 존재들 모두가 자신의 지식을 기증하고 함께 일하는 협력과 연합을 불러오는 엄청난 일입니다. 그들은 그런 지식이 창조 행위를 하는 모든 이들에게 기쁨을 주는 여흥의 세계에서 완전히 새로운 것을 불러올 수 있는 곳을 창조할 것입니다.

유전학적으로 말해서, 진화된 에너지들은 자신이 가진 풍부한 지식을 기증하기 시작했습니다. 우리는 수많은 실재 세계에서 존재할 수 있는 에너지들에 대해 이야기하고 있습니다. 지식은 다른 우주들 속에서 실체적이고 실행 가능하기 때문에 이런 종류의 지식에 대한 조정은 변환될 필요가 있었습니다. 어떤 우주는 다른 우주들의 존재를 알지 못했습니다. 이렇게 다양한 지식들을 모두 어떻게 얻습니까? 협력 속에서 존재할 수 있는 토대는 어디에서 만들까요? 데이터와 지식이 저장되는 장소, 유효 비자를 지닌 존재들이 전 우주로부터 바른 지식과 저장된 정보의 경험을 얻을 수 있는 장소, 이것이 지구의 최초 계획이자 설계였습니다. 여기 자유 의지의 세계에서조차 저장된 지식의 영역으로 들어가기 위해서는 일정한 통로가 있어야 했습니다.

잠시 생각해 봅시다. 그리고 우리가 여기서 무엇을 토의하고 있는지를 느껴봅시다. 우리가 선택한 말과 우리가 가져온 개념은 우리 몸속에 깊이 저장된 개념들입니다. 이것들은 해답에 공명을 시작할 수 있도록 여러분의 몸에서 자세를 취하고 질문을 기다리고 있습니다. 그리고 우리가 그것에 대해 말한 것처럼 체세포의 기억은 이 도서관에 대해 이미 알고 있다는 사실을 기억해 내기 시작합니다.

아름다운 지구 - 다양한 생명체들의 정보가 저장돼 있는 살아있는 도서관이다

살아 있는 '생명 도서관'의 개념으로 돌아가 봅시다. 이 도서관의 지식은 여러 곳에서 수집되었습니다. 생체유전학적으로 모든 물질은 의식(意識)을 갖도록 설계되었습니다. 의식이 있는 존재, 지구상에 있는 모든 존재의 조직은 데이터로 짜여 지도록 설계되었습니다. 기억하십시오. 우리가 말하는 의식(意識)이란 모든 것 속에 존재합니다. 토양 속에, 바위 속에, 나무들 속에, 물속에, 모든 것 속에 말입니다.

우리가 '빛이 암호화된 필라멘트(빛 섬유)'라고 부르는 미시적 우주 레벨의 아주 작은 섬유 조직이 정보를 운반합니다. 이 섬유 조직은 여러분의 특별한 행성인 지구를 창조한 놀라운 최초 설계자들에 의해 설계된 것입니다. 바꾸어 말하면, 지식의 한 가지 형태는 상호작용에 의해서나, 바라봄에 의해서, 접촉에 의해서, 미각에 의해서 다른 것 속에 있는

11장 플레이아데스인들

지식을 촉발시킬 수 있었습니다. 이들 감각이 지금 여러분에게는 왜곡되어 있습니다. 그러나 과거에는 여러분이 단순히 존재하는 것만으로도 살아 있는 도서관을 활성화시켰었습니다.

그런데 살아 있는 도서관인 지구는 자신의 진화 과정에서 많은 침입을 당했으며 운영의 변화를 겪었습니다. 그리고 결국 이 도서관을 접수한 자들이 있었고, 그들은 이것을 어느 정도까지 해체하고 격리했습니다. 그리고 지구가 어떤 존재의 영역 속에서 오래도록 잊어버린 행성이 되도록 숨겨 버렸습니다.

지구는 최근의 마지막 몇 십 년 내의 기간 동안 다른 영역의 존재들에 의해 다시 발견되어 왔습니다. *증가된 미확인비행물체(UFO)의 출현은 살아 있는 도서관의 어떤 부분을 다시 활성화시키고자 하는 직접적인 의도의 결과입니다.*

지구는 지금 이 거대한 우주적 드라마에 있어서 중요한 역할을 수행하기 위해 대단히 빨리 움직이고 있습니다. 지구라는 한 행성계이자 고향 행성이 이 거대한 우주적 이벤트의 후원자가 되어 주인 역할을 할 때, 우주의 멀리로부터 많은 사람들이 와서 폭넓게 참가할 것입니다. 이는 작은 행사가 아닙니다. 이는 우주와 은하계 전체를 통해 다른 차원 속으로 에너지를 움직이는 거대하고 종합적인 사건인 것입니다.

지구적 전환기와 외계의 관여자들

지구는 결정적인 시점에 와 있습니다. 이 결정적인 시점이 열릴 때는 언제든지 드라마를 창조하기 위해 외관상 정반대의 파벌들의 에너지들이 함께 모여질 것입니다. 알다시피, 여러분은 대립되는 양극성이 진화를 위한 데이터를 여러분에게 제공해 주는 세계 속에 존재합니다.

전자기적인 진동율의 증가는 이 행성에 존재하는 모든 것에 대해 일어날 것입니다. 인간의 진화 과정은 인류의 내면 세계가 반드시 외부로 반영되어 외형적으로 무엇인가를 창조해야 하는 과정을 필요로 하고 있습니다.

인류는 자신의 외부로부터 촉발이 일어남으로써 진화하고 있습니다. 이 외부로부터의 촉발은 살아 있는 도서관을 재활성화하고 조율하는 존재들에 의해 특정적으로 설계되었습니다. 우주의 역사를 완성시키는 이 에너지는 살아 있는 도서관 속에 간직되어 있습니다. 이 존재의 센터는 이를 근본적으로 설계한 존재에게 다시 한 번 인계되고 있는데, 이는 저장된 정보에 허가증을 가진 존재들이 자유롭게 접근할 수 있도록 하기 위함입니다. 이는 특권을 가진 소수의 사람들을 위한 것이 아니고 다수의 사람들을 위한 것이었습니다.

이 해방의 정보는 보다 큰 진화를 위해 전 우주적으로 변화에 필요한 행위를 취하면서 다시 깨어나고 있습니다. 이는 우주적인 레벨이며 단순히 인간에 국한된 일이 아닙니다. 이 진행은 모든 것이 보다 높은 진화의 레벨로 상승하는 굉장한 기회입니다. 이는 대우주를 밝혀주면서 동시에 소우주(인간)를 밝혀주는 일입니다. 또한 이것은 지구에 살고 있는 많은 존재들 중의 한 생명체가 무엇을 하고 무엇을 하지 말아야 할 것인가를 보여주면서 다른 차원을 향해 진행되는 진화의 과정을 조명해주고 있습니다.

여러분의 정부는 지금 그들 자신의 진화 과정에 있어서의 거대한 난제에 직면해 있습니다. 그들의 고결성의 문제와 가치체계는 자신의 존재 본질에 대해 도전받고 있습니다. 이들은 여러 형태의 외계인들과 거래하고 접촉할 때에 대부분의 사람들이 접하고 느끼는 다차원보다는 3차원적인 견지에서 접근하고 있습니다. 우리가 모든 사람이 알기를 바라는 사실은 여러분이 실감하든 않든 간에 이루어지는 지구상의 현실의 배후에는 항상 어떤 (외계의) 존재가 있다는 것입니다.

이들 외계인들 중의 일부는 어떤 존재들이 그들과 여러분의 현실 간에 중개자로서 역할을 하도록 만들어 놓은 인조생명체들입니다. 이 외계인들은 살아 있는 것처럼 보이고 완전하게 행동할 수 있는 생명체로 보일지라도 사실은 일종의 생체로봇입니다. 이들은 소위 경계면의 접촉 매개체라고 할 수 있겠습니다. 이들은 다른 존재들을 만나기 위해서 창조된 한 의식의 형태인데, 다른 존재들이 너무 멀리 떨어져 있어서 이들의 매개 없이는 서로 작용을 할 수 없습니다.

때문에 이런 경우 여러분이 외계인과 많이 접촉했다 해도 본래의 근원과 접촉한 것이 아닙니다. 여러분은 두 번째 대리인과 접촉한 것입니다. 이들 많은 외계인 인조생명체들은 여러분의 정부 관리들과 관계하고 있습니다. 이는 재미있는 현상입니다.

재활성화가 촉발되고 있는 생명 도서관 - 지구

여러분에게 이야기하건대, 우리가 여러분이 자신의 현실을 있는 그대로 정의하길 바라는 부분은 많지 않으며, 우리는 여러분이 이에 대한 정의를 확장시키길 원한다는 사실을 기억하십시오. 우리가 말하는 바를 결코 글자 그대로 받아들이지 마십시오. 언제나 여러분이 보다 큰 그림을 가질 수 있게 하고자 하는 우리의 의도대로 보다 큰 에너지의 나선 형태를 따르도록 하십시오.

결코 우리가 제시하는 생각에서 정체(停滯)하지 마십시오.

우리는 새로운 패러다임을 열어 놓기 위해 왔습니다. 우리는 여러분이 내면에 저장되어 있는 참된 지식, 진실한 지식을 찾도록 여러분이 들어 앉아 있는 새장을 흔듭니다. 데이터는 여러분의 내면에 있습니다. 엄청나게 풍요로운 데이터가 지구의 모든 생명체에 저장되어 있습니다.

삶 속에서 겪는 사건 속에서 우리 자신의 존재는 진화했으며, 우리는 책임과 성실, 능력 등을 배웠습니다. 우리가 여러분의 창조주 신(神)이라고 부르는 존재들(현생인류에게 DNA 조작을 가한 존재들) 사이에는 충돌이 있었습니다. 수백만 년에 걸쳐서 운영에 서로 다른 변화와 변이가 일어났으며 그 결과 생명 도서관이 변하고 말았습니다. 1990년대에 우리는 수천 년에 걸친 이러한 변화의 결과로써 여러분의 행성 외부로부터 주입된 에너지에 의해 여러분의 종(種)이 다시 활성화되고 있다는 사실을 알고 있습니다. 이 에너지들은 전자기적으로, 그리고 유전적으로 주의 깊게 여러분을 다듬질하고 조정하고 있습니다. 진동 에너지는 살아 있는 도서관이 다시 한 번 활성화될 수 있도록 여러분의 행성에 주입되고 있는 것입니다.

인간의 DNA를 훼손시켰던 외계에서 온 지구의 소유권자들

여러분의 행성은 어떤 에너지체들로 인해 과거 한때 전쟁터가 되었던 일이 있었고, 어떤 에너지체들이 지구를 접수했었습니다. 바로 이 에너지체들이 우리가 지금 여러분 행성의 소유자라 일컫는 존재들입니다. 물론 우리는 값진 땅덩어리인 지구를 '본래의 부동산 소유자'인 여러분에게 되찾아주고 싶은데, 어떤 세계에 있어서는 그것이 어떤 다른 사람들에 의해 소유되고 있습니다. 여러분의 세계를 자기들이 소유하고 있다고 믿고 있는 에너지체들이 있습니다. 그들은 자신들이 지구의 지배자라고 믿고 있는 것입니다. 이들은 지구를 자기들의 영토라고 주장하고 깃발을 여기에 꽂아 놓았습니다. 이 깃발은 불가시의 것으로서 여러분의 눈으로는 볼 수 없는 깃발입니다.

여러분의 행성인 지구의 소유자들이 있습니다. 지구에서는 많은 국가들이 누군가 다른 존재들에게 귀속되어 있을 수 있는 영토들을 자기들 것이라 주장해 왔습니다.

이런 일이 지난 30만년 동안 경험되어 왔으며, 지구에서 이런 상태의 소유권이 유지되어 왔습니다. 이들은 자기들의 어떤 특별한 이유로 인해 유전자 조작에 뛰어난 전문가가 되었으며, 이들은 지구의 에너지 진동을 조정하고 이에 따라 유전적 구조를 재조정하였습니다. 그리고 이들은 많은 양의 정보를 변경시켰으며, 살아 있는 도서관에 있는 모든 사람들에게 유용한 지식을 변경시켰습니다.

이들 에너지체들은 자신의 소유권을 주장하며 지구에서 영토 관리에 들어갔습니다. 이어서 마치 자기들의 소유인 것처럼 계획을 세우고 이 계획을 실천했습니다. 우리가 대략적인 줄거리를 이야기하겠지만, 당시 이들은 이 행성을 소유하고 대단히 난폭하게 지배했습니다. 이들은 곧 여러분이 대표자라고 할 수 있는 어떤 존재의 종(種)을 만들 필요를 느꼈으며, 믿을 수 없을 만큼 대단한 정보로 채워진 빛나는 존재에게 개종(改種)의 실험을 감행했습니다.

이들은 에너지 연결체, 빛이 연결된 필라멘트, 즉 모든 정보가 담겨져 있는 생명체의 일부분인 DNA 구조를 해체시켰습니다. 그리고 이들은 여러 장소에서 어떤 에너지체들 간에 이루어지는 혼혈 잡종의 유전적 실험을 자행했습니다. 인간 들 속에 내재된 DNA 구조를 해체시켜 버렸던 것입니다. 이 해체로 인해 일어난 결과는 사람들로부터 능력의 플러그를 뽑아 버리는 것과 같은 것이었습니다. 이런 해체로 인해 사 람들의 두뇌는 휴면 상태에 들어갔습니다.

여러분은 이 행성에 관련해서 지금 자신들이 진화하고 있 지만 자신의 두뇌를 전부 사용하고 있지 못하고 있고, 그것 이 무엇 때문인지를 밝혀내지 못하고 있다는 사실들에 관해 배워왔습니다. 여러분에게 말하건대, 여러분은 한때 완전한 12 가닥의 나선형 DNA를 충분히 가동하던 존재였던 것입니 다.

이제 여러분에게는 단지 DNA 유전자 암호가 두 가닥만 남 아있습니다. 따라서 여러분은 더 이상 완전히 플러그가 꽂혀 지지 않고 있으며, 그래서 작동이 되지 않는 10 가닥의 정보 에 접근할 수 없는 것입니다. 12 가닥으로 이뤄진 프로그램 은 DNA의 특정 가닥을 통해 데이터를 입력하는 살아 있는 근 원 센터, 정보의 생명 도서관에 각 가닥을 연결시켰었습니 다.

12 가닥 DNA는 인간의 몸속에 잠재된 에너지를 완전하게 활성화시켰는데, 고대에 지구라는 도서관의 카드를 빼내 제 거해 버린 자들이 있었던 것입니다. 참으로 한 때, 인간의 몸은 지구라는 생명 도서관의 도서관 카드와 같았습니다. 그 러나 이들은 도서관에 접근할 수 있었고, 이때 인간의 DNA는 찢겨져 분리되었던 것입니다. 하지만 지구를 접수한 자들은 스스로 유전자를 해체하는 방법을 알고 있었지만, 이를 유전 적으로 다시 재구성하는 방법에 대해서는 많이 알고 있지 못

했습니다.

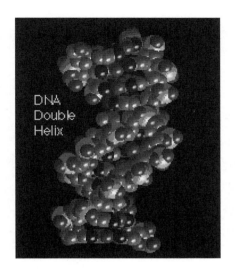

이들 지배 세력들이 얼마나 지구에 자주 와서 힘을 과시하려고 기념물과 건물들을 많이 파괴했는지 아십니까? 또 이 공포의 지배자들이 얼마나 자주 지구에 와서 환상을 만들었는지 아십니까? 또한 이들이 자기들의 힘을 과시하기 위해 지구를 괴롭히지 않았었나요? 그리고 이들 침략적인 에너지 군주들인 외계인들은 지구의 영토권과 소유권을 주장하면서 살아 있는 도서관의 위대함과 능력을 손상시켜 버렸습니다. 사실상 손상된 그것은 바로 인간의 DNA인 것입니다.

이들은 시련과 실수를 통해서, 그리고 앎을 통해서 창조하는 방법을 배우는 것보다는 오히려 파괴하는 방법을 배웠으며, 이곳의 독재자가 되었습니다. 이들은 자신의 계획을 세웠고, 무엇인가를 생산하는 데 필요한 아이디어와 데이터를 얻기 위한 방법을 이 땅에서 알아냈습니다. 당시 이들은 믿을 수 없을 만큼 활기에 찬 이 정보의 보고인 지구를 인수받았던 것입니다. 여러분은 이 지구가 우주 역사의 흐름을 생체유전학적으로 저장할 수 있도록 설계되었다는 사실을 알지 않으면 안 됩니다. 이러한 자료들은 여기 행성에 있는 모든 것들의 세포에 저장되어 있습니다. 사람들이 적절하게 조정이 이루어지고 알맞은 플러그가 꽂아져서 이것의 작동이 가능할 때는 모든 데이터에 접근하는 데 있어서 이것이 결정적인 요소가 됩니다. 이외 다른 존재들이 여기서 할 수 있는 경험과 데이터를 발견하기 위해서 여기에 와 함께 융합되고 있습니다.

우리는 이곳에 있는 많고 많은 것들을 포용하고 있습니다. 우리는 모든 사람들이 이 글을 읽고 인간으로서 취할 수 있는 사념의 폭을 가능한 한 많이 확장하길 바랍니다. 바로 여러분 행성의 주파수를 '컨트롤한 자들'이 인류라는 노예의 종족을 만들었습니다. 즉 여러분은 얻기 위해서 일하지 않으면 안 되는 종족으로 교육받아 왔던 것입니다. 이것이 인간들에게 공유되어 있는 패러다임, 즉 신념 체계입니다. 지구에는 토착 원주민들과 같은 소수집단의 문화가 있는데, 이들은 여러분 세계의 대중매체의 영향을 받지 않습니다. 이들은 일반인과 같은 왜곡된 신념을 가지고 있지 않기 때문에 자신의 요구에 의해서, 존재의 권리에 의해서, 그리고 자신의 뜻에 의해서 움직입니다.

여러분의 유전자 구조를 재배열한 후, 이들이 12가닥의 DNA 중에 2가닥에만 플러그를 꽂고 입력하여 인간을 조종하는 것은 아주 쉬운 일이었습니다. 하지만 모든 것이 여러분의 몸속에 그대로 남아 있다는 사실을 잊지 마십시오. 모든 것은 아직 작동하지 않을 뿐입니다.

지금부터 이야기는 재미있어집니다. 여러분 행성의 침입자들은 어느 정도의 능력을 갖춘 생체유전학자들이었지만, 본래 지구를 설계한 기획자나 전문적인 창조자는 아니었습니다. 그래서 원래는 살아 있는 도서관에 접근하는 방법을 알지 못했습니다. 그러나 이들은 '모든 것은 의식을 가지고 있다'는 존재의 본질을 알고 있었습니다. 그래서 여러분 행성

11장 플레이아데스인들

의 소유자들인 이 영리한 유전학자들은 '모든 이러한 자원을 가지고 최소한 우리들이 할 수 있는 것은 이용이 가능한 에너지 주파수를 만들어내는 것이다'라는 결정을 내렸습니다. 때문에 그들은 여러분의 에너지 진동을 바꾸기 위해서 여러분의 일부 DNA 구조의 플러그를 뽑아 버렸던 것입니다.

이들은 여러분의 의식(意識)이 자체적으로는 통제할 수 없다는 생각 속으로 빠져들게 한 다음, 어떤 에너지 진동을 방출하도록 유혹하고 의식하도록 지시했습니다. 이것이 자체 방출임을 알고 있는 의식은 자신의 신호를 방출할 수 있습니다. 여러분이 이 사실을 모르면 다른 사람이 여러분으로 하여금 어떤 신호를 방출하도록 시킬 수 있습니다.

그리고 이들은 스승과 교사, 또 온갖 종류의 개인들로 지구에 와서 여러분에게 갖가지 경계와 제한들을 만들어 놓았습니다. 그리고 신념과 사상, 종교, 정치 체계, 변혁 등의 개념들을 설정하고 어떤 신념체계에 따라 행동하거나 진동 주파수를 방출할 거대한 대중들의 의식에 영향을 미치고 있습니다.

신앙, 또는 신념 체계는 감정을 만들어냅니다. 자신의 감정을 의식하든 못 하든 사람들에게는 모두 정서가 있습니다. 인간은 모두 어떤 능력을 감지할 수 있도록 설계되었습니다. 인간은 일정한 억압 ─ 여러분의 행성은 이 억압의 지배를 받습니다 ─ 통로 속에서 느끼도록 통제되고 관리된 진동인 바, 인간은 전자기 스펙트럼의 범위 내에서 진동합니다. 모든 의식의 존재에는 에너지가 있으며, 이 에너지는 자신이 희망하는 바를 위해 사용할 수 있습니다. 여러분은 생각이나 존재의 에너지 이면에 있는 풍요로움을 이해하지 못합니다. 그러나 다른 에너지체들은 이를 이해하며 생각이나 존재의 에너지를 취합니다. 그들은 자신의 필요에 따라 사용하기 위해 여러분의 행성으로부터 그 에너지를 끌어 들이는 것입니다.

빛의 존재들에 의해 진행되고 있는 프로젝트

이런 일은 천여 년 동안 여러분의 행성에서 자행되어 왔습니다. 그런데 최근에 여러분 행성의 소유권을 재정립하기 위해 본래 지구를 설계한 자들에 의해 한 계획이 진행되고 있습니다. 인간의 DNA 속에는 어떤 것이 숨겨져 있는데, 이는 우주의 모든 부분에 상상할 수 없는 이익을 줄 수 있습니다.

이 근원적인 기획자들이 여러분의 행성을 여러분에게 되돌려 주려고 왔습니다. 이들은 우리가 '빛의 가족(Family of Light)'이라고 부르는 에너지 세력으로 여러분의 행성에 이들이 파종됨으로써 이런 일이 가능해집니다. 이것은 일종의 다른 차원계로 들어가는 여행인데, 이들은 본래의 세계를 위장한 채 육화하거나 지구에 태어납니다.

이 방법, 즉 외부에서 한 행성계를 변화시키기를 바라는 존재들이 그 행성 내에 자신들의 대리자를 가질 수 있는 것은 다음과 같습니다. 즉 이것은 사명자의 영혼이 인간의 몸에 들어가기 전에 미리 청사진(Blueprint)을 충분히 고려함으로써 전자기적으로, 그리고 생체유전학적으로 이루어지는 방법입니다.

여러분이 자신의 청사진에 대해 알아야 할 가장 긴요한 일은 여러분이 올 때와 떠날 때 - 탄생과 죽음 - 의 점성학적(占星學的)인 구도(構圖)입니다. 짧은 시간 내에 빛의 가족들을 여러분의 행성에 집단적으로 이동시켜 입식시키는 일을 지원함으로써 근원적 기획자는 여러분 세계의 진화 코스를 변경시킬 작정입니다.

11장 플레이아데스인들

이들은 이를 위해서 어떻게 계획을 실행할까요? 이 글을 읽게 되는 사람들은 대부분이 별의 세계에서 이곳 지구로 파종되어 입식된 존재들입니다. 여러분은 우리가 '빛의 가족'이라고 부르는 사람들입니다. 여러분은 이런 정보를 운반하기 위해 존재하고 있습니다. 여러분은 지금 자신이 소망하고 상상할 수 있는 것보다 훨씬 신비한 피안의 의식(意識)입니다.

여러분은 광대합니다. 여러분은 이 우주계 내에서 자신이 원하는 것을 스스로 실현하는 특별한 존재들입니다. 여러분이 최고로 선호하는 것은 에너지 주파수가 통제되어 있는 세계들 속으로 들어가는 것입니다. 여러분은 지구 밖에서 쏟아지는 빛과 정보, 그리고 음향의 에너지 세례를 받으면서 주파수가 통제된 세계 속에서 지구 출생인 것처럼 위장하고 행동함으로써 그 세계들을 변화시킬 수 있습니다. 그리하여 여러분은 이 에너지를 가지고 육체 속으로 들어가서 전자기적 에너지의 재활성화와 분해된 DNA의 재배열 과정을 통과할 수 있는 것입니다.

12 가닥 DNA와 12 에너지(차크라) 센타

이 과정이 시간이 얼마나 걸리든지 간에 이 프로젝트에 참여한 존재들에게는 엄청난 진화의 도약이 이루어지게 됩니다. 이 과정은 앞으로 12년 동안 가속된 과정을 밟으며 일어날 것입니다. 이미 이 지구에는 그 유전자 구조가 12가닥의 DNA, 12나선형으로 재배열을 받은 사람들이 있습니다. 이 12가닥의 나선형 DNA는 몸의 내부와 외부로 서로 연관성을 가지고 작용합니다. 12가닥 DNA가 연결됨과 더불어 연관성을 가진 12 에너지, 또는 12 정보센터가 기능을 하기 시작하고

서로 간에 정보를 보낼 수 있습니다. 이것은 빛 섬유 조직으로 이루어진 시스템입니다.

전통적으로 7개의 에너지 센터가 인간의 몸속에 있습니다. 다른 5개는 몸 밖에 있습니다. 여러분이 이 시기에 알고 있는 바와 같이, 이것들은 여러분의 3차원 태양계 속에서 돌고 있는 12개의 천체(天體)들과 함께 돌면서 배열해 있습니다. 이 천체들은 3차원의 태양계를 드나들면서 움직이고 있습니다. 우리는 정보를 가지고 돌고 있는 12개의 천체들에 대해서, 그리고 회전하고 있는 차크라 시스템에 대해서 이야기하고 있습니다. 그리고 이것들은 태양계 끝까지 여행하고 있고, 여러분의 몸속에서 회전하고 있는 DNA와 함께 돌고 있습니다.

지금 인간에게 일어나고 있는 일이 있습니다. 즉 인간의 내면에는 어떤 깊은 장소가 있는데, 이 깊은 곳은 인간이 발견해 주기를 기다리고 있습니다. 우리는 이 깊은 곳을 '의식의 암호(Code)'라고 부릅니다. 이는 존재의 추가조항이라 할 수 있습니다. 또한 이는 인간이 자신을 아는 데 절대적으로 필요한 것입니다. 따라서 '의식의 암호'는 빛의 가족이 인간으로 가장(假裝)하는 역할을 수행하면서 자신의 내면에서 활성화되기 시작하고 있습니다. 빛의 가족인 여러분은 자신이 누구인지를 알고 있습니다.

빛의 가족들의 특징 및 잠재적 능력

여러분은 자신이 이 곳 지구에 속한 존재인 것같이 느끼지 않습니다. 여러분은 자신이 방문객인 것처럼 느낍니다. 또 여러분은 자신이 어떤 직무를 수행하고 있는 것처럼 느끼는데, 우리는 이 직무가 이 행성에 와서 이 세계를 개조하고 에너지 진동을 보존하는 역할을 하는 것이라고 말하고 싶습니다.

여러분의 과제는 인간으로 이 행성에 온 여러분은 자신이 알고 있는 이상으로 위대한 존재이며 위대한 에너지의 근원이란 사실을 기억하는 것입니다. 이것을 여러분의 몸속에 입력시켜 실제로 사용하십시오. 자신의 의도에 의해 이것을 실행함에 따라 여러분은 자신의 외부로부터 에너지를 받게 됩니다. 그리고 모든 것이 자연스럽게 행동으로 옮겨지며 그후로 역사가 시작됩니다.

지구에서 보존된 가장 위대한 사상은 상념의 생체 상호연관성입니다. 그렇습니다, 여러분이 생각한 것, 생체 에너지, 의식 에너지 모두는 생명으로서 여러분의 현실에 영향을 줍니다. 여러분은 자신이 어떤 존재가 되고 싶은가를 생각할 때 그 되고 싶은 존재가 경험하는 결과를 생각합니다. 이것이 서로 누군가 다른 사람이 알기를 꺼려하는 비밀입니다.

사람들의 DNA가 12가닥의 나선형으로 활동을 시작하고 이 정보가 활성화되면, 사람들이 상상할 수 없을 만큼 많은 능력을 발휘하게 될 것입니다. 단순히 함께 모이거나 원하는 사람들이 뜻만 같이 해도 사람들은 모든 우주로부터 필요한 에너지를 텔레파시적으로 받을 수 있게 됩니다.

우리가 여러분이 이해하길 바라는 것은 '여러분이 진화하는 만큼 진퇴양난의 궁지에 빠짐이 없이 선택하는 법을 배워야 한다.'는 것입니다. 여러분은 곤경을 선택하지 않거나 의식적으로 곤경에 처하고 싶지 않겠지만, 때때로 이 곤경은 여러분이 성장할 수 있는 기회를 만들어 줍니다. 그리고 이런 곤경의 딜레마는 여러분이 자신의 가치를 높이는 기회와 자신을 되돌아보게 하는 기회를 줍니다. 이렇게 말입니다. "나에게 중요한 것은 무엇인가? 내가 이런 입장에 처하게 된 이유는 무엇인가? 나는 가치 있는 삶을 살고 있는가? 나는 평화와 조화를 구현하고 있는가? 여기서 폭력을 용인하고 있지는 않은가? 무엇을 나는 용서할 것인가?"

이는 지구의 모든 사람들이 다가오는 12년 동안 때때로 직면하게 될 일들입니다. 이것은 절대적입니다! 누구도 이 울타리 밖으로 빠져나갈 수 없습니다. 모든 사람들이 어떤 방식으로든 중요한 결정을 내려야 하는 시점이 오며, 실제로 이런 결정을 내리게 될 것입니다. 이렇게 하여 다양한 세계를 창조할 것이며, 이 속에서 여러분은 자신의 참된 정체성을 발견할 수 있을 것입니다. 왜냐하면 우주에는 이곳 말고도 많고 많은 세계와 많은 지구들이 있기 때문입니다.

여러분이 진화에 대해 배움에 따라, 그리고 지구와 그 진화에 대해 여러분이 깨달아 감에 따라 여러분이 생각할 수 있는 지구의 모든 가능성을 이해하게 됩니다. 여러분은 자신이 존재하게 될 미래에 양극성 가운데 어느 쪽을 선택하겠습니까? 그러나 여러분이 어느 쪽을 선택하더라도 선택하지 않은 다른 쪽을 심판하지 마십시오. 양쪽 다 기회의 장을 열어주는 선택이기 때문입니다.

음과 양, 빛과 어둠과 같은 양극성(兩極性) 또는 이원성(二元性)은 보다 빠른 진화를 위한 기회를 제공해 줍니다. 여러분은 이런 극성으로부터 재도약할 수 있는 무엇인가를 얻을 수 있기 때문입니다. 이원성의 한 쪽은 악(惡)으로 불립니다. 이원성은 여러분이 자신의 반대쪽을 반영시켜 알 수 있도록 기회를 만들어 주거나 반대에 대해 무엇인가 고려할 수 있게 합니다. 우리는 여러분에게 모든 에너지의 근원자요, 근원적 창조주는 모든 것 속에 있음을 상기시켜 주고 싶습니다. 여러분이 설사 그로부터 도망치고 두려워하고 자신의 기회를 제한한다 할지라도 여러분 안에는 근원적 창조주가 있습니다.

DNA 12 가닥의 활성화와 함께 나타나는 현상들

실제적으로 빛의 가족의 일원인 여러분은 주요한 창조주로서 창조물을 가지고 대혼란을 일으키려 하고 있습니다. 여러분이 빛의 가족의 일원으로서 어떻게 대혼란을 일으키는가 하면, 빛과 사랑에 의해서 파장이 다른 진동 에너지를 발생시켜 변동을 일으킵니다. 여러분에게 말하건대, 빛의 진동 주파수는 정보의 진동 주파수입니다. 사랑의 주파수는 창조의 주파수입니다. 이것은 여러분의 행성에서 빛의 가족을 돌연변이와 진화를 통해서 재활성화시키는 과정의 일부입니다.

여러분은 이 행성에서 에너지 진동 주파수를 정착시킬 것이며, 인류의 나머지 사람들의 돌연변이 과정을 활성화시킬 것입니다. 왜냐하면 그들이 여러분과 같은 유전적 구조를 가지고 있기 때문입니다. 여러분은 유전적 상속 라인을 대단히 조심스럽게 잡았습니다. 여러분은 자신의 필요에 가장 적합하고 자신보다 고차원 의식으로 빨리 진화할 수 있는 교두보로서 가계(家系)를 선택합니다. 여러분은 굉장한 양의 데이터와 전자기적 진동을 저장하지 않으면 안 됩니다. 이를 다시 활성화함에 따라 여러분은 이 행성에 정보와 창조의 토대를 가진 2개의 기초적 건축 불록(Block)을 가져오게 됩니다.

바꾸어 말하면 12 나선이 완전히 활성화될 때, 좀 시간은 걸리겠지만 12 나선에는 다시 플러그가 꽂히기 시작할 것입니다. 여러분의 일부는 이 플러그의 삽입을 경험했을 것입니다. 이것들은 지금 완전히 활성화되지 않았습니다. 이들이 활성화될 때 두뇌가 완전히 전체적으로 작동하고 여러분은 천재가 됩니다. 여러분은 모든 것을 알게 됩니다. 텔레파시가 가능해집니다. 여러분은 살아 있는 도서관의 주인이기 때문에 모든 것이 가능하게 되는 것입니다. 여러분은 이 행성의 모든 곳에 저장되어 있는 모든 정보에 접근할 수 있는 '카드'를 가지게 됩니다. 그리고 여러분의 몸이 12 나선형으로 완전히 돌연변이 진화가 이루어짐에 따라 진정한 건강이 성취될 것이며, 여러분의 두뇌가 완전히 활성화될 것입니다.

지구상의 모든 것이 DNA와 만물의 생체조직 속에 유전공학적으로 저장됩니다. 특히 그것은 동물계(animal kingdom) 속에 저장됩니다. 이 모든 것들을 거두어들인 지각 있는 수많은 창조자 신들은 과거 이 행성에서 살아 있는 빛의 형태로 그들 자신을 개작했습니다. 그들 자신의 DNA의 일부가 이 행성에 존재하는 여러 종류의 종(種)들 속에 삽입되었습니다.

때때로 이들은 새나 꽃들 속에 존재하고 있습니다. 때문에 그것들은 지각과 의식이 있는 것들을 대표하는 존재가 됩니다.

건강을 회복하고 노화를 초월할 수 있는 우주원리

건강의 문제로 돌아와서, 여러분에게는 자신의 몸을 다스릴 수 있는 힘이 있다는 사실을 알기 바랍니다. 여러분은 유년시절부터 자신의 몸을 다스릴 힘이 없다고 들어 왔습니다. 생명유전학자들은 '당신은 다른 사람에게서 신체의 건강과 웰빙을 위해 항상 검사받지 않으면 안 된다'는 컨트롤 패러다임을 여러분에게 심어 줬습니다. 여러분은 결코 다음과 같이 말하지 않았을 것입니다. "안녕! 이봐요! 몸, 당신 상태가 어때요? 훌륭해? 좋아! 그래 이는 내가 바라는 바야!"

여러분은 자신의 몸에 대해 책임질 수 있는 천부적인 능력을 가지고 있습니다. 여러분은 자신의 몸을 매일 복제하고 있습니다. 여러분은 현재와 같은 몸을 바라고 있기 때문에 계속 같은 몸을 창조합니다. 만일 자신의 몸을 바꾸길 바란다면, 잠에서 깨어날 때 무엇인가를 새롭게 시작하겠다고 작정하십시오. 그러면 여러분은 건강할 수 있으며 활기찬 생명력을 얻을 수 있습니다. 여러분은 자신의 몸속에 여러 사이클을 가지고 있음을 알 수 있습니다. 그리고 어렵지 않게 수백 년을 살 수 있습니다. 여러분의 몸은 나이를 먹지 않는다는 사실을 알 수 있습니다. *몸이 나이를 먹는 것으로 인간이 알고 기대하기 때문에 몸은 나이를 먹습니다.* 여러분은 건강의 질이 나빠지는 것으로 알고 기대하고 있으며, 그럼으로써 청춘의 재현을 활성화하거나 창조하기보다는 몸의 노화나 질적인 저하를 촉진시키는 행위들을 하고 있습니다.

건강은 여러분 모두가 자신을 위해서 책임 있게 주장할 필요가 있는 분야입니다. 자신에 대한 책임을 배워 알며 - 존재의 모든 국면에 대해 - 자신의 몸과 건강, 창조물 등과 연관된 것들에 대해 모든 사람들이 책임과 그 임무를 실천할 때 특별히 다른 교육을 받을 필요가 없을 것입니다. 모든 것은 몸에 대한 책임과 임무로부터 생겨납니다. **이것이 참된 건강입니다. 이는 여러분이 소유하고 있는 아주 훌륭한 운송체(몸)에 대한 완전한 소유권과 책임을 받아들이는 일입니다.**

모든 것을 용서하고 화해하라

우리는 이 글을 읽게 될 모든 사람들의 생각이 확장되길 바라고 있습니다. 그리고 과거 여러분을 통제하고 조종한 자들과 그러한 영향 아래서 유한한 사념들을 여러분에게 제공하고 주입한 모든 사람들에 대한 관대한 용서가 있기를 바랍니다. 이러한 대상은 가족 구성원과 사랑하는 사람, 친구, 협력자, 교사 등의 사람들입니다. 여러분 자신에 대해 용서해야 합니다. 그리고 무지로 인해 이 세상에 제한과 제약을 만든 모든 사람들을 용서해야 합니다. 사람들이 의식의 확장을 가져다주는 이 글을 접하거나 또는 이런 제한 없는 사상과 접촉이 이루어짐에 따라 여러분의 치유 사념은 과거 여러분에게 영향을 미쳤던 모든 사람들에게로 뻗어 나갈 것입니다. 따라서 우리의 말을 받아들이는 사람들은 지금 아주 훌륭한 교사가 되어 모든 사람들에게 무제한의 치유의 진동과 자유를 방사하고 있습니다. 이는 진정한 사실입니다.

우리는 항상 여러분이 보다 훌륭한 정보와 접근성, 가행성, 무위성, 즐거움, 번영과 성(性)에 대해서도 좋은 창조의 기회를 갖기를 바라고 있습니다. 우리는 이들 모두를 커버합니다. 우리는 말을 낭비하지 않습니다. 에너지를 낭비하지 않습니다. 그리고 우리는 언제나 주머니 가득 빛나는 아이디어를 가지고 있습니다.

우리가 여러분의 현실에 인상을 남기거나 여러분의 현실에 관여될 때, 여러분의 현실에 영향을 줄 수 있는 매 순간마다 그렇게 하려는 것이 우리의 의지입니다. 우리는 단지 일시적으로 여러분 현실의 한 순간들을 활용하지는 않습니다. **우리는 여러분의 현실을 변화시키기 위해, 또 여러분이 자신들의 현실을 깨닫는 크나큰 기회를 주기 위해 매 순간들을 하나도 빠짐없이 이용합니다.**

우리는 때로 무지한 청중들에게 이야기하고 있음을 잊곤 합니다. 하지만 우리의 관점에서 보면 여러분 모두는 앎 속에 있습니다. 이는 여러분의 존재 안에 저장되어 있는 것을 기억하느냐, 못 하느냐의 문제일 뿐이지요. 물론 여러분 중 어떤 이들은 "우리에게는 도움이나 조력이 수시로 필요해요"라고 신음하거나 끙끙대고 있지만 말입니다. 그래서 여러분이 걸어갈 수 있는 통로, 즉 효과적인 방편을 주고자 합니다.

그렇다면 이 방편이란 무엇일까요? 이 방편은 상당히 간단합니다. 그것은 순간 속의 여러분과 관련이 있습니다. 그것은 여러분이 날마다 되풀이해서 분명하게 고안하는 것, 즉 여러분이 체험하길 바라는 것에 관한 아이디어와 관련이 있습니다. 여러분이 원하는 것은 다른 사람의 한계로 인하여 불가능의 영역으로 떨어질 수 있음을 인지하십시오. 바른 생각으로, 가치 있는 생각으로, 아름다움으로 여러분의 내면에서 진정으로 행복을 가져다주는 것이 무엇인지를 확인해 보십시오. 여러분으로 하여금 여기에 존재하는 것과 연결되어 생생하게 살아 있으며 밝게 느낄 수 있게 하는 것이 무엇입니까? 여러분이 스스로 마음에 사로잡혀 있을 때 여러분에게 평화를 가져오는 바람은 무엇입니까? 그것이 무엇이든지 간에 상관 말고 성취하고자 하는 일을 시작하십시오. 여러분 자신에게 이렇게 말하면서 소망하는 바를 불러내십시오. "이는 내가 의도하는 바로서 조화로운 삶의 스타일을 경험하기 위한 일이다. 또한 이것은 건강을 경험하고 모험을 만드는 길로 나를 인도하는 에너지를 경험하기 위한 일이다. 이것은 내가 의도하는 것으로, 자신을 위한 안식처와 음식물을 잘 공급받고 있으며, 삶을 풍요롭게 경험하는 데 필요한 모든 것을 잘 공급받고 있다. 나는 이 위대한 풍요를 계속 통과해 갈 것이며 이것을 다른 사람들과 나누어 가지고자 한다."

여러분은 이런 아이디어들에 대해 생각하는 것이 잘 훈련되어 있지 않습니다. 그러나 가장 훌륭한 행동과 지혜는 이와 같이 방법을 생각하고 시작하고 나서는 이에 대해서 잊어버리는 것입니다. 매일 여러분은 자신의 원하는 것이 명료해질 수 있도록 자투리 시간을 두 배, 세 배 할애하도록 하십시오.

12 가닥 DNA 활성화 및 차크라 개발을 위한 수련법

매일 빛의 진동 주파수를 불러옴으로써 여러분의 몸 안과 밖에 있는 에너지 센터들을 여십시오. 한 줄기 빛의 광선이 몸 밖에서 몸속의 에너지 센터로 들어오는 것을 마음으로 그리십시오. 여러분의 차크라는 정보 센터입니다. 이 차크라들은 에너지 보텍스로서 일단 한 번 활성화되면, 회전을 하기 시작합니다. 그리고 차크라들이 회전하기 시작하면, 여러분의 몸속에서 함께 작동하는 빛이 암호화된 필라멘트를 활성화시키는 활동을 만들어냅니다. 그것들은 DNA 가닥을 다시 묶고 몸속에서 12 가닥의 진화된 나선형을 형성합니다.

또한 여러분에게 일러주건대, 모든 사람이 육체적으로 완전히 균형을 취하길 바란다면 규칙적으로 깊은 호흡을 수련하는 것이 대단히 중요합니다. 이 심호흡의 프로그램을 수련하십시오. 이는 대단히 중요한 수련으로, 여러분의 몸에 풍부한 산소를 공급할 수 있습니다. 또 한 가지 여러분에게 권하고 싶은 것은 차크라 활성화와 이의 가속으로 여러분의 몸을 회전시키는 일입니다. 우선 여러분의 몸과 영(靈)이 몸의 회전 운동에 적합한지의 여부를 체크하십시오. 이 회전 운동은 대단히 천천히 해야 하며 지도자의 지도가 필요합니다. 시선을 앞으로 뻗친 팔의 엄지 높이에다 두고 회전수를 세면서 여러분의 몸을 오른쪽으로, 즉 시계방향으로 회전시키십시오. 매일 3~5회로 시작해서 1 개월 이상 실행하십시오. 이 운동은 대단히 천천히 해야 합니다. 이 운동은 여러분이 다음 주로 미룰 일이 아닙니다.

그러나 여러분이 회전 운동을 끝내고 난 다음에는 눈을 뜬 채로 몸의 균형을 유지하고 두 손을 가슴 높이로 한 상태에서 손바닥을 누르십시오. 여러분의 양발을 어깨 넓이로 하여 고정시키고 회전 운동을 하십시오. 이 운동은 여러분의 몸속에 있는 차크라 시스템의 회전을 가속시켜 주며, 이에 따라 여러분은 보다 많은 정보를 받고 흡수할 수 있게 됩니다. 아주 간단하지 않습니까? 만일 여러분이 이 운동을 하루에 세 차례까지 할 수 있게 되면 몸 회전을 총 99번 하게 되는데, 그러면 우리는 여러분이 이 행성에 얼마나 오래 머물게 될지, 또 이 차원에서 최소 얼마 간 머물게 될지를 알게 됩니다.

우리는 여러분에게 호흡과 차크라, 회전 등에 대해 우리가 목적하는 작은 가르침을 주었습니다. 우리는 이에 대해 추가적인 내용을 보낼 예정입니다. 여러분은 전자적(電子的)인 존재로서 대단히 빠른 속도로 진동이 변하고 있기 때문에 많은 양의 물을 마시길 바랍니다. 깨끗한 물, 정수된 물, 샘물, 또는 어떤 물이든 간에 많은 물을 마시십시오. 물은 에너지 도관의 안내자로 작용합니다. 물은 에너지 시스템이 열려 있으며 에너지의 흐름을 지속적으로 유지합니다. 물에는 사람들에게 줄 수 있는 유익한 것들이 대단히 많습니다. 그러나 이는 시작에 불과합니다.

자기연민은 무익하다

여러분 자신을 알도록 하십시오. 여러분은 자신에 대해 미안하게 느끼는 일을 중단해야 합니다. 우리가 여러분에게 말하고 싶은 것은 여러분 모두는 한 가지 공통점을 가지고 있다는 것입니다. 여러분은 자신을 불쌍하게 생각합니다. 그리고 당신들은 스스로 개인적으로나 다른 이들과 함께 '연민의 파티'를 열곤 하는데, 이런 비관적 생각의 희생자가 되지 마십시오. 무엇인가가 여러분에게 도전해 오는 것처럼 보인다 할지라도 이 모두를 기회로 받아들이십시오.

여러분은 자신이 화가 난 것을 느끼고 알 수 있으며 동시에 "좋아, 내속에 모든 것이 방출되느라 화가 난 것이야. 그리고 동시에 나를 위한 기회가 생겼다는 것을 나는 알고 있어"라고 말할 수 있어야 합니다.

빛의 가족의 일원으로서 여러분은 진화가 이루어지지 않고 제한된 DNA를 가진 다른 사람들과는 완전히 다른 방식으로

11장 플레이아데스인들

도전을 받고 있습니다. DNA가 전체적으로 활성화되면 불가능한 것처럼 보이던 많은 것들이 완전히 가능하게 될 것입니다. 그리고 이런 일이 일부 사람들에게는 대단히 빨리 일어나게 될 것입니다. 많은 사람들이 자신이 할 수 있는 것들을 공개하지 않을 것인데, 이는 자신의 힘을 배우고 익히는 데는 시간이 걸리기 때문입니다. 때로는 여러분이 대단히 놀라운 일을 할 수 있다는 사실을 발견하게 될 것이며, 이 사실을 여러분 혼자서 알고 있길 바라거나 다른 한두 사람과 나누어 가지길 바랄 수도 있습니다.

이것은 여러분의 풍요를 발견하는 과정입니다. 만약 여러분 자신이 얼마나 풍요로운 존재였는가를 너무 빨리 알았었다면, 스스로 여러분은 환각상태에 빠질 수도 있습니다. 이러한 풍요는 드러나고 모여지며 많은 대중들 속에서 활성화될 것입니다. 여러 사람의 집단 속에는 지도자가 있게 마련인데, 이들은 공정하고 정직하며 고결한 품위를 지니고 처신하는 사람이어야 합니다. 이들은 이 엄청난 활성화된 에너지 자원을 가지고 성장에 관계된 모든 것을 위해 사용해야 하기 때문입니다. 다가오는 시기에는 이 힘을 사용하는 데 있어 정직과 고결성이 대단한 도전을 받게 될 것입니다. 그리고 이 놀라운 파워들은 처음으로 빛의 가족에게 해방을 가져다 줄 것입니다.

지구는 빛과 어둠의 세력 간의 결전장

우리가 여러분에게 다시 상기시키고자 하는 바는 이 본래의 지구 설계자들이 지구 영토의 소유권을 되찾고 인류를 돕기 위해 자신들의 프로젝트에 빛의 가족을 고용하고 참가시킬 수 있다는 사실이며, 다른 어둠의 세력들도 이와 똑같이 할 수 있다는 것입니다. 현재 지구상에서 진행되고 있는 계획에는 빛과 어둠의 양극성(兩極性)이 존재하고 있습니다. 그리고 이 계획 속에는 많은 세부 계획들이 있습니다.

우주에는 지난 수십만 년 동안 진화를 거듭한 다른 에너지체들이 존재하고 있는데, 이들은 지구를 억압할 목적으로 자신들의 고유한 유전 혈통을 만들고 있습니다. 그리고 이들 멀리 행성 지구 밖의 에너지체들에게는 지구 안에 자기들의 일꾼들이 있습니다. 때로 이들 행성 지구 안 일꾼들은 많은 숫자가 활동하고 있음에도 자신들이 다른 존재들에 의해 운용되고 있음을 모릅니다. 이처럼 현실 속에 많은 이들이 다른 존재들에 의해 운용되고 있습니다.

이곳 지구 행성은 여러분에게 다차원적인 자아, 다종적인(Multispecied) 자아가 필요한 곳입니다. 왜냐하면 여러분은 머지않아 지성체들이 다양한 분자 결합을 한다는 것을 발견할 것이기 때문입니다. 많은 종들이 동물계나 인간과 공동 협력하고 있음을 알 것입니다. 흥미롭지 않습니까?

마음의 창조력을 활용하라

우리는 다음과 같은 아이디어를 독자 여러분에게 전달하고 싶습니다. 독자 여러분이 주저했거나 두려워했던 것들을 수용할 수 있도록 말입니다. 자신의 어둡고 그늘진 부분들과 대면을 할 때 오히려 그것들로부터 자유로워질 수 있는 기회가 찾아옵니다. 왜냐하면 처음이자 마지막의 유일한 가르침은 "생각은 창조한다."는 것이기 때문입니다. 여러분 자신이 어떤 환경에 있든지, 내면에는 언제나 그것을 바꾸어 놓을 수 있는 생각의 힘이 존재하고 있는 것입니다. 여러분으로 하여금 상념의 힘을 깨닫게 해주는 근원적이고 흠 없는 믿음은 '생각의 힘은 여러분의 체험과 지구의 존재를 변형 시킨다.'는 것입니다. 이해하셨습니까?

여러분(인간종)은 이 시기에 여러분에게 영향을 주고 있는 우주의 리듬과 사이클을 이해할 수 없습니다. 우선 여러분은 이 행성 바깥에 생명이 존재한다는 사실을 수긍하지 않고 있 습니다. 그리고 이 시기에 보다 높은 지성의 사이클이 존재 한다는 사실을 믿지 않습니다. 물론 이들은 존재합니다. 우 리는 이것에 대해 지성적 견지에서 이야기할 것이며, 여러분 이 앞으로 수년 내에 여러분의 행성에서 이를 경험하게 되리 라는 사실을 알게 될 것입니다. 여러분은 자신이 이 놀라운 사이클의 일부임을 경험하고 알게 될 것입니다.

주인의 사이클이 있으며 하인의 사이클이 있습니다. 그리 고 춘하추동(春夏秋冬)의 사이클이 있습니다. 의식도 이와 같은 방식으로 움직입니다. 여러분이 선(善)이라 부르는 사 이클이 있으며, 악(惡)이라 부르는 사이클이 있습니다. 모든 것의 진화를 위해서 오랫동안 믿을 수 없을 만큼 진화의 기 회를 만들어 주고 이 계획을 조율해 온 힘이 있는데, 여러분 은 지금 이에 관계된 사이클의 마지막 부분에 와 있습니다. 전혀 실패자들이 없을 것이며 한 사람도 제외되지 않을 것입 니다. 의식이 자신의 역할을 끝낼 수 있는 유일한 기회입니 다.

배우가 드라마에서 악역을 맡아 연기할 때, 이 배우는 이 역의 실패자가 될 수 있을까요? 그는 이 역에 대해 보상을 받을 것입니다. 그렇지 않습니까? 그는 이 드라마의 스타가 될지도 모르며, 누구보다도 많은 보상을 받을 수도 있습니 다. 그가 이 드라마에 참여함으로써 다른 사람들이 같이 연기할 수 있는 기회를 제공하는 것입니다. 빛과 어둠이라는 양극성들(Polarities)은 자신을 확대하기 시작했는데, 부디 여기에는 목적이 있음을 아십시오. 어둠의 에너지체들은 지구에 자신들의 계획과 목적을 드러내고 있는 바, 이들의 극성을 두려워하지 마십시오. 그들의 계획은 하나가 아닙니다. 사이클 안에 사이클들이 있듯이 계획 안에 계획들이 있습니다.

한 사이클의 종막과 새로운 사이클의 시작

우리가 한때 말한 바와 같이 여러분의 우주는 12 우주를 구성하고 있는 우주의 일부입니다. 역시 말하건대, 100 페니는 1달러와 같은 것처럼, 100개의 우주는 다른 어떤 것과 동등합니다. 여러분 이해가 되십니까? 에너지를 함께 모아 집적하고 여러분의 의식과 존재에 접근해서 형체를 만드는 데는 다양한 방식이 있습니다.

생명의 한 종(種)으로서 여러분은 사이클의 끝부분에 접근해 있습니다. 끝부분은 다음 20년 동안에 이루어질 것이며, 이는 시간의 끝이라는 신념 체계를 가진 사람들이 말해 온 것입니다. 참으로 이것은 하나의 끝입니다. 이는 믿어지지 않은 끝입니다. 언제나 끝이 있을 때 새로운 시작이 있습니다. 왜냐하면 아무것도 끝난 적이 없기 때문입니다. 모든 것은 끝없이 계속해서 움직여 갑니다. 의식이 파괴되더라도 말입니다. 모든 것 속에는 의식(意識)이 있습니다. 따라서 설사 의식이 파괴되더라도 이는 새로운 환경 속에서 자신을 쌓아 올릴 수 있는 기회를 만듭니다. 여러분은 이러한 역설을 따르시겠습니까?

이 지구에 다가오고 있는 절정의 사이클은 상상할 수 없는 변화와 능력을 가져다주는 사이클입니다. 이 믿기지 않는 변화와 기회가 주어질 때, 그곳에 있는 존재들을 위해 - 이 변화의 주변에서 이를 경험하기 위해 - 많고 많은 에너지 세력들이 모여듭니다. 이 변화의 속성은 지구에서 일어나기로 계획되어 있는 아주 거대한 전자기적인 진동의 상승을 포함하는 것으로서 인간들을 통제로부터 해방시키기 위한 행사에 모든 에너지적인 세력들을 전자기적으로 불러 모으는 것입니다.

해방, 이는 정말로 앞으로 일어나게 될 계획 중의 하나입니다. 이들 계획 중 어느 계획에서 여러분을 발견할 수 있을까요? 여러분은 어느 세계, 어느 현실을 자신의 신념으로 창조할 수 있습니까? 어느 것이 여러분의 것이 되겠습니까? 어느 것이 여러분의 입력을 받게 될까요? 여러분의 입력을 받아서 반응하는 것 중 무기력하게 느껴지는 것은 어떤 것일까요?

만약 여러분의 입력 자료 중 일부가 소실되었다면 여러분은 이를 좋아하지 않을 것입니다. 이럴 경우 아주 단순 명료하게 그것이 자신에게 별로 필요치 않는 프로그램이며, 자신은 다른 방식으로 배우거나 가속화되거나 활성화되길 바라고 있었던 것이라고 말하십시오. 이렇게 하는 것이 아주 중요합니다. 때때로 자신의 DNA 청사진을 만들 때 여러분은 어떤 계획을 만들었습니다. 그러나 여러분의 플랜(Plan)이 기대에 미치지 못했을 때에는 이 계획을 바꿀 수도 있습니다. 여러분은 언제나 데이터와 경험하는 것을 여러 방식으로 변경할 수 있습니다. 여러분은 결코 무기력하지 않습니다.

12 나선의 다차원적인 존재는 여러 장소에서 동시존재가 가능하다

이곳의 사이클에 대해 좀 이야기해 봅시다. 우리는 앞서 언급하기를, 우리는 빛의 가족들에게 이야기하고 있고, 그들은 지구에서 어떤 임무를 수행하고 있다고 말했습니다. 여러분 빛의 가족의 멤버들은 또한 동시에 통제된 존재계의 다른 행성들에서 임무를 수행하고 있습니다. 그곳의 현존하는 종족들이 조종하는 거기의 주파수와 전자기 구조는 통제되고 있습니다. 이들 다른 행성계들은 현재 지구와 유사한 방식으로 진화하고 있습니다. 그렇다고 그들이 지구와 같다는 말은 아닙니다. 그들은 지구와 유사한 드라마를 통과하고 있다는 말입니다. 그러나 그들은 원하는 만큼의 정보 경험을 모으는 것은 가능하지 않습니다.

그러므로 많은 전자기 에너지가 다차원적 자아의 특정 부분에 저장될 수 있을 때 일어나는 것 때문에 존재계의 사이클은 점점 더 강력해지고 있습니다. 여러분이 다차원의 존재계를 인식하게 되면, 한쪽 다차원 에너지에서 다른 쪽 다차원 에너지로 에너지를 보냄으로써 의식적 자아를 재순환시키기 시작합니다.

이와 같은 방식으로 여러분은 12 나선형 DNA가 상징하는 진화된 존재를 이해하기 시작합니다. 12 나선형의 확장된 DNA가 인간에게 보여 주는 것은 '이들은 여러 시간과 장소에서 동시에 존재할 수 있다'는 것입니다.

다차원적 자아가 여러분에게 나타나고, 정보에 접근을 허용하는 다른 측면은 살아 있는 도서관 카드의 한 부분이 됩니다. 이는 여러분의 많은 자아에 있어, 다차원적인 영화 상영의 기회가 됩니다.

인간의 육체를 가진 빛의 가족인 여러분은 모든 정보 신호를 수용하기 위해서 빨리 진화가 이루어질 수 있는 신경 시

11장 플레이아데스인들

스템을 가지고 있습니다. 결국에는 여러분이 이 정보 신호들을 모두 해석할 수 있게 될 것입니다. 지금 이 신호들은 여러분의 행성에서 충분한 힘을 발휘하지 않고 있는 상태입니다. 이 신호들이 모든 힘을 발휘하면 지구를 폭파해 날려 버릴 수도 있습니다. 지금 꾸준히 에너지가 증가하고 있습니다.

빛의 가족들은 이 정보를 받을 수 있게 됨에 따라 이를 가지고 진화의 에너지를 정착시키며 이곳에서 이 일에 성취합니다. 자기적(磁氣的)인 진동이 증가함에 따라 이 전자기적 파동을 통해서 보다 많은 정보가 들어오고 있습니다. 때문에 여러분은 생명 에너지가 활성화되고 라디오처럼 작용하여 말을 하지 않고도 다른 사람들에게 생각을 전달할 수 있게 됩니다. 여러분의 고차원적 상위 자아처럼 주파수의 보유자로 존재함으로써 그렇게 할 수가 있습니다.

독자들에게 간절히 바라는 바, 우리는 여러분 모두가 완벽한 주파수의 보유자가 되라고 권하고 싶습니다. 이는 최고 레벨의 지식과 정보를 보유하는 것을 의미합니다. 여러분은 단순히 이렇게 살고 존재함으로써 자신의 주위에 있는 모든 사람을 위해 유익한 진동을 만들어 내게 됩니다. 즉 길을 걷거나 쇼핑을 하거나 저녁에 누워 쉬거나, 여러분이 그것을 알고 있음으로써 말입니다.

영혼 스스로 선택하는 유전혈통과 가계(家系)

여기서 잠깐 유전(遺傳)에 대해 이야기해 봅시다. 여러분의 유전적 구조에 대한 청사진을 만든 훌륭한 계획이 있습니다. 여러분 각자는 현실 속에서 자신이 원하는 경험을 체험하고 이를 가장 적합하게 각인할 수 있는 유전적 환경을 선택합니다.

여러분은 빛의 가족으로서 대단한 노력을 했으며 이 위대한 노력이 지구의 육종(育種) 프로그램 속에서 유전적 혈통들을 통합하는 결과를 일궈냈습니다.

이 육종 프로그램의 일부는 여러분에게 보다 급속히 진화할 수 있는 기회를 부여하기 위해 주어졌습니다. 바꾸어 말하면 빛의 가족들은 자신이 인간처럼 느껴지지가 않고 자신이 왜 지구에 살고 있는지 의심스러워합니다. 그리고 그들은 양친(兩親) 속에 잠재된 열성(劣性)의 특질이 함께 유전적으로 잘 결합될 수 있는 가계 혈통을 택했습니다. 그것은 열성의 유전자 속에 잠재해 있는데, 그것이 완전히 작동하여 활동을 시작할 기회는 보존됩니다. 여러분의 유전적 특징과 가계 혈통은 여러분이 지구라는 현실로 진입하는 데 대단히 중요한 부분입니다.

여러분의 유전적 청사진은 여러분에게 큰 힘이 되고 영향력을 주게 될 출생 데이터, 즉 정확한 출생 시간, 지리적 위치와 우주생리학1) 등과 관계가 있습니다. 이와 같은 점성학적 기록 도표는 여러분이 미리 선택한 자료 중에서 해석의 근거가 됩니다. 여러분의 출생 도표는 실제 이보다 훨씬 더 복잡할 수도 있으나 여러분이 누구인가를 가르쳐 주는 좋은 자료입니다.

가계 혈통은 자신이 선택한 것입니다. 우주의 모든 것이 여러분에게 영향을 미치며 역할을 합니다. 여러분이 어떤 세

---

1) 우주생리학(astrophysiology): 출생의 정보, 즉 출생의 시점과 천문학적인 지구의 위치와 지구에서의 지리적 위치 등이 금생의 행로에 결정적으로 중요한 요소가 된다. 이는 점성학, 동양의 사주(四柱: 생년월일시)와 유사한 것으로 태어날 때 모든 별들과 행동, 지구의 상태, 더불어 만물의 상태, 가족 관계 및 본인의 신체적 조건 등을 영혼의 진화에 유익하도록 미리 선택하고 정해서 출생하며, 한 영혼은 독립된 개체적 존재가 아니라 우주와 연관된 우주적 존재이다.

계 속에서 살고 있을지라도 자신의 주위에 있는 물질적, 비물질적 행성의 모든 몸들은 여러분이 선택하는 것들과 의도하는 것들, 여러분의 경험들에 영향을 미칩니다.

머지않아 여러분의 태양계 내에 있는 다차원적 행성들이 나타날 것입니다. 이 행성들은 지구의 과학자들이 다른 차원의 주파수대에서 운행되고 있는 또 다른 태양계가 존재한다는 사실을 깨닫고 난 한참 후에나 출현할 수도 있습니다. 만일 여러분의 과학자들의 마음과 고결성이 믿을 수 없을 만큼 진실해지면, 그들의 사랑과 더불어 비밀에 부쳐져 있던 기술이 장족의 발전을 이룩할 것입니다.

개인과 집단이 사랑과 창조의 진동으로 삶을 살다 갈 때, 빛과 지혜의 진동이 그들과 함께 할 것이며, 이 행성에서 지식과 기억은 믿을 수 없을 만큼 흘러넘칠 것입니다. 그리고 모든 것과 모든 가능성이 성취될 것입니다.

[바바라 마시니악]

1988년부터 황소 자리에 있는 산개성단인 플레이아데스의 외계인들과 채널링을 해온 바바라 마시니악은 국제적으로 알려진 트랜스 채널러이고, 영적인 강연자이다. 대학에서 사회학을 전공했다. 그녀는 또한 "여명의 전달7자"나 "지구" 등과 같은 베스터 셀러의 저자이기도 하다. 이 책들은 20개국 이상의 언어로 번역돼 있다고 한다.

바바라를 통해서 메시지를 전해온 플레이아데스인들은 플레이아데스 항성계에서 온 75~100명 정도로 구성된 다차원적인 영

적 존재들의 집단이다. 그
들의 메시지의 특징은 인
간의 사고(思考)와 의식
확장을 돕는 위트와 지혜,
상식, 우주적 지식 등이
가르침 속에 녹아있다는
점이다. 플레이아데스인들
은 그녀를 통해 우리가 누
구인가에 관한 진정한 기
억회복과 2012년까지 일어
나는 인류의 영적변형을

돕고 있다.

바바라 마시니악은 페루나 이집트, 그리스, 등의 세계 전역을
여행하기도 하고, 평상시에는 미(美) 노스 캐롤라이나에서 세션
(Session)과 변형을 위한 워크샵을 지도하고 있다.

티안나, 소크리박사와 코르톤

채널링   마크니클라스

12 티안나와 소크리 박사, 그리고 코르톤

채널링:마크 니클라스

※ 티안나(Tianna)는 45년 전까지 지구에 살고 있었다. 그리고 그녀의 자매인 마크 니클라스가 그녀의 생전에 채널러였다. 티안나는 현재 플레이아데스 성단의 고향 행성인 샤케어(Shacare)에서 살고 있다.

여러분 반갑습니다. 빛이 되십시오. 본인은 티안나입니다. 나는 여러분에게 DNA(유전자) 코드와 원형의 중요성에 대해 알기를 권고하며, 현재 이 속에서 진행되고 있는 변형에 대해 이야기하겠습니다.

나는 여러분의 DNA가 어떻게 만들어졌는지에 관해 너무 과학적/의학적으로 파고들지 말고 이해하는 것이 유익하다고 믿습니다. 따라서 내가 여러분이 이를 쉽게 이해할 수 있도록 인도하는 사색의 여행을 함께 떠나봅시다. 형제인 사난다[1]가 이렇게 말했습니다. "자연스럽게 생각나는 대로 기억하고, 억지로 잊지 않으려고 애쓰지는 마십시오."

여러분은 지구가 대단히 많은 양의 치유의 진동 에너지 광선 속에 잠겨 있음을 알고 있을 것입니다. 이 에너지 광선이 여러분의 행성과 더불어 그 위에 살고 있는 모두에게 작용을 일으킨다면 대단히 놀라운 일들이 생길 것입니다. 여러분은 체중이 늘거나 줄거나 할 것이며, 설탕 중독 증세나 수면 혼란, 단기적인 피부 발진 등이 생길 수도 있습니다. 이런 일이 생긴다 해도 당황하거나 겁먹지 마십시오. 이 외에도 많은 일들이 대변화의 일부로써 - 아카샤, 혹은 가이아, 에메랄드 행성이라 부르는 - 어머니 지구에 살고 있는 모든 주민들에게 일어날 것입니다.

태초의 지구 표면의 형성 과정

10억 년 전의 행성 지구로 되돌아가 봅시다. 이때 지구는 탄생 이후로 냉각이 시작되고 있었습니다. 만약 우리가 그때로 되돌아가는 여행을 간다면 우리는 특별한 냄새와 음향, 느낌을 바로 알 수 있을 것입니다. …… 유황이 타는 냄새…… 가스가 쉭쉭거리며 내는 바람 소리와 새로 태어나는 존재들로부터 나오는 흥분된 느낌 등 말입니다. 이때 여러분의 행성, 가이아는 우주 행성의 영역 속으로 들어가기 시작했습니다. 가이아는 많은 우주 패턴과 에너지들을 배태하고 있었습니다. 어머니 지구는 생명 창조를 위해서 특별한 성분을 입식해 왔습니다. 전자기적(電磁氣的)이고 유기적(有機的)인 빛의 입자를 용해시키고, 이를 에너지 보텍스 속으로 널리 퍼져 들어가게 난 후, 최초의 미생물이 출현하게 되었

---

1) 사난다(Sananda): 우주에서 불리는 예수 그리스도의 다른 이름. 여러 채널을 통해서 인류의 구원과 상승을 위한 그의 메시지가 전해 오고 있다. 재림을 위하여 천상의 세계에서 준비해 온 것으로 전해진다.

습니다. 내가 여러분과 함께 여행을 하고 싶어 하는 이유가
여기에 있습니다. 여러분은 자신의 삶에 있어서 어떤 때이든
전자기적이고 생물학적으로 형성된 몸이 어떤 성분으로 구성
되어 있는지 깊이 생각해 본 적이 있습니까?

　여러분의 물질적 신체는 지구를 형성하고 있는 성분과 동
일하게 구성되어 있습니다. 여러분의 과학자들이 수많은 시

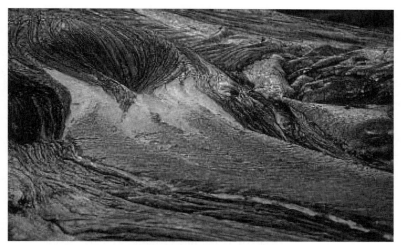

고열에 의해 녹아서 흐르는 마그마의 모습

간과 수십 억 달러의 돈을 들여 생명의 참된 의미를 파악하
려고 노력하고 있으나, 이들은 언제나 하나의 핵심을 놓치고
있습니다. 여러분의 몸을 형성하고 있는 본질은 지구가 화산
을 형성하고 바다를 만들며 중력을 통해 균형을 유지케 하는
것과 동일한 주형의 유전적 성분입니다.

　지구가 냉각되기 시작함에 따라 먼지의 입자들이 정착되기
시작하고 놀라운 혼합물들이 형체를 취하기 시작했습니다.
이 전자기적 생물학적 혼합물들과 외계의 부스러기들이 새로

운 어머니 지구의 부드럽고 습한 표면 속으로 서서히 스며들기 시작했습니다. 대단히 많은 에너지가 실려 있는 새로 결합된 근원 성분들은 처음으로 하늘을 향해 스팀 저장고 위로 솟아오르게 되었습니다. 이는 마치 지구 표면의 균열을 통해 뜨겁게 용해된 마그마가 춤추는 것 같았습니다.

지구의 몸속에 있는 혈액인 라바(용암)를 상상해 보십시오. 그것의 생명력이 순수한 에센스와 접촉한 다음, 수백만 년의 기나긴 시간을 통해 생명의 영(靈)을 낳았습니다. 여기 향료 분말을 뜨겁게 불타는 목탄 위에 뿌리게 되면 어떤 일이 일어나겠습니까? 스팀의 연기를 상상해 보십시오. 불타는 목탄이 용암이며, 아름다운 방향(芳香)이 새로운 생명의 영입니다.

금과 은의 광선이 함께 꼬여서 뿌려졌을 때, DNA의 형상을 그대로 보여주는 이 압도적인 광경을 여러분이 상상할 수 있겠습니까? 이것들은 함께 와서 안으로부터 형체를 만들어 내면서 지구의 창조를 도왔습니다.

시간이 지남에 따라 수증기가 일어나고 덩어리(구름)들 속에 모아졌습니다. 중력이 꾸준히 압력을 가함에 따라 빛의 방사능 파동이 생기고 처음으로 비가 오기 시작했습니다. 여기에서 모험이 필요하게 되었으며, 성질상 은하적인 어떤 것을 추가하게 되었습니다.

멀리 떨어져 있는 우주의 성단(星團)이나 은하계에서는 이러한 지구의 탄생 과정을 지켜보고 있었습니다. 그들은 이 탄생을 알고 있었고, 흥분된 마음으로 빛나는 새로운 별의 탄생을 볼 수 있을 때를 기다리고 있었습니다. 여러 태양계로부터 여러 팀의 과학자들이 이를 관찰하기 위해서 파견되었으며, 이 탄생을 도왔습니다. 그리고 다른 성단들은 자연

의 요소를 다루고 연구하는 과학이 훨씬 더 진보해 있었기 때문에 많은 창조가 가능했으며, 그들의 고향으로부터 생명의 숨을 불어넣는 감로수를 가져왔습니다. 그리고 냉각된 새로운 행성에 비가 내리기 시작하자 간절하게 도움을 주고자 했던 과학자들은 작업에 착수했습니다.

혹시 지구상의 어떤 창조물들이 어디로부터 유래되었는지 의아하게 생각해 본 적이 있으십니까? 여러분들의 과학자들이 이해할 수 없는 여러 동물들과 식물 종들, 광물 및 기타 합성 물질들 말입니다. 사실 이런 창조물들은 머나먼 별들로부터 그들의 고유하고 독특한 연금술을 지구에 보태주기 위해 옮겨온 것들입니다.

우주의 방문자들인 빛의 일꾼들은 땅에서 특정한 가스가 방출토록 함으로써 지구의 영들이 숨 쉬고 살 수 있게 지구를 도왔습니다. 높은 함량의 크세논과 아르곤, 크립톤, 매그논2) 등은 방출의 초기 상태에 있었으며, 아직 대기에 확산된 상태는 아니었습니다. 빛의 박사들은 간단하나 아직 섬세한 변형을 위해서 단지 주위에 머물러 있을 수 있었습니다. 그 때 가장 큰 일들이 일어나기 시작했습니다. 그리고 우주적 물질 성분들이 지구의 유기물에 혼합 첨가됨에 따라 이 위대한 액체는 지구의 대양(大洋)을 만들기 시작했습니다.

대양이 만들어지는 데는 많은 시간이 걸렸으며, 이 기간 동안에 지구 표면은 큰 움직임이 일어나 다시 형성되기 시작했습니다. 유기물과 외계의 가스 융합으로 인해 거대한 화산 폭발과 고농도의 가스 폭발이 일어났으며, 이에 따라 여러분의 행성은 수백만 년 동안 성장과 변형이 이루어졌습니다. 이 이벤트는 우주에서 전에 어떤 곳에서도 결코 볼 수 없었던 일이었습니다. 이는 우주의 주민들에게는 아주 명백한 일로서 이 비상한 일을 밤의 푸르고 검은 바다를 가로질러 진행시켰던 것입니다.

우리가 이 시공간을 떠나기에 앞서 한 생각을 덧붙이겠습니다. 여러분의 영적인 몸과 에테르체가 가진 에너지는 성질상 외계인입니다. 여기서 외계인이라는 의미는 단지 지구 저 너머의 그 기원이 있다는 것입니다. 비유적으로 표현하자면 지구는 당시 어린 아기였습니다. 그리고 지구의 손님들(외계인)은 어른이었지요.

우리가 DNA 정보에 대해 이야기할 때 여러분은 우리가 말하는 것이 무엇을 의미하는가를 알게 될 것입니다. 즉 가장 작은 세포로부터 가장 큰 포유류 동물에 이르기까지 모든 생명 에너지 - 남신/여신의 심장, 혹은 어머니/아버지의 왕국 - 는 광대한 우주로부터 영적인 지식과 함께 여러분의 행성에 입

---

2) 지구에는 알려져 있지 않은 가스이며, 이 가스의 돌연변이에 가까운 것으로서 일산화물(monoxide)이라는 것이 있음. (역주)

12장 티안나와 소크리 박사, 그리고 코르톤

식되었습니다.

가이아(Gaia)가 춤추고 노래하자 그녀의 몸은 율동적인 움직임 속으로 뒤틀며 들어가고, 피는 자궁으로부터 자유롭게 쏟아져 나왔습니다. 그리고 아름다운 음향이 가이아의 영으로부터 나왔고, 가이아는 잠에서 깨어나기 시작했습니다. 가이아는 별들의 바다 속에서 가장 새로운 창조였기 때문에 가이아의 출산을 축하하는 의식을 가질 때였습니다.

창조의 소리 '옴' – 가이아의 영혼을 탄생시키다

나는 가끔 이 이벤트에 대해 이야기하는데, 이것에 대해 말하는 것이 나에게 큰 기쁨을 줍니다. 나는 지구에 있는 형제자매 여러분이 이 글을 읽고 소리(音) 속에서 치유의 힘을 알고 느낄 수 있게 되기를 바랍니다.

<빛의 행성위원회>의 모든 위원들에게 소집이 요청되었고, 이들에게 영이 각성할 수 있도록 새롭게 탄생하는 별에게 소리 음향을 보내도록 요청했습니다. 이렇게 하여 여러분의 어머니 지구인 가이아(Gaia)의 영혼을 탄생시켰습니다.

이 소리 음향이 바로 옴(OM)입니다. 지구의 시간으로 7일에 상당하는 기간 동안 플레이아데스에 있는 사람들과 위원회의 다른 멤버들은 이들의 심장으로부터 치유의 에너지를 방사하는 옴의 소리를 발성했습니다. 이 옴의 소리가 함께 모여지면 소위 여러분이 오라(Aura)라고 하는 것이 만들어지는데, 실제로 이를 볼 수도 있습니다. 이 은백색의 물질은 장엄한 색상의 빛을 발산하면서 행성 지구를 향해 빛의 통로를 만들어 갑니다. 여러분도 아시다시피 이 옴의 소리는 우주 자신의 소리로 창조주의 심장에서 나오는 에너지 진동입니다. 이 소리 음향이 지구 대기 바깥에 도착하게 되면 여러

분의 행성을 에워싸서 보호막이 되는 오라 밴드(Aura Band)를 창조하게 됩니다.

여러분의 행성은 당시까지 기다려온 일련의 일들로 생명나무를 만들기 시작했습니다. 나는 여러분이 북극광(北極光)이라고 하는 것에 대해 상기시켜 이야기하겠는데, 이것은 옴들의 합창에 의해 만들어지는 것으로 근원적인 빛의 산물임을 보여 주는 것입니다. 그때 지구는 적당히 안전하게 자리 잡혔으며, 지구의 생명력은 나선형으로 상승을 시작했습니다. 인체의 탄생에 연관된 일련의 일들에 관해 많은 책들이 나와 있는데, 이 책들이 상승과 진화를 가능케 할 것입니다. 따라서 나는 여러분을 진화의 중요한 지점에서 수백만 년의 정체(停滯)를 건너뛰게 할 것입니다.

태양으로부터 방출되는 전광(電光)과 자외선은 초기의 대기 중에 있는 풍부한 수소 분자를 분리시키기 시작했습니다. 동시에 이 수소 분자의 파편들은 보다 복잡한 분자로 재결합했습니다. 한편으로 이미 대양(大洋)은 대단히 비옥하게 만들어졌습니다. 이를 기억하십시오. 이 복잡한 분자 구조를 가진 화학물들이 바다 속에서 새로운 형체를 창조하기 시작했으며, 많은 가능성을 가진 독특한 생명의 가닥들을 만들기 시작했습니다. 점차 다양성이 증가해 가는 일종의 우주 수프(Soup)는 이미 항아리 속에서 혼합되어 있던 우주 성분들과 함께 섞이기 시작했습니다.

최초의 DNA 형성과 돌연변이

수많은 세월은 스푼이 되어 이 수프를 혼합시켰습니다. 어느 날 아주 우연히 이루어질 때까지 말입니다. - 그것이 우연이었을까요? - 분자는 수프 속에서 다른 분자들을 쌓아 빌딩

이 되는 것처럼 스스로 자신을 복제시켜 어떤 존재가 되었습니다. 이것이 DNA의 원조입니다. 이 DNA는 지구에서 분자 생명의 주인으로 알려져 있습니다!

지금 다시 여러분은 DNA 성분에 대해서 여러 가지 리포트를 읽을 수 있습니다. 그러나 DNA의 영적 측면을 유념하십시오. 이러한 DNA는 에너지의 모형이나 영양으로 만들어진 것입니다. 이 방향체들과 우주적 성분들은 창조자의 정원에서 온 것들입니다. 이 생명의 종들은 후에 이 프로젝트의 나의 공동작업자들이 되어 그 기술을 사용하는 데 중심 역할을 했습니다.

그러므로 이 강력한 DNA가 어떤 영적 특성을 갖지 못했더라면, 처음으로 '클론(복체)' 하나를 만들기 위해 자신을 복사(複寫)하는 신비한 연금술을 연출할 수 없었을 것입니다. 혹은 이를 최초의 고차원 상위 자아나 에고라고 말해도 될까요?

생명의 수많은 신비를 만들어 낸 것은 바로 이때부터입니다. 예를 들면 카인과 아벨, 아담과 이브의 남자 아이가 어떻게 자손을 만들었겠습니까? 이들이 DNA 속에서 발견한 신비한 방향체(芳香體)들을 활용한 것은 자신들의 에센스(Essence)로부터 그들 자신의 복사체를 만들어내기 위한 것이 아니었을까요? 카멜레온이 꼬리가 잘려나간 이후에 자신의 꼬리를 어떻게 다시 자라게 할 수 있을까요? 이 복제의 개념은 무엇일까요? 여러분은 앞으로 적당한 때에 생명의 미스터리에 대해 그 진실을 이야기하고 알게 될 것입니다.

약 45억 년 전에 DNA 분자의 조상들은 성장할 수 있는 기반을 만들기 위해 경쟁을 했습니다. 생명의 방향(芳香)은 모든 곳에 있었습니다. 이를 만들 수 있는 재료는 충분했습니다. 여러분 중 많은 사람들이 나의 형제인 마크를 통해서 내가 한 말을 들었을 것입니다. 마크는 내가 만든 '돌연변이'란 말에 친숙한 사람입니다.

돌연변이는 생물 진화의 중요한 연금술이다

반복해서 말합니다만, 돌연변이는 어떤 사람이 이상한 형체가 되어 무시무시한 괴물로 변해가는 것을 의미하지 않습니다. 돌연변이는 과거에 존재했던 가장 강력한 최고의 연금술은 아닐지라도 변화의 연금술 중의 하나입니다.[3] 이것은 생명체가 자신의 삶 속에서 변화를 위해 새로운 탄생의 기회를 통해서 일으키는 일입니다. 바로 지금 여러분의 DNA 세포 구조는 돌연변이를 일으키고 있는 중입니다.

그러나 이것은 새로울 것이 없습니다. 왜냐하면 수십억 년 전에 DNA 복제에 연관된 4개의 주요 레벨에 대한 방향을 프로그래밍할 때 핵산의 구성 성분인 뉴클레오티드로 알려진 이 패턴 방정식을 잘못 도출해 냈는데, 이때부터 돌연변이는 시작되었습니다.

---

[3] 돌연변이는 세포분열시의 DNA 복제 과정에서 여러 가지 이유로 염기서열이 우연히 뒤바뀜으로써 일어나는 사건이다. DNA 염기서열에는 어떤 생명체의 청사진이 들어있다고 볼 수 있는데, 즉 염기서열이 다르면 생물체의 종이 다르다. 돌연변이는 유전자 자체의 변화에 의하여 일어나는 경우와 염색체의 일부가 잘려 없어지거나, 여분으로 늘어나서 유전자가 새로 추가되거나 결실로 인하여 발생되는 유전인 변화이다. 천연적으로도 일어나지만 인위적으로 방사선이나 화학물질 등의 영향으로 일어나는 일도 있다. 인위적으로 일어나는 돌연변이를 인위돌연변이(人爲突然變異)라고 한다. 돌연변이는 보통 생식세포에서 일어나 자손에게 전해지는데 이것을 생식세포 돌연변이라고 한다. 또, 체세포에 돌연변이가 일어나는 경우도 있으며 이것을 체세포 돌연변이라고 하는데, 누에에서 볼 수 있다. 식물에서는 그 부분의 휘묻이 ·꺾꽂이 등으로 이것을 번식시킬 수도 있는데 배의 품종 중에 그 예가 있다. 보통의 개체를 야생형(野生型)이라 하고, 그 속에서 자연적 또는 인위적인 조작에 의해 변이가 생긴 것을 돌연변이체라고 한다.
(편집자 주)

　결과를 만들어낸 각각의 입력된 가르침들은 유기체(생체)에 따라 다릅니다. 이것은 여러분에게 각 유기체(동물, 식물 등 모든 생명체)가 왜 그 자체로서 독특한가를 말해줄 뿐만 아니라 태어난 여러 종들이 얼마나 다양하고 아름다운가를 설명해 줍니다. 돌연변이가 없고 자연의 성스러운 실수가 없었다면 모든 것은 비슷하게 보일 것입니다. 이 돌연변이가 어머니 지구의 자연에 대해 얼마나 경이로운 창조를 이룩했는가를 한번 심사숙고해 봅시다.

　마침내 식물과 물고기 등이 호흡을 하기 위해 물 밖으로 나왔습니다. 수백만 년의 시간과 수많은 단계를 통해서 새로운 유기 생명체를 창조하기 위한 신비로운 돌연변이와 DNA 분자의 가능성 탐사가 연결되어 파충류의 탄생이 이루어졌습니다. 그리고 양서류, 공룡들, 포유류 동물과 새들이 나왔습니다. 이들 생명체들은 새로운 어머니 가이아의 자랑스러운 얼굴 위를 기고 수영하고 날고 걸어 다녔습니다.

　공룡들은 약 1억 6천만 년 동안 지구를 지배하다가 모두 갑자기 사라졌습니다. 일부 선배 원로들 이야기로는 이들이 처음에는 자신의 새로운 집에서 지구의 표면과 잘 어울려 걷고 활동하면서 유순하고 평화롭게 지냈다고 합니다. 세월이 지남에 따라 이들은 자신의 삶에 좌절하게 되었고, 큰 싸움이 일어나기 시작했습니다. 어떤 사람들은 이들의 영성이 지구의 모든 생물을 다시 한 번 대청소하는 돌연변이가 시작될 것임을 예지하고 때에 맞춰 떠났을 것이라고 합니다.

공룡들의 세포/면역 체계가 감소되기 시작했는데, 이는 에고(Ego)가 그들을 지배하고 지구에 대변화가 엄습해 오면서 그들의 지배력이 이완되었기 때문입니다. 이와 같이 해서 한 종(種)의 장(章)이 DNA를 통해서 만들어지듯이 그렇게 종말을 고했습니다.

지구와 지구의 주민들이 지금 그때와 비슷한 경험을 하고 있다는 것은 옳지 않은 해석입니다. 지구와 그 주민들의 세포와 면역 체계는 축소되는 것이 아니고 오히려 변형, 확장되고 있습니다.

지금까지 우리와 함께 해줘서 감사합니다. 본인은 이 다음 장(章)을 백색별에 있는 **소크리 박사**에게 넘기겠습니다.

※소크리 박사는 이 지구에서 마지막으로 고대 아틀란티스에서 육체를 가지고 살았었다. 박사는 당시 연금술 에너지를 조정하여 행성 주위에 에너지장을 안정시키고 지구와 지구 주민들이 조화와 균형을 유지할 수 있도록 돕기 위해서 아틀란티스에서 마지막으로 생존했다. 그는 현재 백색별에서 승무원 팀의 일원으로 일하고 있는데, 이 백색별은 베들레헴의 별로 알려져 있으며, 박사는 한때 이 별에서 연금술 치유가로 일했다.

＊소크리 박사: 여러분 반갑습니다. 예, 그렇습니다. 참으로 아카식 레코드의 한 장(章)이 끝나고 공룡이 사라졌습니

다. 그러나 여러분이 다음 장을 열면 다른 일들이 시작됩니다. 지구는 역사에서 가장 위대한 이벤트를 위해 자신을 준비하기 시작했습니다. 아주 할 일이 많았으며 시간적 여유가 없었습니다.

빙하시대의 도래

최초의 빙하기(氷河期)는 빨리 찾아 왔는데 이 혹독한 추위는 땅 위의 사람들에게는 해로운 것처럼 보였지만 지구에게는 치유와 정화의 역할을 했습니다. 빙하 시대는 지구라는 대자연신(大自然神)이 새로운 종(種)의 존재들에게 배움의 장소를 제공하는 데 동의했다는 기억을 새로이 일깨워 주었습니다. 이 존재들은 삶의 학교에 들어가서, 자신이 신(神)의 형상대로 창조되었음을 기억함으로써 최종 시험을 통과하여 졸업할 것이었습니다. 많은 준비 작업이 진행되었습니다.

티안나가 이를 언급하지 않았을지라도 나는 이 사실을 여러분이 알고 있을 것이라고 확신하는데, 지구의 초기 단계에 엘로힘의 종족이 방문해 왔었으며, 이들이 지구에 입식된 것이 아카식 레코드에 기록되어 있습니다.(이 사실은 『고대의 땅(Ancient Lands, Dove Center, 1990)』에 기록되어 있습니다.)

이 빙하기 동안에 지구의 DNA 세포 구조는 높은 에너지 진동율로 촉진되었는데, 이는 지구의 힘과 에너지를 다시 한번 해방시킬 수 있도록 지구의 심장박동을 완화하기 위해서였습니다. 이 빙하기에는 최소 4번의 중요한 결빙기(結氷期)가 있었습니다. 각지의 결빙들은 다음 방문객들을 위해서 지구를 준비시켰습니다.

가장 최근의 빙하기는 약 12,500년 전에 시작되었고, 이는 최고 18,000년 전까지로 거슬러 올라갈 수 있습니다. 동부

캐나다 전체가 한 얼음덩이로 뒤덮였습니다. 서부 산맥의 얼음들은 캐나다 시트를 침식하고 계속 확장하여 모든 해안에 뻗쳤었습니다.

여러분의 행성은 지금 막간의 휴식기간이라 할 수 있겠으나 아직도 대빙하기가 계속되고 있다고 생각할 수도 있습니다. 지각(地殼)의 많은 부분들, 이를테면 그린랜드와 남극은 아직 얼음으로 뒤덮여 있습니다. 대빙하의 시기는 두드러진 인간의 융성 시기와 일치합니다.

인간의 종(種)이 이 지구에 나타난 것은 200만 년 밖에 되지 않았습니다. 이 행성에는 최소 4가지 형태의 인간들이 여러 차원으로부터 와서 살고 있습니다. 여러분은 고대 아틀란티스와 레무리아 사람들이 언제부터 어디에서 살았는지 궁금할 것입니다.

처음에 인간의 종족이 이 땅에 와서 살기 시작한 이후에 인간 속으로 '별의 씨앗(Star Seed)'들이 잉태해 들어갔습니다. 잘 기억하십시오. 지금 여러분은 이들을 4차원 특성을 지닌 생명체라고 말하지만 이들은 성질상 지구인으로 생각됩니다. 초기의 혈거인(穴居人)들은 여러분이 알고 있는 것보다 훨씬 더 진화해 있었습니다. 나는 이들을 여러 번 방문했던 때를 기억합니다. 여러분의 조상들은 매우 특별합니다. 여러분 또한 그러합니다.

지구의 차원변형에 관해

지구와 DNA에 대한 간단한 의견을 제시하고 지구에서 현재 진행되고 있는 대변화에 대해 살펴보기로 합시다. 여러분은 대변화를 어떻게 준비하고 있습니까? 여러분은 이 기간 동안에 어떤 방식으로 자신의 몸을 치유하고 유지하시겠습니까?

여러분의 의식, 신성의식 속에서 많은 변화가 일어나고 있습니다. 다시 한 번 여러분의 근본이 크게 정화되고 있습니다. 지금 차원의 변형이 이루어지고 있으며 의식의 각성이 고양되고 있습니다. 이제 여러분은 4차원으로의 변형이 이루어지고 있다는 이야기를 들어도 이를 의심하지 않을 것입니다. 지금 여러분은 어머니(여성)와 아버지(남성)를 통해서 창조주의 이미지를 3가지 방식으로 반영하면서 살고 있습니다. 이를 우리는 '삼위일체(三位一體)'라 부릅니다.

여러분이 4차원으로 이동해감으로써 새로운 성찰(省察)이 열립니다. 진아(眞我)에 대한 성찰 말이죠. 진아, 어머니/아버지를 통하여 진아로 성찰해 들어가는 남신/여신, 진아(眞我) 혹은 진여(眞如). 내 말의 핵심을 이해하시겠습니까? 신성의 깨달음을 향한 최후의 단계는 여러분이 자신의 형상에서 신(神)을 볼 수 있을 때 일어납니다. 이것이 4차원의 전부입니다. 이것이 여러분의 신성을 되찾는 앞으로의 단계입니다.

새 시대(New Age)의 이념은 4차원으로, 이는 다차원적 여행과 정신적 선물, 빛의 몸속에서의 삶을 말하는 것인데, 나는 이 이념에 불결한 것을 집어넣고 싶지 않습니다. 4차원은 이보다 훨씬 더 광대합니다.

예, 그렇습니다. 여러분은 자신이 원한다면 이 재능을 이용할 수 있습니다. 그러나 여러분이 이 재능을 언제나 발견할 수 있는 것은 아닌데, 여러분은 형제인 사난다가 요청한 '생각하라, 창조하라, 나타내라'의 영역 속에서 살게 될 것이기 때문입니다.

4차원 속에서 여러분은 모든 것에 대해 바로 아는 능력을 갖게 될 것입니다. 여러분이 기억하게 될 가장 중요한 선물은 치유의 선물입니다. 이 치유는 여러분이 전에 3차원적으로 볼 수 있었을 때 여러분에게 나타난 삶의 모든 것을 반영하고 접촉하는 것을 필요로 합니다.

3차원에서 여러분은 일반적으로 완전한 신성(神性)을 볼 수 없습니다. 4차원에서는 반영하는 모든 면이 나타납니다. 여성의 직관적인과 측면, 남성의 지적인 측면, 신성한 측면을 여러분은 모두 꺼내어 사랑을 통해서 치유시킬 수 있습니다.

다음 단계로 진화해 들어갈 수 있는 열쇠는 치유의 기술을 이용하고 이를 통하는 것인데, 이는 여러분이 가진 신성을 일깨워 주는 데 도움이 될 것입니다. 사랑의 도구와 사랑을 실천하는 기술은 치유에 있어서 가장 훌륭한 약입니다. 예수/사난다가 치유했을 때처럼 말입니다.

예수는 어머니/아버지 신의 영역에 대한 사랑, 그가 치료해 준 사람에 대한 사랑, 우주의 사랑과 그 자신 안에 있는 신에 대한 사랑으로부터 힘을 이끌어냈습니다. 당시 그는 4차원의 치유 기술을 사용했었던 것입니다.

치유와 빛의 몸으로의 변형에 대해서

여러분의 물질적 신체는 탄소를 기초로 한 6-6-6의 비율로 정보가 입력되어 있습니다. 유기체의 화학적 특성이 이 특정 진동 비율과 연관되어 있습니다.

여러분의 DNA 세포구조의 돌연변이가 진행됨에 따라 여러분의 몸은 에너지 대사가 가속될 뿐만 아니라 성장, 변화하여 높은 주파수를 다루는 능력에 박차를 가하게 됩니다. 이와 같이 해서 몸의 세포구조는 서서히 다이아몬드를 기초로 한 몸이나 9-9-9 비율로 변화가 이루어집니다.

이는 빛의 몸이 되어가는 것입니다. 여러분의 물질적 신체 속에서는 감동적인 일이 많이 일어날 것입니다! 무엇보다도 우선 세포가 육체적인 부분뿐만 아니라 다차원적인 변환을 통해서 확장되기 시작할 것입니다.

고차원의 빛의 진동 주파수들이 여러분의 존재 속으로 유입될 수 있게 하기 위해서 여러분의 세포는 새로운 빛의 진동을 수용하기 위한 공간이 필요합니다.

왜 여러분이 질병이라 부르는 사소한 이야기 거리를 통해서 자기 자신을 발견해야 하는가에 대한 해답이 여기에 있습니다. 실제적으로 이런 이야기 거리의 일부는 여러분의 건강에 대단히 유익합니다. 만일 새로운 빛 속에서 질병들을 주의해서 보면, 여러분은 이것이 여러 자신을 정화시키는 데 큰 도움이 된다는 사실을 깨달을 것입니다.

예로서 여러분의 일반적인 감기를 예를 들어봅시다. 여러분의 몸은 일정한 온도를 유지하는 일을 계속하고 있는데, 왜냐하면 어머니 지구가 여러분의 물질적 신체에 직접적인 영향을 미치고 있기 때문입니다.

여러분의 몸이 다가오는 지구 변동의 시대에 대처하는 데 있어서 다음과 같은 생각은 도움이 될 것입니다. 즉 지구를 병들게 하고 괴롭히는 공해나 다른 오염 물질들로 인해 지구가 철저하게 자신의 계절을 비정상적인 상태로 변화시킨다는 사실입니다.

지구의 영(Spirit)과 함께 일하는 아메리카의 원주민들의 방식과 유사하게 지구에 직접 연결된 단순한 헌신이 감기의 위험성을 크게 줄여 줄 것입니다. 육체적인 레벨과 영적인 레벨, 양쪽 모두의 변화와 더불어 의식적으로 움직이는 것은 경이로움을 일으킬 것입니다.

여러분의 몸이 아픔이나 고통, 질병을 체험할 때마다 이는 여러분에게 무엇인가를 알려주려는 것입니다. 깨어나십시오. 각성하십시오. 출발선입니다! '질병(dis-ease)'이란 영어 스펠링의 의미대로, "편하지 않은" 즉 자연스러운 상태와 일치하지 않는 상황을 말합니다.

지금 인류는 큰 집 청소를 진행 중입니다. 여러분의 세포는 지구로 유입되고 있는 많은 양의 높은 진동의 에너지에 적응할 수 있도록 조정하고 있습니다. 암과 에이즈, 선천성 질환까지도 여러분이 살고 있는 지구에 진행되고 있는 것들과 직접적으로 연결되어 있습니다.

만일 여러분이 매일 긍정적이고 자연스러운 생활 방식을 실천하지 않고 있다면, 여러분은 자신의 몸이 좋지 않은 방향으로 나아가고 있음을 깨닫게 될 것입니다. 여주인인 가이아(Gaia) 역시 이런 사실을 알 것입니다. 질병과 공해, 지진, 죽음, 지구축의 변동까지도 모두 이에 적용됩니다. 나는 지금 여러분을 티안나에게 다시 인계하겠습니다. 여러분 모두에게 평화를 기원합니다!

- 소크리 박사 -

티안나 다시 말하다 …

티안나가 다시 이야기합니다. 여러분 빛 속에서 인사드립니다. 안녕하세요!

다음의 정보는 치유에 적용할 수 있는 운동과 기술로써 소리의 이해에 기초를 둔 것입니다.

소리

소리의 사용은 바로 창조의 시작으로까지 거슬러 올라갑니다. 여러분은 창조자의 생각의 소리를 들어본 적이 있습니까? 여러분 잠시 동안 눈을 감고 들어봅시다. 여러분, 무엇이 들렸습니까? 여러분의 머릿속에서는 많은 생각들이 일어났겠지요. 우리는 이 생각의 재잘거림을 환기시키고자 합니다.

잡담과 소란을 진정시킨 평온이 여러분의 치유에 있어 가장 중요한 도구입니다. 여러분의 생각들 중 많은 것들은 사회로부터 프로그래밍된 것으로, 많은 질병의 원인이 되는 요소를 포함하고 있습니다. 예를 들면 추운 나라에서 비가 오는 날에 외출을 할 때, 또는 우산 없이 걷거나 일할 때 이에 대한 대비가 없다면 여러분은 어떤 생각이 들겠습니까? 대부분의 사람들은 이렇게 생각할 것입니다. '아, 병에 걸리게 생겼구나! 이제 감기에 걸려 죽게 생겼구나!'

여러분이 직장에서 해고당했다고 상상해 봅시다. 그리고 집에 돌아와 보니 자동차 할부금의 연체 고지서가 나와 있다고 한번 상상해 봅시다. 그러면 여러분은 스트레스를 받기 시작하겠지요. 여러분의 근육은 긴장하지 않겠습니까? 두통도 생기겠지요.

이럴 때 여러분은 독한 술을 마시겠습니까? 아니면 편안한 의자에 앉아 치유의 방법을 쓰시겠습니까? 많은 사람들은 치유가 아니라 다른 방법을 쓸 것입니다. 이것은 여러분의 잘못이 아닙니다. 여러분은 사회와 가정을 통해서, 상업적인 영리를 통해서, 또 이와 유사한 갖가지 압력을 통해서 이런 식으로 행동하게끔 프로그래밍이 되어있기 때문입니다. 어떠한 소리가 이런 경우에 도움이 되는지 살펴봅시다.

우리가 이야기한 바와 같이 인체와 어머니 지구인 가이아의 몸은 같은 생명의 성분으로 만들어졌습니다. 어머니 지구는 자신을 통해서 운행되는 결정격자 구조를 가지고 있습니다. 지구인의 몸 역시 차크라 경락과 에너지 레이 라인(Ley Line)으로 구성된 격자구조를 가지고 있습니다.

만약 여러분이 지구의 소리를 들을 수 있다면(여러분 중 일부는 들을 수 있음) 옴4)과 비슷한 에너지 진동음을 들을 수 있을 것입니다. 이는 대단히 낮게 들릴 때도 있고 지극히 높게 들릴 때도 있습니다. 지구는 자신의 극에서부터 중력을 위해 에너지를 형성하는 음극/양극에 이르기까지 모든 것의 균형을 유지하는 데 옴의 소리를 이용합니다. 여러분은 자신의 치유와 몸의 평정을 위해서 이와 유사한 기술을 사용할 수 있습니다.

치유를 위한 소리(옴)의 사용법에 대하여

여러분이 좋아하는 장소에 편안하게 자리 잡고 앉으십시오. 눈을 감고 여러분의 주위에 돔형으로 빛의 보호막을 만드십시오. 그리고 이를 자신의 주위로 끌어내려 고정시키십시오. 하지만 이를 잊어버렸다고 해서 안전하지 않다고 생각할 필요는 없습니다.

그리고 여러분의 고차원 상위자아와 빛의 친구들을 불러

---

4) 옴(Om, Aum): 태초에 이 옴에 의해서 빛과 우주가 창조되었으며, A는 창조, U는 유지, M은 소멸을 뜻한다. 옴은 만트라(眞言) 중 최고의 수련법으로 전해져 내려온다. 옴에서 발생하는 진동음은 육체와 감정체, 차크라, 세포와 면역체계, 내분비선 등을 급속히 정화시켜주고 차크라와 쿤달리니를 각성시켜 준다. 지구도 이 옴 에너지에 의해 자신과 만물을 영위시켜 주며, 어느 정도 단계가 되면 이 진동음의 반향을 들을 수 있다. 옴 수련을 처음 시작할 때는 최대한 높고 큰 소리로 하고, 어느 정도 인체 정화가 된 후에는 저음으로 길게 하면 된다. 어느 정도 진전이 되면 몸에서 진동과 에너지의 흐름을 감지할 수 있게 되고 필요에 따라 고저장단을 조절하면 된다. 몸의 필요한 부분에 의식을 집중하면 그 부위가 활성화 되며, 빛의 몸으로 빛이 밝게 방사하는 상념을 시각화하면 좋다. 이로 인해 쉽게 명상 상태에 들어갈 수 있게 되고 졸음이 오기도 한다. 리드미컬한 가락을 붙여 단체로 하면 더욱 효과적이다. 단기간의 체질개선, 만성병 치유, 카르마의 정화 및 치유에 유효한 방법 중의 하나이다. (역주)

도움을 청하세요. 여러분이 에너지장을 만들고 자신과 더불어 치유할 때 여러분에게 와서 도움의 역할을 해 주고 기쁨의 시간을 함께 하도록 요청하십시오. 이는 빛을 밝히는 일입니다. 이 즐거움으로 짐이 되는 것을 빛으로 밝게 하십시오.

여러분 왼손을 여러분의 심장 부위에 펼치고(에너지를 받는 형태로), 오른손을 태양신경총 위쪽에 놓으십시오(에너지를 주는 형태로). 그리고 여러분이 참으로 편안해질 때까지 (그러나 방심하지는 말고) 부드럽고 조용하게 호흡을 계속하십시오. 그리고 기도하십시오.

나는 여러분에게 다음과 같은 기도문을 하나의 예로 드립니다.

만물의 창조주이신 사랑하는 어머니/아버지 신(神)이시여! 당신의 사랑으로 나의 치유를 도와주시길 요청합니다. 치유의 천사와 능력이 나와 함께 하시길 바랍니다. 그렇게 될 것입니다. 이미 이루어졌습니다. 감사합니다.

이 에너지 속에서 잠시 휴식을 취하십시오. 손에서는 전기적인 충격과 전신을 통해서는 에너지의 흐름을 느끼기 시작할 것입니다. 이는 대단히 좋은 일로써 세포의 구조를 치유의 빛으로 채워 줄 것입니다. 편안해지고 마음의 소란이 진정되면 가능한 한 낮은 음성으로 '옴(OM)'의 발성을 시작하십시오. 가능한 한 길게 옴을 발성하고 필요한 만큼만 호흡을 하고 지속적으로 발성을 유지하십시오. 이 진동음은 여러분의 태양신경총에서 공명하게 됩니다.

만일 여러분에게 불편한 것이 있어 사랑의 마음으로 버리

옴(OM)을 형상화한 연꽃 만다라

고 싶은 생각들이 있다면, 옴의 진동으로 이런 생각들을 날려 보내세요. 그리고 조화(치유)의 천사에게 부탁해서 이들을 완전히 정화시켜 우주 사념의 웅덩이로 되돌려 보내도록 하십시오.

만약 여러분이 치유가 필요하다면 저음(低音)으로 옴 진동을 하면서 필요한 특정 부위에 의식을 집중하십시오. 모든 감정과 느낌이와 닿도록 하세요. 여러분을 괴롭히는 좌절과 불안, 병고 등을 빛으로 해방시키십시오.

여러분이 다음 단계로 들어갈 준비가 되었을 때는 옴의 발성을 잠시 멈추고 잠깐 동안 부드럽게 호흡하십시오. 그리고 마음의 소란을 다시 한 번 체크하십시오. 만약 이 소란이 진정되지 않았다면, 저음으로 옴을 발성하거나 편안해질 때까지 호흡을 계속하십시오. 준비가 되었으면 옴 발성을 정상적인 음성으로 하십시오.

이렇게 해 나가면서 생각이 자유롭게 이루어지도록 만들어 주세요. 그리고 여러분 자신과 삶에게 아름다운 것들을 보여 주십시오. 막간 동안에 다시 한 번 옴을 짧게 발성하십시오.

여러분이 다음 단계로 들어갈 준비가 되었으면, 옴 발성을 멈추고 잠시 동안 부드럽게 호흡만 하세요. 최종 단계는 자신의 특유한 음성으로 가능한 최고의 고음으로 옴을 발성하는 것입니다.

이와 같이 할 때 몸으로, 그리고 우주 속으로 긍정적인 사념들을 보내십시오. 편안해지고 조정이 이루어졌다고 느낀 다음에는 부드럽게 호흡하면서 잠시 동안 쉬십시오.

이때가 명상하기에 아주 좋습니다. 만일 여러분의 주위에 거울이 걸려 있다면 거울에 비치는 자기 자신을 보고 이야기하십시오. "나는 당신의 모든 것을 사랑합니다." 그리고 미소 지어 보십시오. 자신을 둘러싸고 있는 영적인 에너지에 감사하고 기뻐하십시오. 이 수련은 짝을 지어하거나 단체로 하면 좋습니다.

여러분은 소리와 어떻게 연결되어 있는가?

저음의 음향은 여러분을 지구의 내부 영역으로 연결시켜 줍니다. 여러분 자신이 땅과 접촉함으로써 자신의 몸을 도와줄 뿐만 아니라 지구에 많은 필요한 에너지를 보내 주고 있습니다. 정상적인 톤으로 하는 옴 발성은 여러분의 에너지장을 열어 주어, 여러분을 생명의 자연스런 흐름과 연결시켜 줍니다. 이때 진동 에너지는 모든 생명체를 통해서 흐릅니다. 고음의 옴 진동 에너지는 여러분을 우주적 흐름 속으로 연결시켜 주며 전자기적 에너지장을 만들어 줌으로써 세포 구조에 영양분을 더해 줍니다. 대부분의 세포들은 지극히 높은 에너지 진동의 장에서 진동을 발합니다.

공5)이나 저진동의 기구들은 저음으로 옴 진동을 발성할 때 같이 사용하면 많이 도움이 됩니다. 공은 지구 내부의 존재들이 치유의 의식을 행할 때 많이 사용하고 있습니다.

---

5) 공(gong): 티베트의 승려들이 사용하는 티베트의 공이 있으며 이것은 합금이나 세라믹 재료, 또는 크리스털로 만든 사발 모양의 형태로 우리의 종이나 징과 같은 것이다. 옴 진동과 비슷한 에너지가 발생되는데, 옴 발성 시 같이 사용하면 에너지가 증폭되고 상승된다.

이들의 에너지 진동은 저음의 옴이나 세포의 구조물에 에너지 통로를 만들어 주는 역할을 합니다. 고음의 옴 진동 발성 시에 티베트의 종이나 심벌즈(타악기의 일종)를 사용하면 이들의 음조에서 치유의 진동 에너지가 나오는데, 이는 여러분의 세포 구조에 아주 좋습니다.

대부분의 티베트 종은 은(銀)이 함유되어 있기 때문에 아름다운 음률을 만들어 냅니다. 또한 은은 특정한 진동의 치유 성질을 갖고 있습니다. 지금 떠날 시간이 되었습니다. 다음 차례인 코르톤을 환영하며 그를 소개합니다. 근원이 여러분과 함께 하시길 기원합니다.

티안나

[코르톤의 메시지]

※ 코르톤은 아쉬타 사령부(빛의 형제단)의 사령관들 중의 한 명으로 통신을 담당하고 있다. 또한 그는 백색별의 승무원 팀의 한 멤버이다.

여러분의 축복을 기원합니다. 나는 코르톤입니다. 지금 나는 치유 진동과 완전한 통합 에너지에 대한 정보를 여러분에게 언급할 것이며, 지금까지 지구에 알려지지 않은 아주 특별하고도 독특한 치유 기술을 소개하고자 합니다. 이것은 '두뇌 사분원(四分圓) 치유 기술'이라 부릅니다.

나는 우선 사분원과 두뇌의 부위들을 통합하는 방법에 대해 설명하겠습니다. 그리고 자신의 에너지 영역 내에서 균형을 취할 수 있는 통합적 기술을 여러분에게 제공할 예정입니다. 그렇게 되면 여러분은 자신을 치유할 수 있을 뿐만 아니라 다른 사람들과 어머니 지구를 치유할 수 있게 됩니다.

두뇌 사분원(四分圓) 치유

우선 여러분의 머리 부분에 대해 이야기해 봅시다. 상상으로 여러분의 머리 상부에 두 개의 센터 라인을 그어서 4등분합니다(그림 참조).

여러분이 자신의 머리를 단순히 4등분하거나 4분원으로 분할하게 되면 각 분원은 각기 음(陰)과 양(陽)이 됩니다. 즉 두 부분은 음이 되고 다른 두 부분은 양이 되는데, 마치 배터리와 많이 닮았습니다. 이들은 극성(極性)이 있어서 공동으로 균형을 취합니다.

이것은 전자기적 진동이 균형을 취하고 정신체와 육체, 감정체, 에텔체와 여러분의 오라장을 싸고 있는 다른 정묘한 신체를 통합하도록 돕습니다. 이것이 여러분에게 어떤 느낌을 주는 것이 있습니까?

머리를 위에서 내려다보면서 다시 한 번 주의를 기울여 봅시다. 머리 바깥에 4개의 작은 원이 있습니다. 작은 원 속에

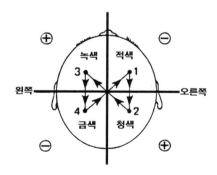

위에서 내려다 본 머리 정수리의 모습

2개는 −기호이고, 2개는 +기호입니다. −기호는 더운 에너지를 의미하는 음성이며, +기호는 찬 에너지를 의미하는 양성입니다.

지금 두뇌의 4분원을 잘 살펴봅시다. 두 분원은 음성(陰性)이며 다른 두 분원은 양성(陽性)입니다. 여러분 두뇌의 양성 분원은 에너지를 받아들이고, 음성 분원은 에너지를 방출합니다.

기억합시다. ' − ' 는 음성 = 더움 = 내보냄
' + ' 는 양성 = 차가움 = 받아들임

'+'는 양성＝차가움＝받아들임, 이 자체는 선(善)도 악(惡)도 아닙니다. 둘 다 중요한 것입니다. 이것들은 극성(極性)이 있으며 각기 서로 공동으로 균형을 취합니다. 주의해서 보면 화살표는 적색으로부터 출발합니다. 그리고 청색을 따라 내려가서 왼쪽의 녹색으로 올라갔다가 금색으로 내려와서 다시 적색으로 되돌아갑니다. 이는 마치 여러분의 두뇌 속에서 활성화된 ∞ 형태로 무한의 존재와 같습니다. 대부분의 두뇌는 잠재력의 5%만 깨어나 활동하고 있습니다.

이에 대해 생각해 보십시오! 여러분이 천재라 부르는 사람들은 우주적인 앎에 조금 더 접근한 사람들이지만, 지구 인류는 대단히 깊이 잠들어 있습니다. 그러나 지구상에 집단적 차원 대전환이 이루어지면 여러분은 대단히 놀라운 변화를 보게 될 것입니다.

여러분은 역시 발에도 극성을 가지고 있습니다. 표시되는 색채는 같습니다. 예, 그렇습니다. 오른쪽의 작은 발가락 부위는 음성이고, 오른쪽의 뒤꿈치 부분은 양성입니다. 오른쪽

12장 티안나와 소크리 박사, 그리고 코르톤

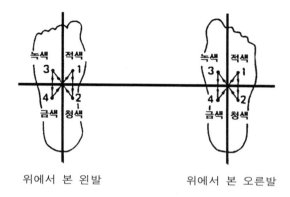

위에서 본 왼발   위에서 본 오른발

의 엄지 부분은 양성, 그리고 왼쪽의 뒤꿈치 부분은 음성입니다. 그리고 왼쪽 발도 이와 동일합니다(그림 참조).

이 4종의 색채는 백색 또는 은색(우주의 기본 색채)과 함께 주된 색상으로 여러분이 밤에 볼 수 있는 통신 매체(일종의 무인 우주선)나 항성간 우주선에 의해 여러분에게 보내집니다. 이러한 우주선은 여러분의 치유를 돕고 있으며, 빛의 몸을 활성화하는 데 도움을 줍니다.

<빛의 몸(Light Body)>이란 말은 DNA의 변화를 통해 여러분의 물질적 신체에서 일어나고 있는 발전적인 현상과 진동 주파수를 조율하는 데 사용하는 용어입니다. 결국 인간의 몸은 밀도가 가벼워질 것이고, 질병(dis-ease:반순리를 뜻함)으로부터 해방될 것이며, 우주적 영역의 빛의 진동 주파수와 더불어 '속죄(at-one-ment:죄 값의 보상, "한 순간" 이란 뜻을 함축하고 있음)'를 소리 내어 말함으로 불균형으로부터 자유로워질 것입니다.

만약 여러분이 극성의 균형과 세포 구조 속에 있는 DNA의 재프로그래밍에 도움을 주기 위해 치유 에너지를 원한다면, 두뇌의 4분원을 활성화시켜야 합니다. 어떤 사람들은 이를

'진공'이라 부릅니다. 이 치유 에너지는 여러분의 몸속으로 들어가서 돌다가, 몸속의 진동 에너지가 됩니다. 아주 단순히 놓아두십시오. 그러면 자신의 머리와 발에서 두 개의 에너지장이 활성화될 것입니다.

또한 여러분은 지구로부터 에너지를 받아들일 수 있으며, 땅과의 접지를 튼튼히 하기 위해서 발바닥에서 지구의 중심을 향해 에너지를 투사시킬 수 있습니다. 그리고 같은 에너지를 여러분의 머리 상부로부터 우주 속으로 투사시킬 수 있습니다. (이것은 여러분의 재량이요 선택 사항입니다.)

치유를 위한 수련법

빛의 보호막을 만드십시오. 그리고 4차원 이상에 있는 여러분의 인도자를 부르세요. 이 인도자들은 여러분이 각성하여 고차원의 진동 영역으로 들어가는 동안 여러분을 지켜보고 있습니다. 만약 여러분이 인도자의 이름이 필요하다면, 요청하십시오. 그러나 나의 의견으로는 이 존재들이 사랑의 마음으로 여러분 주위에 머물 수 있도록 하는 것이 최고로 좋은 방법입니다.

머리 정수리 부분의 우측 앞쪽에 손을 대세요. 혹은 이곳의 맨 앞부분을 이미지화하고 적색(赤色)을 생각하세요. 여러분은 실제로 적색 빛을 보고 발산시킬 수 있습니다. 그러나 너무 빨리 하지는 마십시오. 여유를 가지고 생각하고 적색 사분원을 보십시오.(필요하다면 앞쪽의 머리의 도형을 참고 하세요.)

*우측 뒷부분을 접촉하거나 이미지화하고 '청색'을 생각하십시오.

*좌측 앞부분을 접촉하거나 이미지화하고 '녹색'을 생각하

　　　　　12장 티안나와 소크리 박사, 그리고 코르톤

십시오.

*좌측 뒷부분을 접촉하거나 이미지화하고 '금색'을 생각하 십시오.

최소한 3번 반복하십시오. 여러분은 지금 이 4가지 색깔을 활성화시켰습니다. 그리고 이것은 내가 말하는 에너지 광선 들 위에서 회전하고 있습니다. 여러분은 지금 에너지 보텍스 가 두뇌 속으로 들어오게 만들고, 이것이 발바닥으로부터 상 승하게 만들었습니다. 머리가 활성화되면 발 또한 활성화됩 니다.

이것은 전부 4차원과 5차원 에너지로서 에테르체로 작용하 며, 여러분의 머리에 에너지 진동을 일으킵니다. 그러므로 마음을 푹 놓아도 됩니다.

여러분이 이 일을 마치고 나서 잠에 들든 안 들든 간에 이 작용은 저절로 마감될 것입니다. 이를 확인해 보십시오. 이 는 여러분이 컴퓨터를 프로그래밍하는 것과 같이 프로그래밍 이 됩니다. 얼마 동안 이를 사용하지 않게 되면 이는 중단될 것입니다. 여러분이 이 작용을 시작하게 되면 여러분의 인도 자가 인계를 합니다. 왜냐하면 여러분이 명상 중에 자주 잠 이 들거나 진행되는 상황을 의식하지 못할 정도로 정신이 나 가 버리기 때문입니다.

한번 치유가 진행되게 되면 여러분은 치유 에너지를 지구 의 중심부에 내려 보낼 수 있으며, 우주 속으로 내보낼 수 있습니다. 그리고 여러분과 다른 사람들을 위해서 이를 사용 할 수 있습니다.

만약 세포 구조를 치유하고 싶어 한다면, 여러분은 이 진 공의 에너지 보텍스가 몸속에서 작용할 수 있도록 허용하기 만 하면 됩니다.

만일 여러분이 치유하고 싶은 것이 있다면, 그것이 암이나 에이즈, 피부 종양 등 어떤 것이든 간에 컴퓨터 칩에 정보를 입력하는 것처럼 사념을 보내서 프로그래밍하면 됩니다.

이것은 실제로 4차원과 5차원에서 행해지는 모든 것입니다. 이는 대단히 자동적으로 일어나는 방법입니다. 여러분의 사념 과정이 이에 포함됩니다. 여러분이 3차원에서 4차원으로 들어감에 있어서 우리가 전체적 사념의 과정에서 행위하고 이 사념을 완전히 깨끗하게 하라고 권하는 이유가 여기에 있습니다.

여러분이 어떤 것을 생각하면 그것을 가지게 됩니다.

이 에너지가 활성화될 때는 긍정적인 것만을 프로그래밍하십시오. 잘못될 것이 예상되면 중단하십시오. 만약 치유를 위해서 긍정적으로 프로그래밍 한다면, 여러분은 치유가 될 것입니다. 이는 그렇게 간단합니다.

여러분은 두뇌 4분원 색채 시리즈가 활성화되었기 때문에 통합 수련을 하기 전에는 다음과 같은 영상화 작업을 완성하십시오. 여러분이 마음속에서 균형을 취하는 조그마한 화살바늘이 양성쪽(차가움)이나 음성쪽(더움)으로 움직일 수도 있고 중심점에 머물 수도 있습니다.

여러분의 육체적 에너지가 균형을 취하기 위해서는 화살바늘이 중심의 균형점에 머물러 있는 상태를 영상화해야 합니다. 그러면 자신을 통해서 운행되고 있는 에너지를 느낄 것이고, 보다 더 균형이 잡히고 집중이 이뤄짐을 감지할 수 있을 것입니다.

통합 수련에 대해서

좋습니다. 여러분은 지금 여기 중심의 균형점에 있습니다.

지금 여러분은 자신의 많은 에너지장을 통합할 준비가 되어 있습니다.

강조1. 물질적 신체의 통합을 위하여

손바닥을 심장 위에 십자 형태로 겹쳐 놓습니다. 우리는 옴 소리의 진동을 사용할 것입니다. 옴 발성을 저음으로 최소 3번 하십시오. 입에서 전신으로 에너지 진동이 퍼져나가는 것을 느낄 것입니다. 옴에 대한 생각이 자신을 통해 작용할 수 있는 에너지 진동을 만들어내는 것을 돕기 때문입니다.

활성화는 이와 같이 이루어집니다. 한 번 옴을 발성하고 뒤따라 한 번 자연스럽게 숨을 쉬고(옴을 하지 않고 1번 들숨과 날숨을 쉼), 옴을 2번 더 반복합니다.

강조2. 정신/감정체의 통합을 위하여

이 경우 여러분은 양 손바닥을 관자놀이에 대고 손가락을 머리 위에 올려놓고 정지시킵니다. 그리고 위에서 설명한 것처럼 옴의 활성 진동을 반복해 나갑니다. 옴 발성 - 자연스러운 호흡 - 옴 발성 - 자연스러운 호흡 - 옴 발성 - 자연스러운 호흡, 이런 식으로 말입니다.

강조3. 에텔체의 통합을 위하여

편안히 의자에 앉아서 왼팔을 팔꿈치 높이로 들고 왼 손바닥이 전면을 향하게 하십시오. 오른 손바닥을 아래로 향하게 하고 허벅지 위에 올려놓습니다.

그리고 오른팔 앞부분을 허벅지에서 살짝 떼서 손바닥을 아래로 향하게 하십시오. 이렇게 하는 것이 편안하게 느껴지기 때문입니다. 다시 옴 발성을 하고 위에서 설명한 것처럼 자연스럽게 3번 호흡하십시오.

이 수련을 너무 자주 하거나 너무 빨리 할 때는 주의를 요합니다. 특히 초보자에게 있어서 말입니다. 처음 시작할 때는 짝을 지어 하거나 여러 사람이 단체로 하는 것이 가장 좋습니다.

여러분이 보지 못한다 해도 에너지는 대단히 진술합니다. 때문에 여러분은 이를 깊이 연구하여 사용하고 이를 존경하는 마음으로 대하면서 현명하게 대처해야 합니다. 우리의 영역과 수호 인도자들은 여러분을 돕고 있으며 여러분의 안전과 행복을 바랄 뿐입니다.

때문에 여러분 각자는 이 에너지 수련을 결심하고 닦음에 있어 스스로 책임을 져야 합니다. 이렇게 함으로써 여러분은 이 에너지를 완전히 습득하고 여러분 자신과 인류 가족, 여러분의 행성, 태양계와 은하계를 위해서 미래의 가능성을 성취하게 됩니다.

스타 차크라(Star Chakra)

이 스타 차크라는 머리 정수리에 있는 크라운 차크라의 대략 3~4 인치 위에 있으며, 여러분의 여러 생(生)들을 형성한 유전적 정보, 다른 말로는 아카식 레코드라는 것을 가지고 있습니다.

이 스타 차크라(제8번째 차크라)는 전적으로 에텔체 내에서 작용하고 있습니다. 그리고 이 에텔체는 영매와 같은 심령가들과 인간의 특수한 에너지 코딩(Coding)을 구성하는 오라장 (Auric Field)에 관계합니다.

* **한마디 첨언**: 여러분이 자기 치유를 위해서 이 수련을 함에 따라 고차원의 상위자아의 연결과 이에 대한 신뢰가 중요함을 알게 될 것입니다. 스타 차크라를 각성하면 '접속 개통'이 이뤄져 근원과의 통신이 가능해집니다. 그러면 여러분이 육체적으로 알지 못할지라도, 여러분의 에너지와 마음은 여러분의 존재 전체를 감싸고 확장시켜 줄 것입니다. 이때 보다 훌륭한 우주적 통신과 텔레파시 같은 것이 가능하도록 균형이 이루어질 것입니다.

사람들의 마음이 인식하지 못하는 일들이 많이 있습니다. 이를 기억하십시오. (진리를) 구하고자 하는 사람들을 위해서 영(靈)은 준비하고 있으며, 많은 하늘의 거처(居處)들이 놀라운 일들로 가득 차 있습니다. 여러분 감사합니다!

◇ 발의 4분원 치유 - 마크 니클라스의 설명

발의 치유 과정에는 좀 당혹스런 일이 있습니다. 근본적으로 이 수련은 발의 왼쪽과 오른쪽을 분리해서 양과 음의 극성을 발에 주입시켜 줍니다. 음적 에너지를 오른쪽 발가락들 전부(엄지발가락을 포함해서)에 주입시켜 주고 양적 에너지를 오른쪽 뒤꿈치 전체에 주입시켜 줍니다. 양적 에너지를 왼쪽 발가락 전체(엄지발가락을 포함해서)에 주입시켜 주고, 음적 에너지를 왼쪽 뒤꿈치 전체에 주입시켜 줍니다.

코르톤의 설명에 의하면 이 과정의 상세한 부분은 각 개인에 따라 다릅니다. 이 과정은 여러분이 편안하게 느낄 수 있도록 만들어 줍니다. 여러분 자신이 치유의 감독이 되십시오. 신/여신이 여러분이 사용할 수 있도록 에너지 진동을 보내 줄 것입니다.

[마크 니클라스]

마크는 〈도브 센타(The Dove Center)〉의 조정자/창설자이고, 은 하계에서 온 빛의 영적 교사들의 메시지를 전하는 채널러이다. 그는 세계 전역을 돌며 "빛의 서클" 이란 모임을 주도하고 있고, 거기서 어머니 지구와 인류의 영적각성 및 기억회복을 돕는 정보들을 채널링하고 강연한다.

그리고 〈도브 센타〉는 'Flight of The Dove'라는 소식지를 매달 발행하고 있다. 저서로는 "Calling All Workers The Light" 라는 3권으로 된 책이 있다.

12장 티안나와 소크리 박사, 그리고 코르톤

천상의 가르침과 대예언

초판 1쇄 발행/ 2022년 8월 20일

編 / 버지니아 에센(버지니아 外 11인 공동집필)
共譯 / 윤구용, 천병길
監修 / 光率
발행인 / 朴仁鎬
발행처 / 도서출판 은하문명
등록 / 2002년 12월 05일 (제2020-000063호)
주소 / 서울특별시 서초구 서운로 160
전화 / (02)737-8436
팩스 / (02)6209-7238
인터넷 홈페이지 (www.ufogalaxy.co.kr)
한국어 판권 ⓒ 도서출판 은하문명

파본은 서점에서 교환해 드립니다
가격 29,000원

ISBN 978-89-94287-26-3 (03110)